連立政権の憲法的研究

岩 切 紀 史

連立政権の憲法的研究

―― ドイツ連邦共和国の実例を中心に ――

学術選書
251
憲 法

信 山 社

まえがき

　本書は，これまで先行業績が少ない「ドイツにおける連立政権に関する憲法的研究」である。ドイツのみならず，日本を含め他の議院内閣制国家においても，多党化し，連立政権が継続し，かつ，連立の組み合わせが複雑化している中で，国や時代を超えた意味を持つと願い刊行するものである。

　いわゆる「55年体制」が成立した1955(昭和30)年以降，我が国では基本的に自由民主党の単独政権が続いていた。その状況に変化が生じたのは，私が東京大学教養学部文科Ⅰ類に入学した1989(平成元)年4月以降のことである。消費税導入とリクルート事件により竹下登（自由民主党）内閣が退陣し，夏の参議院選挙では日本社会党が勝利を収め自由民主党が参議院で過半数割れとなったことは，激動の時代の到来を予感させるものであった。

　私が1993(平成5)年3月に東京大学法学部を卒業し，4月に自治省（現・総務省）に入省して官僚として勤務し始めた直後，自由民主党が分裂し宮澤喜一（自由民主党）内閣への不信任案が成立した。それを受けた衆議院解散総選挙の結果，非自民7政党（と参議院1会派）の細川護熙（日本新党）内閣が成立したことは，当時，大きな衝撃を持って受け止められた。振り返れば，この時，単独政権から連立政権の時代になったと言える。

　この連立政権成立により，それまでの政策決定システムが大幅に変化したことを行政内部で実感したことが，私の研究テーマの根本になっている。

　その後，私は学者になることを志して官僚を辞し，1997(平成9)年4月に東京大学大学院法学政治学研究科修士課程に入学した。大学院における研究テーマを考える中で，自らの実体験に根差した「連立政権」を憲法と政治学，双方の視点から動的に研究・分析してみたいと考えるに至った。その際，我が国と同じく議院内閣制国家で，連立政権が継続し豊富な実例と研究があるドイツ連邦共和国に着目した。

　1949年に国家が成立したドイツ連邦共和国では，連邦議会に議席を持つ政党

v

まえがき

が徐々に減り，キリスト教民主同盟（CDU）／キリスト教社会同盟（CSU），ドイツ社会民主党（SPD），自由民主党（FDP）の三党（CDU と CSU は別政党であるが，連邦議会で統一会派を形成しているため一体として扱う）のうち二党による連立政権が成立するようになっていた。1980年代になると，新たな価値観を体現した緑の党（後に90年連合／緑の党）が議席を獲得し，東西ドイツ統一を経た1990年代には旧ドイツ民主共和国（東ドイツ）のドイツ社会主義統一党（SED）の後継政党である民主社会党（PDS）が政党システムに参入し多党化しつつあった。

　そのような時期に，私はまず，連立政権成立時および政権の任期中に締結される政策などに関する取り決めである「連立協定」に着目し，修士論文「ドイツにおける連立協定の法的考察」をまとめた。修士号を取得し博士課程に進学した私は，その研究をさらに継続し，より広く，連立政権を憲法的・政治学的視点から分析することにした。その成果が，本書の原型となる，東京大学大学院法学政治学研究科において提出し法学博士号を取得した博士論文「ドイツ連邦共和国における連立政権に関する憲法的研究」である。本論文は，幸いにも高い評価を得て，博士論文特別優秀賞を受賞することができた。先年，『國家學會雑誌』において全6回にわたり連載し，このたび一冊の本として出版の運びとなった。

　博士論文執筆当時，我が国は二大政党制・単独政権になるという予測が多く，また，そうなることが望ましいという論調が支配的であった。しかし，私は，現代社会は価値観が多様化しているため二大政党制・単独政権にはならず，議席数次第ではあるが連立政権が継続すると考えていた。

　実際には自由民主党が主となる連立政権が継続し，いったん成立した民主党政権も議席数的には単独政権を形成することが可能だったが連立政権だった。さらに，地域政党の特徴を持つ日本維新の会が勢力を拡大し，また，新たな争点を体現した新政党が議席を獲得している。さらに政党の分裂もあり，現在も二大政党制・単独政権にはなっていない。つまり，我が国の状況は，博士論文執筆当時の私の予測通りに展開し，今後も連立政権の時代が続くと考えられる。

　私の研究対象となっているドイツ連邦共和国の状況もまた同様である。

まえがき

　CDU／CSU，SPD，FDP，90年連合／緑の党，左派党（PDS の後継政党）の既成政党はそれぞれ支持・議席を確保している。さらにグローバリズム・移民問題が新たな争点となり，2013年2月に設立された反 EU・移民制限を掲げる右翼の新政党「ドイツのための選択肢（AfD）」が支持を拡大している。さらに2024年1月には，移民制限を掲げる左翼の「ザーラ・ヴァーゲンクネヒト同盟 - 理性と公正のために（BSW）」が左派党から分裂した。現在（2024年9月），連邦議会に議席を持つ政党は8政党（CDU と CSU を別政党とすると9政党）になっている。

　議会に議席を獲得する政党の増加により，連邦およびラント（州）では過半数を獲得するための連立の組み合わせが一方で限定され CDU／CSU（ラントでは CDU）と SPD の大連立政権が増え，他方で新たな組み合わせの連立政権が成立するようになった。

　博士論文執筆当時（2004年3月時点），連邦では SPD と90年連合／緑の党の連立政権であるシュレーダー（SPD）政権だった。その後，2005年11月に CDU／CSU と SPD の大連立政権であるメルケル（CDU）政権が成立し，2009年10月から2013年12月まで4年間の CDU／CSU と FDP の連立政権を挟み，2021年12月まで大連立政権が継続した。そして2021年9月の連邦議会選挙の結果を受け，2021年12月に連邦では初めてとなる信号連立（SPD と90年連合／緑の党と FDP）のショルツ（SPD）政権が成立した。

　すなわち，ドイツ連邦共和国は二大政党制にはならず多党化し，連立政権が継続している。そして，今後も連立の組み合わせは増え・複雑化すると考えられる。価値観が多様化している現代社会においては，他の議院内閣制国家においても連立政権が継続・増加する可能性が高い。

　その点において，私の研究，そして本書の分析は時代を超えた普遍的な意味を持つと考えられる。

　当時の博士論文の加筆・修正は一部にとどめた。新たな研究・分析については後日を期したい。

2024年9月吉日

岩 切 紀 史

目　　次

まえがき（*v*）

◆ 序　章　連立政権と憲法 ……………………………………………… *3*

1　連立政権研究の意義 …………………………………………………… *3*
2　検討の進め方 …………………………………………………………… *11*

第一編　連 立 政 権

◆ 第1章　連立政権の概要 ……………………………………………… *13*

1　連立政権とは ……………………………………………………………… *13*
2　連立政権についての諸研究 …………………………………………… *16*
（1）規模の理論（*16*）
（2）政策距離の理論（*18*）
3　連立政権の分類 ………………………………………………………… *20*
（1）規模の理論からの分類（*20*）
（2）その他の観点からの連立政権の分類（*24*）
4　ドイツの政党 …………………………………………………………… *25*
（1）主要政党の概観（*25*）
（2）ドイツの政党の対立軸（*30*）
（3）各政党の相互関係（*32*）
5　ドイツの連立政権 ……………………………………………………… *34*
（1）前　史（*34*）
（2）ドイツ連邦共和国の連立政権（*35*）

ix

目　次

◆　第2章　連立政権における現象 ………………………………… 41

　1　連　立　交　渉 ……………………………………………… 41
　　（1）連立交渉とは（41）
　　（2）連立交渉の経過（41）
　　（3）政党の交渉力（45）
　2　連　立　協　定 ……………………………………………… 51
　　（1）連立協定とは（51）
　　（2）連立協定の歴史（52）
　　（3）連立協定の内容（54）
　　（4）連立協定の当事者（59）
　　（5）連立協定の許容性と必要性（62）
　　（6）連立協定の法的性質（64）
　　（7）連立協定実行の確保手段（66）
　　（8）連立協定の内容的限界（68）
　　（9）連立協定の機能（70）
　3　連立政権の調整組織 ………………………………………… 74
　　（1）連立政権の調整組織（74）
　　（2）連立政権の調整組織の歴史（74）
　　（3）連立委員会・連立ラウンドの活動（81）
　　（4）連立委員会・連立ラウンドの必要性（82）
　　（5）連立委員会・連立ラウンドの許容性（91）

第二編　連立政権と国家機関

◆　第3章　連立政権と連邦議会 ………………………………… 93

　1　個別の議員との関係 ………………………………………… 93
　　（1）議員への働きかけの必要性（93）

目　次

　（2）会 派 統 制（*94*）

　（3）会派統制の必要性と許容性（*97*）

　（4）会派のまとまりをもたらすさらなる要因（*99*）

　（5）統一的投票条項（*101*）

2　議会の地位との関係 ……………………………………………… *104*

　（1）連立委員会・連立ラウンドの関与（*104*）

　（2）議会の無力化（*107*）

◆　第4章　連立政権と連邦首相 …………………………………… *109*

1　ドイツの連邦政府 ………………………………………………… *109*

　（1）連邦政府の組織原則（*109*）

　（2）連邦政府に働きかける必要性（*109*）

2　連邦首相の政綱 …………………………………………………… *110*

　（1）連邦首相の地位（*110*）

　（2）連立政権と政綱（*110*）

3　連邦首相の組織権・人事権 ……………………………………… *121*

　（1）連邦首相の組織権（*121*）

　（2）連邦首相の人事権（*122*）

　（3）連邦首相への働きかけの必要性（*124*）

　（4）連邦首相の拘束（*124*）

　（5）働きかけの限界（*126*）

　（6）組閣の具体的検討（*126*）

　（7）連邦首相の組織権・人事権（*137*）

4　連立政権と連邦首相 ……………………………………………… *138*

◆　第5章　連立政権と連邦大臣 …………………………………… *141*

1　連邦大臣の地位 …………………………………………………… *141*

2　連邦大臣への働きかけの必要性 ………………………………… *142*

3　連邦大臣の拘束 …………………………………………………… *143*

xi

目　　次

4　働きかけの限界 ·· *143*

5　連立政権と連邦大臣 ·· *144*

◆第6章　連立政権と連邦内閣 ······································ *147*

1　連邦内閣の地位 ·· *147*

2　会派委員長の閣議への出席 ·································· *148*

（1）連邦政府職務規則（*148*）

（2）基　本　法（*149*）

3　多数決排除条項 ·· *151*

（1）問題の所在（*151*）

（2）検　　討（*152*）

（3）多数決の必要性（*154*）

4　連邦内閣の一体性 ·· *155*

（1）問題の所在（*155*）

（2）実　　例（*156*）

（3）連邦内閣の一体性の優位（*157*）

5　合議体としての連邦内閣 ·· *158*

（1）連邦内閣が決定する必要性（*158*）

（2）合議制の意味（*160*）

6　内閣の無力化 ·· *160*

7　連立政権と連邦内閣 ·· *161*

◆第7章　連立政権と連邦大統領 ······························ *163*

1　連邦大統領の地位 ·· *163*

2　連邦大統領選出と連立政権 ···································· *164*

（1）連邦大統領選出（*164*）

（2）連立政権との関係（*165*）

3　連立政権成立と連邦大統領 ···································· *168*

（1）連邦首相選出（*168*）

（2）連邦大統領の介入（*170*）

4　連立政権と連邦大統領 ……………………………………………… *172*

第三編　連立政権と権力分立

◆第8章　連立政権と与野党 …………………………………………… *173*

1　権　力　分　立 ……………………………………………………… *173*
（1）権　力　分　立（*173*）
（2）現代政党国家の権力分立（*175*）

2　連立政党の権力分立 ………………………………………………… *175*
（1）与党が複数存在することの意義（*175*）
（2）連立政党の行動基準（*178*）
（3）権力抑制・均衡効果（*184*）
（4）具体的権力抑制・均衡手段（*185*）
（5）連立政党の権力分立（*194*）

3　与野党の権力分立 …………………………………………………… *196*
（1）野党の根拠（*196*）
（2）野党の任務・統制手段（*199*）
（3）協調戦略と野党（*201*）
（4）連立政権と野党戦略（*205*）
（5）連立政権下における与野党関係のその他の特徴（*206*）
（6）大連立政権（*207*）

4　連立政権と与野党 …………………………………………………… *210*

◆第9章　連立政権と連邦制 ……………………………………………… *211*

1　ラントで政権に参加することの意味 ……………………………… *211*
（1）ラ　ン　ト（*211*）
（2）連邦参議院（*212*）

xiii

目　次

2　ラントの連立政権 …………………………………………… 217
（1）ラントの政党システム（*217*）
（2）ラントの連立政権（*219*）

3　連邦参議院条項 ………………………………………………… 221

4　ラントと連邦の相互作用 …………………………………… 225
（1）連邦参議院の多数派関係（*225*）
（2）連立政権の相互作用（*226*）
（3）連立政権と選挙の相互作用（*228*）

5　連立政権と連邦制 ……………………………………………… 228

第四編　連立政権と民主主義

◆ 第10章　連立政権と選挙 ……………………………………… *231*

1　民主主義と選挙 ………………………………………………… *231*

2　連立政権での選挙 ……………………………………………… *233*

3　ドイツ連邦共和国の議会選挙 ……………………………… *234*
（1）ドイツ連邦議会の選挙制度（*234*）
（2）直接民主政的運用（*235*）
（3）媒介民主政的要素（*243*）
（4）選挙制度改革（*256*）
（5）ドイツ連邦共和国における議院内閣制の運用（*278*）

4　連邦首相のリーダーシップ ………………………………… *281*
（1）宰相民主主義の基礎（*281*）
（2）連邦首相のリーダーシップ（*284*）

目　次

◆ 第11章　連立政権と政権交代 ………………………………… 287

1　政権交代の意義 …………………………………………………… 287
2　連立政権の政権交代 …………………………………………… 287
（1）政権交代の促進（288）
（2）政策の継続性（288）
3　ドイツ連邦共和国の実例 …………………………………… 289
（1）過去の政権交代（289）
（2）連立変更による政権交代（292）
（3）継続性と安定性（293）
4　連立政権と政権交代 …………………………………………… 294

◆ 第12章　連立政権と民主的正統性 ………………………… 297

1　国家機関と民主主義 …………………………………………… 297
2　連立政権の政策決定 …………………………………………… 297
（1）連立政権の政策決定（297）
（2）問題の所在（299）
（3）検　討（300）
（4）透明性・公開（302）
3　連立委員会・連立ラウンドの必要性と限定 ………… 303

◆ 第13章　連立政権と党内・会派内民主主義 …………… 305

1　党内・会派内民主主義 ………………………………………… 305
（1）党内民主主義（305）
（2）会派内民主主義（306）
（3）複合的民主主義（307）
2　連立政権における決定 ………………………………………… 309
（1）連立政権形成の決定（309）

xv

目　次

　　(2) 立法期の間の政策決定（*312*）
　　3　連立政権と党内・会派内民主主義 ················· *316*

◆ 第 14 章　連立政権と議会制民主主義 ·············· *319*

　1　反体制政党の統合 ································· *319*
　2　連立政権による統合 ····························· *319*
　　(1) 連立政権参加による影響（*319*）
　　(2) 90 年連合／緑の党（*320*）
　　(3) Ｐ Ｄ Ｓ（*321*）
　3　連立可能性の拡大 ······························· *322*

◆ 終　章　結　論 ································· *325*

　　あ と が き（329）
　　索　引（331）

連立政権の憲法的研究

◆ 序　章　連立政権と憲法

1　連立政権研究の意義

　本書の課題は，連立政権に関する憲法上の諸問題を考察することである[1]。

　これまで，我が国においては，憲法学の主要な論点の一つである議院内閣制について数多くの研究がなされてきた。しかし，単独政権か連立政権かという政権形態を考慮した研究は，ほとんど無かったと言える。

　このことの第一の要因として，日本国憲法下のほとんどの期間が単独政権であり連立政権の経験が乏しかったということが考えられる[2]。たとえば，政

---

[1]　なお，筆者は，関連するテーマとして，ドイツの連立協定に関する研究を行っている。参照，岩切紀史「ドイツにおける連立協定の法的考察」東京大学大学院法学政治学研究科本郷法政紀要第8号（1999年）27-78頁。本書では，必要に応じて当該論文にも言及する。

[2]　日本国憲法下での初の総選挙で成立した片山哲（日本社会党）政権（1947〔昭和22〕年5月から1948〔昭和23〕年3月まで）は日本社会党，民主党，国民協同党，参議院緑風会の連立政権であり，それに続く芦田均（民主党）政権（1948〔昭和23〕年3月から10月まで）は民主党，日本社会党，国民協同党の連立政権であった。

　さらに，第二次吉田茂（民主自由党）政権（1948〔昭和23〕年10月から1949〔昭和24〕年2月まで）は民主自由党と参議院緑風会の連立政権であり，第三次吉田茂（民主自由党→自由党）政権は，1949（昭和24）年2月から1950（昭和25）年2月までは民主自由党，民主党（連立派），参議院緑風会の連立政権，1950（昭和25）年2月から1952（昭和27）10月までは自由党（民主自由党が民主党〔連立派〕を吸収し改称）と参議院緑風会の連立政権であった。さらに，第四次吉田茂（自由党）政権（1952〔昭和27〕10月から1953〔昭和28〕年5月まで）は自由党，民主クラブ，参議院緑風会の連立政権であった。つまり，この時期までは連立政権が常態であった。

　それ以降は，自由民主党と新自由クラブの連立政権であった第二次中曽根康弘（自由民主党）政権（1983〔昭和58〕年12月から1986〔昭和61〕年7月まで）のみが連立政権であり，単独政権が常態となった。

　しかし，1993（平成5）年8月にいわゆる非自民7政党と参議院の院内会派民主改革連合からなる連立政権の細川護熙（日本新党）政権が成立し，それ以降は連立政権が常態となった。1993（平成5）年8月以降の状況については，後述序章注(9)参照。

　なお，本書では，政治的出来事については，2004（平成16）年3月までを分析対象と

序　章　連立政権と憲法

治学において連立政権の研究が乏しかった理由として，「一党優位の政党システムの下に自民党の長期政権が異常な長さで継続しているために，連合政権は可能性の乏しい，いわば一つの遠い現象とみられ」ることで，「政治学上の分析対象になりにく」かったことが挙げられている[3]。このことは，憲法学の研究状況にも当てはまると言えよう。

　第二の要因として，我が国においては，議院内閣制が初めて成立したイギリスを議院内閣制の模範と考える傾向があるということが考えられる[4]。そして，イギリスは二大政党制のため単独政権が常態であることから，我が国の議院内閣制の研究は，その政権形態として単独政権を前提としてきた。よって，その逸脱形態である多党制・連立政権については研究対象になりにくかったと考えられる。このことは，「イギリス・モデルと一致しない政治体制はすべて逸脱の形態と考えられ，イギリス・モデルを基準にしてそれから遠いものほど低い評価を与えられるようになった。このようにマイナスの評価を受けている現象が研究の対象からはずされてきたことはむしろ当然であろう[5]」と指摘されている。

　第三の要因として，憲法上の規定が無い連立政権は純粋に政治的な現象であり憲法学の研究対象ではないとする法実証主義的思考が影響していると考えられる。単独で過半数の議席を保持する政党が無い場合に憲法で規定する組閣の準備として連立政権が形成されるが，その組閣の準備段階は憲法的には規定されていない[6]。すなわち，憲法規定は，単独政権と連立政権の場合の組閣手続の相違を区別していない[7]。そのため，これまでの憲法学の研究は憲法の

し，それぞれの必要に応じて発生年，月，日を記述する。また，人物の肩書きは，それぞれの時点のものである。

(3)　篠原一「連合政治の理論的諸問題」篠原一編『連合政治Ⅰ ── デモクラシーの安定をもとめて』（岩波書店，1984年）1頁。連立政権は連合政権と表現されることもあるが，本書では連立政権とする。

(4)　近藤敦『政権交代と議院内閣制　比較憲法政策論』（法律文化社，1997年）1頁。

(5)　篠原 1984年・前掲注(3)25-26頁。本書では，参考文献について，各章での二回目以降は，邦文・欧文文献とも，作者名と発行年，初出の注番号，参照頁を記述する。

(6)　Harald Weber, *Der Koalitionsvertrag*, 1967, S. 45-46は，組閣の準備段階と，憲法が規定している狭義の組閣を合わせて「広義の組閣」とする。

規定のみに焦点を当て，その準備段階については政治学の分野として十分な研究をしてこなかったと言える。

以上から，連立政権というテーマの歴史的・政治的重要性にかかわらず法律的研究が乏しく，その重要性に比して不均衡な状況であると言えよう[8]。

しかし，憲法学は，以下の理由から，連立政権についても研究しなければならないと考えられる。

まず，第一の要因については，1993（平成5）年8月に成立した細川護煕（日本新党）政権以降は連立政権が常態となっており，我が国では単独政権が常態であるということは当てはまらなくなっている[9]。たしかに，現在の我が国の衆議院の選挙制度である小選挙区比例代表並立制においては二大政党制に向かう可能性が高く，その場合は基本的に単独政権となるであろう。しかし，特定の選挙制度によって特定の政党システムが成立するとは限らない[10]。今後も連立政権の時代が継続するかもしれず，また，一旦二大政党制になっても，政党の分裂・新結成などで再度多党制になる可能性もある[11]。

---

(7)　Vernon Bogdanor, "Introduction", in: Vernon Bogdanor (ed.), *Coalition Government in Western Europe*, 1983, p. 13.

(8)　Ingo von Münch, *Rechtliche und politische Probleme von Koalitionsregierungen. Vortrag gehalten vor der Juristischen Gesellschaft zu Berlin am 14. Oktober 1992*, 1993, S. 8. 同書の邦訳は，竹内重年（訳）「連立政権の法律的および政治的諸問題（上）（下）」ジュリスト1122号（1997年）58-65頁・1123号（1997年）127-136頁。

(9)　1996（平成8）年11月から1997（平成10）年7月までの第二次橋本龍太郎（自由民主党）政権は，社会民主党と新党さきがけからの入閣が無く閣外協力にとどまったため，定義によっては自由民主党の単独政権であった。さらに，それに続く1997（平成10）年7月から1998（平成11）年1月までの第一次小渕恵三（自由民主党）政権は，閣外協力も無い，自由民主党の単独政権であった。しかしそれ以外は全て連立政権であり，1993（平成5）年8月以前とは原則と例外が逆転していると言える。

(10)　後述第10章3（4）(b)参照。

(11)　日比野勤「国会−選挙制度」法学教室189号(1996年)40頁は，二大政党制の他，一党優位制，穏健な多党制となる可能性もあるとする。なお，1993（平成5）年8月の細川護煕連立政権成立は，選挙制度の改革によって政党システムが変化した結果ではなく，自由民主党の分裂および新政党の結成で多党化した結果，それまで単独過半数を獲得してきた自由民主党が衆議院総選挙において過半数を獲得できなかったことによるものであったことを想起する必要がある。

序　章　連立政権と憲法

　第二の要因については，イギリスの二大政党制と単独政権は，様々な要因によって成立した特殊なものであるということを考慮しなければならない[12]。ヨーロッパ大陸のデモクラシー諸国においては多党制・連立政権が主流であり，イギリスの状況は例外的なものに過ぎない[13]。アングロサクソン諸国では，連立政権は逸脱とされる。しかし，ヨーロッパ大陸諸国では，それは常態なのである[14]。

　多党制で連立政権が常態である国家の政治は，二大政党がそれぞれ単独政権を形成し完全に権力と地位を得ることになるいわゆるウエストミンスターモデルとは異なる[15]。当該国家の政治文化に影響を与える歴史的・社会的・経済的伝統を十分に考慮せず，議院内閣制の母国としてのイギリスの模範型に一方的にならうことはできない[16]。ある国家の政治機構に絶対的価値を与えることは避けなければならない[17]。すなわち，議院内閣制を理解するためには，ヨーロッパ大陸諸国の大勢である連立政権を研究しなければならないと考えられる。

　政治学においては，イギリス的な二大政党制の神話から抜け出して，連立政権を評価し直さなければならないことが認識されている。「現代ヨーロッパで多数党が単独で政権をとっているのは，イギリスをはじめごく少数の国々であり，安定した民主主義国の多くが連合政権であることを考えれば，これに対する比較政治的研究はまだ少なすぎるといっても過言ではないであろう[18]」。現実に多数の連立政権が存在する以上，それについて客観的に考察することが必

---

(12)　後述第10章3（4）（b）参照。

(13)　篠原　1984年・前掲注(3)26頁。

(14)　Bogdanor 1983, *supra* note 7, p. 1.

(15)　Bogdanor 1983, *supra* note 7, p. 1. ウエストミンスターモデルとは，イギリス的な民主主義の形態である。参照，Arend Lijphart, *Patterns of Democracy: Government Forms and Performance in Thirty-Six Countries*, 1999, pp. 9-30。

(16)　Winfried Steffani, „Einführung", in: Winfried Steffani (Hg.), *Parlamentarismus ohne Transparenz*, 2. Auflage, 1973, S. 13-14.

(17)　近藤　1997年・前掲注(4) 1 頁。

(18)　篠原一「はじめに」篠原一編『連合政治Ⅰ ── デモクラシーの安定をもとめて』（岩波書店，1984年）ⅴ頁。

序　章　連立政権と憲法

要であろう[19]。

　第三の要因については，たしかに政治は国法に取って代わるものではないが，憲法規定の解釈においては政治的な観点も考慮に入れなくてはならないということが重要である[20]。憲法は，政治勢力の活動が行われる枠組みしか定められない[21]。その枠内で政治的な意思がどのような方法で形成されるかについて，詳細には規定していない[22]。そして，そのような政治的な要素が憲法解釈に影響する[23]。よって，憲法学の研究においては，政治的局面と法的局面を完全に区別してはならない[24]。政治機構の研究において憲法現実を排除し，純粋に法学的な側面からのみ研究しようとすると，現実に対応できない[25]。憲法学は，成文憲法に述べられていない実際の政治現象にも取り組まなければならない[26]。よって，まさしく政治実践に関する制度である議院内閣制の憲法的研究においては，一見政治的現象のように思われる連立政権を考慮しなければならないと考えられる[27]。

　連立政権は，また，法的に規定されていないという意味でのインフォーマル

---

(19)　篠原 1984年・前掲注(3)28頁。

(20)　Heinrich Triepel, *Staatsrecht und Politik. Rede beim Antritte des Rektorats der Friedrich Wilhelms-Universität zu Berlin am 15. Oktober 1926*, 1927, S. 37.

(21)　Hans Hugo Klein, „Aufgaben des Bundestages", in: Josef Isensee/Paul Kirchhof (Hg.), *Handbuch des Staatsrechts der Bundesrepublik Deutschland* Bd. Ⅱ. *Demokratische Willensbildung—Die Staatsorgane des Bundes*, 1987, §40 Rn. 14.

(22)　連立協定に関して，参照，Wilhelm Kewenig, „Zur Rechtsproblematik der Koalitionsvereinbarungen", *Archiv des öffentlichen Rechts* 1965, S. 183。

(23)　連立協定に関して，参照，Joachim W. Maiwald, *Zum Wesen des „Verfassungsrechtlichen Vertrages". Dargestellt am Beispiel der zwischenparteilichen Koalitionsvereinbarung*, 1963, S. 97-99。

(24)　連立協定に関して，参照，Helmut Scheidle, *Die staatsrechtlichen Wirkungen einer Koalitionsvereinbarung bei der Bildung der Bundesregierung*, 1965, S. 34-35。

(25)　Helmuth Schulze-Fielitz, *Der informale Verfassungsstaat. Aktuelle Beobachtungen des Verfassungslebens der Bundesrepublik Deutschland im Lichte der Verfassungstheorie*, 1984, S. 149-150.

(26)　Hans Liermann, „Über die rechtliche Natur der Vereinbarungen politischer Parteien untereinander", *Archiv des öffentlichen Rechts* 1926, S. 401-402.

(27)　Scheidle 1965, a.a.O.（Anm. 24), S. 34-35.

序　章　連立政権と憲法

な現象でもある。従来の憲法学においては，インフォーマルな部分はそれほど
重要視されていなかった。しかし，憲法で規定できる部分は限界があり，憲法
で規定されている国家機関内部の意思形成においてもインフォーマルな規則が
ある。

　フォーマルな規定は，行わなければならないこと，行ってはならないことを
規定するが，それだけでは全てを把握できない。フォーマルな規定に基づく手
続のみを分析し，インフォーマルな規則を分析しないと，議会制民主主義にお
ける政治的意思形成の実態を把握できない[28]。「というのは，フォーマルな手
続には不可避的にインフォーマルな手続・行動形式が重なり伴うからである。
両者を考慮するときのみ，実際の意思形成・決定についての適切な認識を得る
ことができる[29]」。憲法の枠内で，政治的社会的展開の相互作用から生じるイ
ンフォーマルな規則がフォーマルな規定を補完し，修正し，部分的にその代わ
りとなる[30]。

　議院内閣制の運用については，単独政権か連立政権かという具体的な政権形
態の相違が大きな影響を与えていると考えられる。たとえば，組閣に関しては，
憲法上の組閣に先行する段階において，連立政権の場合は政党間の交渉・準備
が存在し，単独政権の場合とは全く異なる経過をたどり，そのことが様々な影
響をもたらす。その他，内閣や議会といった機関の活動全般も，連立政権の場
合は単独政権の場合とは異なるものである。すなわち，政治システム全体に対

---

(28)　Lars Kastning, „Informelles Regieren—Annäherungen an Begrifflichkeit und
　　　Bedeutungsgehalt“, in: Hans-Hermann Hartwich/Göttrik Wewer (Hg.), *Regieren in*
　　　der Bundesrepublik II. *Formale und informale Komponenten des Regierens in den*
　　　Bereichen Führung, Entscheidung, Personal und Organisation, 1991, S. 72.
(29)　Heinrich Oberreuter, „Entmachtung des Bundestages durch Vorentscheider auf
　　　höchster politischer Ebene?“, in: Hermann Hill (Hg.), *Zustand und Perspektiven der*
　　　Gesetzgebung. Vorträge und Diskussionsbeiträge der 56. Staatswissenschaftlichen Fort-
　　　bildungstagung 1988 der Hochschule für Verwaltungswissenschaften Speyer, 1989, S.
　　　139.
(30)　Göttrik Wewer, „Spielregeln, Netzwerke, Entscheidungen—auf der Suche nach
　　　der anderen Seite des Regierens“, in: Hans-Hermann Hartwich/Göttrik Wewer (Hg.),
　　　Regieren in der Bundesrepublik II. *Formale und informale Komponenten des Regierens*
　　　in den Bereichen Führung, Entscheidung, Personal und Organisation, 1991, S. 14.

序　章　連立政権と憲法

する連立政権の影響は極めて大きく，連立政権は，独自の慣習とルールを持つ
特別なタイプの政権と考えないと理解できない[31]。

　以上のことから，議院内閣制の研究において，連立政権という視点を取り入
れることが重要である。そして，このような意義を持つ連立政権の研究を進め
るにあたっては，我が国においては連立政権の経験と研究が乏しいので，比較
憲法的考察が有用である。中でも，ドイツ連邦共和国（以下ではとくに必要が
無い限りドイツと表記する）における連立政権の実例と研究が参考になると考え
られる。

　ドイツでは，国家成立後のほとんどの期間が連立政権であり，そのことの持
つ意味が認識されている[32]。たとえば，ヘルツォーク（Roman Herzog）は，
ドイツの連立政権に関して，「ドイツ連邦共和国基本法（Grundgesetz für die
Bundesrepublik Deutschland）（以下では基本法と表記する）第63条・第64条のよ
うな憲法の規定のみでは，現代の政党民主主義において組閣に不可避的に結合
している政治的現象を正確に記述・規定することができないということは自明
である[33]」「政府内部の関係を確実に判断し，憲法的に規定し，関連する法規
範を正確に解釈することは困難である」とし，とくに，「連立政権は単独政権
と全く異なる法則に従う[34]」と述べている。

---

(31)　Vernon Bogdanor, "Conclusion", in: Vernon Bogdanor (ed.), *Coalition Govern-
　　　ment in Western Europe*, 1983, p. 263.

(32)　1949年9月の最初の連邦政府成立後，現在に至るまで，単独政権は1960年7月から
　　　1961年11月まで（キリスト教民主・社会同盟。以下では CDU／CSU と表記する），
　　　1966年10月から12月まで（CDU／CSU），1982年9月から10月まで（ドイツ社会民主党。
　　　以下では SPD と表記する）のみであり，残りの期間は全て連立政権である。なお，
　　　1962年11月の自由民主党（以下では FDP と表記する）の連邦大臣辞任後，12月の第五
　　　次アデナウアー（CDU）政権が成立するまでの時期については，CDU／CSU の単独政
　　　権とされることもあるが，再度アデナウアー連邦首相のもとでの CDU／CSU と FDP
　　　の連立政権が成立したのでこの時期を区分しない見解もある。ドイツ連邦共和国の連立
　　　政権については，後述第1章5で概観する。

(33)　Roman Herzog, in: Theodor Maunz／Günter Dürig／Roman Herzog／Rupert Scholz,
　　　Kommentar zum Grundgesetz, Loseblatt, Art. 63 Rn. 7 (1983).

(34)　Roman Herzog, in: Theodor Maunz／Günter Dürig／Roman Herzog／Rupert Scholz,
　　　Kommentar zum Grundgesetz, Loseblatt, Art. 65 Rn. 15 (1984).

序　章　連立政権と憲法

　さらに，実際に政治活動を行っている政治家も，連立政権か単独政権かという政権形態の相違が持つ意味について認識している。たとえば，ドイツで1961年11月に成立した第四次アデナウアー（Konrad Adenauer）（CDU）政権は，CDU／CSU と FDP の連立政権であるが，その成立直後の連邦議会の審議において，ブレンターノ（Heinrich von Brentano）CDU／CSU 会派委員長は，「連立政党は，連立政権が単独政権と異なる前提のもとで活動を行うということを認識している」と述べている[35]。

　この状況を反映して，ドイツでは，憲法学さらには政治学の観点からの多くの研究成果がある。「ドイツの連立政権の歴史は古い。ドイツは連立政権の先進国である。連立こそは，ドイツの政治状況における特徴的な現象である」。「その分析は，我が国の今後の連立政権の検討にとって有益な示唆を与えてくれる[36]」であろう。連立政権に関する憲法的研究という本書の課題にとっては，連立政権の先進国であるドイツの議論から得られるところは少なくないものと思われる。

　よって，本書では，ドイツにおける連立政権の実例と研究を手がかりとして，連立政権に関する憲法上の諸問題についての検討を行う。つまり，本書は，連立政権の検討を通じて，議院内閣制に関連する各論点について，狭義の法的側面の考察を行うとともに，政治的・インフォーマルな要素についても検討することによって，憲法学の議論に新たな側面を加えようとするものである。このことを研究対象の側から見ると，従来は政治学からの研究が主であった連立政権を，憲法的研究の対象とするということを意味する。

　すなわち，本書は，憲法学における議院内閣制の研究に連立政権というこれまでに無い要素を加えること，さらに，連立政権についての憲法的な研究の端緒になるという二つの側面において，新たな研究であると言いうる。

---

　(35)　*Das Parlament* Nr. 50 vom 13. 12. 1961, S. 3. なお，ドイツの各政党については，後述第1章4参照。CDU／CSU の関係についてもその項目で説明する。また，本書では，ドイツ人などの人名については，その人物の姓をカタカナで表記し，初出の箇所において続けてフルネームを原語で表記する。

　(36)　竹内（訳）1997年・前掲注(8)「連立政権の法律的および政治的諸問題（上）」58頁。

2　検討の進め方

以下では，まず，第一編では連立政権そのものについて概観し検討する。第1章では，連立政権の分類を行い，ドイツの政党を概観し，連立政権の歴史をたどる。続く第2章では，連立政権形成時の連立交渉，連立協定，さらに連立政権の調整のための連立委員会・連立ラウンドという，連立政権固有の現象について検討する。

続く第二編では，連立政権と国家機関の関係について検討する。第3章では連邦議会，第4章では連邦首相，第5章では連邦大臣，第6章では連邦内閣，第7章では連邦大統領といった国家機関について，連立政権であることがどのように影響しているかという点を中心に検討する[37]。

第三編では，連立政権と権力分立の関係について検討する。具体的には，第8章では与野党，第9章では連邦制について，連立政権という視点から検討する。

第四編では，連立政権と民主主義の関係について検討する。民主主義とは幅が広い概念であるが，本書では，第10章で民主主義の中心的制度である選挙，第11章で政権交代，第12章で民主主義の側面から見た国家機関，第13章で党内・会派内民主主義について，それぞれと連立政権との関係について検討する。さらに，第14章において，議会制民主主義における連立政権の持つ意義について検討し，本論部分の締めくくりとする。

以上の本論を受け，最後の終章では，結論として，それまでの検討のまとめを行い，本研究の持つ意義について述べることにする。

なお，ドイツは，固有の憲法を持ち，議院内閣制を採用しているラント（Land）（州）からなる連邦制国家である[38]。連邦とラントは憲法秩序と政治構造が基本的に類似しているため（基本法第28条），本書では主として連邦について検討する。ただ，必要に応じてラントについても言及・検討し，さらに，第9章において包括的に連立政権と連邦制についての検討を行うことにする。

---

(37)　本書では，とくに必要な場合は連邦首相，連邦大臣などと限定して記述し，一般的な意味では首相，大臣と記述する。

(38)　大西健夫編『ドイツの政治 —— 連邦制国家の構造と機能』（早稲田大学出版部，1992年）81頁。

第一編　連 立 政 権

　本編では，連立政権の検討の導入として，まず，連立政権の概観を行う。さらに，連立政権を形成するための連立交渉，連立政権において締結される連立協定，連立政権の調整組織としての連立委員会・連立ラウンドという連立政権固有の現象について検討する。

◆ 第1章　連立政権の概要

本章では，法的検討の前提として，連立政権について概観する。

1　連立政権とは

　連立とは，政党が政府形成と支持のために集合することである[1]。すなわち，連立政権は，複数の異なる政党から構成される。連立政党は，議会において政府を支持するのみならず，政党の代表者としての大臣を内閣に送り，政府の政策を共同で決定し，責任を負う。すなわち，潜在的に競争・対立している複数の政党が，合意して共同で内閣を形成し，維持しようとするところに連立政権の最大の特徴があると言える[2]。

　この定義から，まず，独立した政党が存在するという点において政党合併とは異なる。また，複数の政党が大臣を出し政府を共同で形成するということか

---

[1]　Wilhelm Henke, „Koalition 1. Parteien K.", in: Roman Herzog/Hermann Kunst/ Klaus Schlaich/Wilhelm Schneemelcher（Hg.）, *Evangelisches Staatslexikon* Bd. I , 3., neu bearbeitete Auflage, 1987, Sp. 1797.

[2]　中村研一「連合の安定と変動 ── 数理モデルによる考察」篠原一編『連合政治II ── デモクラシーの安定をもとめて』（岩波書店，1984年）334頁。

第一編　連立政権

ら，単なる議会での政府支持・容認とは異なる[3]。さらに，政府形成・支持とは別の目的の政党間の個別の取り決め，選挙のためにのみ取り決める選挙連合・選挙協定・共通名簿などとも異なる[4]。

この定義からも明らかなように，連立政権は，基本的に協調関係にあるが政党システムで競争関係にある異なる政党から形成されるため，政権内部にも競争関係が存在することになり，このことが様々な影響を及ぼす。

このような連立政権は，政府の形成・存続に議会が決定的に影響するシステム，すなわち，政府が議会の信任に依存している議院内閣制において成立する。よって，1871年から1918年10月の憲法改正までのドイツ帝国時代のように，議会が政府の決定に単に影響するに過ぎない場合，本来的意味での連立政権は成立しない[5]。

議院内閣制においては，政府は政策の実行のために議会の継続的支持が必要なため，首相選出時点のみならず立法期・選挙期（Wahlperiode）の間も議会の多数派の支持を確保することが要請される。よって，議院内閣制の議会において，どの政党も過半数の議席を確保できない場合に連立政権が形成されうる[6]。つまり，少数政権を阻止したいとき，連立は不可避である[7]。ドイツ連邦共和国の場合，連邦首相が連邦議会において原則として法定過半数で選出されるため（基本法第63条1-3項，第121条），単独で過半数の議席を保持する政党が無い場合，連邦政府が連邦議会の多数派を確保するために連立政権が形成

---

(3)　本書では，この定義に基づいて，複数の政党が大臣を出すことを連立政権の要件とし，複数の政党が議会において政府を「支持」「容認」するのみでは連立政権としない。このことについては，後述第8章3（3）参照。

(4)　類似の取り決めとの区別について，たとえば参照，Helmut Gerber, *Koalitionsabkommen im Bund*, 1964, S. 13-22。

(5)　Helmut Scheidle, *Die staatsrechtlichen Wirkungen einer Koalitionsvereinbarung bei der Bildung der Bundesregierung*, 1965, S. 1.

(6)　Udo Bermbach, „Koalition", in: Kurt Sontheimer/Hans H. Röhring, *Handbuch des politischen Systems der Bundesrepublik Deutschland*, 1977, S. 319.

(7)　Ingo von Münch, *Rechtliche und politische Probleme von Koalitionsregierungen. Vortrag gehalten vor der Juristischen Gesellschaft zu Berlin am 14. Oktober 1992*, 1993, S. 14.

第1章　連立政権の概要

される[8]。

　なお，単独で過半数の議席を保持する政党が存在しても，過半数を僅かに越える議席しかない場合，また，国家の緊急事態への対応，さらには憲法改正の場合などの特別な多数の確保の必要など，様々な理由から連立政権が形成されうる[9]。

　さらに，政権形成については，政治文化も影響する。ドイツ連邦共和国の場合，ワイマール共和国において不安定な政権が続いた経験から，安定した政権運営のために政府が議会多数派の支持を確保することが望まれ，少数政権は好まれない。したがって，単独で過半数の議席を保持する政党が無い場合，連立政権が形成される[10]。他方，ナチス（国家社会主義ドイツ労働者党）の独裁の

---

(8)　ただ，基本法第63条4項の規定により，連立政権を形成せず，少数政権を形成することも可能である。また，第63条1-3項による選出でも，大臣を出さないという意味で連立政党でない政党が，議会で政府を支持または容認するため連邦首相選出に賛成投票することはありうる。すなわち，議会において首相を公式に選出する規定があるとしても，議会多数派を確保した連立政権が必然的に形成されるわけではない。たとえば，ザクセン＝アンハルト州では，1994年7月に，民主社会党（以下ではPDSと表記する）が容認するSPDと90年連合／緑の党の少数連立政権が成立した。

　　また，立法期の間の連立解消，個別の議員の離党・会派移動によっても少数政権が生じる。連邦では，1966年11月から12月のエアハルト（Ludwig Wilhelm Erhard）(CDU）連邦首相のCDU／CSU政権，1982年9月から10月のシュミット（Helmut Heinrich Waldemar Schmidt）(SPD）連邦首相のSPD政権は，連立が解消したことによる少数単独政権であった。また，1969年10月に成立した，SPDとFDPの連立政権である第一次ブラント（Willy Brandt）(SPD）政権は，1972年5月16日のミュラー（Günther Müller）(SPD）議員の離党（9月19日にCSUに入党）により，連邦議会における両党の議席数が法定議席数496議席のちょうど半数の248議席になり，議会多数派を失った。この手詰まり状況を打開するため，9月22日に，ブラント連邦首相は基本法第68条の信任問題の手続によって連邦議会を解散した。一連の経過については，参照，Peter Schindler, *Datenhandbuch zur Geschichte des Deutschen Bundestages 1949 bis 1999* Bd. I, 1999, S. 1238-1242。

(9)　Wilhelm Henke, in: *Bonner Kommentar zum Grundgesetz*, Loseblatt, Art. 21 Rn. 149 (1991).

(10)　Ferdinand Müller-Rommel, "The role of German ministers in cabinet decision making", in: Michael Laver/Kenneth A. Shepsle (ed.), *Cabinet Ministers and Parliamentary Government*, 1994, p. 153.

第一編　連立政権

経験から，単独政権を避ける傾向がある。有権者も，さらには政党指導者の一部も単独政権を好まず，よって，単独で過半数の議席を保持する政党が存在するときも連立政権を形成することがある[11]。

　以上の様々な要因によって，多党制の議院内閣制国家において連立政権が形成されることが多く，ドイツ連邦共和国においてもほとんどの期間が連立政権となっている[12]。

2　連立政権についての諸研究

　ドイツでは，1926年にリールマン（Hans Liermann）が，連立政権で締結される連立協定についての研究を行った[13]。その後，1961年11月の第四次アデナウアー（CDU）政権成立時のCDU／CSUとFDPの連立協定を契機に，連立協定についての数多くの研究がなされた[14]。これらの研究については本書の各論点で検討するが，ここでは，本書の検討に必要な限りで，連立政権の形成に関する政治学の研究の概略をたどることにする。

（1）規模の理論

　政治学においては，1960年代に連立政権の形成についての研究が進展した。その理論は，連立政権の形成は「収穫を最大にするゲームであり，どういう形の連合をすれば，勝利連合ができ，かつそれぞれのメンバーの収穫を最大にすることができるかが中心的な問題になる」と考えるものであり，「規模（サイズ）の理論」と呼ばれる[15]。このとき，各政党の「掛け金」は議席であり，

---

(11)　以降の記述で随時言及するが，とくに後述第8章2（5）参照。

(12)　ラントにおいても同様であることについて，後述第9章2（2）参照。

(13)　Hans Liermann, „Über die rechtliche Natur der Vereinbarungen politischer Parteien untereinander", *Archiv des öffentlichen Rechts* 1926, S. 401-412.

(14)　Helmuth Schulze-Fielitz, „Koalitionsvereinbarungen als verfassungsrechtliches Problem—Zu Grenzen einer Verrechtlichung des politischen Prozesses—", *Juristische Arbeitsblätter* 1992, S. 333. 憲法学における研究の概略については，たとえば参照，Harald Weber, *Der Koalitionsvertrag*, 1967, S. 56-66; Gerber 1964, a.a.O.（Anm. 4）, S. 59-77。連立協定については，後述第2章2参照。

16

第 1 章　連立政権の概要

内閣のポスト（大臣数）が利益となる[16]。そして，単独で過半数の議席を獲得できなかった政党は，政権獲得のために他の政党と連立政権を形成しなければならないが，議会の過半数獲得に不要な政党が連立政権に参加すると大臣数の分け前が減るので，そのような不要な政党の連立政権への参加には反対するだろうという基本的仮定に基づいている[17]。

　ガムソン（William Anthony Gamson）とライカー（William Harrison Riker）は，政権を構成する政党の議会での議席数が過半数に近いほど個別政党の利益（内閣のポスト配分数）が大きくなるので，ぎりぎりで過半数を超える議席を持つ，いわゆる最低規模勝利連合（minimum winning coalition）が形成されるとする（ガムソン／ライカー説）。たとえば A 党が40議席，B 党が30議席，C 党が25議席，D 党が20議席の合計115議席の場合，A と D の連立政権が合計60議席となり，115議席の過半数に一番近いので成立することになる。

　レイサーソン（Michael Leiserson）は，この見解をさらに発展させ，議席の過半数獲得に不要な政党を含まない連立である最小勝利連合（minimal winning coalition）が成立するが，その中でも，構成政党数が少ない連立政権が形成されるとする（修正レイサーソン説）。この説によると，上記の例では，過半数に不要な政党を含まず，かつ，二党からなる A と B（70議席），A と C（65議席），A と D（60議席）のいずれかの連立政権が成立することになる[18]。

　この規模の理論に関しては，本書との関係では，修正レイサーソン説の最小勝利連合，過半数獲得に不要な政党を含む連立政権である過大規模政権，さらに，過半数に達しない少数政権（この場合単独政権も含む）の区別が重要である。

---

(15)　篠原一「連合政治の理論的諸問題」篠原一編『連合政治 I ── デモクラシーの安定をもとめて』（岩波書店，1984年）5-6頁。

(16)　Sabine Kropp, *Regieren in Koalitionen. Handlungsmuster und Entscheidungsbildung in deutschen Länderregierungen*, 2001, S. 23.

(17)　Arend Lijphart, *Patterns of Democracy: Government Forms and Performance in Thirty-Six Countries*, 1999, pp. 92-93.

(18)　以上の各理論の詳細について，たとえば参照，篠原 1984年・前掲注(15) 4-12頁。それによると，西欧民主主義国の実際の連立政権について，修正レイサーソン説は約半数を説明できるが，ガムソン／ライカー説はほとんど説明力が無いとされる。

第一編　連立政権

（2）政策距離の理論

　上記の規模の理論は，実際に存在するかなりの数の過大規模政権・少数政権
について説明できない[19]。すでに単独政党または連立が過半数の議席を獲得
していても，さらなる政党と連立し，よって，政権に参加することによる利益
を必要以上の政党で分けることになる過大規模政権が形成されることがあ
る[20]。逆に，内閣に大臣を送っている政党のみでは議会の過半数に達しない
が，しかし，内閣に大臣を送っていない政党が議会において政府を支持する，
すなわち，政権に参加することによる利益を一以上の政党があきらめることに
なる少数政権も形成される[21]。これらの場合，政党は内閣のポストという
「利益」を最大化しようとするという規模の理論の前提に反することになる[22]。

　さらに，たとえば，保守政党と共産主義政党が，政策・イデオロギー的に中
間にある政党無しに，最小勝利連合であるという理由から二党のみで連立する
ことは考えにくい[23]。

　すなわち，規模の理論には限界があることになる。よって，1970年代には，
最小勝利連合を前提としつつ，連立政権を構成する政党間の政策・イデオロ
ギー距離が小さい連立政権が成立するという見解が主張されるようになっ
た[24]。たとえば，アクセルロッド（Robert Marshall Axelrod）は，最小勝利連
合の中から，政策・イデオロギー的に隣接した政党による隣接最小勝利連合
（minimal connected winning coalition）が成立する可能性が最も高いとする[25]。

---

(19)　Lijphart 1999, *supra* note 17, p. 98の Table 6.2によると，1945年から1996年の間に
　　　32の議会制民主主義国家で成立した単独過半数政権以外の全政権のうち，39.3%が最小
　　　勝利連合の政権だが，その他，少数単独政権が18.1%，少数連立政権が9.2%，過大規模
　　　政権が33.4%を占めている。すなわち，最小勝利連合は，単独過半数以外の政権のうち
　　　の4割に過ぎないことになる。

(20)　過大規模政権成立の理由については，後述第1章3（1）参照。

(21)　Kropp 2001, a.a.O.（Anm. 16），S. 24.

(22)　篠原　1984年・前掲注(15)17-18頁。少数政権成立の理由については，後述第1章3
　　　（1）参照。

(23)　篠原　1984年・前掲注(15)17頁。

(24)　中村　1984年・前掲注(2)356-357頁。

(25)　篠原　1984年・前掲注(15)13頁。

　　　　　　　　　　　　　　　　　　　　　第1章　連立政権の概要

　しかし，各政党について政策・イデオロギー距離を明確に特定できるかという問題がある。また，政党が対立する争点について，階級・社会経済のほか，人種・民族，宗教と世俗，都市と地方など種々の争点があり，それぞれの争点によって政党の位置は異なりうるという批判がある[26]。また，この理論は，最小勝利連合を前提としているため，過大規模政権・少数政権を説明できないという規模の理論の問題点を解決していない[27]。

　この理論の具体的な説明力はともかく，本書との関係では，政策・イデオロギーが隣接する政党による連立政権が成立しやすいということが重要である。ドイツ連邦共和国の政党は基本的には一元的な左右軸に位置付けることが可能であり，また，個別の政策ごとにも政党の位置付けは可能であるため，ドイツ連邦共和国の連立政権について，政策距離の理論から一定程度説明・予測できる[28]。

　この政策志向の理論をさらに進めると，各政党は長期的な政策・イデオロギー的な目的を考慮するため，連立政権に参加するかどうか，また，特定の他の政党と連立政権を形成するかどうかは具体的政治情勢次第であることになる。すなわち，政党は政権参加という形での権力を追求するという仮説が基本的には正しいとしても，常に政権参加を追求するとは限らない。政党は，次の選挙を考慮したとき，当面は政府責任を負わない方が有利と考え，政権に参加しない可能性もある[29]。つまり，政党はあらゆる場合において政権参加を目指すわけではなく，長期的な目的実現のためにあえて連立政権に参加しないという戦略もありうることになる[30]。

　しかし，他方で，政策実現のためには，政府に参加して官庁の長すなわち大臣を占めることも有力な手段である[31]。よって，政党が政策志向の場合も，

---

(26)　ドイツ連邦共和国の政党については，後述第1章4参照。

(27)　篠原　1984年・前掲注(15)18-19頁。

(28)　後述第1章4(3)参照。

(29)　Kaare Strøm, *Minority Government and Majority Rule*, 1990, pp. 44-47; Lijphart 1999, *supra* note 17, p. 99.

(30)　Gudrun Heinrich, *Kleine Koalitionspartner in Landesregierungen. Zwischen Konkurrenz und Kooperation*, 2002, S. 28.

(31)　よって，各政党は，重要と考える特定の大臣ポストを獲得しようとすることになる。

第一編　連立政権

基本的には同時に大臣獲得を目指すことになり，この点において規模の理論の前提と一致することになる[32]。

3　連立政権の分類

（1）規模の理論からの分類

以上の理論から，連立政権は，まず，規模について，最小勝利連合，過大規模政権，少数政権という分類ができる[33]。

まず，最小勝利連合は，議会の過半数獲得に不要な政党が連立政権に参加していない政権である。すなわち，連立政権を形成するどの政党が離脱しても，その政府は議会多数派を失うことになる。通常は，この型の連立政権が最も成立するとされる。

次に，過大規模政権は，過半数獲得に不要な政党が含まれている政権である。すなわち，その政党が離脱しても，政府は議会多数派を確保している政権である。

この過大規模政権が成立する理由としては，第一に，連立相手政党およびその構成員の行動が不確実という意味での連立政党間の情報不足が挙げられる。とくに，過半数を僅かに越える議席しかない場合には，一部の連立政党・議員が離脱しても政府が崩壊しないように，より確実な多数派を確保するために過大規模政権が形成されることがある[34]。

第二に，政治体制の対外・対内的危機の時に過大規模政権が形成される。対外的危機としては戦争が挙げられる[35]。さらに対内的危機としては反体制政党・運動の存在が挙げられ，このときは体制を支持する全政党の連立政権が成立しうる[36]。

　後述第2章2（3）（b），第4章3（6）（b）参照。

(32)　Lijphart 1999, *supra* note 17, p. 96.

(33)　なお，理論的には，少数政権は単独政権も含む。

(34)　Lijphart 1999, *supra* note 17, p. 99. 篠原　1984年・前掲注(15) 18頁は，その例として，フランス第三共和制・フランス第四共和制の政権を挙げている。

(35)　篠原　1984年・前掲注(15) 19頁。

第1章　連立政権の概要

　第三に，憲法改正または通常立法で特別な多数派が要求される場合，その特別多数の議席を越えるまで連立が拡大されることがある[37]。これは，それぞれの特別多数を基準とすると，最小勝利連合ということになる。1953年9月の第2回連邦議会選挙ではCDU／CSUは得票率45.0％で全487議席中243議席を獲得したが[38]，選挙前に連立継続を表明していたFDP，ドイツ党（Deutsche Partei＝DP），さらに新たに全ドイツブロック・難民党（Gesamtdeutscher Block／Block der Heimatvertriebenen und Entrechteten＝GB／BHE）をも加えた，連邦議会の全487議席中333議席を持つ過大規模政権を形成した。これは，再軍備のための基本法改正に必要な連邦議会の3分の2の議席（基本法第79条2項）を確保するための連立政権であった[39]。

　第四に，大改革などを行う際に責任を分有し，かつ，決定が広汎な国民に受け入れられるようにするために過大規模政権が形成されることがある。1966年12月に連邦で成立したキージンガー（Kurt Georg Kiesinger）（CDU）政権は，理論的にはCDU／CSUとSPDのどちらかが連立を離脱すると過半数を確保できないため最小勝利連合であるが，数的には，連邦議会496議席中447議席を占めるため，過大規模政権に近い。この「大連立」政権は，議会の圧倒的多数の支持に基づいて，多数の大改革を行った[40]。

　最後に，政治文化的要因がある。まず，多くの国家は，多数決ではなくコンセンサスに高い価値を置いており，この文化的コンセンサス志向から，なるべ

---

(36)　Lijphart 1999, *supra* note 17, p. 100.

(37)　Lijphart 1999, *supra* note 17, pp. 102-103.

(38)　ドイツ連邦議会選挙は，第一投票を小選挙区，第二投票を各政党の比例名簿に投票する二票制である。そのとき，各政党の議席数は比例代表制に基づいて確定される。なお，ドイツの選挙制度については，後述第10章3（1）参照。以下では，得票率は，基本的に第二投票の得票率を指す。

(39)　Wolfgang Rudzio, „Koalitionen in Deutschland: Flexibilität informellen Regierens", in: Sabine Kropp/Suzanne S. Schüttemeyer/Roland Sturm（Hg.）, *Koalitionen in West- und Osteuropa*, 2002, S. 46. なお，基本法改正には連邦議会のみならず連邦参議院でも3分の2の賛成が必要である。連邦参議院については，後述第9章1（2）参照。

(40)　非常事態法など，改革に必要な基本法改正のための連立でもあった。なお，大連立政権については，後述第1章注(98)，さらに後述第8章3（6）参照。

21

第一編　連立政権

く多くの勢力が政権に参加する過大規模政権も説明しうる[41]。さらに，ドイツについては，有権者も政治的指導者も単独政権を嫌う傾向があるが，それは，過大規模政権形成にもつながる[42]。1957年9月の第3回連邦議会選挙では，CDU／CSUが得票率50.2％で全497議席中270議席と過半数の議席を獲得したため，CDU／CSUが単独政権を形成することも可能であった。しかし，アデナウアー（CDU）連邦首相は，自己のCDU／CSU内の左派（労働者代表）を抑制するためなどの理由から，CDU／CSUの単独政権ではなく，DPとの連立政権を継続することをあえて選択した[43]。

　規模の理論からの分類の最後のものとして，少数政権がある。少数政権とは，政府を形成する政党の議会会派の議席数が議会の議席の過半数に達していない政権である。ドイツにおいては，ワイマール共和国に見られたような不安定な政権を避けるため，少数政権は例外的なものである[44]。しかし，少数政権が主流の国家もある[45]。

　少数政権が成立する原因としては，まず，全ての政党が政府参加を目指すわけではないということがある。ある政党が反体制政党であるとき，その政党が他の政党と連立政権を形成して政府に参加する意思が無い場合がある。ドイツでは，たとえばPDSは，1998年9月の第14回連邦議会選挙前に，いかなる形であっても連立政権に参加しないと表明した[46]。また，反体制政党でなくとも，個々の政党が連立政権参加の利益とその場合に強いられるコストを考慮し

---

(41)　Kropp 2001, a.a.O.（Anm. 16），S. 27-28.

(42)　前述第1章1参照。

(43)　このときCDU／CSUとDPの連立政権が成立した要因としては，さらに，DPに議席を獲得させるため連邦議会選挙においてCDUとDPが選挙協定を締結していたこと，また，当時CDUの地盤が無かったニーダザクセン州に本拠を持つDPと連立することによって，CDUがDPを吸収しようとしたことが挙げられる。DPは1960年7月に分裂し，大臣・一部の議員はCDUに移籍した。参照，Rudzio 2002, a.a.O.（Anm. 39），S. 46。また，有権者も指導的政治家も単独政権を嫌うということについては，後述第8章2（5）参照。

(44)　前述第1章1参照。

(45)　篠原 1984年・前掲注(15)11頁(表Ⅰ-5)参照。

(46)　とくにSPDとの関係で述べられた。参照，Knut Bergmann, *Der Bundestags-wahlkampf 1998. Vorgeschichte, Strategien, Ergebnis*, 2002, S. 212。

第1章　連立政権の概要

た結果，あえて連立政権に参加しないこともある。とくに，連立政権に参加すると妥協の必要があること，さらに不人気な政策決定の責任を負うことで，党員・支持者が反発し次の選挙で得票が減少する危険があるため，議会において個別問題ごとに政府を支持・反対するという行動も有力な選択肢となりうる[47]。政党は政府に参加する義務は無い[48]。以上のような場合，当該政党に「連立の用意・連立の意思」が無く，残りの政党の議席数次第では少数政権しか形成できない場合がある。

　さらに，当該政党に連立の用意・連立の意思があっても，他の政党の側から連立を拒否される場合がある。まず，反体制政党が連立政権の形成から排除されることがある。ドイツでは，たとえば1949年8月の第1回連邦議会選挙におけるドイツ共産党（Kommunistische Partei Deutschlands＝KPD）が挙げられる[49]。このような政党には「連立能力」が無く，連立政権の形成から排除される。そして，残りの連立能力があると認められる政党の議席数次第では，少数政権しか形成できない場合がある[50]。また，反体制政党でなくとも，相互

---

(47)　Kaare Strøm, "Democracy, accountability, and coalition bargaining", *European Journal of Political Research* 1997, pp. 57-58. なお，Richard Hilmer, „Bundestagswahl 2002: eine zweite Chance für Rot-Grün", *Zeitschrift für Parlamentsfragen* 2003, S. 210 によると，1998年9月の第14回連邦議会選挙以降，PDSがラントで連立政権に参加し妥協したため，2002年9月の第15回連邦議会選挙では，連立政権に参加したラントにおいてPDSの得票が大幅に減少した。

(48)　Karl-Heinz Seifert, *Die politischen Parteien im Recht der Bundesrepublik Deutschland*, 1975, S. 92 Anm. 122. このように少数政権が成立しうることから，本書では，政府多数派，野党少数派という表記はせず，政府支持会派，与党会派，野党会派などと表記する。なお，多数派を確保している政権でも，議会での反乱投票などで少数派になりうるので，議会多数派と議会少数派が政府支持会派・与党会派と野党会派と必ずしも一致しないことに留意する必要がある。このことについて，参照，Winfried Steffani, „Formen, Verfahren und Wirkungen der parlamentarischen Kontrolle", in: Hans-Peter Schneider/Wolfgang Zeh (Hg.), *Parlamentsrecht und Parlamentspraxis in der Bundesrepublik Deutschland*, 1989, §49 Rn. 99。

(49)　Thomas Saalfeld, „Deutschland: Auswanderung der Politik aus der Verfassung? Regierungskoalitionen und Koalitionsmanagement in der Bundesrepublik, 1949-1997", in: Wolfgang C. Müller/Kaare Strøm (Hg.), *Koalitionsregierungen in Westeuropa: Bildung, Arbeitsweise und Beendigung*, 1997, S. 57.

第一編　連立政権

の競争関係や歴史上の経緯から，特定政党が他の特定政党との連立を避ける場合がある。ドイツでは，たとえば1949年8月の第1回連邦議会選挙において，CSUが同じバイエルン州を基盤とするバイエルン党（Bayernpartei＝BP）とは連立しないと表明した[51]。このような場合も，各政党の議席数次第では少数政権しか形成できなくなる。

（2）その他の観点からの連立政権の分類

　その他，連立政権の分類の中で，本書にとって重要なものを列挙する。これらの分類は，規模の理論からの分類とともに，連立政権の実際の活動の分析に意味を持つものである[52]。

　①望ましい連立政権かやむをえない連立政権か。すなわち，議席状況などの要因から，本来望ましくない政党と連立政権を形成せざるをえなかったかどうかという区別である[53]。

　②以前の立法期からの連立政権か新規の連立政権か。また，過去に連立政権を形成した経験があるか。以前の立法期からの連立政権は，相互の信頼の基礎があること，また，連立を変更することは支持者を失うリスクがあることから，政策的・大臣ポスト的に最善の連立政権でなくとも継続する傾向がある[54]。さらに，直前の立法期ではなくとも，過去に連立政権を形成した経験がある場合は，相互に信頼の基礎があることが推測される[55]。

---

(50)　以上の連立の用意・連立の意思・連立能力について，参照，Wolfgang F. Dexheimer, *Koalitionsverhandlungen in Bonn 1961・1965・1969. Zur Willensbildung in Parteien und Fraktionen*, 1973, S. 19-20。

(51)　Saalfeld 1997, a.a.O.（Anm. 49），S. 56-57.

(52)　とくに連立政党間の協調・競争・衝突のレベルに関係する。このことについては，後述第8章2（2）（a）参照。

(53)　Kropp 2001, a.a.O.（Anm. 16），S. 61.

(54)　1976年以降の連邦のSPDとFDPの連立に当てはまる。後述第1章注(100)参照。

(55)　参照，Mark N. Franklin／Thomas T. Mackie, "Familiarity and Inertia in the Formation of Governing Coalitions in Parliamentary Democracies", *British journal of political science* 1983, pp. 275-298。ただ，過去の連立政権の経験において生じた不信感が残存している場合もある。

第1章　連立政権の概要

③さらに，次の立法期への継続を予定した連立政権か，期間限定の連立政権かも区別される。通常，大連立政権は，次の立法期への継続を予定しない期間限定の連立政権である。

4　ドイツの政党

（1）主要政党の概観

ここでは，ドイツの主要政党として，CDU／CSU，SPD，FDP，緑の党（90年連合／緑の党），PDS について，本書の検討に必要な限りで概観する。

（a）キリスト教民主同盟（Christlich Demokratische Union＝CDU）・キリスト教社会同盟（Christlich Soziale Union＝CSU）

両党は連邦議会では統一会派を形成しており（連邦議会議事規則〔Geschäftsordnung des Deutschen Bundestages〕第10条1項），本書では基本的に CDU／CSU として一体として扱っているが，本来は独立した別個の政党である。

CDU は，1945年の終戦直後から各ラントごとに成立し，アデナウアー連邦首相・党首のもと1950年10月に連邦政党としての CDU が創設された。カトリック，プロテスタント，ドイツ国家主義，保守主義，自由民主的市民などによる宗派横断的なキリスト教政党である[56]。政策的に多様な立場を包含しており，さらに，地域的・宗派的個別性が強いという特徴がある。

CSU は，1946年1月に成立したバイエルン州のみの地域政党である。CDU はバイエルン州には組織を持たず，姉妹政党としての CSU と連邦議会で統一会派を形成している。すなわち，CDU と CSU は一種の連立関係にあり，統一会派形成のために交渉を行う[57]。1957年からの第3立法期以降は，立法期開始時に会派協定が締結されている[58]。1972年の会派協定では両党の基本的な

---

(56)　CDU の結党理念は，ドイツの公的な生活局面をキリスト教の理念に基づいて再建することである。参照，平島健司『ドイツ現代政治』（東京大学出版会，1994年）97頁。

(57)　Gerhard Hirscher, „Die CSU als Koalitionspartner“, in: Roland Sturm/Sabine Kropp（Hg.）, *Hinter den Kulissen von Regierungsbündnissen. Koalitionspolitik in Bund, Ländern und Gemeinden*, 1999, S. 97.

(58)　Karlheinz Niclauß, *Das Parteiensystem der Bundesrepublik Deutschland. Eine*

25

第 一 編　連 立 政 権

同権が規定され，1976年の会派協定においては，両党の意見が衝突した場合，多数決ではなく両党が同権的に決定すると規定された。現行の会派協定（Vereinbarung über die Fortführung der Fraktionsgemeinschaft zwischen CDU und CSU für die 15. Wahlperiode des Deutschen Bundestages）第10条においては，「CDU／CSU 会派の基本的政治決定は，CDU と CSU のそれぞれの議員集団の合意でのみ行われる。CSU グループは，重要な意味がある問題については，会派の多数派と異なる意見を連邦議会において独立して主張できる」と規定している。

　CSU は，1961年に就任したシュトラウス（Franz Josef Strauß）党首のもと，次第に CDU に対して独立した戦略をとるようになった。1976年の基本綱領で保守的世界観政党としての性格を強め，国民政党志向の CDU とは政策的に異なる立場に立っている[59]。よって，CDU と CSU の統一会派形成のための交渉は，その後の CDU／CSU 全体と他の政党との連立交渉より衝突が多いこともあった[60]。

　CDU／CSU は，政策的には，基本的に内政では社会的市場経済（Soziale Marktwirtschaft），外交では西側統合路線であった。また，労働者派閥があったことから社会（Sozial）・福祉政策も重視し，さらにキリスト教的価値観に基づいた宗教・法・文化・教育・社会（Gesellschaft）政策という特徴もある。

　支持者は，職業的には経営者・自営業者・営農家であり，宗教的にはカトリック，さらに熱心な（教会に頻繁に行く）プロテスタントの支持が多い。宗教的理由により，CDU／CSU を支持する労働者も多く存在する[61]。その他，

Einführung, 2., überarbeitete und aktualisierte Auflage, 2002, S. 252.

(59)　Manfred G. Schmidt, "Germany. The Grand Coalition State", in: Josep M. Colomer (ed.), *Political Institutions in Europe*, 1996, p. 70.

(60)　Wolfgang Ismayr, „Parteien in Bundestag und Bundesregierung", in: Oscar W. Gabriel/Oskar Niedermayer/Richard Stöss（Hg.), *Parteiendemokratie in Deutschland*, 1997, S. 400. 1976年10月の第 8 回連邦議会選挙後の11月19日には CSU の議員が統一会派解消を決定した。対抗措置として CDU がバイエルン州にも支部を設置することを検討したため，CSU は12月12日に CDU と統一会派を再度結成したが，その際の交渉において，CDU に対する CSU の地位が大幅に強化された。

(61)　Peter Gluchowski/Ulrich von Wilamowitz-Moellendorff, „Sozialstrukturelle Grund-

第1章　連立政権の概要

年金生活者・低所得者・無宗教者からも幅広く得票する。すなわち，階級・宗派を越えて全ての国民層から支持を獲得できるプラグマティックな国民政党であり，多様な価値を体現する包括政党であると言える[62]。

　ドイツにおいては，支持政党を決定する場合，階級とともに宗教的要素が重要であるため，CDU／CSU は社会構造的に優位にある。このことは，1949年以降ほとんどの連邦議会選挙で第一党となり，1949年から1969年，1982年から1998年までは連邦首相を出す与党であったことに現れている[63]。

（b）ドイツ社会民主党（Sozialdemokratische Partei Deutschlands ＝ SPD）

　SPD という名称の政党は，1891年に創設された。すでにワイマール共和国においては有力な政党であったが，ナチスによって弾圧・禁止された。戦後の1946年5月に西側占領地域で再建され，シューマッハー（Kurt Schumacher）が党首に選出された[64]。当初は労働者階級を代表する性格が強かったが，1959年の「ゴーテスベルク綱領（Godesberger Programm）」によって国民政党への転換を行った。

　政策的には，国民政党化を図ったことにより CDU／CSU とかなり接近してきているが，社会的公正（Soziale Gerechtigkeit）を重視し，福祉国家の維持拡大，国家の介入支持という社会民主主義的な特徴がある。さらに近年は，環境保護，平和主義などにも重点を置いている。

　支持者は，職業的には労働者（とくに労働組合労働者）・会社従業員などであり，宗教的にはプロテスタントまたは無宗教者が多い。ただ，労働者の中には

---

　　lagen des Parteienwettbewerbs in der Bundesrepublik Deutschland", in: Oscar W. Gabriel/Oskar Niedermayer/Richard Stöss（Hg.）, *Parteiendemokratie in Deutschland*, 1997, S. 202.

（62）　Schmidt 1996, *supra* note 59, p. 69. 国民政党・包括政党について，参照，Otto Kirchheimer, „Der Wandel des westeuropäischen Parteisystems", *Politische Vierteljahresschrift* 1965, S. 20-41.

（63）　第一党でなかったのは，1972年（第7回），1998年（第14回），2002年（第15回）の連邦議会選挙のみである。

（64）　東側（ソビエト連邦）占領地域の SPD は，1946年4月に KPD と強制的に合併され，ドイツ社会主義統一党（Sozialistischen Einheitspartei Deutschlands ＝ SED）となった。

27

第一編　連立政権

宗教的理由から CDU／CSU を支持する者も少なくないので，社会構造的に
CDU／CSU に対して不利な状況にあり，ほとんどの連邦議会選挙で第二党に
とどまっている[65]。しかし，1966年12月に CDU／CSU と大連立政権を形成
して初めて連邦の政権に参加し，さらに，1969年から1982年，1998年以降は連
邦首相を出している。

（c）自由民主党（Freie Demokratische Partei＝FDP）

　FDP は，西側占領地域の各ラントにおいて個々に成立していた自由主義政
党が1948年12月に統一されて成立した。ワイマール共和国時代の左派リベラル
のドイツ民主党（Deutsche Demokratische Partei＝DDP）と右派リベラルのド
イツ国民党（Deutsche Volkspartei＝DVP）という異なる立場の自由主義政党を受
け継いでおり，このことが FDP 内部の路線闘争・変更の原因となった[66]。さ
らに重要なのは，キリスト教の理念に基づいて結党された CDU／CSU に対し，
FDP は非宗教主義の理念に基づき結党されたということである[67]。

　政策的には，経済政策では市場経済重視，宗教・法・文化・教育・社会（Ge-
sellschaft）政策では非宗教的でリベラルという特徴がある。支持者は，職業的
には企業経営者・上級職員・営農家といった中産階級であり，宗教的にはプロ
テスタント・無宗教者が多い。すなわち，支持者は，階級的には CDU／CSU，
宗教的には SPD に近いという特徴がある[68]。

　FDP 内部では，当初は右派が強く，1960年代まで CDU／CSU と連立政権
を形成していた。しかし，1966年から1969年の野党の時期に左派が強くなり，
政策・人事を転換し，SPD とも連立可能になった[69]。すなわち，FDP は，

---

(65)　支持率に「30％の壁」があるとされる。参照，加藤秀治郎『戦後ドイツの政党制
　　　—— 東西ドイツ政党の政治社会学的分析』（学陽書房，1985年）99頁。

(66)　加藤 1985年・前掲注(65)145-146頁。ただ，異なる派閥があることによって CDU／
　　　CSU とも SPD とも連立可能になったことからも分かるように，必ずしも不利なことで
　　　はない。このことについて，参照，Gudrun Heinrich, „Der kleine Koalitionspartner in
　　　den Ländern: Koalitionsstrategien von F.D.P. und Bündnis 90/Die Grünen im Verglei-
　　　ch", in: Roland Sturm/Sabine Kropp（Hg.）, *Hinter den Kulissen von Regierungsbünd-*
　　　nissen. Koalitionspolitik in Bund, Ländern und Gemeinden, 1999, S. 124。

(67)　加藤 1985年・前掲注(65)147頁。

(68)　加藤 1985年・前掲注(65)152頁。

第1章　連立政権の概要

CDU／CSU，SPD に次ぐ第三党ながら，ドイツ連邦共和国の歴史においてほとんどの期間政権に参加し，大きな力を発揮することができた。しかし1994年10月の第13回連邦議会選挙において90年連合／緑の党に第三党の座を奪われ，さらに1998年9月の第14回連邦議会選挙後には野党になったことから，政策・戦略的に新たな展開を目指している。

（d）90年連合／緑の党（Bündnis 90／Die Grünen）

1960年代後半からの市民運動，平和運動，環境運動などが1970年代後半に市町村・ラントレベルでの選挙に参加した後，1980年1月に連邦政党としての緑の党が結成された[70]。結党理念は，「エコロジカル」「社会的」「底辺民主主義的」「非暴力」である。1983年3月の第10回連邦議会選挙で初めて連邦議会の議席を獲得し，1993年5月には旧ドイツ民主共和国（以下では東ドイツと表記する）の市民運動である90年連合と合併して90年連合／緑の党となった[71]。

政策的には，当初はポスト物質主義的価値観に基づく環境政党であったが，平和主義，男女平等，市民の政治参加の拡大，リベラルな法・文化・教育・社会（Gesellschaft）政策などにも特徴を発揮してきた。さまざまな運動の集合体として成立したため，党内は各種の派閥に分かれており，とくに教条的な原理派（Fundis）とプラグマティックな現実派（Realos）派の対立がある[72]。支持者は，都市部のサラリーマン・公務員などいわゆる新中産階級が主体で，高学歴者が多い。

結党当初はどの政党とも連立する用意・意思が無く，非妥協的性格が強かったが，1985年12月にヘッセン州において SPD と連立政権を形成し，初めて政権に参加した。1994年10月の第13回連邦議会選挙では FDP を抜いて第三党になり，1998年9月の第14回連邦議会選挙後には，SPD と連立政権を形成して

---

(69)　加藤　1985年・前掲注(65)152-157頁。

(70)　緑の党について，ドイツ語では „Die Grünen" であるため「緑の人々」と表記するべきという見解もあるが，本書では緑の党と表記する。

(71)　本書では，1993年5月以前の事項については緑の党，以降の事項については90年連合／緑の党と表記する。

(72)　人事では両派の代表の比例が行われている。また，人事では性別の比例も行われている。

第一編　連立政権

初めて連邦の政権に参加した。

（ e ）民主社会党（Partei des Demokratischen Sozialismus＝PDS）

　PDS は，旧東ドイツを支配したドイツ社会主義統一党（SED）の後継政党として，1990年 2 月に設立された。政策的には，市場経済を支持するとしているが，実際はかなり社会主義的である。その他，環境保護，平和主義，市民の政治参加の拡大などの点で特徴がある。支持者はほとんど東側にあり，①統一で特権を失ったもの，②統一でその他不利益を受けた者・失業者・女性，③統一によってアイデンティティと方向性を失った集団などであり[73]，東側の地域代表政党・統一で不利を受けた者の利益代表政党となっている[74]。1990年 3 月の旧東ドイツ最後の人民議会選挙と1990年12月の統一ドイツ初の第12回連邦議会選挙で議席を獲得し，さらに1994年10月（第13回），1998年 9 月（第14回）の連邦議会選挙では議席数を増やしたが，2002年 9 月の第15回連邦議会選挙では得票率 5 ％を獲得できず，選挙区議席で獲得した 2 議席にとどまった[75]。

　ラントでは，旧東ドイツ地域の 5 州およびベルリン州で議席を持ち，1998年11月と2002年11月にメクレンブルク＝フォーアポメルン州，2002年 1 月にベルリン州で SPD と連立政権を形成するなど勢力を保持している[76]。

（ 2 ）ドイツの政党の対立軸

　レイプハルト（Arend Lijphart）は，民主主義国家36ヶ国での1945年から1996年までの選挙における争点として，①社会・経済，②宗教，③文化・民族，

---

(73)　仲井斌『現代ドイツの試練 —— 政治・社会の深層を読む』（岩波書店，1994年）305頁。

(74)　Michael Minkenberg, „Alte Politik, Neue Politik, Anti-Politik: Wohin treibt das Parteiensystem?", *Zeitschrift für Politik* 1996, S. 46.

(75)　ドイツの選挙制度については，後述第10章 3 （ 1 ）参照。

(76)　東側の PDS について，後述第 9 章 2 （ 1 ）（ b ）参照。なお，ドイツの各政党は色で表されることが多いので，ここで記述しておく。CDU／CSU は黒，SPD は赤，FDP は黄，90年連合／緑の党は緑，PDS は赤である。よって，SPD と90年連合／緑の党の連立政権は赤緑，CDU／CSU と FDP の連立政権は黒黄と表現される。1990年11月から1994年 3 月までのブランデンブルク州，1991年 9 月から1995年 2 月までのブレーメン州の SPD，FDP，緑の党（90年連合／緑の党）の三党連立政権は，信号連立と呼ばれる。

30

④都市と農村，⑤政体の支持，⑥外交，⑦ポスト物質主義の7つの争点を挙げている。これをもとに，上記のドイツの政党の対立軸を検討することにする。

レイプハルトは，ドイツの選挙での争点の強度について，①社会・経済と②宗教の争点を高度，さらに③文化・民族と⑦ポスト物質主義の争点を中程度と位置付けている[77]。

まず，①社会・経済の争点は，資本家対労働者という階級対立に対応している。ドイツでは高度の争点とされ，具体的にはCDU／CSU・FDP対SPDとなる。

②宗教の争点は，ドイツでは，キリスト教信者か無宗教者か，キリスト教内のカトリックとプロテスタントの宗派の相違，また，熱心な信者かどうか，という要素で把握される。ドイツでは高度の争点とされ，具体的にはCDU／CSU対SPD・FDPとなる。

③文化・民族の争点は，ドイツでは，中央と地方という対立に現れる。バイエルン州のCSU，東側のPDSがあることから，中程度の争点とされている。

⑦ポスト物質主義の争点については，環境保護運動と参加民主主義で測定され，経済重視対環境重視という対立に現れる。ドイツにおいては緑の党（90年連合／緑の党）の存在によって，中程度の争点とされている。

以上から，レイプハルトはドイツの選挙における争点の数について，①社会・経済と②宗教を1.0ずつ，③文化・民族と⑦ポスト物質主義を0.5ずつの合計3.0とする[78]。

選挙における争点に現れるような，政治的な衝突をもたらす争点すなわち対立軸（cleavage）が社会に存在するとき，その対立軸に従って集団利益が組織

---

(77)　参照，Lijphart 1999, *supra* note 17, pp. 80-81 (Table 5.3)。

(78)　参照，Lijphart 1999, *supra* note 17, pp. 80-81 (Table 5.3)。レイプハルトは，その他の争点についてはドイツの選挙においては重要ではないとしているが，必ずしもそうとは言いきれない。たとえば，⑥外交の争点については，ドイツ連邦共和国成立初期のアデナウアー（CDU）連邦首相の西側統合政策，1969年から1972年にかけてブラント（SPD）連邦首相が行った東欧諸国との関係改善（いわゆる東方外交），1989年から1990年にかけてのドイツ統一，2000年以降の国際的テロ対策など，ドイツの選挙において外交の争点が重要な役割を果たすことがあったことは明らかである。よって，ドイツの選挙における争点数は，レイプハルトの分析よりは多いと言える。

第一編　連立政権

され、最終的に、特定の政策・価値を支持する集団として政党が成立する[79]。

ドイツにおいては、③文化・民族、④都市と農村という対立軸の重要性が次第に失われ、①社会・経済、②宗教の対立軸が残った。この二つの対立軸が相互に独立して存在しており交叉しているため、二党制が生じにくく、1950年代後半に、CDU／CSU、SPD、FDP の三党制が成立した[80]。その後、1970年代後半に⑦ポスト物質主義が登場し、経済重視対環境重視という対立軸が加わった結果、1980年に緑の党が結成され、政党システムに加わった[81]。さらに、1990年の東西ドイツ統一によって、中央（西側）と地方（東側）という対立軸（③文化・民族）が新たに生じたことにより、東側の代表としての PDS が政党システムに加わった[82]。

このように、ドイツには複数の政治的争点・対立軸があるため完全な二党制にはならず、また、新たな政治的争点の出現によって新政党が政党システムに参入してきたと言えよう。

（3）各政党の相互関係

以上をもとに、おおまかにドイツの各政党の関係を整理する。まず、CDU／CSU、SPD、FDP の三党の関係については、経済政策では CDU／CSU と FDP が近く、SPD と対立していた。しかし社会保障政策などでは CDU／

なお、レイプハルトは、イギリスの選挙における争点の数は、社会・経済（1.0）と外交（0.5）の合計1.5としている。

(79) 参照、Seymour Martin Lipset／Stein Rokkan, "Cleavage Structures, Party Systems, and Voter Alignments: An Introduction", in: Seymour Martin Lipset／Stein Rokkan (ed.), *Party systems and voter alignments. Cross-national perspectives*, 1967, pp. 1-64。

(80) Juan J. Linz, "Cleavage and Consensus in West German Politics: The Early Fifties", in: Seymour Martin Lipset／Stein Rokkan (ed.), *Party systems and voter alignments. Cross-national perspectives*, 1967, pp. 313-314.

(81) 参照、Ronald Inglehart, *The silent revolution: changing values and political styles among Western publics*, 1977.

(82) Oskar Niedermayer, „Das gesamtdeutsche Parteiensystem", in: Oscar W. Gabriel／Oskar Niedermayer／Richard Stöss (Hg.), *Parteiendemokratie in Deutschland*, 1997, S. 125-127; Minkenberg 1996, a.a.O. (Anm. 74), S. 47.

第1章　連立政権の概要

CSU 内に労働者派閥があったため，CDU／CSU と SPD 対 FDP という構図に
もなりえた。さらに，宗教・法・文化・教育・社会（Gesellschaft）政策におい
ては，リベラルな側面を持つ FDP と SPD が近く，キリスト教的な CDU／
CSU と対立する場面もあった[83]。また，外交政策では，FDP は SPD と同様
にドイツ再統一優先であったため，西側統合政策を進めるアデナウアー
（CDU）政権においては FDP と CDU／CSU の対立が生じた。その後，SPD と
FDP の連立政権においては，東欧諸国との関係改善という東方外交が，両党
の共通の外交政策として推進された。

　以上の関係に加えて，1980年代からのポスト物質主義の争点の登場によって，
CDU／CSU，SPD，FDP の既成三党対緑の党（90年連合／緑の党）という対立
が生じた。この場合，環境保護政策においては，90年連合／緑の党と CDU／
CSU の政策の距離が，90年連合／緑の党と SPD の政策の距離より近いという
面もある[84]。

　さらに，1990年のドイツ統一により，東側の地域・利益代表として，また，
反体制政党としての PDS が参入し，それまでの西側の四政党と対立している。
さらに，西側の政党が東側にも拡大した結果，それぞれの西側の政党の内部で
も東西対立が生じた[85]。

　このように，ドイツの各政党の相互関係は単純なものではなく，政治的争点
ごとに位置関係が異なる。また，それぞれの政党の方針の変更，重点を置く政
策の変化によって時間的にも変動するので一義的に確定できない。しかし，各
政党をあえて一元的左右軸に当てはめると，左から PDS，90年連合／緑の党，
SPD，FDP，CDU／CSU（CSU は CDU より右にある）という位置関係にある
と言える。そして，政策距離の理論からは，現状では，CDU／CSU は FDP

---

(83)　ただ，文化政策は基本的にラントの権限なので，連邦での影響は少なかった。参照，
　　　Heinrich Oberreuter／Uwe Kranenpohl／Günter Olzog／Hans-J. Liese, *Die politischen*
　　　Parteien in Deutschland. Geschichte, Programmatik, Organisation, Personen, Finan-
　　　zierung, 26., aktualisierte Auflage von Heinrich Oberreuter／Uwe Kranenpohl, 2000, S.
　　　133。

(84)　参照，Anon., „Koalitionen: Einfach fabelhaft", *Der Spiegel* Nr. 17 vom 20. 4. 1992,
　　　S. 25。

(85)　Minkenberg 1996, a.a.O.（Anm. 74), S. 33.

33

第一編　連立政権

と SPD の二政党，SPD は CDU／CSU，FDP，90年連合／緑の党，PDS の全
政党と連立可能であると言える。ただし，個別の政策領域ごとにとくに CDU
／CSU，SPD，FDP の相互関係が異なる。これらの三党間では，経済政策で
は CDU／CSU と FDP，宗教・法・文化・教育・社会（Gesellschaft）政策では
SPD と FDP，社会保障政策では CDU／CSU と SPD という組み合わせの連立
政権が成立しやすいと言えよう[86]。

5　ドイツの連立政権

これまでの検討をもとに，ここではドイツの連立政権の歴史を概観する。

（1）前　史

すでに述べたように，連立政権は議院内閣制において成立する[87]。1871年
に成立したドイツ帝国においては，宰相（Kanzler）は皇帝（Kaizer）によって
任命され（ドイツ帝国憲法第15条），その地位は議会の信任に依存していなかっ
たため，本来的意味の連立政権が成立する契機が無かった。実際には，帝国政
府が政策を実行するためには議会の支持が必要だったが，アドホックな多数派
を確保することで足りた。しかし，1907年に，ビューロー（Bernhard Fürst
von Bülow）宰相は，財政政策の支持を得るため，議会の保守・自由派連合
（ブロック）の支持を事前に確保して成立し，そのブロックの継続的支持に基
づいて政府の政策を実行した。すなわち，このビューロー政権を連立政権の原
型と考えることができる。

ワイマール憲法（Verfassung des Deutschen Reichs）は議院内閣制を採用し

---

(86)　三党相互の関係について，たとえば参照，Manfred G. Schmidt, "The Parties-Do-
Matter Hypothesis and the Case of the Federal Republic of Germany", *German Poli-
tics* 1995 Nr. 3, p. 19 Fn. 34。また，Franz Urban Pappi, „Wahrgenommenes Parteien-
system und Wahlentscheidung in Ost- und Westdeutschland. Zur Interpretation der
ersten gesamtdeutschen Bundestagswahl", *Aus Politik und Zeitgeschichte* 1991 Bd. 44,
S. 20-23は，三党の関係を三角形とする。なお，外交政策は近年は相互の相違が減少し
ているので除外した。

(87)　前述第1章1参照。

た（同憲法第54条）。よって、ワイマール共和国開始時点の1919年2月に成立した、SPD、中央党（Zentrumspartei）、DDPからなる連立政権（いわゆるワイマール連立）が、本来的意味の連立政権の始まりと考えられる。ワイマール共和国においては、共和国議会が完全な比例代表制によって選挙されたこともあって（同憲法第22条）単独で議会の過半数を獲得する政党が無く、連立政権が続いた[88]。

（2）ドイツ連邦共和国の連立政権

　ドイツ連邦共和国においては、1949年5月の国家成立後、現在に至るまでほとんどの期間が連立政権である。以下では時代ごとに区切って、それぞれの連立政権について分析していくことにする[89]。

（a）1949年から1966年

　1949年8月の第1回連邦議会選挙においてCDU／CSUが139議席を獲得して第一党となったが、全402議席の過半数には及ばず、連立政権を形成しなければならなかった。当時、CDU／CSU内には、ノルドライン＝ウエストファレン州首相のアーノルド（Karl Arnold）らを代表とする社会的キリスト教・労働者派が存在し、SPDとの大連立政権の形成を主張した[90]。しかし、経済政策において社会的市場経済、外交政策において西側統合を主張するアデナウアーは、計画経済とドイツ再統一優先（反西側統合）を主張するSPDとは政策的に連立できないとした。そして、議会には健全な野党が必要という理由も挙げ、SPDとの大連立政権形成に反対した。結局、アデナウアーの主張が通り、CDU／CSUとFDP（52議席）、さらにDP（17議席）の合計208議席の第一次ア

---

(88)　ドイツ帝国時代・ワイマール共和国時代の概観について、たとえば参照、Rudzio 2002, a.a.O.（Anm. 39）, S. 43-44。ワイマール共和国の連立政権について、参照、平島健司「議会政治の安定過程－ワイマール共和国相対的安定期の連合政治」篠原一編『連合政治Ⅱ── デモクラシーの安定をもとめて』（岩波書店、1984年）215-264頁。

　　なお、比例代表制が採用されると必ず多党制・連立政権になるというわけではない。このことについて、後述第10章3（4）（b）（i）参照。

(89)　厳密な連立政権構成については、参照、Saalfeld 1997, a.a.O.（Anm. 49）, S. 66-69（Tabelle 2, 3）。

(90)　平島 1994年・前掲注(56)44頁。

第一編　連立政権

デナウアー（CDU）政権が成立した[91]。この連立政権は，どの政党が離脱しても過半数を下回る最小勝利連合であり，また，国家成立前のフランクフルト経済評議会から継続した連立政権であった[92]。

　1953年9月の第2回連邦議会選挙では，CDU／CSUが大幅に議席を増やし全487議席中243議席を獲得したため，CDU／CSUが単独政権を形成することも可能であった。しかし，基本法改正に必要な連邦議会の3分の2の議席を確保するため，FDP（48議席），DP（15議席）にさらにGB／BHE（27議席）を加え，合計333議席の第二次アデナウアー（CDU）政権が成立した。立法期中，1955年7月にザール問題での対立によりGB／BHE[93]，1956年2月にザール問題と直接的には選挙制度改革問題での対立によりFDPが連立政権から離脱し[94]，1957年9月の第3回連邦議会選挙直前にはCDU／CSUとDPの連立政権になった。

　1957年9月の第3回連邦議会選挙では，CDU／CSUが全497議席中270議席を獲得し，CDU／CSUが単独政権を形成することが可能であった。しかし，アデナウアーは，あえてDP（17議席）と連立し，第三次アデナウアー（CDU）政権を形成した[95]。この連立政権は，過半数獲得に不要な政党を含むという点で，過大規模政権であった。1960年7月にDPの連邦大臣がDPを離党し，9月以降はCDU／CSUの単独政権になった。

　1961年9月の第4回連邦議会選挙では，CDU／CSUは全499議席中242議席

(91)　清水望『西ドイツの政治機構　ボン基本法体制の成立とその展開』（成文堂，1969年）168頁。

(92)　Franz Schneider, *Große Koalition. Ende oder Neubeginn?*, 1969, S. 11-12.

(93)　経過については，後述第6章4（2）参照。

(94)　Geoffrey K. Roberts, "Coalition Termination in the Federal Republic of Germany", in: Roland Sturm/Sabine Kropp（Hg.）, *Hinter den Kulissen von Regierungsbündnissen. Koalitionspolitik in Bund, Ländern und Gemeinden*, 1999, S. 200-202. CDU／CSUが提案した選挙制度改革案では，FDPが大幅に議席を減らすことが確実だった。このとき，FDP本体はCDU／CSUとの連立を解消し野党となったが，FDPの4連邦大臣は閣内にとどまり，それに従って政府を支持するFDPの議員とともにFDPを離党して自由国民党（Freie Volkspartei＝FVP）を結成した（なお，FVPは1957年5月にDPに吸収された）。

(95)　その理由については，前述第1章3（1）参照。

第1章　連立政権の概要

と議席を減らし，CDU／CSU と FDP（41議席）の連立政権である第四次アデナウアー（CDU）政権が成立した。この連立政権は1962年11月にシュピーゲル事件で一旦終了し，12月に再度 CDU／CSU と FDP の連立政権である第五次アデナウアー（CDU）政権が成立した。その後，立法期中の1963年10月にアデナウアー連邦首相が退陣し，CDU／CSU と FDP の連立政権である第一次エアハルト（CDU）政権が成立した。

1965年9月の第5回連邦議会選挙では，CDU／CSU は全496議席中245議席を獲得し，CDU／CSU と FDP（49議席）の連立政権である第二次エアハルト（CDU）政権が成立した。この連立政権は，1966年10月に，景気後退による国庫赤字を埋める方策について，CDU／CSU は増税，FDP は支出削減と意見が分かれ，崩壊した[96]。

この時期の連立政権は，政策的には，内政では社会的市場経済，外交政策では西側統合という点での基本的一致に基づいた連立政権であった[97]。

規模の点では，1949，1961，1965年の場合は最小勝利連合であり，1957年の場合は過大規模政権である。1953年の場合は，議会過半数という点では過大規模政権だが，基本法改正に必要な連邦議会の3分の2の議席数という点からは最小勝利連合とも言いうる。

また，若干の変動はあるが，フランクフルト経済評議会を含め，基本的には前の立法期から継続した，次の立法期への継続を予定した連立政権であった。

（b）1966年から1969年

1966年10月に CDU／CSU と FDP の連立政権が崩壊した後，12月に，経済危機の打開のため，さらに非常事態法を中心とする基本法改正などのため，全496議席中447議席を占める CDU／CSU（245議席）と SPD（202議席）の連立政権であるキージンガー（CDU）政権が成立した。

この「大連立[98]」政権は，危機的状況への対応・基本法改正などのため，

（96）　Roberts 1999, a.a.O.（Anm. 94），S. 204.

（97）　ただし，外交では，アデナウアー連邦首相の外交政策が進んでいった1956年までに CDU／CSU と GB／BHE，FDP の立場の相違が明らかになった。

（98）　大連立政権とは，議会の大部分の議席を持つ連立政権を意味し，ドイツ連邦共和国では CDU／CSU と SPD の連立政権を指す。過大規模政権が同時に大連立政権であるこ

37

第一編 連立政権

やむをえない，期間限定の連立政権として成立した。ただ，CDU／CSU 内の社会的キリスト教・労働者派と SPD が政策的に近い立場にあったので，政策距離の理論からも説明できる連立政権であった。また，この連立政権は，連邦議会において圧倒的な議席数を占めていたが，どちらの政党が連立政権から離脱しても過半数に達しなくなるため，最小勝利連合であった。

（ c ） 1969年から1982年

大連立政権の時期に野党であった FDP は，政策を左派リベラルに転換し，SPD と連立することが可能になっていた。FDP は，1969年 3 月の連邦大統領選挙において，CDU のシュレーダー（Gerhard Schröder）ではなく SPD のハイネマン（Gustav Walter Heinemann）を支持し，SPD との連立可能性を示した[99]。そして，1969年10月の第 6 回連邦議会選挙においては CDU／CSU が242議席を獲得して第一党となったが，第二党の SPD（224議席）と第三党の FDP（30議席）が連立し，第一次ブラント（SPD）政権が成立した。

この連立政権は，以降，1972年11月（第 7 回，解散総選挙），1976年10月（第 8 回），1980年10月（第 9 回）の三回の連邦議会選挙で過半数を確保し，途中1974年 5 月にはブラントからシュミットに連邦首相が交代して，1982年 9 月までの13年間継続した。

この SPD と FDP の連立政権は，規模の面では最小勝利連合であり，さらに，前の立法期から継続した（第二次ブラント政権以降），次の立法期への継続を予定した連立政権であった。政策的には，外交政策では第一次ブラント政権の東方外交，さらに内政においてはリベラルな宗教・法・文化・教育・社会（Gesellschaft）政策での一致に基づいていた。しかし，東方外交の一応の区切りによって内政に重点が移ると，経済不況・失業問題によって次第に両党の相違が拡大し，1982年 9 月17日に FDP の連邦大臣が辞任して，SPD と FDP の連立政権は終了した[100]。

ともあるが，両者は異なる概念である。

（99）　なお，後述第 7 章 2 （ 2 ）参照。

（100）　Rudzio 2002, a.a.O.（Anm. 39），S. 48-50によると，SPD と FDP の連立政権は，すでに1976年には政策の相違から崩壊可能性が生じていたが，一旦成立した連立政権には

38

第1章　連立政権の概要

（d）1982年から1998年

1982年9月17日のSPDとFDPの連立政権の崩壊後，FDPはCDU／CSUと連立交渉を行い，10月1日にシュミット（SPD）連邦首相に対する建設的不信任（基本法第67条）がCDU／CSUとFDPによって可決され，CDU／CSUとFDPの連立政権である第一次コール（Helmut Josef Michael Kohl）（CDU）政権が成立した[101]。この連立政権は，以降，1983年3月（第10回，解散総選挙），1987年1月（第11回），1990年12月（第12回），1994年10月（第13回）の連邦議会選挙で過半数を確保し，1998年9月の第14回連邦議会選挙で敗れるまで16年にわたり継続した[102]。

この CDU／CSU と FDP の連立政権は，規模の面では最小勝利連合であり，さらに，前の立法期から継続した（第二次コール政権以降），次の立法期への継続を予定した連立政権であった。政策的には，経済政策・労働市場政策など内政での一致に基づいた連立政権であったが，外交政策においても基本的一致があり，ドイツ統一という大きな成果を挙げた。

（e）1998年以降

1998年9月の第14回連邦議会選挙で298議席を獲得し第一党となったSPDは，90年連合／緑の党（47議席）とともに第一次シュレーダー（Gerhard Fritz Kurt Schröder）（SPD）政権を形成した。連邦では初めて90年連合／緑の党が政権に参加したこと[103]，さらに，初めてそれまでの与党（CDU／CSUとFDP）と野

　「慣性」があること，とくにFDPは連立変更によって損害を被る可能性があることなどから1982年9月まで継続した。このことから，連立政権形成・維持は，連立政権の規模・連立政党の政策距離のみでは説明できないということが指摘されている。

(101)　建設的不信任とは，連邦議会が連邦首相の後任を選出しなければ，現職の連邦首相に対する不信任が成立しないという制度である。すなわち，現職連邦首相を拒否することでのみ一致した「消極的多数派」による不信任を避けるための制度である。

(102)　1990年10月から1991年1月までは，東西ドイツ統一に伴い暫定的に旧東ドイツのドイツ社会同盟（Deutsche Soziale Union＝DSU）も連立政権に参加した。参照，Saalfeld 1997, a.a.O.（Anm. 49），S. 58。

(103)　ラントでは，1985年12月にヘッセン州で初めてSPDと90年連合／緑の党の連立政権が成立した。ラントの連立政権構成については，参照，Schindler 1999, a.a.O.（Anm. 8），S. 1440-1462。

39

党（SPDと90年連合／緑の党）が完全に入れ替わったことが画期的であった[104]。この連立政権は，2002年9月の第15回連邦議会選挙でも僅差ではあるが過半数を維持し，現在も継続している。

この SPD と90年連合／緑の党の連立政権は，規模の面では最小勝利連合であり，さらに，前の立法期から継続した（第二次シュレーダー政権以降），次の立法期への継続を予定した連立政権である。政策的には，SPD と90年連合／緑の党は基本的に左翼に属し，内政，とくに経済政策・文化政策などで一致している。ただ，SPD・シュレーダー連邦首相が「新中道（Die neue Mitte）」を目指していること，さらに，SPD の党内，さらには支持者である労働者の中には90年連合／緑の党の急進的な環境政策に反対する勢力があることから，連立政党間に対立が無いわけではない[105]。ただ，この連立政権においては，SPD が90年連合／緑の党に対して優越的な地位にあるため，SPD の政策が政権の政策の中心となっており，90年連合／緑の党は譲歩を強いられている[106]。

（f）ドイツ連邦共和国の連立政権の特徴

以上のように，ドイツ連邦共和国の連立政権は，基本的には最小勝利連合であり，前の立法期から継続した，次の立法期への継続を予定した連立政権である。政策的には，それぞれの時期の重点となる政策分野において近い立場の政党の連立政権が成立し，時間の経過とともに重点となる政策分野が変化すると連立変更が生じている[107]。すなわち，ドイツの連立政権は，規模の理論と政策距離の理論から，ほぼ説明できると言える[108]。

---

(104) ただし，PDS は政権交代前後とも野党であった。この点については，なお，後述第11章3参照。

(105) Heinrich 1999, a.a.O.（Anm. 66），S. 137.

(106) 後述第2章1（3）（c）参照。

(107) 各連立政権の政策の一致点については，参照，Rudzio 2002, a.a.O.（Anm. 39），S. 47（Tabelle 1）。

(108) Rudzio 2002, a.a.O.（Anm. 39），S. 51.

◆ 第2章　連立政権における現象

　本章では，連立政権成立において行われる連立交渉，その際に締結される連立協定，連立政権の調整機関としての連立委員会・連立ラウンドについて検討する。

1　連　立　交　渉

（1）連立交渉とは

　連立交渉とは，連立政権形成に向けた政党・会派間の交渉である。すなわち，連立政権を形成することについては同意している政党・会派の異なる政治利益の調整であり，連立政権の基礎となる妥協を見出す過程である[1]。このことから，政策距離の理論が述べるように，政策・イデオロギー的類似性がある政党から構成される連立政権が成立しやすいことになる[2]。

　たしかに，連立交渉を行わなくとも首相選出自体は可能である。しかし，政府政策の方針を明白に確立するために，連立交渉を通じて連立政権の政策・人事を定めることが必要である[3]。

（2）連立交渉の経過

　連立交渉においては，交渉の進め方についても，交渉の結果を記録する方法についても，決まった方式は無い。

　交渉自体は非公開で行われるが，政党・会派にフィードバックされる過程で公になる部分もあり，記者会見，メディアの報道なども行われる。アデナウアー（CDU）政権初期はアデナウアー連邦首相自身が交渉全体を指導したが，次第に交渉過程が分割されてきている。その過程には多くの政治家・スタッフ・官僚が参加し，連立交渉委員会の他，専門的な協議会が政策問題について

---

(1)　Harald Weber, *Der Koalitionsvertrag*, 1967, S. 28.
(2)　前述第1章2（2）参照。
(3)　参照，Theodor Eschenburg, *Staat und Gesellschaft in Deutschland*, 1956, S. 681-682.

第一編　連立政権

詳細に議論するようになってきている[4]。そして，連立交渉の結果のうち，いくつかの点はまとまった文書として連立協定にまとめられ，また，いくつかの点は首相の施政方針演説で述べられる。必ずしも全ての交渉結果を公表するわけではなく，秘密にされる取り決めもある。

　連立交渉は，大まかには以下の経過に分かれる[5]。

　①方向付け段階。まず，選挙直後に，各政党・会派内で，将来の連立相手が決定される。これは，1961年の場合のように長い日数がかかる場合と，1969年の場合のように数時間で決定する場合がある。

　連立相手の判断においては，まず，議席数が基礎となる（規模の理論）。ドイツでは連邦首相選出は基本的に連邦議会議員の法定過半数が必要であり（基本法第63条1-3項，第121条），また，立法など日常活動においても，基本的に投票の過半数が必要である。そして，与党会派においても欠席する議員，反対投票を行う議員が存在する可能性があるため，過半数より少し多い議席数を確保するような連立政権が形成される[6]。

　さらに，選挙前の連立の意図の表明[7]，政策・イデオロギー的距離（政策距離の理論）[8]，前の立法期の連立政権の組み合わせ，過去に連立政権を形成し

---

(4)　Hans-Dieter Klingemann/Andrea Volkens, "Coalition Governments in the Federal Republic of Germany: Does Policy Matter?", in: Michael J. Laver/Ian Budge (ed.), *Party Policy and Government Coalitions*, 1992, pp. 194-195.

(5)　Wolfgang F. Dexheimer, *Koalitionsverhandlungen in Bonn 1961・1965・1969. Zur Willensbildung in Parteien und Fraktionen*, 1973, S. 153-155.

(6)　1998年9月の第14回連邦議会選挙前，SPDの首相候補であるシュレーダーは，SPDと90年連合／緑の党の合計議席数が過半数を10議席上回らなければ90年連合／緑の党とは連立しないとしていた。参照，Eckhard Jesse, "The Electoral System: More Continuity than Change", in: Ludger Helms (ed.), *Institutions and Institutional Change in the Federal Republic of Germany*, 2000, p. 136。なお，首相候補については，後述第10章3（2）（b）参照。

(7)　後述第10章3（2）（a）参照。

(8)　相互の政策・イデオロギーが一致しなくとも，調和して両立できればよい。政策・イデオロギーが競合しないことで，連立政党がうまく棲み分けできることもある。参照，Patricia Hogwood, "Playing to win. Adapting Concepts of Rationality and Utility for the German Coalition Context", in: Roland Sturm/Sabine Kropp (Hg.), *Hinter den*

ていた場合はその経験，ラントなど異なる地域での連立政権の経験[9]，連立
の用意・連立の意思・連立能力の無い政党の排除[10]，政治指導者の人間関係
などによって[11]，数的に可能な連立政権の組み合わせから，政治的に可能な
連立政権が確定され，連立相手が決定される[12]。

　②事前交渉段階。連立予定政党・会派の少数の指導者が，さらなる交渉の
準備のための予備交渉を行う。この段階では，並行して異なる連立相手との交
渉も行われうる[13]。政党・会派内では事前調整が行われ，実際に連立交渉を
行う交渉委員会のメンバーも決定される。交渉結果を受け入れられやすくする
ため，交渉委員会は，政党・会派内の多様な利益の代表が含まれるように構成
される[14]。通常，この段階を過ぎると連立交渉が失敗することは少ない[15]。

　③政策交渉段階。交渉委員会のメンバーが，連立政権の政策について交渉
する。必要に応じて，政党・会派の政策専門家さらには官庁の官僚が招かれ，
また，各政党・会派内で協議が行われる。各政党は自己の政策の全てを実現で
きるわけではなく，場合によっては自己の支持者・党員の要求に反する妥協を

  Kulissen von Regierungsbündnissen. Koalitionspolitik in Bund, Ländern und Gemein-
  den, 1999, S. 33-34。

(9) 後述第9章4（2）参照。

(10) 前述第1章3（1）参照。

(11) 政治指導者相互に良好な人間関係がある場合は，政策・イデオロギーの相違があっ
  ても連立が可能となる。

(12) Gudrun Heinrich, *Kleine Koalitionspartner in Landesregierungen. Zwischen Kon-*
  kurrenz und Kooperation, 2002, S. 48-49.

(13) 連邦では，1966年11月に，CDU／CSU，SPD，FDPの全ての組み合わせの連立交
  渉が並行して行われた。参照，Heribert Knorr, *Der parlamentarische Entscheidungs-*
  prozeß während der Großen Koalition 1966 bis 1969. Struktur und Einfluß der Koa-
  litionsfraktionen und ihr Verhältnis zur Regierung der Großen Koalition, 1975, S. 79-82。

(14) Dexheimer 1973, a.a.O.（Anm. 5），S. 84-85.

(15) 例外はある。たとえば，ベルリン州では2001年10月の市議会選挙後（ベルリン州は
  都市州なので市議会である），当初はSPDとFDPと90年連合／緑の党のいわゆる「信
  号連立」の連立交渉が行われたが，経済自由主義のFDPと左派が強い90年連合／緑の
  党の相違により，政策交渉段階で失敗した。参照，Oskar Niedermayer/Richard Stöss,
  „Die Wahl zum Berliner Abgeordnetenhaus vom 21. Oktober 2001: Regierungswechsel
  nach vorgezogenen Neuwahlen", *Zeitschrift für Parlamentsfragen* 2002, S. 257-258。

第一編　連立政権

強いられることも考えられる[16]。なお，政策交渉は，基本的には独立して行われるが，政策と人事・政府組織は密接に関連しているので，同時に人事・政府組織についても議論になりうる[17]。

④人事交渉段階。交渉委員会において，また，場合によっては政党党首・会派委員長などの少数の指導的政治家の会合において，連立政権の人事についての交渉が行われる。主として，連立政党・会派への大臣配分数，その種類と所轄の決定，さらに具体的人物の決定が行われる[18]。連立政党・会派へのポスト配分後，具体的人物はそれぞれが決定するが，場合によっては連立相手から拒否されることもある[19]。

⑤批准段階。以上の交渉結果について，まず，政党では基本的に政党幹部会（Parteivorstand），会派では会派幹部会（Fraktionsvorstand）および会派総会（Fraktionsversammlung）で議論される。時折，この段階で異議が生じ，再度連立交渉が行われることがある。そして，それらの指導的な機関が同意した後，近年では交渉結果をとりまとめた文書としての連立協定に署名がなされる。さらに，近年では臨時党大会が招集され，交渉結果すなわち連立協定について批准される。このとき，批判・留保があっても，対外的にまとまりを示すために，最終的にはほぼ全会一致で同意される[20]。

⑥任命段階。以上の結果が（ほぼ）終了した段階で議会が招集され，連邦の場合は連邦首相選出および連邦大統領による任命（基本法第63条），連邦首相による連邦大臣の提案および連邦大統領による任命（基本法第64条）が行われ，連立政権が成立する。

---

(16)　後述第13章参照。

(17)　Wolfgang Ismayr, „Parteien in Bundestag und Bundesregierung", in: Oscar W. Gabriel/Oskar Niedermayer/Richard Stöss（Hg.）, *Parteiendemokratie in Deutschland*, 1997, S. 400.

(18)　後述第4章3（6）参照。所轄規模も調整の対象となる。なお，大臣以外の人事も連立交渉の対象となる。

(19)　後述第2章2（3）（b）参照。

(20)　Ismayr 1997, a.a.O.（Anm. 17）, S. 400.

第 2 章　連立政権における現象

（3）政党の交渉力

以上の連立交渉においては，それぞれの連立政党・会派の交渉力が大きな影響を持つ。政策交渉においては，それぞれの政策が連立政権の政策に取り込まれるかどうか，人事交渉においては，それぞれに配分される大臣などのポストの数・その種類に影響する。このことは，連立政権成立時の連立交渉のみならず，連立政権成立後の連立政権内部での交渉においても当てはまる。

（a）議 席 数

連立交渉における交渉力は，第一に，議席数に基づいている。すなわち，議席数が多く，連立政権全体に占める議席数の割合が大きい政党ほど交渉力が強い。

大臣など配分されるポストの数は，基本的に議席数の比例で配分される。実際には，連邦のほとんどの組閣において，連立の小政党が議席割合以上の割合の数の連邦大臣を獲得し，逆に，連邦首相を出している連立の大政党は，議席割合より少ない割合の数の連邦大臣しか獲得していない[21]。このことは，ポストの配分において議席数以外の要因が影響していることを示す。ただ，議席数による比例配分が基本であることは変わりない[22]。なお，大臣などのポストには重要性に差があり，この質的な側面も考慮しなければならない[23]。

（b）限 界 効 用

連立交渉における交渉力の第二の要素として，連立政党の量的な意味での戦略的地位が挙げられる。すなわち，各政党が連立することによって過半数の議席を確保することを目指すとき，当該政党が過半数の議席を確保するために不可欠な政党は，当該政党が無くとも過半数が確保される政党より交渉力が強くなると考えられる。この，当該政党が欠けると過半数を失うという地位を，限

---

[21]　このことは，基本的には政務次官についても当てはまる。議席数と大臣数・政務次官数の関係について，参照，Wolfgang Rudzio, „Koalitionen in Deutschland: Flexibilität informellen Regierens", in: Sabine Kropp/Suzanne S. Schüttemeyer/Roland Sturm (Hg.), *Koalitionen in West- und Osteuropa*, 2002, S. 52-53。

[22]　Peter Schindler, „Zur Mandatsstärke der Koalitionsparteien und ihrem Anteil an Kabinettsmitgliedern 1949-1982", *Zeitschrift für Parlamentsfragen* 1983, S. 36-37.

[23]　Rudzio 2002, a.a.O.（Anm. 21），S. 53-54. なお，後述第 4 章 3（6）（b）参照。

第一編　連立政権

界効用（marginal utility）地位と表現する[24]。すなわち，最小勝利連合におい
ては，どの政党が欠けても過半数を失うことになるので，全政党が限界効用地
位を持っているということになる[25]。他方，過大規模政権においては，当該
政党が離脱した場合に過半数が失われる政党には限界効用地位があるが，当該
政党が離脱しても過半数が確保される政党には限界効用地位が無いことになる。

　このことから分かるように，限界効用地位がある政党は，「政権成立時の連
立交渉において連立政権に参加しない」「連立政権成立後（立法期中）には連
立を解消する」という脅しが可能なので，強い交渉力を持つ。他方，限界効用
地位が無い政党は，交渉力が弱い[26]。

　ドイツの連立政権は，通常は最小勝利連合のため，どの連立政党も限界効用
地位を持っている[27]。ただ，1953年10月の第二次アデナウアー（CDU）政権
においては，CDU／CSU が全487議席中243議席とほぼ過半数を確保していた
ため，他の連立政党である FDP（48議席），GB／BHE（27議席），DP（15議席）
は限界効用地位がほとんど無く，交渉力が弱かった。さらに，1957年10月の第
三次アデナウアー（CDU）政権では，CDU／CSU が全497議席中270議席と過
半数を確保していたため，連立政党の DP（17議席）は限界効用地位が無く，
交渉力が弱かった。

（c）かなめ党

　連立交渉における交渉力の第三の要素として，連立政党の質的な意味での戦
略的地位が挙げられる。この地位を持つ政党は，かなめ党（pivotal party）と

---

(24)　Helmut Norpoth, "The German Federal Republic: Coalition Government at the
　　　Brink of Majority Rule", in: Eric C. Browne／John Dreijmanis（ed.）, *Government Coali-*
　　　tions in Western Democracies, 1982, pp. 23-24.
(25)　加藤秀治郎・楠精一郎『ドイツと日本の連合政治』（芦書房，1992年）76頁。この
　　　とき，小政党が数的割合に比して有利な結果を得る傾向があり，相対的弱者効果（rela-
　　　tive weakness effect）と呼ばれる。
(26)　また，連邦国家であるドイツ連邦共和国では，連邦参議院が強力な地位を持つ。そ
　　　して，連邦参議院議員はラント政府の代表なので，ラントの連立変更によって連邦参議
　　　院の多数派関係を変化させることができる。よって，このような地位も，広義の限界効
　　　用地位と考えることができる。連立政権と連邦制の関係については，後述第9章参照。
(27)　前述第1章5参照。

第2章　連立政権における現象

呼ばれる。かなめ党とは，狭義では，政策・イデオロギー的に政党システムの
中間的地位を占めている政党を指す。すなわち，左右軸の両側ともに連立相手
が存在する政党を指す。ただ，政策・イデオロギー的に中間的地位を占めてい
なくとも，連立可能な選択肢が複数ある政党を，広義のかなめ党と呼ぶことが
できる[28]。この意味で，党内が異なる政策・イデオロギーを主張する派閥に
分かれていることは，複数の連立選択肢につながるので，有利にもなりう
る[29]。なお，政策・イデオロギー的には複数の連立選択肢があっても，議席
数的に他の連立選択肢が無い場合は，かなめ党ではない[30]。

　かなめ党は，政権成立時の連立交渉において「交渉相手以外の政党と連立政
権を形成する」，連立政権成立後（立法期中）には「連立を解消し，他の政党
と連立政権を形成する」という脅しが可能なので，強い交渉力を持つ[31]。

　たとえばFDPについて考えると，SPDとFDPの議席合計が全議席の過半
数を超えたのは1961年の連邦議会選挙であった。また，少なくとも1965年まで
は，政策的にもSPDとの連立可能性が無かった。すなわち，この時期まで
CDU／CSUとしか連立できなかったFDPは，かなめ党ではなかった。よっ
て，1949年，1953年，1961年，1965年のCDU／CSUとの連立政権においては，
FDPは限界効用地位のみがあったことになる[32]。このことから，アデナウ

---

(28)　このような複数の連立可能性がある政党を，支配的プレイヤー（dominant player）
とも表現することができる。参照，Sabine Kropp, „Verhandeln und Wettbewerb in
der Regierungspraxis von Länderkoalitionen—Handlungsarenen, Strategien und Konf-
likte von Koalitionsakteuren", in: Everhard Holtmann/Helmut Voelzkow (Hg.), *Zwi-
schen Wettbewerbs- und Verhandlungsdemokratie. Analysen zum Regierungssystem
der Bundesrepublik Deutschland*, 2000, S. 167。

(29)　Sabine Kropp, *Regieren in Koalitionen. Handlungsmuster und Entscheidungsbil-
dung in deutschen Länderregierungen*, 2001, S. 159.

(30)　なお，篠原一「連合政治の理論的諸問題」篠原一編『連合政治Ⅰ──デモクラ
シーの安定をもとめて』（岩波書店，1984年）31頁は，かなめ党の定義において限界効
用地位の要素をも含んでいるが，加藤・楠 1992年・前掲注(25) 76頁は両者を分けて検
討している。本書でかなめ党と表記する場合は，後者に従う。

(31)　Kropp 2001, a.a.O. (Anm. 29), S. 108.

(32)　Norpoth 1982, *supra* note 24, pp. 23-24. なお，1953年の場合は，限界効用地位も弱
かった。

47

第一編　連立政権

アー（CDU）連邦首相（とくに前期）の権威的ともされる政府指導の一要因を説明しうる。FDP（および他の連立政党）はSPDとは連立できず，CDU／CSUとしか連立できなかったことから，アデナウアー連邦首相・CDU／CSUは，連立相手の政党に対して，議席数の優位をそのまま主張することができた。

　しかし，大連立政権期に野党となったFDPは政策・人事の転換を行い，1969年にはSPDとも連立可能となっていた[33]。この時点において，FDPは，政策的にも議席数的にも，CDU／CSUとSPDの双方と連立可能となり，かなめ党の地位を獲得した。すなわち，FDPは，限界効用地位とかなめ党という二つの戦略的地位を持つことになった。対照的に，CDU／CSUとSPDは，大連立政権を緊急時の期間限定のものとして封印し，事実上FDPとしか連立できなかったため，FDPは，少ない議席数にもかかわらず強力な交渉力を持つことになった。1969年10月に成立したSPDとFDPの連立政権である第一次ブラント（SPD）政権においては，議席数では224議席のSPDに対してFDPは30議席であったが，全16大臣中，副首相兼外務大臣・内務大臣という重要大臣を含む3大臣を獲得した[34]。その後，FDPは，1972年12月成立の第二次ブラント（SPD）政権では経済大臣も獲得し，さらには1974年7月にはシェール（Walter Scheel）前外務大臣がFDPとしては初代連邦大統領ホイス（Theodor Heuss）以来の連邦大統領になるなど，議席数に比して格段に強い地位を占めていた[35]。

　しかし，FDPは，1982年10月に連立を変更しCDU／CSUと連立政権を形成したことで党内の左派が離党し政策が右傾化したため，左傾化した野党SPDと再度連立政権を形成することは当面困難となり，事実上CDU／CSUとしか連立できない状況になった[36]。また，1983年3月の第10回連邦議会選挙

(33)　加藤秀治郎『戦後ドイツの政党制 —— 東西ドイツ政党の政治社会学的分析』（学陽書房，1985年）152-157頁。

(34)　なお，選挙直後の最初の予備交渉では，242議席のCDU／CSUがFDPに対して6大臣を提示した。参照，Klaus von Beyme, "Coalition Government in Western Germany", in: Vernon Bogdanor (ed.), *Coalition Government in Western Europe*, 1983, p. 30。

(35)　FDPは，ラントにおいても，1977年にニーダザクセン州とザール州で連邦野党のCDUと連立したことによって，かなめ党としての地位をさらに強めた。

(36)　参照，Rainer-Olaf Schultze, „Regierungswechsel bestätigt. Eine Analyse der Bun-

で第四の政党として議席を獲得した緑の党が，1994年10月の第13回連邦議会選挙では90年連合／緑の党としてFDPを抜いて第三党になった。さらに，1990年代には政党システムの両極化が進み，CDU／CSUとFDP対SPDと90年連合／緑の党という二つのブロックが対立する状況となった。これらのことから，FDPはSPDと政策的に連立できず，議席数的にもSPDとの連立政権では過半数に達しない状況となり，かなめ党の地位を失い，交渉力が弱まった[37]。

　続いて，現在の状況について考える。1998年9月の第14回連邦議会選挙で第一党となったSPDは，90年連合／緑の党のみならず，FDPとも，さらに必要ならばCDU／CSUとも連立が可能な状況であった。SPDの首相候補（Kanzler-kandidat）であるシュレーダーは，選挙前に連立相手を特定せず，CDU／CSUとの大連立政権の可能性について発言することにより，90年連合／緑の党を牽制した[38]。さらに，SPDは，この第14回連邦議会選挙と同時に行われたメクレンブルク＝フォーアポメルン州議会選挙後に初めてPDSとラントの連立政権を形成したことで，連邦においてもPDSとの連携（連立には至らない）可能性が生じた[39]。対照的に，90年連合／緑の党は政策的にCDU／CSUと連立できず，SPDとしか連立できない状況にある[40]。

---

destagswahl vom 6. März 1983“, in: Hans-Georg Wehling (Redaktion), *Westeuropas Parteiensysteme im Wandel*, 1983, S. 71-72。さらに，SPDと連立を解消しCDU／CSUと連立した直後に再度連立変更することはできないという事情もあった。

(37)　参照，Werner Kaltefleiter, „Strukturelemente des deutschen Parteiensystems nach den Wahlen von 1994“, *Zeitschrift für Politik* 1995, S. 21。ただし，CDU／CSUもFDPとしか連立できない状況のため，FDPはCDU／CSUに対して限界効用地位を主張することができた。なお，FDPは1998年9月の第14回連邦議会選挙以降野党になったが，議席数の増加と，政策的にSPDと接近することによって，かなめ党の地位を再獲得しようとしている。

(38)　Knut Bergmann, *Der Bundestagswahlkampf 1998. Vorgeschichte, Strategien, Ergebnis*, 2002, S. 126.

(39)　同選挙については，参照，Nikolaus Werz／Jochen Schmidt, „Die mecklenburg-vor-pommersche Landtagswahl vom 27. September 1998: Weichenstellung zur rot-roten Koalition“, *Zeitschrift für Parlamentsfragen* 1999, S. 97-116。この連立政権を形成したことにより，SPDは，ラントにおいて，連邦議会に議席を持つ全政党と連立していることになった。

(40)　この状況について，参照，Thomas Poguntke, „Die Bündnisgrünen in der babylo-

第一編　連立政権

　すなわち，以上のことから，1998年10月以降のSPDと90年連合／緑の党の第一次・第二次シュレーダー政権は，SPDが90年連合／緑の党より圧倒的に議席数が多く，かつ，かなめ党の地位を占めているため，SPDがかなり優越的な連立政権である[41]。このことは，1998年の連立交渉において，90年連合／緑の党が４大臣を要求したがSPDが拒否し３大臣となり，有力大臣とされる大臣については外務大臣しか配分されなかったこと[42]，さらに，政策についての連立交渉においてもSPDが大幅に自己の政策を押し通すことができたことに現れている[43]。なお，2002年９月の第15回連邦議会選挙では，SPDが議席を大幅に減らし，90年連合／緑の党の議席が微増した結果，90年連合／緑の党の交渉力が多少上昇したが，90年連合／緑の党の大臣数増加ではなく，大臣の所轄の調整で対応した[44]。

（ｄ）政党の交渉力

　一般的には，連立政権の問題点として，連立小政党が過大な力を持つことが挙げられる[45]。しかし，上記の分析から，実際の連立政権に当てはまらないことがあることが分かる。すなわち，政党の交渉力は，議席数，限界効用地位（量的な戦略的地位），かなめ党の地位（質的な戦略的地位），さらには交渉技術などが複合的に作用したものである[46]。その交渉力は政権成立時の人事交渉・政

---

　　　nischen Gefangenschaft der SPD?", in: Oskar Niedermayer (Hg.), *Die Parteien nach der Bundestagswahl 1998*, 1999, S. 83-101。

(41)　限界効用地位については，どちらが欠けても過半数を失うので，SPDと90年連合／緑の党は対等である。

(42)　Rudzio 2002, a.a.O.（Anm. 21），S. 54.

(43)　以上の1998年９月の第14回連邦議会選挙後の連立交渉については，参照，Kristin Bergmann, „Regierungsbildung 1998: Dokumentation der Koalitionsverhandlungen", *Zeitschrift für Parlamentsfragen* 1999, S. 316-325。

(44)　Richard Hilmer, „Bundestagswahl 2002: eine zweite Chance für Rot-Grün", *Zeitschrift für Parlamentsfragen* 2003, S. 216-217.

(45)　堀江湛・政治改革コロキアム『連立政権の政治学：ポスト55年体制の政権形態』（PHP研究所，1994年）31-33頁。

(46)　Kropp 2000, a.a.O.（Anm. 28），S. 173-174. なお，交渉技術については，包括的検討が困難なので検討しない。ただ，それまでの与党と野党が連立政権を形成する場合，それまでの与党の方が有利であると考えられる。

策交渉に影響し，また，立法期の間においても連立政党の交渉に影響を与える。

2　連立協定

（1）連立協定とは

　連立政権は，独自の政策を持つ複数の政党から構成されるため，その活動のために，人事，政策，組織・手続について合意することが必要である[47]。その合意が「連立協定」である[48]。すなわち，連立協定とは，「連立当事者が，共同で政府を形成し，その任期中議会において政府を支持するための，人事・政策などの条件についての合意」である[49]。通常は，議会選挙後の連立交渉において合意されたまとまった文書を指すが，政権成立時または政権の任期中における個別の取り決めについても連立協定と呼ぶことがある[50]。すなわち，連立協定には特定の方式は無く，口頭の取り決め，簡単な文書交換，まとまっ

---

(47)　Wilhelm Henke, in: *Bonner Kommentar zum Grundgesetz*, Loseblatt, Art. 21 Rn. 149.

(48)　連立協定についての詳細な検討は，参照，岩切紀史「ドイツにおける連立協定の法的考察」東京大学大学院法学政治学研究科本郷法政紀要第 8 号（1999年）。なお，本書では，新たな視点からの検討も行っている。

　　なお，ドイツでは，「連立協定」を表すいくつかの表現が使い分けられている。たとえば Adolf Schüle, *Koalitionsvereinbarungen im Lichte des Verfassungsrechts. Eine Studie zur deutschen Lehre und Praxis*, 1964, S. 3-4は，連立協定のうち，まとまった文書を Koalitionsabkommen，その個別の条項や口頭の協定を Koalitionsabsprachen, Koalitionsabmachungen, Koalitionsabreden とし，連立協定一般を表すものとして Koalitionsvereinbarungen を使用すると述べている。しかし，これらを訳す場合，それぞれに簡潔な訳語が見つからないので，本書では，一般的には連立協定という表現を用い，必要に応じて「まとまった文書としての連立協定」（＝Koalitionsabkommen），「個別，口頭の連立協定」（＝Koalitionsabsprachen, Koalitionsabmachungen, Koalitionsabreden）と限定を付した表現を用いることにする。

(49)　Udo Bermbach, „Koalition", in: Kurt Sontheimer/Hans H. Röhring, *Handbuch des politischen Systems der Bundesrepublik Deutschland*, 1977, S. 320.

(50)　Helmuth Schulze-Fielitz, „Koalitionsvereinbarungen als verfassungsrechtliches Problem—Zu Grenzen einer Verrechtlichung des politischen Prozesses—", *Juristische Arbeitsblätter* 1992, S. 332-333.

第一編　連立政権

た形としての連立協定など，多様な形で成立・存在する[51]。

（2）連立協定の歴史

　連立政権は議院内閣制において成立するため，ドイツでは，本来的意味の連立政権はワイマール共和国において始めて成立した[52]。すなわち，広い意味での連立協定は，連立政権と同様に，ワイマール共和国において初めて成立したと言える。戦後の基本法制定会議において，その基礎となる報告に，「慣例となっている連立の取り決め（Koalitionsabreden）は禁止されてはならない」という原則が含まれていたことからも[53]，ワイマール共和国時代に連立協定が存在していたと考えられる。ただ，当時の多くの連立協定は口頭の取り決め，または簡単な文書交換によるものであり，かつ，秘密にされていたため，まとまった文書としての連立協定はほとんど存在しない。現存するものとしては，たとえば，1927年1月の第四次マルクス（Wilhelm Marx）（中央党）政権成立時に締結された，重要政策についての文書の連立協定がある[54]。

　ドイツ連邦共和国では，1949年9月，1953年10月，1957年10月に成立した各連立政権においてはまとまった文書の連立協定は無く，個別の事項についての口頭または文書交換での取り決めであり，また，公表もされなかった。その理由としては，まず，アデナウアー（CDU）連邦首相が，連立相手からも，さらには自己の政党・会派からも，明確な連立協定を根拠として拘束されることを避けたかったということが挙げられる。また，当時は，連立政権の政策についての取り決めよりも，連立政党への大臣配分と具体的な人物決定が重要であるという考えが主流であったため，詳細な連立協定を締結する契機が無かった。さらに，連立小政党の立場（交渉力）が弱かったため，CDU／CSU の方針と異なる連立協定を締結することが困難であった[55]。

---

(51)　Schüle 1964, a.a.O.（Anm. 48），S. 45-46.

(52)　前述第1章5（1）参照。

(53)　Deutscher Bundestag/Bundesarchiv（Hg.），*Der Parlamentarische Rat 1948-1949. Akten und Protokolle* Bd. 2. *Der Verfassungskonvent auf Herrenchiemsee*, 1981, S. 523.

(54)　Helmut Scheidle, *Die staatsrechtlichen Wirkungen einer Koalitionsvereinbarung bei der Bildung der Bundesregierung*, 1965, S. 160-163 Anhang I .

第 2 章　連立政権における現象

　よって，1961年11月の第四次アデナウアー（CDU）政権成立時のCDU／
CSUとFDPの連立協定が，まとまった形を持ち，詳細な内容を含み，かつ，
公になった初めての連立協定となった[56]。

　しかし，それ以降の政権においては，まとまった形の連立協定は締結されな
かった。たとえば1966年12月，1969年10月のそれぞれの連立政権成立時には，
連邦首相の施政方針演説をもって連立協定とするとされた[57]。1961年の次に
まとまった形で公になった連立協定は，1980年11月に成立した第三次シュミッ
ト（SPD）政権成立時のSPDとFDPの連立協定であった[58]。それ以降は，
個別の連立協定の集合となった1987年2月の第三次コール（CDU）政権の場合
を除いては，各政権成立時においてまとまった形の連立協定が締結され，公表
されている。

　現在の第二次シュレーダー（SPD）政権については，2002年9月22日の第15
回連邦議会選挙の結果，SPDと90年連合／緑の党の連立与党が多数派を維持
し，2002年10月16日に両党の間で連立協定「革新と公正－経済的に強い，社会
的なドイツのために」が締結された[59]。

---

(55)　参照，Suzanne S. Schüttemeyer, *Fraktionen im Deutschen Bundestag 1949-1997.
　　Empirische Befunde und theoretische Folgerungen, 1998, S. 259。

(56)　同連立協定は，参照，*Die Welt* vom 6. 11. 1961, S. 6。これは，当事者の意思に反
　　して公になったものである。参照，*Der Spiegel* Nr. 47 vom 15. 11. 1961, S. 26。ただ，
　　原本はCDUのアデナウアー党首，CSUのシュトラウス党首，FDPのメンデ（Erich
　　Mende）党首ら6人しか持っておらず，また，軍事・外交政策に関する部分は国家秘密
　　として公にならなかった。このことについて，参照，Helmut Gerber, *Koalitionsabkom-
　　men im Bund*, 1964, S. 37。

(57)　1966年について，参照，Knorr 1975, a.a.O.（Anm. 13）, S. 139。1969年について，参
　　照，Arnulf Baring/Gregor Schöllgen, *Kanzler Krisen Koalitionen*, 2002, S. 119。

(58)　同連立協定は，参照，*Frankfurter Allgemeine Zeitung* vom 11. 11. 1980, S. 7。シュ
　　ミット連邦首相は，自由な活動の余地を残すため，詳細な連立協定を作成する意図は無
　　かった。しかし，議席数が増加し，かなめ党として強い交渉力を持つFDPの要求に
　　よって，詳細な連立協定が作成された。参照，Udo Bermbach, „Stationen der Regie-
　　rungs- und Oppositionsbildung 1980", *Zeitschrift für Parlamentsfragen* 1981, S. 79。

(59)　同連立協定は，参照，*Das Parlament* Nr. 42-43 vom 21/28. 10. 2002, S. 17-24。各政
　　権の連立協定の一覧については，参照，Rudzio 2002, a.a.O.（Anm. 21）, S. 58（Tabelle 2）。

53

第一編　連立政権

（3）連立協定の内容

連立協定は，連立政権の政策，人事，組織・手続を内容とする。

（a）政策協定

政策協定とは，連立政権が将来取り組むべき政策についての協定のことである[60]。その原型は，ワイマール共和国時代にすでに存在していた[61]。近年，国家の役割の拡大に伴い，量的に増加し，質的に多様な内容を含むようになっている。たとえば，1991年1月の連邦での第四次コール（CDU）政権成立時のCDU／CSUとFDPの連立協定は，「量，内容，記述方法においてそれまでの連立協定と明らかに異なる。公表された連立協定は，外交・防衛政策の協定を除き，全ての政治領域に及んでいる。詳細に全面的に確定する方向に進んでいる」とされる[62]。さらに，2002年10月の連邦でのSPDと90年連合／緑の党の連立協定では，「Ⅰ．序文」に続いて，「Ⅱ．雇用増加と強い経済，確固とした財政，Ⅲ．東側の建設，Ⅳ．子供に優しい国家と全ての人へのよりよい教育政策，Ⅴ．エコロジー的現代化と消費者保護，Ⅵ．連帯政策と社会国家の革新，Ⅶ．男女平等，Ⅷ．治安，寛容，デモクラシー，Ⅸ．公正な国際化—ヨーロッパと世界におけるドイツ」と，国家政策全般について詳細に取り決められている。

政策協定は，連立政権の具体的政策の基本となる。それぞれの綱領・政策を保持する各政党は，単に役職獲得のためではなく，その政策の実現のために連立政権に参加するので，政策協定についての連立交渉は，しばしば難航する[63]。とくに，ドイツでは大臣の独立性が強いことから，連立相手の政党の大臣の所轄について連立協定を詳細に定め，影響を及ぼそうとする[64]。さら

---

(60)　Scheidle 1965, a.a.O.（Anm. 54），S. 25-26.

(61)　前述第2章2（2）参照。

(62)　参照，Waldemar Schreckenberger, „Informelle Verfahren der Entscheidungsvorbereitung zwischen der Bundesregierung und den Mehrheitsfraktionen: Koalitionsgespräche und Koalitionsrunden", *Zeitschrift für Parlamentsfragen* 1994, S. 332。政策協定が質的・量的に増加・拡大した理由について，なお，後述第2章2（9）参照。

(63)　連立政権において，各政党が自己の政策の実現を目指すことについては，前述第1章2（2）参照。

(64)　後述第5章参照。

に，一旦定めた政策協定については，現在では公表されるため，その実現のための努力をしなければならない。

これらのことから，政策協定は質的・量的にも，また，その重要性からも，連立協定の中心を占めていると言えよう。

ただ，政権成立時に全ての政策問題を詳細に定めることは不可能であることから，一般原則の規定にとどめる場合もある。たとえば，2001年3月にバーデン＝ヴュルテンベルク州でCDUとFDPの間で締結された連立協定は，序文において，「この連立協定は，両当事者の共同活動の予定表であり，バーデン＝ヴュルテンベルク州のこれまでの成功を継続するものである。私たちの目的は，今後5年間の全ての事態を予想して規定することではない。両当事者の間の信頼が，新たな，または予測していない要請に対して柔軟に相互の合意のもとにラントにとって正しい回答を与えることができる基礎である」と規定している[65]。

また，政策問題について合意に達しない場合は，連立協定から除外・先送りされることもある。

これらのことから，具体的政策を構想・実行する人物についての協定，さらには組織・手続協定が重要になる。

（b）人 事 協 定

人事協定とは，各種の役職の人事についての協定のことである。すなわち，首相，大臣などの各政党への配分，さらに具体的な人物などが取り決められる[66]。

大臣などの役職を獲得することが連立政権参加の重要な目標であること[67]，さらに，実際に政策協定を実現するのは首相・個々の大臣であることから，人事協定は連立協定の重要な部分を占める[68]。

---

(65) 同連立協定は，参照，http://baden-wuerttemberg.de/sixcms/media.php/588/koalition.pdf（2004年3月）。

(66) 参照，Scheidle 1965, a.a.O.（Anm. 54），S. 24-25。この他，連邦大統領，政務次官なども連立交渉の対象になる。連邦大統領については，後述第7章2参照。政務次官については，後述第8章2（4）（c）（ⅰ）参照。

(67) 前述第1章2（1）参照。

第一編　連立政権

　このとき，大臣については，連立政党間の交渉で各政党への大臣数・具体的所轄が決定される。その後，各政党が，それぞれに配分された個別のポストについて具体的人物を決定する。大臣数については基本的に連立政党の議席数にほぼ比例するが，具体的に配分される大臣数と所轄の種類・規模，また，各政党の具体的人物決定がそのまま実現するかどうかは，政党の交渉力・政治情勢次第である[69]。

　たとえば，1998年9月の第14回連邦議会選挙後のSPDと90年連合／緑の党の連立交渉では，当初，90年連合／緑の党は外務大臣，さらに自己の環境政策・原子力政策実現のための環境大臣を含む4大臣を要求した。連立交渉開始後，3大臣と1有力ポストということで合意したが，90年連合／緑の党は3大臣目として法務大臣を要求した。しかしSPDが拒否し，結局，90年連合／緑の党には，外務大臣，環境・自然保護・原子炉安全大臣，さらに健康大臣が配分された[70]。

　さらに，各ポストの具体的人物については，原則として各政党が決定する慣行が成立した。しかし，それぞれの政党の決定がそのまま実現するとは限らない。1961年11月の連邦での第四次アデナウアー（CDU）政権成立時のCDU／CSUとFDPの連立交渉では，CDU／CSUの外務大臣ポストについて，前政権のブレンターノ（CDU）外務大臣の留任にFDPが反対したため，ブレンターノはCDU／CSU会派委員長に転じた。そこで，アデアウアー連邦首相はハルシュタイン（Walter Hallstein）を外務大臣にしようとしたが，再びFDPが拒否し，結局，CDU内でFDPの外交政策に近い考えを持つシュレーダーが外務大臣になった[71]。

　他方で，他の連立政党の拒否が受け入れられないこともある。1966年12月の

---

(68)　Gerber 1964, a.a.O.（Anm. 56），S. 181-182.

(69)　前述第2章1（3）参照。

(70)　以上の経過については，参照，Kristin Bergmann 1999, a.a.O.（Anm. 43），S. 319。なお，90年連合／緑の党は党内の派閥・性別比例実現のために4大臣を要求していた。

(71)　参照，*Der Spiegel* Nr. 46 vom 8. 11. 1961, S. 23-24。当時，外交政策において，アメリカとの関係を重視するいわゆるアトランティカーと，フランスとの関係を重視するいわゆるゴーリストの対立があった。アデナウアー連邦首相はゴーリストであったが，シュレーダーはアトランティカーであり，FDPの立場に近かった。

連邦でのキージンガー（CDU）政権成立時のCDU／CSUとSPDの連立交渉
では，1962年のシュピーゲル事件で国防大臣を辞任して以降閣外にあったシュ
トラウスCSU党首の入閣に対してSPDが拒否したが，シュトラウスは大蔵大
臣となった[72]。

　なお，人事協定は，連邦では1994年11月の第五次コール（CDU）政権まで，
口頭の取り決めは存在していたが，文書化・公開されていなかった。しかし，
1998年10月の連邦での第一次シュレーダー（SPD）政権成立時のSPDと90年
連合／緑の党の連立協定において，連邦では初めて詳細な人事協定が連立協定
文書に規定された。2002年10月の連邦での第二次シュレーダー（SPD）政権成
立時のSPDと90年連合／緑の党の連立協定では，「Ⅹ．政党の協調」「内閣で
の活動」において「内閣の全ての委員会と，内閣が派遣する委員会においては，
数的に許容される限り，両当事者が代表される。内閣に関連する協議会，評議
会などの人事は，相互に協調的に，両当事者の勢力関係を考慮して行う」と規
定し，さらに，「人事協定」において，SPDのシュレーダーを連邦首相にする
こと，90年連合／緑の党のフィッシャー（Joschka Fischer）を副首相にするこ
と，さらに大臣，事務次官，政務次官の両党への配分を規定している。

　このような人事協定については，人事に関する透明性を高め，立法期の間に
おいて人事についての衝突を回避する目的があると考えられる。なお，国家機
関の人事を連立政党間で詳細に取り決めることの問題については，後で検討す
る[73]。

（ｃ）組織・手続協定

　組織・手続協定とは，連立政党相互の協力，議会全体・政府との関係，連立

---

(72)　参照，*Frankfurter Allgemeine Zeitung* vom 1. 12. 1966, S. 4。シュピーゲル事件と
　　　は，1962年10月に，週刊誌『シュピーゲル（Der Spiegel）』がNATOの合同演習を取
　　　材し記事にしたことに対し，国家機密漏洩に当たるとしてシュトラウス（CSU）国防大
　　　臣がシュタムベルガー（Wolfgang Stammberger）（FDP）法務大臣に無断でシュピー
　　　ゲル社を捜査し，当該記事編集者が逮捕された事件。この事件がきっかけで1962年11月
　　　にFDPは連立を一旦解消し，再度CDU／CSUとFDPが連立して12月に成立した第五
　　　次アデナウアー（CDU）政権にシュトラウスは入閣しなかった。シュピーゲル事件に
　　　ついては，参照，平島健司『ドイツ現代政治』（東京大学出版会，1994年）87頁。

(73)　連邦首相の人事権に関して，後述第4章3参照。

57

第一編　連立政権

協定の実行の担保の手段についての協定のことである[74]。具体的には，たとえば，議会での統一的投票行動，相互の協議・調整のための連立委員会の設置などがある。

　2002年10月の連邦でのSPDと90年連合／緑の党の連立協定では，「X．政党の協調」において，「一般原則　（前略）連立当事者は，議会と政府での活動を継続的に包括的に調整し，手続，政策，人事問題でコンセンサスを確立する。連立当事者は，少なくとも毎月一回，連立委員会で連立会談を行う。連立委員会は，連立当事者間で調整されなければならない基本的意味を持つ案件を審議し，衝突時にはコンセンサスをもたらす。連立委員会には，連立当事者からそれぞれ8人ずつが所属する」。「議会での活動　連邦議会と，そこから派遣される委員会では，連立会派は統一して投票する。これは，協定されていない問題にも適用される。異なる多数派（Wechselnde Mehrheit）を形成することは行わない。議会での手続と活動については，連立会派の協調が確立される。会派の動議，法案の提案，質問は，共同に，または，例外的な場合も相互の協調のもとに提出される。連立会派は，それらのことについての協定を締結する」。「内閣での活動　内閣においては，連立当事者の一方にとって基本的な意味を持つ問題については，投票で決着を付けてはならない。（以下略）」と，連立政権の組織・手続について詳細に規定している。

　連立政権成立時に定めた詳細な政策協定・人事協定については，その実現を確保しなければならない。また，実際に成立した連立政権の活動においては，政策協定・人事協定に定めていない問題が発生し，当事者間での争いが生じうる。よって，この組織・手続協定は，連立協定の実行，連立政権の日常の活動のために必要である[75]。憲法は，国家秩序の基礎を規定するが，その枠内では政治的意思形成の大きな余地がある[76]。よって，連立政権の政治的意思形成の過程を規定する組織・手続協定は，憲法的にも重要な意味を持っていると言える[77]。

---

(74)　Gerber 1964, a.a.O. (Anm. 56), S. 29.

(75)　Scheidle 1965, a.a.O. (Anm. 54), S. 127-128.

(76)　前述序章1参照。

(77)　Scheidle 1965, a.a.O. (Anm. 54), S. 127.

第2章　連立政権における現象

（4）連立協定の当事者

具体的な法的検討の前提として，まず，連立協定を締結する当事者を確定しなければならない[78]。

連立交渉の経過から，まず，政党が連立協定の当事者と考えられる。連立交渉開始が政党幹部会で決定され，連立政党の代表者が連立交渉に参加し，その連立交渉の結果である連立協定が政党幹部会・党大会（Parteitag）といった政党の機関で承認されるからである。

さらに，会派が問題となる。会派とは，議員法（Gesetz über die Rechtsverhältnisse der Mitglieder des Deutschen Bundestages）第45条の「連邦議会議員は，会派を設立することができる」という規定で形成される，「同一政党，もしくは同一方向の政治目標を持ちいかなるラントにおいても競合していない政党に属する，連邦議会議員の最低限5％の議員の集団」（連邦議会議事規則第10条1項）である[79]。つまり，会派とは，基本法第38条1項2文で保障された個々の議員の自由な決定に基づいて設立される，原則的に同一政党に所属する議員の集団である[80]。議会内の存在としての会派は，その活動を議員法と連邦議会議事規則で規定されており，「連邦議会の任務の実行に協力する」（議員法第47条1項）。この意味で，会派は「憲法生活の必要的制度」である[81]。また，政党は議会外の存在であるため，国民の政治的意思を会派経由で議会に伝達する。よって，「会派は議会における政党の代表である[82]」。

会派が連立協定の当事者であるかという問題については，まず，会派と政党

---

(78)　詳細な検討は，岩切 1999年・前掲注(48)37-43頁参照。

(79)　会派は連邦議会議員の5％以上の議員の集合であるため，同一政党の議員集団であっても5％未満の場合はグループとなる（連邦議会議事規則第10条4項）。本書では，このようなグループが連立政権を形成する場合も「会派」という表現に含む。

(80)　苗村辰弥『基本法と会派 ── ドイツにおける「会派議会」の憲法問題 ── 』（法律文化社，1996年）39頁は，会派の機能として，議会の議事運営を安定・効率化する機能，政党の意思を議会内に媒介する機能，議員の権利を集団的に行使する機能を挙げる。

(81)　BVerGE 10, 4 ［14］; 20, 56 ［104］.

(82)　Wolfgang Zeh, „Gliederung und Organe des Bundestages", in: Josef Isensee/Paul Kirchhof（Hg.）, *Handbuch des Staatsrechts der Bundesrepublik Deutschland* Bd. II. *Demokratische Willensbildung—Die Staatsorgane des Bundes*, 1987, § 42 Rn. 14.

第一編　連立政権

の関係を明らかにしなければならない。たしかに，会派は原則として同一政党の議員からなる集団である。しかし，政党は，基本法第21条および政党法（Parteiengesetz）に基づいて設立される，議会外において国民の政治的意思形成に協力する私的な団体であるのに対し，会派は，国家機関である連邦議会内部において，その構成員である連邦議会議員が議員法に基づいて設立し，連邦議会議事規則で各種の権能を与えられる団体である。

　よって，政党と会派は密接に関連・結合しているが，別の主体であると考えることが妥当である[83]。すなわち，政党の意思形成と会派の意思形成は相互に独立しており，それぞれの行動はそれぞれについてのみ帰属する[84]。政党のみが締結した協定は会派を義務付けず，会派のみが締結した協定は政党を義務付けない[85]。よって，政党とともに，会派も連立協定の独立した当事者と考えられる。

　憲法上，連邦首相を選出するのは会派を構成する議員である（基本法第63条）。すなわち，実際には，会派総会が連立政権への参加と連立協定についての最終決定を行う[86]。

　たとえば，シュピーゲル事件のため1962年11月にCDU／CSUとFDPの連立政権が崩壊した後，SPDの政党幹部会・会派幹部会は，CDU／CSUと連立することを会派に勧告した。しかし，会派総会で反対にあって，結局，CDU／CSUとSPDの大連立政権は形成されなかった[87]。また，1969年9月の第6回連邦議会選挙の翌日に，FDPのシェール党首は，「連立についての最終的決定は会派全体（すなわち総会）のみが行うことができる」（括弧は筆者）と述べた[88]。これらのことから，会派総会が連立についての最終決定権を持って

---

(83)　連邦憲法裁判所判決も両者を区別している。参照，BVerGE 20, 56［104-105］。

(84)　Karl-Heinz Seifert, *Die politischen Parteien im Recht der Bundesrepublik Deutschland*, 1975, S. 345.

(85)　Gerber 1964, a.a.O.（Anm. 56），S. 129.

(86)　Heinhard Steiger, *Organisatorische Grundlagen des parlamentarischen Regierungssystems. Eine Untersuchung zur rechtlichen Stellung des Deutschen Bundestages*, 1973, S. 112.

(87)　Franz Schneider, *Große Koalition. Ende oder Neubeginn?*, 1969, S. 23-24.

(88)　Dexheimer 1973, a.a.O.（Anm. 5），S. 124.

第 2 章　連立政権における現象

いるということが分かる。

　よって，会派は，政党の考えと異なる連立政権を形成することさえできる。たとえば，1968年 4 月のバーデン＝ヴュルテンベルク州議会選挙後，SPD のラント支部（政党）は，CDU との連立に反対する決定を行った。しかし，SPD のラント議会会派は，バーデン＝ヴュルテンベルク州憲法第27条で保障された議員の自由委任を根拠に，CDU と連立政権を形成した[89]。

　以上のことからも分かるように，首相を選出するのは議会であることから，会派が連立についての最終決定権を持つ。会派は，政党の決定に反して連立政権に参加，または参加を拒否し，さらに，政党の推薦する人物と異なる人物を首相に選出することが可能である。政党は，その意見を会派に対して押し通す手段が無い[90]。このことから，会派は，連立協定の本来的当事者であるとさえ言えよう[91]。

　なお，連立協定の内容について，その大半は法律の制定など議会内部の事項に関することであるが，他方で政府が行うべき措置など議会外の事項も定められている。しかし，このことによっても，会派が連立協定の主体であることは変わらない。というのは，連立協定は，会派が議会での首相選挙において連立の首相候補者に投票するための条件と考えられるので，その条件として議会外の事項についても取り決めることは可能であるからである。ただ，会派は議会内の存在であるため，議会外の事項について実行するのは政党である[92]。

　すなわち，政党は，直接的には首相選出も連立協定の議会内の事項も実現できず，他方，会派は，直接的には連立協定で定められた議会外の事項については実現できない。よって，両者がともに連立協定の当事者であることになる[93]。

　対照的に，政党と会派以外のもの，具体的には国家機関およびその構成員は，

---

(89)　参照，*Der Spiegel* Nr. 25 vom 17. 6. 1968, S. 30-31。

(90)　Ulrich K. Preuß, in: *Kommentar zum Grundgesetz für die Bundesrepublik Deutschland* Bd. 1, 2. Auflage, 1989, Art. 21 Rn. 59.

(91)　Gerber 1964, a.a.O.（Anm. 56），S. 130.

(92)　Schüle 1964, a.a.O.（Anm. 48），S. 20-21.

(93)　Gerber 1964, a.a.O.（Anm. 56），S. 136. その他，政党と会派をともに連立協定の当事者とするものとして，参照，Schulze-Fielitz 1992, a.a.O.（Anm. 50），S. 333; Seifert 1975, a.a.O.（Anm. 84），S. 426-427。

61

第一編　連立政権

連立協定の当事者ではない。

　連邦について考えると，連立協定に基づいて連邦首相が選出され，その連邦首相が連邦大臣を決定し，連邦内閣が形成されることから，連邦首相・連邦大臣・連邦内閣は連立協定の当事者ではない。連立交渉には連邦首相・連邦大臣予定者が多く参加するが，それらは政党・会派の指導者という資格で参加している。

　また，連邦議会も連立協定の当事者ではない。というのは，連邦議会には他の政党の会派も存在するからである。

　さらに，個別の連邦議会議員も連立協定の当事者ではない。連邦議会議員が連立交渉に参加し，または政党・会派の内部で連立協定を作成・承認したとしても，それは政党・会派の構成員としての行為である。

　つまり，政党と会派以外の国家機関・国家機関の構成員は，連立協定の当事者ではない[94]。

　連邦首相・連邦大臣など，連立協定の当事者以外について規定している連立協定は，連立協定の当事者である政党・会派が，「連立協定の内容に従ってそれらに対して働きかける義務を負う」ということを表している[95]。

（5）連立協定の許容性と必要性

　以上のように，連立協定の当事者は政党と会派であると考えられる。ここでは，政党と会派が連立協定を締結する許容性と，その必要性について検討する[96]。

　まず，政党は国民の政治的意思形成に協力する任務を負っているが（基本法第21条），その任務は選挙における活動にとどまらず，立法，統治能力のある多数派を組織すること，そして組閣への協力をも含む[97]。政党は，選挙に

---

(94)　Christoph Sasse, „Koalitionsvereinbarung und Grundgesetz", *Juristenzeitung* 1961, S. 724.

(95)　Scheidle 1965, a.a.O.（Anm. 54），S. 121-122.

(96)　詳細な検討は，岩切 1999年・前掲注(48)41-43頁参照。

(97)　Theodor Maunz, in: Theodor Maunz/Günter Dürig/Roman Herzog/Rupert Scholz, *Kommentar zum Grundgesetz*, Loseblatt, Art. 21 Rn. 14 (1984).

第 2 章　連立政権における現象

よって表明された国民の政治的意思を国家機関に仲介し，国家機関の決定に変換する役割を持つ[98]。したがって，政党が多数派に支えられた安定した政府を形成するために連立政権を形成すること，そして，その条件についての連立協定を締結することが許容される[99]。

会派については，その任務は基本法に直接的に規定されているわけではない。しかし，政党の任務は，主として，議会における会派によって行われる。すなわち，実際に首相を選出し，議会において政府を支持する主体は会派である。このことから，会派も政党と同様の理由により，連立協定を締結することが許容されると考えられる[100]。

このことは，連邦議会が討議を経ないで連邦首相を選出することを規定している基本法第63条１項からも裏付けることができる。

連邦議会が文字通り連邦首相候補についての討議をすること無く選出する場合，まず，その候補が法定過半数を獲得するかどうか不確実である。仮にその候補が過半数獲得に失敗した場合，その連邦首相候補を提案した連邦大統領の権威が損なわれることになる[101]。さらに，偶然その候補が過半数の議員の賛成を得て連邦首相に選出されたとしても，そのようにして成立した連邦政府は，確固とした連邦議会の多数派を確保していないことになる。基本法は，立法期全体を通じて連邦首相・政府を支持する，安定した連邦議会多数派の形成を期待しており，偶然の多数派による連邦首相の選出は望ましくない[102]。

以上のことから，確実に連邦議会の多数派の支持を得る連邦首相を選出するために，本会議の外での事前協議で連邦首相候補についての合意がなされ，そ

---

(98)　BVerGE 20, 56［98-99］.

(99)　Ingo von Münch, *Rechtliche und politische Probleme von Koalitionsregierungen. Vortrag gehalten vor der Juristischen Gesellschaft zu Berlin am 14. Oktober 1992*, 1993, S. 14; Schüle 1964, a.a.O.（Anm. 48），S. 41-42; Scheidle 1965, a.a.O.（Anm. 54），S. 72-73; Gerber 1964, a.a.O.（Anm. 56），S. 83-84; Sasse 1961, a.a.O.（Anm. 94），S. 723.

(100)　Gerber 1964, a.a.O.（Anm. 56），S. 119-122.

(101)　Weber 1967, a.a.O.（Anm. 1），S. 77.

(102)　Roman Herzog, in: Theodor Maunz/Günter Dürig/Roman Herzog/Rupert Scholz, *Kommentar zum Grundgesetz*, Loseblatt, Art. 63 Rn. 7-8（1983）; Scheidle 1965, a.a.O.（Anm. 54），S. 92-93.

の人物が連邦大統領に報告され，連邦大統領はその人物を連邦議会に提案することが要請されている[103]。よって，単独で議席の過半数を持つ政党が存在しない場合，政党間で連邦首相候補について合意するために連立協定を締結することも許容され，また，必要であると考えられる[104]。

なお，本書では，連立協定の当事者として，とくに必要が無い限り，政党のみを記述・検討する。

（6）連立協定の法的性質

政党間で締結される連立協定の法的性質について，争いがある[105]。

まず，連立協定は法規範ではない。立憲国家における法規範の定立は，憲法的にその権限を持つ国家機関が行う。よって，国家機関ではない政党間の協定では法規範は生じえない。したがって，連立協定の当事者ではない国家機関とその構成員は，連立協定に従う法的義務が無いことになる。また，それらが連立協定に基づいて行動したときは，その行動が連立協定に基づいていることを理由に正当化できないことになる[106]。

問題となるのは，連立協定が法的拘束力を持った契約であるかという点である。一方では，連立協定は法的拘束力を持った契約であると主張される。しかし，他方では，連立協定には法的拘束力は無く，事実上の拘束力・政治的拘束力のみを持つ政治的取り決めであると主張される[107]。この問題については，現在でも学説が分かれている[108]。

---

(103)　なお，後述第7章3（1）参照。

(104)　Weber 1967, a.a.O. (Anm. 1), S. 78.

(105)　詳細な検討は，岩切 1999年・前掲注(48)43-48頁参照。

(106)　Sasse 1961, a.a.O. (Anm. 94), S. 722. このことについては，争い無い。

(107)　政治的拘束力という意味については，後述第2章注(112)参照。

(108)　契約説は，参照，Weber 1967, a.a.O. (Anm. 1), S. 102-103; Scheidle 1965, a.a.O. (Anm. 54), S. 100-101; Gerber 1964, a.a.O. (Anm. 56), S. 143; Sasse 1961, a.a.O. (Anm. 94), S. 726; Münch 1993, a.a.O. (Anm. 99), S. 30. 政治的取り決め説は，参照，Joachim W. Maiwald, *Zum Wesen des „Verfassungsrechtlichen Vertrages". Dargestellt am Beispiel der zwischenparteilichen Koalitionsvereinbarung*, 1963, S. 105-106; Wilhelm Kewenig, „Zur Rechtsproblematik der Koalitionsvereinbarungen", *Archiv des öffentlichen*

ある約束が契約であるかどうかを判断する際に決定的なのは，当事者の意思である。つまり，契約であるためには，当事者間で約束の法的拘束性についての合意がなければならない[109]。

よって，連立協定が契約であるかどうかということについても，当事者の意思が決定的である。連立協定は，広汎な政治分野についての政策を連立政権成立時点で規定しているが，その実行においてはその後の政治情勢に影響を受ける。また，連立政権を形成する政党は，それぞれ固有の政策を持った政党であり，政治情勢次第で特定の連立協定を実現しないこともある。そもそも，政治の現実から判断すると，当事者は立法期全体にわたって相互に法的に拘束しようとしているのではなく，共同の政策がそれぞれの政党の基本政策またはその考えるところの公共の福祉と一致しない場合，問題となっている連立協定を破棄するのみならず，場合によっては連立政権を解消することを留保していると考える方が適切だろう[110]。

以上のことから，連立協定は，法的拘束力が無い，事実上の拘束力・政治的拘束力を持つ政治的取り決めであると考えられる。すなわち，当事者である政党は，直接実現できる連立協定については，それを実行する義務を負う。

典型的なものは，組織・手続協定である。たとえば連立委員会の設置を取り決めた協定は，当事者である政党が実行できる協定であり，実際に連立委員会を設置する義務を負う。

他方で，当事者ではない国家機関およびその構成員の権限に属する事項を定めた連立協定については，連立協定の当事者は，それぞれの国家機関などに対して，連立協定の内容の実現を働きかける義務を負うことになる。そして，その内容を実現するかどうかは国家機関が決定する。

Rechts 1965, S. 191; Wolf-Rüdiger Schenke, in: *Bonner Kommentar zum Grundgesetz*, Loseblatt, Art. 63 Rn. 25 (1977); Henke 1991, a.a.O. (Anm. 47), Art. 21 Rn. 151; Schüle 1964, a.a.O. (Anm. 48), S. 63–67; Schulze-Fielitz 1992, a.a.O. (Anm. 50), S. 335; Seifert 1975, a.a.O. (Anm. 84),S. 428–429; Herzog 1983, a.a.O. (Anm. 102), Art. 63 Rn. 11–13。

(109)　Schüle 1964, a.a.O. (Anm. 48), S. 65; Scheidle 1965, a.a.O. (Anm. 54), S. 42–43.

(110)　Wilhelm Henke, *Das Recht der politischen Parteien*, 2. neu bearbeitete Auflage, 1972, S. 158–159.

第一編　連立政権

　2002年10月の連邦でのSPDと90年連合／緑の党の連立協定においても随所でこのような協定が見られるが，たとえば「Ⅱ．雇用増加と強い経済，確固とした財政」の項目「官僚主義の除去と行政の現代化」では，連邦政府が官僚主義的規制と過度の規制を除去し，さらに，現代的行政の実現のための計画を開始することを規定している。このような場合は，まさしく連邦政府にその実現を働きかけるのみで，連立協定の当事者の義務は果たされたことになる。

（7）連立協定実行の確保手段

　以上から，連立協定は，政治的取り決めであることが明らかになった。契約の場合，最終的には司法制度・制裁によって実行が確保される。しかし，連立協定は契約ではないため，司法制度での実現は不可能である[111]。よって，連立協定実現，連立協定違反の場合の制裁は，政治的な方法によって行われることになる[112]。

　個々の連立協定違反の場合，まず，当事者の話し合いが行われ，必要な場合には連立委員会が招集される。たとえば2002年10月の連邦でのSPDと90年連合／緑の党の連立協定では，「Ⅹ．政党の協調　一般原則」において，連立委員会の任務として，衝突時に当事者のコンセンサスをもたらすことが挙げられている。

　それでも問題が解決しない場合，公に連立相手を批判し，さらに，議会などで連立相手を支持しないことが行われうる。たとえば，1966年12月の連邦でのCDU／CSUとSPDの連立政権であるキージンガー（CDU）政権においては，連邦首相の施政方針演説が連立協定とされたが，その中には，連邦議会選挙について，現行の比例代表制に代えて小選挙区・相対多数選挙制を導入するという協定も含まれていた[113]。しかし，1968年3月のSPDのニュルンベルク党

---

(111)　ただ，連立協定を法的契約とする説の大部分は，対応する裁判方法が無いことから，裁判で連立協定を実現する可能性を否定する。たとえば参照，Gerber 1964, a.a.O.（Anm. 56），S. 243-244。なお，裁判を可能とする説として，参照，Scheidle 1965, a.a.O.（Anm. 54），S. 134-159。

(112)　法的拘束力が無く法的制裁可能性が無いという意味で，連立協定は政治的拘束力を持つ政治的取り決めである。参照，Heinrich 2002, a.a.O.（Anm. 12），S. 52-53。

66

大会において選挙制度改革について論じられなかったことから，バルツェル（Rainer Candidus Barzel）CDU／CSU会派委員長は，SPDが連立政権の共通の政策を守らないときには連立の解消もありうると批判した[114]。

　連立協定違反が重なり，または重大な違反が起こると，連立解消が行われることがある。相手の連立協定違反を理由としなくとも，全体的な政策の相違から連立を解消することがある。このような連立解消は，それ自体，全面的な連立協定違反である。このとき，連立を解消した側も，解消された側も，相互に相手を批判する。そして，以上のような連立協定違反，それに伴う争いについて，国民が選挙などで最終的に判断することになる。

　すなわち，連立協定に違反し，また，連立を解消した政党は，他の政党の信頼を失うことで以降の連立政権形成において自己のチャンスが減少し，国民の信頼を失うことで選挙において得票・議席を減らす危険があり，いずれの場合も政治活動に大きな影響を受けることになる。

　以上の例としては，1980年11月に連邦で成立した，SPDとFDPの連立政権である第三次シュミット（SPD）政権が挙げられる。1980年10月の第9回連邦議会選挙において，FDPはSPDとの連立政権を継続すると明言して選挙戦を戦い，1976年10月の第8回連邦議会選挙での39議席（得票率7.9％）から53議席（得票率10.6％）に議席を増やした。この結果，選挙後の連立交渉においては，FDPの多くの政策が連立協定に含まれることになった。しかし，このことは，左派が強くなっていたSPDにとって不満であり，両党の対立が次第に激しくなっていった。1981年には経済政策と失業対策，1982年夏には1983年度予算案について両党が対立し，結局1982年9月17日にFDPの連邦大臣が辞任し，連立政権が崩壊した。その後，FDPは，野党のCDU／CSUと連立交渉を行い，10月1日にCDU／CSUとFDPによるシュミット（SPD）連邦首相に対する建設的不信任（基本法第67条）によって，第一次コール（CDU）政権が成立した[115]。

---

(113)　前述第2章2（2）参照。

(114)　*Frankfurter Allgemeine Zeitung* vom 26. 3. 1968, S. 1.

(115)　以上の経過については多くの文献があるが，たとえば参照，Johannes Merck, „Klar zur Wende? —Die FDP vor dem Koalitionswechsel in Bonn 1980-1982",

第一編　連立政権

　この経過について，シュミット連邦首相は，連邦首相としての最後の演説において，「FDP は，1980年の連邦議会選挙において SPD との連立政権を継続することを表明し，かつ，選挙後には 4 年間連立政権を形成することに合意して連立協定を締結した。にもかかわらず連立を解消し CDU／CSU と連立政権を形成した FDP の行動は『信頼を破った裏切り』であり，この政権交代は『合法』であるが信義に反する」として，FDP および新政権を「道徳的」に批判した[116]。

　そして，1983年 1 月に連邦議会が解散され1983年 3 月に第10回連邦議会選挙が行われたが，以上の経過について激しい批判を受けていた FDP は，議席を1980年10月の第 9 回連邦議会選挙での53議席（得票率10.6％）から34議席（得票率7.0％）に大幅に減らした[117]。

　連立協定を守らない場合，また，連立を変更する場合，このような政治的報復，さらに世論の批判を受けることについて，政党は自覚している。したがって，連立協定は法的契約でなくとも強い政治的拘束力があることになる[118]。

　ここまでのことから，連立協定によって，直接の当事者である政党と会派は，①当事者が実行できる協定についてはそれを実行し，②当事者ではない国家機関およびその構成員の権限に属する事項に関する協定については，それぞれに対してその実現を働きかける義務を負うことになる。それらの義務に違反した場合は，政治的な報復活動・制裁が行われる。

　なお，国家機関およびその構成員と連立政権との関係については，章を改めて検討する[119]。

（8）連立協定の内容的限界

　連立協定は法的拘束力が無い政治的取り決めであるが，内容的に限界がある。というのは，連立協定は，政党の憲法的任務として締結され，実質的意味の憲

　　　Politische Vierteljahresschrift 1987, S. 384-402。

(116)　*Das Parlament* Nr. 40 vom 9. 10. 1982, S. 1-3.

(117)　この解散については，後述第10章 3 （3）（a）（ⅱ）で詳細に検討する。

(118)　Schulze-Fielitz 1992, a.a.O.（Anm. 50），S. 334-335.

(119)　後述第 3 章 – 第 7 章参照。

第2章　連立政権における現象

法に関係するものだからである[120]。

　具体的には，まず，政党の任務である国民の政治的意思形成への協力（基本法第21条）に無関係なことを連立協定の内容としてはならない。たとえば，特定の裁判，狭義の行政への介入は許容されない。ただし，司法制度・行政制度の改革を内容とすることについては，政党の任務の範囲にとどまっており，許容される[121]。

　第二に，自明のことであるが，その適用領域は，その政府が支配する領域を越えてはならない。ドイツの場合，連邦とラント，ラント相互は独立した政府であり，それぞれの領域についてのみ連立協定が締結される。

　第三に，これもまた自明のことであるが，その有効期間は，その政府の任期を越えてはならない。連立政党が，次の立法期にも連立政権を継続することを取り決めることは，連立協定とは別の取り決めである。

　最後に，連立協定は法規範ではないので，基本法・各種法律・各種規則に反してはならない。それらの改正を目指す連立協定を締結することは可能だが[122]，それらを改正することなく，それらの規定に反する内容を含む連立協定を定めてはならない[123]。この種の連立協定は，二種類に分けられる[124]。

　まず，憲法的な組織的構造を侵害する協定は許容されない。具体的には，連立会派に属する議員の提案権（基本法第76条1項，連邦議会議事規則第76条1項）の排除，連邦首相・政府への命令権を持った連立委員会の形成などが考えられる。さらに，国家機関とその構成員の権限を法的には何も変えなくとも，その政治的重要性のために，実質的に権限が移動し，憲法によって確定された責任関係をゆがめることにつながる協定は問題となる[125]。

　もう一つのものとして，基本法の決断に反する政策の実現・法改正を目的と

---

(120)　参照，Schüle 1964, a.a.O.（Anm. 48），S. 77-78; Seifert 1975, a.a.O.（Anm. 84），S. 432。

(121)　参照，Schüle 1964, a.a.O.（Anm. 48），S. 86; Scheidle 1965, a.a.O.（Anm. 54），S. 106-107。

(122)　それでもなお，基本法第79条3項の事項についての改正を目指してはならない。

(123)　Schüle 1964, a.a.O.（Anm. 48），S. 89-91; Gerber 1964, a.a.O.（Anm. 56），S. 222-223.

(124)　以下の区別については，参照，Sasse 1961, a.a.O.（Anm. 94），S. 725-726。

(125)　Sasse 1961, a.a.O.（Anm. 94），S. 725.

69

第一編　連立政権

する協定は許容されない。たとえば人間の尊厳（基本法第１条１項），連邦国家・権力分立・民主主義・社会的法治国家（基本法第20条，第79条３項），侵略戦争の禁止（基本法第26条１項）に反する協定は許容されないと考えられる[126]。

これらの場合，規定自体が明白に基本法・法律・規則に反する場合と，その文面からはどちらとも判断できずその実現の態様による場合とが考えられる。後者の場合は，個別に判断することになる[127]。

連立協定が以上に反する場合，連立協定は法的拘束力を持つ契約ではないので，その連立協定は「無効（nichtig）」とはならず，「許容されない（unzulässig）」規定であるとなる。すなわち，そのような内容を持つ連立協定はそもそも定めてはならず，定められた場合はそれを実現してはならないということになる[128]。

（9）連立協定の機能

すでに述べたように，近年，連立政権成立時に文書として連立協定が締結され，公表される慣行が成立した。中でも，多様な政策領域について詳細な政策協定が規定され，量的にも増加している。このように詳細な連立協定（とくに政策協定）を文書で定め，公開することの持つ機能として，以下のことが挙げられる。

まず，第一に，文書の連立協定は，連立政権の共通の施政方針であり，よって，自己の政党の党員・会派構成員，野党，有権者に対して立法期の間の計画を示すものである。連立政党が事前にその具体的政策を公にすることによって，野党，有権者，ジャーナリズムは，政府の実績を評価する基準があることになる[129]。さらに，連立政党の党員・会派構成員にとっても，自己の政党・会派

---

(126)　ドイツ再統一前は，基本法の前文と第146条で述べられていた再統一の要請も含まれた。参照，Sasse 1961, a.a.O.（Anm. 94），S. 726。

(127)　Schüle 1964, a.a.O.（Anm. 48），S. 83-84.

(128)　Schüle 1964, a.a.O.（Anm. 48），S. 72; Maiwald 1963, a.a.O.（Anm. 108），S. 122. 連立協定を契約と考える立場からは，「無効」となる。参照，Sasse 1961, a.a.O.（Anm. 94），S. 725-726。

(129)　Schulze-Fielitz 1992, a.a.O.（Anm. 50），S. 334.

指導者の実績を評価する基準になる。すなわち，透明性が高まり，国家的にも
党内・会派内的にも民主的コントロール可能性が高まることになる[130]。連立
政党は，連立協定を実現しなければ批判を受け，次の選挙で得票・議席を減ら
す可能性が高い。よって，詳細な連立協定には，相互の拒否でインモビリズム
に陥りがちな連立政権の活動を促進する作用がある[131]。

　第二に，文書の連立協定は，政党・会派間の交渉・妥協の結果の文書として，
連立政権参加を党内・会派内で最終的に決定する際の判断の基礎となる。この
とき，詳細な連立協定を定めることで，交渉の成果を強調し，連立政権参加へ
の同意を確保しやすくなる[132]。

　第三に，文書の連立協定は，立法期の間には，連立政権に対する党内・会派
内の批判者を統制する手段となる。連立政権においては，しばしば政府政策の
必要性から政党・会派指導者は連立相手に妥協するが，党員・会派構成員の中
には，連立政権の個別的妥協，さらには当該連立政権自体への反対派が存在す
ることがある[133]。連立政権成立時に詳細な連立協定を締結し党大会・会派総
会などにおいて政党・会派の同意を確保しておくと，立法期中，政党・会派指
導者は，連立協定を指摘して連立相手への妥協を行うことが容易になる。すな
わち，連立協定があることで，政党・会派指導者は内部の批判を制御でき，継
続的に安定した政策の実行が可能となる[134]。

　第四に，文書の連立協定があると，衝突時において該当する規定を指摘する
ことが可能になるため，連立政権における衝突が抑制され，長期的協調関係が
可能になる[135]。連立政党は連立することで役職獲得と政策実現という利益が

---

(130)　後述第12章 2（4），第13章 2（2）（a）参照。

(131)　Wolfgang C. Müller, „Koalitionsabkommen in der österreichischen Politik“, *Zeitschrift für Parlamentsfragen* 1994, S. 352. なお，篠原 1984年・前掲注(30)37頁によると，アイルランドにおいては，共和党を中心とした1948年と1953年の連立政権において実績が乏しかったことから，1973年の三回目の連立政権成立時には政策協定が締結された。

(132)　Sabine Kropp/Roland Sturm, *Koalitionen und Koalitionsvereinbarungen. Theorie, Analyse und Dokumentation*, 1998, S. 94.

(133)　政党・会派内部の関係について，後述第13章 2 参照。

(134)　Kropp/Sturm 1998, a.a.O. (Anm. 132), S. 103.

第一編　連立政権

あるため連立政権の安定を確保しようとし，連立協定がそのための有力な手段
となる[136]。とくに，連立政権の成立当初は，連立協定が政府の日常活動を制
御する重要な基礎になる[137]。連立政権は連立当事者の行動の不確実性を伴う
が，文書であらかじめ規定することによって，行動の予測可能性と秩序が確保
され，不確実性が減少する[138]。

　すなわち，詳細な連立協定は，連立政党・会派間のアドホックな調整を信頼
できないという相互不信の表れでもある[139]。連立相手が約束を破り，または，
実行を延期することをおそれる政党は，できるだけ包括的な文書の連立協定を
作ろうと努力する[140]。FDP は1949年から1956年までの連立政権の経験で，
アデナウアー（CDU）連邦首相と CDU／CSU に対して不信を抱いていたため，
1961年11月の連邦での CDU／CSU と FDP の連立政権である第四次アデナウ
アー（CDU）政権成立時には，連立交渉結果を文書で確認しようとし，その結
果，詳細な文書の連立協定が初めて締結された[141]。

　逆に，短い連立協定は，この意味では，相互の相違が実際に政治日程に現れ
たときに処理できるという当事者の高度の信頼の表れである。1969年10月の連
邦での SPD と FDP の連立政権である第一次ブラント（SPD）政権成立時には，
SPD のブラント党首と FDP のシェール党首との関係は良好で，高度の信頼関
係があったため，文書の連立協定は不要だった[142]。

---

(135)　Heinrich 2002, a.a.O.（Anm. 12），S. 55.

(136)　Kropp/Sturm 1998, a.a.O.（Anm. 132），S. 95.

(137)　Hans-Artur Bauckhage, „Erfahrungen mit der sozialliberalen Koalition in Rhein-
land-Pfalz", in: Roland Sturm/Sabine Kropp（Hg.），*Hinter den Kulissen von Re-
gierungsbündnissen. Koalitionspolitik in Bund, Ländern und Gemeinden*, 1999, S. 219.

(138)　Kropp 2001, a.a.O.（Anm. 29），S. 40.

(139)　Müller 1994, a.a.O.（Anm. 131），S. 351.

(140)　Wolfgang C. Müller/Kaare Strøm, „Schluß: Koalitionsregierungen und die Praxis
des Regierens in Westeuropa", in: Wolfgang C. Müller/Kaare Strøm（Hg.），*Koalitions-
regierungen in Westeuropa: Bildung, Arbeitsweise und Beendigung*, 1997, S. 728.

(141)　参照，Schüttemeyer 1998, a.a.O.（Anm. 55），S. 259。実際には，アデナウアー連
邦首相と CDU／CSU は，1961年の連立協定を守らなかった。参照，Gerhard Loewen-
berg, *Parlamentarismus im politischen System der Bundesrepublik Deutschland*, 1969,
S. 279。

第2章　連立政権における現象

　第五に，文書の連立協定があると，連立協定違反によって特定の連立政策が失敗したとき，さらに連立政権が崩壊したとき，その責任がある連立政党を明らかにすることができる。このことによって，各政党は連立協定を守ることをより強く動機付けられる。すなわち，連立協定には，連立政党間の「政治的拘束力」を強化する機能がある[143]。

　第六に，文書の連立協定を詳細に定めることには，権力抑制・均衡効果がある。連邦首相を出していない連立政党は，連立協定によって連邦首相の政綱に影響を及ぼすことができる。さらに，連立政党は，連立協定によって，相互に，連立相手の連邦大臣の所轄事項についても影響を及ぼすことができる。このことは，ドイツにおいては所轄原則によって所轄の独立性が強いことから，実際には大きな権力抑制・均衡効果を持つ。とくに大臣数が少ない連立小政党は，このことで有利な状況になる[144]。

　以上のように，文書で定めた詳細な連立協定には様々な機能があるが，問題もある。まず，政権開始時点に，短時間で将来の問題について詳細に定めると，将来的に柔軟に対応することができなくなり，政治の活力を損なう可能性がある[145]。また，後で，連立協定と異なる妥協を行うことが困難になり，政権の政策実行を妨げることになる。たとえば，1995年7月にノルドライン＝ウエストファレン州で成立したSPDと90年連合／緑の党の連立政権では，政権開始時点の連立協定においてそれぞれの立場の相違点まで詳細に記述した結果，後で妥協が困難になった[146]。つまり，連立協定では一定の余地を残すことも必

---

(142)　Baring/Schöllgen, a.a.O.（Anm. 57）, 2002, S. 119. ただし，連立交渉において合意できない問題は連立協定から除外され先送りされるので，協定の詳細さ，長短のみで，相互の信頼関係を一概に判断することはできない。たとえば1994年11月の連邦でのCDU／CSUとFDPの連立協定について，参照，Gudrun Heinrich, „Koalitionsverhandlungen und Regierungsbildung auf Bundesebene 1994 im Spiegel der Presse", *Zeitschrift für Parlamentsfragen* 1995, S. 198-201.

(143)　Gerber 1964, a.a.O.（Anm. 56）, S. 255-256; Sasse 1961, a.a.O.（Anm. 94）, S. 729.

(144)　連邦首相の政綱について後述第4章2，連邦大臣について後述第5章参照。

(145)　Müller 1994, a.a.O.（Anm. 131）, S. 353.

(146)　Kropp 2000, a.a.O.（Anm. 28）, S. 164-165; Kropp/Sturm 1998, a.a.O.（Anm. 132）, S. 100-101.

73

要であり，合意できない点については先送りし，連立協定にあえて記述しない
ことも一つの方策であることになる。

　さらに，文書で定めた詳細な連立協定は，国家機関の権限との関係でも問題
となる。すなわち，文書で詳細な連立協定を定めると，連立政党が国家の全て
の重要な計画と措置を決定し，任務と指令を与え，立法期中も連立委員会に
よって政府を支配する一種の「上位政府」であるかのような印象を与えると指
摘される[147]。この問題については，以下の各国家機関の項目で検討する[148]。

3　連立政権の調整組織

（1）連立政権の調整組織

　上記のように，連立政権成立時の連立協定は詳細な政策協定を含むように
なっている。しかし，政治情勢は変化するため，取り決められた協定を実行す
る段階で，連立政党間には様々な問題・紛争が生じうる。また，連立交渉では
全ての問題について連立政党が合意できるわけではなく，規定しない問題，先
送りした問題がある[149]。よって，連立協定では，政策協定と並んで，連立政
権の手続的制御方法としての組織・手続協定が定められる[150]。ここでは，そ
のうち，連立政権の調整組織について検討する。

（2）連立政権の調整組織の歴史
（a）前　史

ドイツ帝国は議院内閣制ではなかったので，本来的意味の連立政権ではな
かった。しかし，帝国末期の1917年には，中央党，SPD，進歩人民党（Fort-
schrittliche Volkspartei），国民自由党（Nationalliberale Partei）による会派交渉
委員会（Interfraktioneller Ausschuß）が形成された。これは，帝国議会の全会
派からではなく，その多数派から構成員が出された，法的には規定されていな

---

　(147)　Schreckenberger 1994, a.a.O. (Anm. 62), S. 332.
　(148)　後述第3章–第7章，第12章参照。
　(149)　Heinrich 2002, a.a.O. (Anm. 12), S. 56.
　(150)　Müller 1994, a.a.O. (Anm. 131), S. 350.

い委員会であり，連立政権の調整組織の原型と考えられる[151]。

さらに，ワイマール共和国では議院内閣制が採用され連立政権が成立していたので，連立政権の調整・管理のためのインフォーマルな連立委員会も生じていた[152]。とくに，議会の政府支持会派間の交渉組織としては会派交渉委員会が設置されていた[153]。

（b）1949年から1966年

1949年のドイツ連邦共和国成立後，1957年までのアデナウアー（CDU）政権前期においては，以下のような連立政権の調整手段がとられた[154]。

まず第一に，内閣での調整が試みられた。すなわち，重要な閣議に連立政党・会派の代表が参加する形での拡大閣議が行われた。とくに，1953年10月からの第二次アデナウアー政権は，CDU／CSU と FDP，DP，GB／BHE の連立政権だったが，内閣での調整のために，連立政党に特務大臣が1人ずつ配分された[155]。しかし，内閣の人数が多いこと，さらに政治的に有力な人物が入閣していなかったことから，重要な問題での妥協は達成されなかった。

第二に，連立委員会（Koalitionsausschß）という名称で，連立会派指導者が毎週会合した。しかし，政府構成員が参加していなかったため，役割は限定的だった。

さらに，第三に，アデナウアー連邦首相と連立会派指導者，さらに問題に応じて個別の連邦大臣が参加するアドホックな会談が行われていた[156]。

これらの各段階での連立の協議において重要な問題と連立内部の衝突が議論

---

(151)　Schüle 1964, a.a.O.（Anm. 48），S. 10.

(152)　Rudzio 2002, a.a.O.（Anm. 21），S. 43. 1961年4月の CDU 党大会において，クローネ（Heinrich Krone）CDU／CSU 会派委員長は，ワイマール共和国時代に連立委員会が存在していたことを述べている。参照，*Das Parlament* Nr. 50 vom 13. 12. 1961, S. 1.

(153)　篠原 1984年・前掲注(30)42頁。

(154)　以下の歴史についての記述は，基本的には Rudzio 2002, a.a.O.（Anm. 21），S. 54-63 によった。

(155)　Klaus von Beyme, „Organisationsgewalt, Patronage und Ressorteinteilung im Bereich der Regierung", *Die Verwaltung* 1969, S. 288-289.

(156)　Hans-Peter Schwarz, „Adenauers Kanzlerdemokratie und Regierungstechnik", *Aus Politik und Zeitgeschichte* 1989 Bd. 1-2, S. 19.

第一編　連立政権

されたが，しかし，連立政権の総合的な調整組織は存在しなかった。

　1957年10月からの第三次アデナウアー政権はCDU／CSUとDPの連立政権
だったが，過大規模政権であったため実質的にはCDU／CSUの単独政権であ
り，政権の調整はCDU／CSU内部において，6-7人の連邦大臣と7-10人の会
派指導者からなるインフォーマルなサークルで行われた。

　1961年11月からの第四次アデナウアー政権は，CDU／CSUが過半数を失っ
たことからFDPとの連立が必要になった。このとき，FDPは，①以前のアデ
ナウアー連邦首相とCDU／CSUとの連立の経験からの不信，また，②大臣数
が少ないため内閣で多数決されることを避けたかったこと，さらに，③アデナ
ウアー連邦首相のもとのCDU／CSUとは連立しないということを選挙前に表
明していたので，連立することになっても最低限の筋を通すためメンデ党首・
会派委員長が入閣しなかったので，メンデ党首・会派委員長が連立委員会経由
で政権に影響しようとしたことから，連立委員会の設置を要求した[(157)]。

　そして，その連立協定では，連立委員会について，AⅡ4で，「連立会派は
連立委員会を形成する。連立委員会は，毎週第一活動日に会議を開く。連立委
員会には，連立会派委員長，その代理人，連邦議会における連立会派の事務総
長が属する。連立委員会の審議にはその時々に応じて連立会派の専門家が招か
れる。連立会派に属さない者を招くときは，両連立当事者の同意を要する」と
規定し，さらにそれに続いて，立法に関する任務を定めた。しかし，その「連
立委員会」は，連立会派間の委員会であり政府構成員を含まなかったため，連
立政権全体の調整の場としては機能しなかった[(158)]。

　そこで，1962年7月以降，政府・会派代表14人からなる連立会談（Koalitions-
gespräch）が行われるようになった。それには次第に，政党代表としてドゥー
フホイス（Josef Hermann Dufheus）CDU事務総長，ヴァイヤー（Willi Weyer）
FDP副党首が参加するようになり，議会局面を越えた連立全体の調整が可能
になった。よって，従来の「連立委員会」には，議会での調整の役割のみが

---

(157)　メンデは，連立委員会設置によって，アデナウアー政権の閣僚でなくとも政府政
　　策を共同決定できると述べた。参照，*Frankfurter Allgemeine Zeitung* vom 28. 11. 1961,
　　S. 1。

(158)　Bermbach 1977, a.a.O. (Anm. 49), S. 323.

残った。この構造は1963年10月に成立した第一次エアハルト（CDU）政権にも受け継がれ，1966年10月の CDU／CSU と FDP の連立政権の崩壊まで続いた。

（ｃ）1966年から1969年

1966年12月に成立した CDU／CSU と SPD の連立政権であるキージンガー（CDU）政権は，連立協定を定めず，さらには当初はインフォーマルな連立調整機関を設置しなかった[159]。すなわち，政治的決定・指導・調整は内閣で行うべきとされた[160]。このときの内閣は，①両党にほぼ対等な数の連邦大臣が配分されたこと，②閣僚委員会が設置されたこと，③連立政党の有力な政治指導者が連邦大臣として内閣に属していたことから，連立政権の有効な調整機関となりうると考えられていた。

しかし，人数的に20人と多すぎること，各連邦大臣が所轄任務に集中したこと，政党利益の主張が増加し有力大臣が対立したことから，内閣での決定が困難になった。とくに閣議が CDU／CSU と SPD に二分して対立するとき，内閣は決定能力を失った。よって，立法期が進むにつれ，構造的欠陥と連立による制約のため，内閣では決定を行うことができないことが明らかになっていった[161]。さらに，年金保険への政府からの補助の削減に関して，SPD の会派指導者が政府に反対し政府の削減案が議会で否決されたことから，会派指導者との調整の重要性が明らかになった[162]。

キージンガー連邦首相が中期経済・財政計画について CDU／CSU 会派と政党の支持を要求したところ，政党・会派が政府の意思形成について適切な時点での参加を求めた。このことを契機に，1967年8月のクレスブロンでの会合において，連立全体の活動の確保・安定のために，連立ラウンド「クレスブロンサークル（Kreßbronner Kreises）」が設置された。その構成員は，キージンガー連邦首相・CDU 党首，ブラント副首相兼外務大臣・SPD 党首，バルツェル CDU／CSU 会派委員長，シュミット SPD 会派委員長，さらに連邦大臣，

---

(159)　Knorr 1975, a.a.O.（Anm. 13）, S. 92.

(160)　SPD は連立委員会設置を要求したが，オーストリアの大連立政権の連立委員会への批判があったことに鑑みて断念した。参照，Knorr 1975, a.a.O.（Anm. 13）, S. 220。

(161)　Knorr 1975, a.a.O.（Anm. 13）, S. 219-223.

(162)　Knorr 1975, a.a.O.（Anm. 13）, S. 173.

第一編 連立政権

政務次官，その他の政党・会派指導者であり，当初は不定期の会合だったが次第に定期的会合に発展した。CDU／CSU と SPD から同数が参加していたため妨害しあうこともあったが，基本的には少人数による柔軟さ，さらに妥協を目指すというコンセンサスがあったため，連立の政策を決定することができた。その決定は内閣と連立政党・会派を事実上拘束し，1969年の連立終了まで連立政権の決定の中心として機能した。

しかし，シュミット SPD 会派委員長は，クレスブロンサークルについても人数が多すぎ，詳細すぎる議論，決定の遅れ，決定不能につながると批判し，中・長期的政策の決定には適しているが日常の活動の調整には適していないとした。そして，実際には，クレスブロンサークルと並んで，議会活動の調整の場として，バルツェル CDU／CSU 会派委員長，シュミット SPD 会派委員長および数人の会派幹部からなる会派委員長会談が重要な役割を果たした[163]。

すなわち，この大連立政権においては，連立政権の全体にとって重要な問題についてはクレスブロンサークル，議会が最終的に決定する問題については会派委員長会談が重要な役割を果たしていた[164]。

（d）1969年から1982年

SPD と FDP の連立政権においては，1972年11月の第 7 回連邦議会選挙後の連立交渉において，戦略的問題と将来の政策案の審議のため，SPD と FDP の党首，副党首，さらに個別政策分野の会派の専門家から構成される共同連絡委員会（Gemeinsame Kontaktausschuß）設置が決定された[165]。そして，1970年代後期には，以下のような複数の連立調整機関があったとされる[166]。

まず，会派間の局面では，SPD のヴェーナー（Herbert Richard Wehner）と

---

(163) Knorr 1975, a.a.O. (Anm. 13), S. 229-232.

(164) Knorr 1975, a.a.O. (Anm. 13), S. 141.

(165) Rolf Lange／Gerhard Richter, „Erste vorzeitige Auflösung des Bundestages. Stationen vom konstruktiven Mißtrauensvotum bis zur Vereidigung der zweiten Regierung Brandt／Scheel", *Zeitschrift für Parlamentsfragen* 1973, S. 72.

(166) Wolfgang Rudzio, „Informelle Entscheidungsmuster in Bonner Koalitionsregierungen", in: Hans-Hermann Hartwich／Göttrik Wewer (Hg.), *Regieren in der Bundesrepublik* II. *Formale und informale Komponenten des Regierens in den Bereichen Führung, Entscheidung, Personal und Organisation*, 1991, S. 131-133.

FDP のミシュニク（Wolfgang Mischnick）による会派委員長会談が行われていた。他の会派幹部も招かれ，議会活動についての協議・調整が行われた。

また，政党間の局面では，不定期に，SPD のブラントと FDP のゲンシャー（Hans-Dietrich Genscher）の党首会談が行われた[167]。ただ，これは，具体的問題解決というよりも，連立政権全体の雰囲気の改善のための会談だった。

さらに，連邦政府内ではシュミット連邦首相とゲンシャー副首相の会談が行われた。しかし，不定期で，めったに行われず，合意に至ることも少なかった。さらに，重要な閣議に会派指導者と関連議員が参加することでの調整も行われた。

そして，以上の個々の局面を包括する連立ラウンド（Koalitionsrunde）が行われていた。ここには政府，会派，政党の指導的人物が会合した。シュミット連邦首相，ゲンシャー副首相・FDP 党首，ブラント SPD 党首，さらに会派委員長，政党代表として事務総長，さらに数人の連邦大臣，会派専門家から構成され，必要に応じてさらに少人数になることもあった。この連立ラウンドは，重要な政治問題の決定，連立政党・会派の争いの処理などを行う定期的会合であり，その決定には拘束力があった。連邦政府は連立ラウンドの決定を執行し，連立政党・会派は，連立ラウンドでの決定・妥協を受け入れた。

（e） 1982年から1998年

1982年10月以降の，CDU／CSU と FDP の連立政権であるコール（CDU）政権では，連立政権の調整組織が二種類あった。

まず，連立三党，すなわち CSU も独立して参加する党首会談（エレファントラウンドと呼ばれた）が行われた。これはとくにシュトラウス CSU 党首が好んだもので，1983年6月以降不定期にかなりの時間的間隔をおいて行われた。しかし1985年2月に FDP 党首がゲンシャーからバンゲマン（Martin Bangemann），1988年11月に CSU 党首がシュトラウスからヴァイゲル（Theodor Waigel）に代わったことから，党首会談はその重要性を失った。

よって，コール政権ではもう一つの連立調整組織としての，いわゆる連立会

---

(167)　SPD のシュミット連邦首相は SPD 党首ではなかったため，首相・副首相会談と党首会談は区別される。

第一編　連立政権

談・連立ラウンドが重要であった。これは，連邦首相，副首相を中心に，会派間の調整から発展したもので，よって，議会的な日常問題も，連立政権全体にとって重要な決定も行われた。参加者は，コール連邦首相，ゲンシャー副首相，重要な連邦大臣，連立会派委員長，CSU のラントグループ長[168]，会派事務総長（Parlamentarische Geschäftsführer），さらに，時折，政府外にある政党党首が参加した。とくに，重要な連邦大臣または CSU のシュトラウス，FDP のラムスドルフ（Otto Graf Lambsdorff）ら政党党首が参加した場合，ここでの決定が連立政権全体を拘束した。すなわち，ここでの合意が国家機関の決定を事実上先取りし，後に続く政府・議会の決定は，先行する連立会談・連立ラウンドでの決定の執行行為となっていった[169]。

（f）1998年以降

1998年10月に成立した SPD と90年連合／緑の党の連立政権である第一次シュレーダー（SPD）政権では，連立協定において「XⅡ．政党の協調　1　一般原則」で「連立当事者は，連立委員会を形成する。連立委員会は，連立当事者間で調整されなければならない，基本的な重要性を持つ案件を審議し，対立がある場合はコンセンサスをもたらす。連立委員会には，連立当事者からそれぞれ 8 人ずつが所属する。連立委員会は，連立当事者の希望により開かれる」と，連立委員会が設置されることが規定され，連立政権における各種調整は，制度化された連立委員会で行われることになった。

しかし，実際には連立委員会の会合はめったに行われず，年に二回程度のみであった。これは，SPD が90年連合／緑の党に対して優越的地位にあることによっているが[170]，90年連合／緑の党にとっては不満であった。さらに，会合が少ないことから，個々の問題についての具体的妥協ではなく，連立政権の一般的方針についての調整が主であった[171]。

（168）　CSU の連邦議会議員は，CDU／CSU 会派内でまとまった集団である CSU ラントグループ（CSU－Landesgruppe）を形成している。

（169）　参照，Waldemar Schreckenberger, „Sind Wir auf dem Weg zu einem Parteienstaat? „Koalitionsrunden“ mit ihren Verabredungen als Symptom“, *Frankfurter Allgemeine Zeitung* vom 5. 5. 1992, S. 12-13。

（170）　前述第 2 章 1（3）参照。

第 2 章　連立政権における現象

　このことから，2002年10月に成立した第二次シュレーダー政権の連立協定では，連立委員会について，「Ⅹ．政党の協調　一般原則」において，それまでの連立委員会を受け継ぎつつ，「連立当事者は，少なくとも毎月一回，連立委員会で連立会談を行う」という規定が追加された。さらに，同政権では，連立委員会とは別に，会派間の調整のために，会派指導者のみからなる別の会合が存在している[172]。

　以上のことから，各連立政権においては，様々な形態の連立調整組織が形成され，それも，同時に併存していることが分かる。連立委員会・連立ラウンドおよびその他の各種の連立政権の調整組織は，それぞれ固有の機能をもっており，段階的構造になっている[173]。

（3）連立委員会・連立ラウンドの活動

　以上の歴史からも分かるように，連立政権の調整組織として各種の組織が存在するが，以下では連立委員会・連立ラウンドを検討する。連立委員会とは，連立政党・会派が，連立期間中に，共同活動を容易にするために設置する，比較的形式が整った委員会である[174]。連立ラウンドとは，連立委員会よりは柔軟に構成される，緩やかな会合である。これまでの実例からは，同じ名称のものでも異なる構成・機能を持っている。

　その構成は，基本的に連立当事者それぞれから議席数にかかわらず同数が所属する。そして，その決定方式は多数決ではなく，合意するかしないかの全員一致である[175]。このため，内閣・議会では少数派である連立小政党は，連立

---

(171)　Rudzio 2002, a.a.O.（Anm. 21），S. 62.

(172)　参照，Rudzio 2002, a.a.O.（Anm. 21），S. 62。

(173)　このことについては，後述第12章 2（1）参照。

(174)　Schüle 1964, a.a.O.（Anm. 48），S. 119.

(175)　決定方法が全員一致であることを明文で定める連立協定として，たとえば2002年4月のザクセン＝アンハルト州でのCDUとFDPの連立協定（http://www.sachsen-anhalt.net/pdf/pdf62732.pdf〔2004年3月〕「8．当事者の協調」「連立委員会」の項目，2003年3月のニーダザクセン州でのCDUとFDPの連立協定（http://www.cdu-niedersachsen.de/hmsc/presse/2003/03/koalitionsvereinbarung.pdf〔2004年3月〕）「1．当事者の協調」「連立委員会」の項目がある。

第一編　連立政権

委員会・連立ラウンドでの協議を好む[176]。その活動方式は，一当事者が要求するときに不定期に随時会合するもの，また，定期的に会合するものなど多様である。

　連立委員会・連立ラウンドの機能は，狭義の調整にとどまらない。まず第一に，すでに生じた連立当事者の紛争を解決し，連立政権の安定を確保する機能がある[177]。また，第二に，政府政策の基本方針を作成し，連立政権の活動能力を長期的に確保する機能がある。さらに第三に，政府政策の詳細を継続的に決定することで，連立当事者の衝突を予防する機能がある。この二番目と三番目の機能から，連立委員会・連立ラウンドは実質的には連立政権の政治的決定を行う場所であることになる[178]。第一の紛争解決機能も一種の決定であるので，連立委員会・連立ラウンドは，事実上連立政権の決定の中心の場所である。

（4）連立委員会・連立ラウンドの必要性

　連立委員会・連立ラウンドは，連立政権の事実上の決定機関である。しかし，とくにコール政権での連立ラウンドに対する批判において，連立政権の決定は内閣で行うことが可能であるという意見が主張された[179]。よって，ここでは，連立委員会・連立ラウンドが形成される理由について，内閣との比較を中心に検討することにする。

（a）連立政権の決定機関

　政治的決定機関とは，重要な政治問題において，政治システム内で実現される実際の決定を行う場所である。すなわち，公式に拘束力がある決定を行う国家機関，政党・会派内の機関ではなく，実質的な決定を下す場所である。

　この政治的決定機関は，①情報を受容し，②決定を行い，③その実現を行う。

---

(176)　Gerber 1964, a.a.O. (Anm. 56), S. 218-219.

(177)　ただ，紛争解決のために連立委員会・連立ラウンドを公式に招集することは，連立がまとまっていないという印象を与えるため，あまり好まれない。参照，Kropp 2000, a.a.O. (Anm. 28), S. 170。

(178)　以上の機能について，参照，Wolfgang Rudzio, „Entscheidungszentrum Koalitions-ausschuß—zur Realverfassung Österreichs unter der Großen Koalition", *Politische Vierteljahresschrift* 1971, S. 100-101。

(179)　Schreckenberger 1994, a.a.O. (Anm. 62), S. 346.

政治的決定機関はこの三つの機能を効率的に行うことが重要であり，逆に言えば，それが不可能な機関は政治的決定機関になりえない[180]。

まず，①情報受容とは，単なる情報の受け取りと準備ではない。決定に必要な基本情報とともに，決定が実現可能かどうかを判断するための政治勢力関係，さらに決定の帰結・影響についての情報が必要である。

次に，②決定段階では，できるだけ速い決定が必要である。このため，決定機関は，内部の密接なコミュニケーションがあること，さらには妥協可能性がなければならない。このことから，決定機関には人数的に適切な規模があることになる。

さらに，最後の③実現段階については，決定機関は，その決定を実行する政治力・権威が必要であることになる。

（ｂ）構 成 員

以上をもとにすると，まず，内閣は，構成員の面で問題がある。

連立政権は，多様な局面が結合している。すなわち，連立政権の局面，連立政権を形成する政党，議会活動の主体としての会派，政府，さらに連邦制であることからラント・連邦参議院の調整が必要である。このとき，それぞれの局面には異なる行動基準がある[181]。

まず，第一に，政党が連立政権を形成する場合，相互に交渉・妥協する。このとき，状況次第で衝突・競争も起こるが，この連立政権の局面は基本的に協調志向である。

第二に，連立政権を構成する個々の政党の局面が存在する。党内には，個々の連立政権の政策，さらには連立政権自体への反対派が存在する。よって，実際には政党党首をはじめとする政党指導者とも調整の必要がある。しかし，ドイツでは連立政党党首が首相・大臣となるとは限らない[182]。連立政党の党

（180）　Wolfgang Rudzio, „Mit Koalitionsausschüssen leben? Zum Unbehagen an einem Phänomen parteistaatlicher Demokratie", *Zeitschrift für Parlamentsfragen* 1970, S. 207-208.

（181）　Kropp 2001, a.a.O.（Anm. 29), S. 43-52.

（182）　連邦首相が政党党首とは限らない。CDU のエアハルト連邦首相は1963年10月から1966年3月まで，CDU のキージンガー連邦首相は1966年12月から1967年5月まで，

第一編　連立政権

首・指導者は，連立政権から距離を置き政党固有の立場を主張するため，首相・大臣にならないこともある[183]。

　政党は議会外の存在であり，政党のイデオロギーと綱領によって行動する。そして，政党は（連立政党相互間においても）相互に競争関係にあるため，自己の特徴を示し，支持者を拡大し，選挙では得票・議席を増加することが行動基準となる。

　第三に，連立政権は，政策を実行するために，議会の与党会派の支持を確保しなければならない。ドイツでは与党会派が無条件に政府を支持するわけではないので，なおさらである[184]。大臣は会派活動にほとんど時間がとれないので，会派がその提案をどの程度支持するか判断できず，支持を確保する活動もできない。たとえば，すでに述べたように，1967年には，会派とのコミュニケーション不足のため会派の意見状況に反する閣議決定を行い，議会において会派が政府案に反対投票して，年金補助削減が失敗した[185]。

　会派の支持確保のためには，まず，会派委員長と交渉しなければならない。ドイツでは会派委員長は通常は大臣にならず，また，閣議には時折参加するが，常に参加することは基本法・連邦政府職務規則（Geschäftsordnung der Bundesregierung）違反と考えられる[186]。よって，内閣においては，会派委員長との協議が十分にできない。さらに，議員の同意を確保するためには，会派委員長以外の会派指導者，とくに会派副委員長，会派事務総長，さらに執行幹部会（Geschäftsführender Vorstand）・会派幹部会のメンバーの支持を確保することも必要である。しかし，それらの会派指導者の全てが内閣に属しているわけで

　　SPD のシュミット連邦首相は1974年5月から1982年10月までの任期全体，それぞれの政党の党首ではなかった。SPD のシュレーダー連邦首相は，1998年10月の就任時には党首ではなく，1999年5月に一旦党首になったが，2004年3月に党首を退いた。

(183)　堀江 1994年・前掲注(45)34頁。1974年5月から1982年10月までの SPD のブラント党首，1962年12月から1966年11月まで，1982年10月から1988年10月までの CSU のシュトラウス党首，1961年11月から1963年10月までの FDP のメンデ党首など，連立政党の党首が閣外にあることは珍しくない。

(184)　後述第10章3(4)(d)(ⅱ)参照。

(185)　前述第2章3(2)(c)参照。

(186)　後述第6章2参照。

はない。内閣に拘束されることを避けるため，または内閣の無力な大臣よりも会派のポストの方が有力と考えるため，会派の有力者が内閣に入らないこともある[187]。また，会派の有力者全てを大臣にすることは，内閣の規模の点からいずれにせよ不可能である[188]。よって，内閣では会派との調整ができないことになる。

　会派は，議会において政治的な目標を実現することが重要である。たしかに会派は政党の綱領の具体化・表現の役割も持つが，しかし，その政治要求の実現のために交渉しなければならず，よって，妥協しなければならない。このことは連立会派相互においてはとくに当てはまる。その際は，連立全体の政策とともに国家政策的理由も考慮される[189]。すなわち，議会の会派には，交渉と妥協による政治目標実現という行動基準が存在する。

　第四に，連立政権の政策決定を行い，指導するのは政府である。よって，政府を構成する首相・大臣との調整が必要となる。政府を構成する首相・大臣は，一方で所属する政党の綱領に沿って活動を行い，政党の代表者として行動するかもしれない。しかし，他方で，大臣はその所轄の長として自律的であり，無条件に政党の指示に従うわけではない。大臣は，政党・会派のおかげで大臣になったとしても，基本的には所轄の長という自己認識を持っている[190]。また，首相も，国家機関である政府の長として，必ずしも政党代表として行動するわけではない。すなわち，両者とも，公職者・所轄代表としての行動基準が存在する[191]。

　第五に，ドイツは連邦制国家であり，連邦の政策決定・実行，とくに立法において連邦参議院が重要な役割を果たすので，ラントとの調整が必要とな

---

(187)　例として，連邦での1966年12月からの大連立政権におけるバルツェル CDU／CSU
　　　会派委員長，シュミット SPD 会派委員長がある。参照，Knorr 1975, a.a.O.（Anm. 13），
　　　S. 183-184。

(188)　Rudzio 1970, a.a.O.（Anm. 180），S. 212-213.

(189)　Knorr 1975, a.a.O.（Anm. 13），S. 200.

(190)　Loewenberg 1969, a.a.O.（Anm. 141），S. 200.

(191)　参照，Heinrich 2002, a.a.O.（Anm. 12），S. 32-34。なお，Gerber 1964, a.a.O.
　　　（Anm. 56），S. 219は，内閣において連立当事者である政党の利益調整を行うと，内閣を
　　　構成する首相・大臣が公職者ではなく政党人になってしまい，望ましくないとする。

85

第一編　連立政権

る[192]。よって，連立政党に所属するラント首相，ラントの政党支部長などとも調整が必要となるが，連邦の内閣にはそれらは属していない。たしかにラントも議院内閣制であるので，ラント政府は政党的な特徴がある。しかし，ラント政府およびそこから派遣される連邦参議院構成員は，政党の基準でのみ行動するのではなく，それぞれ，ラントの利益のためにも行動し，場合によっては，自己の連邦政党に反対する[193]。すなわち，ここでは，ラントの利益という行動基準が存在する。

　よって，連立政権の決定機関は，以上のような連立政権，政党，会派，政府，ラント，連邦参議院という異なる行動基準を持つ多様な局面の情報を受容し，決定し，それを各局面で実現できるような構成でなければならない。この点で，内閣は政府の局面しか対象としないため，連立政権の決定機関たりえない。すなわち，連立政権，政党，会派，政府，ラント，連邦参議院の全ての局面を調整し政治決定を行うために，国家機関の外にある連立委員会・連立ラウンドが形成されることになる。

　連立委員会・連立ラウンドは，まず，多局面を代表する構成員がそれぞれの局面の情報をもたらすことにより，政策決定の基礎となる情報，政策の実現可能性，その帰結・影響の判断が可能となる。

　さらに，多局面が結合することによって，連立全体としての優先順位の決定，相互の局面の調整が可能となる。たとえば一連立政党が連邦政府で譲歩する代わりに，同じ構成の連立政権であるラントにおいては利益を得るといった総合的調整が可能となる。このとき，各局面の代表者がしばしば兼職していることから，決定が一層容易になる[194]。この点で，内閣，さらに，議会の会派間委員会は，妥協・抱き合わせの対象範囲が狭くなり，よって，連立全体についての調整・紛争解決・決定可能性が限定されている[195]。

---

(192)　後述第9章1参照。

(193)　後述第9章1参照。

(194)　Kropp 2000, a.a.O. (Anm. 28), S. 154.

(195)　Rudzio 1971, a.a.O. (Anm. 178), S. 93-94. 2002年1月にベルリン州で成立した
　　　SPDとPDSの連立政権の連立協定では，「Ⅲ　議会共同活動についての協定」において，
　　　項目3で議会活動についての連立会派委員長・事務総長の定期的会談を規定し，項目5

さらに，連立委員会・連立ラウンドは，各局面の有力な人物を含むことで，各局面での実行力がある。また，いずれにせよ無視できない政府の外にある有力な人物を，できるだけ早く集中的に政治的決定過程に参加させることは，決定を効率的に行うためにも必要である[196]。内閣は，各局面の有力者が必ずしも大臣として入閣していないことから，決定の実行力も限定されている。

　これらのことから，連立委員会・連立ラウンドは，構成員の面で，連立政権の決定機関に適していると言える。

（c）人　数

　さらに，人数の点からも内閣には問題がある。これまで内閣はおおむね15-20人程度で構成されているが，決定機関としては多すぎる[197]。人数が多くなると，全員が同時に集まることが困難となり，継続的審議の障害となる。さらに，率直な発言・議論が行われなくなり[198]，共通の妥協点を見出すことが困難になることから，迅速な決定が困難になる[199]。

　通常，決定機関の最適な決定人数は6-12人とされている[200]。この点では，連立委員会・連立ラウンドも問題が無いわけではない。1967年以降の連邦での大連立政権のクレスブロンサークルは，人数が多すぎると批判された[201]。ま

　で連立の基本的問題審議のために市長，参事会構成員，両党のラント支部長，会派委員長から構成される連立委員会を形成するとして，会派の調整と連立委員会を分けている。同連立協定は，参照，http://www.berlin.de/rbmskzl/Landesregierung/Koalitionsvereinbarung/praea.html（2004年3月）。なお，ベルリン州は都市州であり，市長が州首相，参事会が内閣にあたる。

(196)　Rudzio 1971, a.a.O.（Anm. 178），S. 94. 逆に，コール（CDU）政権でのシュトラウス CSU 党首のように，連立政党の重要人物が連立委員会・連立ラウンドにあまり参加しないときは，連立委員会・連立ラウンドが重要性を失う。

(197)　Rudzio 1970, a.a.O.（Anm. 180），S. 209.

(198)　Arthur Benz, „Postparlamentarische Demokratie? Demokratische Legitimation im kooperativen Staat", in: Michael Th. Greven (Hg.), *Demokratie—eine Kultur des Westens? 20. Wissenschaftlicher Kongreß der Deutschen Vereinigung für Politische Wissenschaft*, 1998, S. 206.

(199)　Kropp 2000, a.a.O.（Anm. 28），S. 171. なお参照，Walter E. Pfister, *Regierungsprogramm und Richtlinien der Politik*, 1974, S. 201。

(200)　Rudzio 2002, a.a.O.（Anm. 21），S. 65.

た，1998年10月以降の連邦の連立委員会は，それぞれの連立政党・会派から8人ずつ，合計16人で構成されるため，やはり人数的に多すぎると言える。よって，必要に応じてさらに小規模の連立会談，時には党首，会派委員長などの二者会談が行われることになる[202]。

（d）審議内容・方式

審議内容・方式の点でも，連立委員会・連立ラウンドは連立政権の調整に適している。

内閣では，所轄の利益が主張されるため，妥協が困難である。ドイツの大臣は，ドイツ帝国時代の伝統から，各所轄で専門化し，内閣という感情が生じにくいとされる[203]。さらに，所轄原則によって所轄内部事項を自由に決定できる大臣は，所轄の問題を内閣に持ち出さないという傾向がある[204]。また，内閣は，政治的に重要な問題以外も決定しなければならないため，重要な問題に専念できないという側面がある[205]。

さらに，審議方式においては，①閣議には職務規則が存在し，とくに議事録がある（連邦政府職務規則第27条）ため，非公開とはいえ率直な議論・妥協ができない，②閣議の日程は定められている（連邦政府職務規則第21条）ため，適切な時点での会合が困難である，③閣議の参加者が規定されている（連邦政府職務規則第23条1項）ため，その案件に応じた人物の参加が必ずしも可能ではないなど，機能的でない[206]。

この点，連立委員会・連立ラウンドは，所轄を越えた政治的判断が可能で，かつ，重要な政治問題に専念できる。審議方式においても，非公開で，職務規

---

(201)　前述第2章3（2）（c）参照。

(202)　Kropp 2000, a.a.O.（Anm. 28），S. 171.

(203)　アデナウアー連邦首相が，連邦大臣を所轄管理者としか考えていなかったことも影響している。このことについて，参照，Klaus von Beyme, „Ministerverantwortlichkeit und Regierungsstabilität. Zum Verhältnis von Bundestag und Bundesregierung", in: Winfried Steffani（Hg.），*Parlamentarismus ohne Transparenz*, 2. Auflage, 1973, S. 128。

(204)　片岡寛光『内閣の機能と補佐機構』（成文堂，1982年）195頁。

(205)　Rudzio 1970, a.a.O.（Anm. 180），S. 209.

(206)　以上について，参照，Rudzio 1970, a.a.O.（Anm. 180），S. 212-213.

則・議事録が無く，率直な議論・妥協が可能である[207]。さらに，随時会合することができ，参加者についても，テーマごとにアドホックに関連する人物を加え，また，必要なときは少人数に縮小できる[208]。このような柔軟性こそが，連立政権の調整・決定には重要な要素である。よって，連立委員会が次第に形式を整えていくと，より柔軟な連立ラウンド，さらには少数者による連立会談が行われるようになる[209]。

（e）時間的調整

最後に，内閣との比較ではないが，なぜ，連立委員会・連立ラウンドという一定の形式を持った継続的組織が成立するかという点について検討する。

この最大の要因は，時間的調整が可能になるということである。連立政党間で調整を要する問題が生じ，また，政治決定を行うとき，必ずしも両者がともに満足するわけではない。アドホックな連立会談で決着を付けると，その都度妥協による合意が行われることになる。

このとき，まず，同じ連立政党が強い交渉力などに基づいて有利な結果を毎回得る可能性がある。すなわち，他の連立政党は不利を受け続けることで不満を抱き，党内・支持者の批判を受け，連立政権自体が危機に陥る可能性がある。さらに，毎回連立政党が納得するまで妥協することは時間がかかり，また，合意に至らない場合は決定不能として先送りになってしまう。

この点，制度化された連立委員会・連立ラウンドがあると，時間的調整が容易になる。たとえば，ある問題で一連立政党が有利になったとき，次の問題において譲歩するという調整を行うことが容易になる。さらに，特定問題で連立政党が妥協に至らない場合に，別の・将来の案件と抱き合わせすることが可能になる。このことにより，全ての連立政党が利益を得ることができるという利

---

(207) Heinrich 2002, a.a.O.（Anm. 12），S. 59; Kropp 2000, a.a.O.（Anm. 28），S. 171. 実際は，かなり激しい議論が行われる。参照，Waldemar Schreckenberger, „Veränderungen im parlamentarischen Regierungssystem. Zur Oligarchie der Spitzenpolitiker der Parteien", in: Karl Dietrich Bracher/Paul Mikat/Konrad Repgen/Martin Schumacher/Hans-Peter Schwarz（Hg.）, *Staat und Parteien. Festschrift für Rudolf Morsey zum 65. Geburtstag*, 1992, S. 150。

(208) Kropp 2000, a.a.O.（Anm. 28），S. 171.

(209) Kropp 2000, a.a.O.（Anm. 28），S. 170.

第一編　連立政権

点がある[210]。また，付随的に，このような継続的な組織があることで，連立政党間に信頼が生じる[211]。すなわち，制度化された継続的組織があることにより，決定が促進されることになる[212]。

（f）連立委員会・連立ラウンドの必要性

連立委員会・連立ラウンドに対しては，国家機関の権限を侵害する，排他的，不透明として，とくに憲法的観点からの批判がある[213]。

しかし，検討したように，内閣は，政治的な決定機関として最適ではない。すなわち，連立委員会・連立ラウンドが設置され，活動することは，構造的欠陥がある内閣の補完である[214]。政党国家における議院内閣制の構造的特徴である政府と議会会派・政党の調整・決定は，単独政権の場合，与党内で行われている。連立政権においては，この調整・決定過程が，連立委員会・連立ラウンドという独立した組織として現れる[215]。

また，連立委員会・連立ラウンドの発展は，議院内閣制に内在する構造という要因と並んで，多様な局面の総合調整を必要とする国家の任務の増大・その解決の困難さの表れでもある。すなわち，現代社会は利益が多元化し，公の任

---

(210)　Kropp 2000, a.a.O.（Anm. 28），S. 159-160.

(211)　Kropp 2000, a.a.O.（Anm. 28），S. 171.

(212)　Fritz W. Scharpf, „Versuch über Demokratie im verhandelnden Staat", in: Roland Czada／Manfred G. Schmidt（Hg.）, *Verhandlungsdemokratie, Interessenvermittlung, Regierbarkeit. Festschrift für Gerhard Lehmbruch*, 1993, S. 30.

(213)　後述第12章 2（2）-（4），第13章 2（2）（a）参照。

(214)　Rudzio 1970, a.a.O.（Anm. 180），S. 210.

(215)　Axel Murswieck, „Die Bundesrepublik Deutschland—Kanzlerdemokratie, Koordinationsdemokratie oder was sonst?", in: Hans-Hermann Hartwich／Göttrik Wewer（Hg.）, *Regieren in der Bundesrepublik* I . *Konzeptionelle Grundlagen und Perspektiven der Forschung*, 1990, S. 164; Rudzio 1970, a.a.O.（Anm. 180），S. 213. このことにより透明性が高まるという長所があることについては，後述第12章 2（4），第13章 2（2）（a）参照。なお，政党国家とは，本書では，政党が政治システムで事実上重要な支配的地位を占めていることを指す。このことについて，参照，Ludger Helms, „Parteienregierung im Parteienstaat. Strukturelle Voraussetzungen und Charakteristika der Parteienregierung in der Bundesrepublik Deutschland und in Österreich（1949 bis 1992)", *Zeitschrift für Parlamentsfragen* 1993, S. 635。

務は複雑化し，決定の影響が多様な局面に及ぶ。そこにおいて生じる問題は，国家の高権的行為のみでは解決できない。さらに，領域的にも，ドイツの場合は連邦のみならずラント，さらにEU（欧州連合）・国際的局面が連動している。よって，連邦議会のみ，連邦政府のみで，それも多数決的に解決できる問題は限定されている[216]。それらの複数の局面の多様な利益を考慮した効率的な決定の場としては，少なくともドイツでは，政党が適している。というのは，政党の構成員が，連邦，ラント，EUなど多様な局面の議会の意思形成に協力・参加し，政府，行政，各種団体にも影響を与えることができるからである[217]。つまり，政治システムが細分化し複雑になるにつれて，連立政権においては，それら全ての局面を結合し相互に調整する連立委員会・連立ラウンドが発展してきたと言えよう[218]。

（5）連立委員会・連立ラウンドの許容性

連立委員会・連立ラウンドについては，連立政党の活動を調整し，紛争を解決し，政策についての予備的議論を行う限りでは，疑義は無い[219]。しかし，政党，会派，政府，ラントの全ての結合地点に存在するため，憲法（基本法）・法律・規則にも規定されていないにもかかわらず，全ての政治決定を行い，各局面に命令する委員会となる危険がある。このとき，国家機関の権限が事実上移動し，国家機関はその決定の責任を負うことができなくなってしまうだろう[220]。よって，その許容性については，各政権の連立委員会・連立ラウンドごとに，さらにそれぞれの機能ごとに，個別的・具体的に検討する必要がある[221]。

なお，連立委員会・連立ラウンドは，権力分立に関して，国家機関の権限と

---

(216) Benz 1998, a.a.O.（Anm. 198），S. 203-204.

(217) Benz 1998, a.a.O.（Anm. 198），S. 218-219.

(218) Kropp 2000, a.a.O.（Anm. 28），S. 170.

(219) Schüle 1964, a.a.O.（Anm. 48），S. 124-125; Scheidle 1965, a.a.O.（Anm. 54），S. 128-129.

(220) Schüle 1964, a.a.O.（Anm. 48），S. 125. なお，後述第12章参照。

(221) Scheidle 1965, a.a.O.（Anm. 54），S. 129-131.

第一編　連立政権

の関連で民主主義に関して，さらに参加人数が少数で不透明なことから党内・会派内民主主義に関してそれぞれ問題になるが，それぞれについては各項目で検討する[222]。

(222)　権力分立との関係について後述第8章2(4)(a)，国家機関の権限との関係について後述第12章，党内・会派内民主主義との関係について後述第13章2(2)参照。

第二編　連立政権と国家機関

　本編では，連立政権と国家機関の関係について，連邦議会，連邦政府（連邦首相，連邦大臣，連邦内閣），連邦大統領それぞれについて検討する。

◆ 第3章　連立政権と連邦議会

1　個別の議員との関係

（1）議員への働きかけの必要性

　連立協定によって，政党は連立政権の政策について合意し，相互に政治的に拘束される。しかし，それは，国家機関としての決定ではない。その多くは，連邦議会において，通常は議員の多数決で国家の決定となる（基本法第42条2項）。とくに，連邦議会において連邦首相が選出され（基本法第63条），形式的意味の法律が議決される（基本法第77条）。

　この投票行為においては，議会外の政党でも，さらに議会内の会派でもなく，個々の議員のみが投票する。連立当事者である政党と会派は，議員に特定の投票をするように働きかけ，国家機関である議会の決定を準備することはできるが，議員の代わりに投票することはできない。連邦首相選出と立法という連立政権の方針の中心部分については，議員が議会において連立協定に従って行動するときのみ実現できる。すなわち，ここにおいて，基本法第21条1項1文の意味で形成された国民の政治的意思が，基本法第20条2項2文の意味での国家権力の職務的な行使に転化する。連立当事者は，個別の議員に影響を与えることによって連立の決定を実現するしかない[1]。

---

　(1)　以上について，参照，Helmut Gerber, *Koalitionsabkommen im Bund*, 1964, S. 149-

第二編　連立政権と国家機関

よって，連立当事者は，連立協定に従って行動するように議員に働きかけなければならない。以下では，このことから生じる多様な問題について検討することにする[2]。

（2）会 派 統 制
（a）会派統制と会派強制

議員は連立協定の直接の当事者ではないため，連立政党・会派は議員に対して連立協定に従って行動するように働きかける。ここでは，会派の働きかけについて，その限界を検討する。

この問題は，基本的にはいわゆる会派統制の問題である。会派統制（Fraktionsdisziplin）とは，事前に会派内部で意思形成をすることを通じて，会派の統一的行動を達成しようと試みることであり，許容される。対して，この限度を越えた，会派による拘束的要求を伴った特定行動の義務付けは，会派強制（Fraktionszwang）として許容されない[3]。実際には，会派の指令に反した議員に対して課される制裁が，会派統制か会派強制かを区別する手がかりとなる。

このとき，議員の地位を，国家機関である連邦議会の議員と，会派構成員という地位に区別することが必要である。すなわち，連邦議会議員としては自己の良心のみに従う自由な地位が保障されている（基本法第38条1項2文）が，会派構成員としては会派の規律に従うことになる[4]。

まず，議員が会派の指令に違反した場合，会派内部の制裁が課されることは，許容される会派統制と考えることができる。具体的には，会派内での非難・叱責，会派の役職からの解任，議会委員会委員からの解任（連邦議会議事規則第57条2項）[5]，最終手段としての会派からの除名が考えられる[6]。

151。

(2)　連邦議会議員への働きかけについては，なお参照，岩切紀史「ドイツにおける連立協定の法的考察」東京大学大学院法学政治学研究科本郷法政紀要第8号（1999年）48-50頁。

(3)　Hildegard Hamm-Brücher, „Abgeordneter und Fraktion", in: Hans-Peter Schneider/Wolfgang Zeh（Hg.）, *Parlamentsrecht und Parlamentspraxis in der Bundesrepublik Deutschland*, 1989, §22 Rn. 31.

(4)　政党についても同様である。参照，BVerGE 2, 1〔72-73〕。

第 3 章　連立政権と連邦議会

　さらに，会派と政党との密接な関係から，会派の制裁は通常は政党の制裁を伴う。すなわち，政党の制裁として，非難・叱責，政党の役職からの解任，また，次の選挙での再立候補拒否，比例名簿順位を下位にすることが考えられる[7]。また，通常は，会派から除名された場合は政党からも除名され，政党から除名された場合は会派からも除名されると考えられる（政党法第10条 4 項）。

　他方で，会派の制裁は，基本法第38条 1 項 2 文の保障する連邦議会議員としての地位に及んではならない。会派の指令違反を理由として議員辞職・歳費放棄を義務付けることは，会派強制であり，許容されない[8]。

　以上から，会派は議員に対して働きかけを行い，違反したときには団体内部的な制裁のみを行うことができる。議員としての法的な地位に関係する制裁を行うことはできない。以上のことは，政党の拘束についても当てはまる。

---

(5)　1972年に，SPD 会派は，外交政策に反対する SPD の外務委員会委員 3 人を解任した。この問題について，参照，Michael Becker, „Die Abberufung eines Abgeordneten aus einem Parlamentsausschuß im Spannungsfeld zwischen Fraktionsdisziplin und freiem Mandat“, *Zeitschrift für Parlamentsfragen* 1984, S. 24-31。

(6)　それぞれの措置は，違反の程度に応じたものでなければならない。とくに会派からの除名は議員の活動に重大な影響をもたらすので，政党からの除名（政党法第10条 4 項）に相当する重大な違反がある場合に，手続に沿って行われることが必要である。会派からの除名は通常，会派総会での秘密投票で行われる（たとえば CDU／CSU 会派規則〔Arbeitsordnung der CDU/CSU-Bundestagsfraktion der 15. Wahlperiode〕〔2002年11月 5 日最終改正〕第15条）。いずれにせよ，連立協定の個々の規定に違反する程度では除名できず，また，実際にも除名されないと考えられる。

(7)　参照，Hans-Hermann Kasten, „Möglichkeiten und Grenzen der Disziplinierung des Abgeordneten durch seine Fraktion: Fraktionsdisziplin, Fraktionszwang und Fraktionsausschluß“, *Zeitschrift für Parlamentsfragen* 1985, S. 481。なお，イギリスと異なり，ドイツでは解散が限定されているため，政府・首相が自己の政党・会派の議員を解散の脅しをもって統制することはできない。参照，中木康夫・河合秀和・山口定『現代西ヨーロッパ政治史』（有斐閣，1990年）68頁。

(8)　以上の制裁の種類については，参照，Hans Hugo Klein, „Status des Abgeordneten“, in: Josef Isensee/Paul Kirchhof（Hg.）, *Handbuch des Staatsrechts der Bundesrepublik Deutschland* Bd. II. *Demokratische Willensbildung—Die Staatsorgane des Bundes*, 1987, §41 Rn. 16-17。

第二編　連立政権と国家機関

（b）政治的拘束

以上のように，議員は，法的には自由な地位を保障されている。政党と会派
の働きかけは，その地位を脅かしてはならない。政党と会派の指令が連立協定
に基づくものであっても，議員は自己の良心に従って，それから逸脱して行動
することが可能であり，また，そのように行動する義務がある[9]。すなわち，
会派強制は存在しない[10]。

しかし，実際には，会派統制としての制裁措置により，議員には強い政治的
拘束が及んでいる。

まず，政党から除名，また，再立候補を拒否された議員は，小選挙区から無
所属で立候補するしかなく，よって，次期選挙での当選可能性がきわめて低く
なる[11]。また，とくに小政党の候補者は，小選挙区では当選できずラントの
比例代表で当選するしかないが，政党の当選人数自体が少ないため，比例順位
が重要である。よって，小政党の連邦議会議員は，比例名簿の決定・提出権が
あるラント支部（連邦選挙法〔Bundeswahlgesetz〕第27条）に強く従属すること
になる[12]。

また，連邦議会議事規則によると，大半の議会の職務は，会派を通じてのみ
行うことができるので，会派から除名された場合，議会での活動に大きな支障

---

(9)　Sylvia Kürschner, *Das Binnenrecht der Bundestagsfraktionen*, 1995, S. 128.

(10)　CDU／CSU 会派規則第17条 1 項は，連邦議会での投票について，「CDU／CSU 会
派には会派強制は無い」と規定している。

(11)　Hamm-Brücher 1989, a.a.O.（Anm. 3），Rn. 70. 逆に，確固とした地盤がある小選挙
区選出議員は，政党・会派指導者に対して独立性を保持し，会派統制が及びにくい。参
照，Thomas Poguntke, „Parteiorganisationen in der Bundesrepublik Deutschland: Ein-
heit in der Vielfalt?", in: Oscar W. Gabriel／Oskar Niedermayer／Richard Stöss（Hg.），
Parteiendemokratie in Deutschland, 1997, S. 270。

(12)　Wolfgang F. Dexheimer, *Koalitionsverhandlungen in Bonn 1961・1965・1969.
Zur Willensbildung in Parteien und Fraktionen*, 1973, S. 67. この点では，正確には，連
邦議会会派ではなく，政党のラント支部に従属することになる。実際には，各政党が当
選することが確実な選挙区があること，さらに比例名簿の上位は確実に当選することか
ら，全議席の60-70％が候補者・比例名簿確定段階で確定するため，このことは一層当
てはまる。参照，Winfried Steffani, „Einführung", in: Winfried Steffani（Hg.），*Parla-
mentarismus ohne Transparenz*, 2. Auflage, 1973, S. 14。

が生じる[13]。

　したがって，政党・会派から除名された場合，その議員は大きな打撃を被ることになる。

　また，除名されない場合も，議会の委員会などの官職や政党・会派内での役職を失い，または政治家として出世する可能性が制約される。したがって，実際には，政党と会派の指令には，大きな政治的拘束が伴っていることになる。

（ c ） 会派統制の程度

　議会の政府支持会派が過半数を僅かに越える議席しか持たない場合は会派統制が強化され，逆に，十分な多数派を確保している場合は会派統制が弱まり，議員は「指令に拘束されず，良心にのみ従う」ことが可能になりうる[14]。ただし，過半数を僅かに越える場合，少数の議員，連立の一会派が野党と連携することで多数派関係が逆転するため，与党内では，個別議員・個々の連立会派が全体の決定に影響を与える可能性が高くなる[15]。

（3） 会派統制の必要性と許容性

　上記のように，会派強制に至らない会派統制についても，個々の議員にとっては大きな政治的拘束が伴っている。よって，このようにしてもたらされる会派統制の必要性と許容性についてさらに検討する。

（ a ） 団体としての自律権

　政党と会派は，政治競争において勝利するために対外的に統一的行動をとらなければならないので，その構成員のできるだけの一致を確立しようとすることは正当である。与党であれ野党であれ，会派がまとまって行動しないとき，まとまりが無いという印象が生じ，国民の支持を失う[16]。基本法第21条１項

---

(13)　たとえば議案の提出について連邦議会議事規則第76条１項，委員会の人事について同規則第12条，第57条２項参照。

(14)　Reinhard Schmoeckel/Bruno Kaiser, *Die vergessene Regierung. Die große Koalition 1966 bis 1969 und ihre langfristigen Wirkungen*, 1991, S. 78.

(15)　Werner J. Patzelt, „Wider das gerede vom ‚Fraktionszwang‘! Funktionslogische Zusammenhänge, populäre Vermutungen und die Sicht der Abgeordneten“, *Zeitschrift für Parlamentsfragen* 1998, S. 329.

(16)　Patzelt 1998, a.a.O. (Anm. 15), S. 325.

第二編　連立政権と国家機関

が政党と会派を承認するとき，それは，まとまりを確保するための一定の拘束の必要性をも承認している[17]。

（b）議院内閣制の構造

議院内閣制においては，政府と，政府を議会で支持する会派の密接な結合が必要である。そのたびごとに変化する偶然の多数派によっては，安定した一貫した政策を行うことはできない[18]。この一貫した多数派の確保は，政府を支持する会派，すなわち連立政権においては連立会派が議会においてまとまって行動するとき可能である。政府を支持する個々の会派・連立会派がまとまって政府案を支持しないとき，野党会派は，政府の弱体化，連立政党の紛争として宣伝し，また，法案を修正するチャンスがある[19]。

また，与党とともに野党も会派統制によってまとまって行動することで，一貫した与党政策と野党政策が可能となり，その決定についての責任主体が有権者に対して明らかになるという効果もある[20]。

以上から，会派統制，連立政権では連立会派の統制こそが，現代政党国家の議院内閣制の機能の基礎と言いうる[21]。

（c）政党民主主義

さらに，現代の政党国家における民主主義の側面からも，会派統制が必要で

---

(17)　Gerber 1964, a.a.O. (Anm. 1), S. 158-160; Kürschner 1995, a.a.O. (Anm. 9), S. 61.

(18)　Karl Heinrich Friauf, „Zur Problematik des verfassungsrechtlichen Vertrages", *Archiv des öffentlichen Rechts* 1963, S. 307-308.

(19)　Suzanne S. Schüttemeyer, *Fraktionen im Deutschen Bundestag 1949-1997. Empirische Befunde und theoretische Folgerungen*, 1998, S. 304.

(20)　Kasten 1985, a.a.O. (Anm. 7), S. 478.

(21)　Winfried Steffani, „Parlamentarische Demokratie—Zur Problematik von Effizienz, Transparenz und Partizipation", in: Winfried Steffani (Hg.), *Parlamentarismus ohne Transparenz*, 2. Auflage, 1973, S. 35-36; Thomas Saalfeld, *Parteisoldaten und Rebellen. Fraktionen im Deutschen Bundestag 1949-1990*, 1995, S. 44. ガルステンマイヤー（Eugen Karl Albrecht Gerstenmaier）(CDU) 連邦議会議長は，1961年10月17日の第4回連邦議会開会演説において，「一体とした意思形成ができない会派は，議会にとって役に立たない。十分な多数派を形成できない議会は行動能力が無い」と，議院内閣制において会派の統一的行動が持つ意義について言及した。参照，Hamm-Brücher 1989, a.a.O. (Anm. 3), S. 697。

第3章　連立政権と連邦議会

あり許容される。現代の選挙では，有権者が候補者に投票する場合，その政党所属が大きな決定要素である。すなわち，政党は，選挙の準備団体である。しかし，政党は，立法期の間も有権者と国家領域を媒介する存在である[22]。そして，同一政党の議員の集合体が会派であるため，結局，有権者は政党経由で国家領域に属する会派・議員に対して働きかけることになる。

　すなわち，政党民主主義においては，政党が会派・議員に，さらに会派が議員に影響することは，国民の政治的意思を国家意思に変換するために望ましいことになる[23]。このことを受けて，政党は，「議会および政府における問題の政治的展開に影響を与え，政党によって形成された政治的目標を国家意思の形成過程に導き入れ，国民と国家諸機関との間の持続的な生き生きとした結合のために配慮することによって，公的生活のあらゆる分野における国民の政治的意思の形成に協力する」任務を負い，「ドイツ連邦議会またはラント議会における国民を代表する活動に協力」（政党法第1条2項）する[24]。

　基本法第38条1項2文の自由委任は，政党から議員への影響を一切禁止するのではなく，強制的な拘束を禁止しているに過ぎない[25]。すなわち，議員は，有権者，政党，各種団体の希望，期待，要求に従うかどうかを自由に決定するが，それらの影響自体からは免れられない[26]。

（4）会派のまとまりをもたらすさらなる要因

　会派のまとまりは，会派の側から議員への会派統制のみでもたらされるのではない。会派構成員である議員は，様々な理由から，自発的にまとまって行動

---

(22)　BVerGE 20, 56 [104].

(23)　参照，Wilhelm Henke, *Das Recht der politischen Parteien*, 2. neu bearbeitete Auflage, 1972, S. 130。

(24)　SPD 会派規則（Geschäftsordnung der Fraktion der SPD im Deutschen Bundestag）（1997年6月3日最終改正）第11条1項は，「SPD 会派幹部会は政党の方針に従って会派職務を指導し，活動を計画する」と規定している。

(25)　BVerGE 40, 296 [313] は，政党から議員への影響を正当なものとして認めている。

(26)　Hans Meyer, „Das parlamentarische Regierungssystem des Grundgesetzes. Anlage—Erfahrungen—Zukunftseignung", *Veröffentlichungen der Vereinigung der Deutschen Staatsrechtslehrer* Heft 33, 1975, S. 94.

99

第二編　連立政権と国家機関

している。

（a）選挙・役職

　個々の議員は，政党によって候補者となり，議員になったという意識があるため，政党と，政党を議会で代表する会派に忠誠・拘束を感じる[27]。さらに，政党・会派内または国家機関の役職獲得，さらには再立候補し再選するためにも，政党・会派に忠誠・拘束を感じる[28]。また，政党・会派がまとまりを失うと，政党への有権者の支持を失い，結局自身の選挙に影響するということも，議員がまとまって行動する大きな要因である[29]。

（b）多数決原理

　通常，合議体においては，議論と説得の後に多数決で確定されたことに対して従うというルールについてのコンセンサスがある。このことは，同権の議員の集合である会派についても当てはまり，よって，会派の多数意見と異なる意見の議員も，決定がなされた後は，議会において会派全体の意見に従って行動することになる[30]。

（c）政治目的実現

　さらに，会派は，個別議員のための多くの活動を行う。議員個人で議会に提案しても，ほとんど支持を確保できない。すなわち，議員の見解を実現するためには会派の支持が必要である。このことから，議員は，自己の活動のために会派の場で活動して会派のまとまった支持を確保しようとし，また，同様の行動をとる他の議員を支持することになる[31]。

（d）作業配分

　現代議会においては，任務が複雑で多様化し，量的にも増加しているため，個々の議員は議会の全ての案件について自力で自己の態度を決定し投票できる

---

(27)　Kasten 1985, a.a.O.（Anm. 7），S. 476.

(28)　Saalfeld 1995, a.a.O.（Anm. 21），S. 287-288.

(29)　Renate Mayntz/Friedhelm Neidhardt, „Parlamentskultur: Handlungsorientierungen von Bundestagsabgeordneten—eine empirisch explorative Studie", *Zeitschrift für Parlamentsfragen* 1989, S. 380.

(30)　Kasten 1985, a.a.O.（Anm. 7），S. 477.

(31)　Kasten 1985, a.a.O.（Anm. 7），S. 476-467.

状況ではない。合理的な議会活動のためには，作業配分が必要である。このた
め，議会内では政策領域ごとに議会委員会が設置され，会派内では，議会の委
員会に対応して構成された作業サークル・グループにおいて，それぞれの政策
領域の専門家が会派全体の決定の準備を行う[32]。そこで作成された会派の態
度についての提案が，会派総会に提出される。会派総会においては，専門家以
外の議員は，場合によっては議論・反対することもあるが，基本的には，同じ
政党所属という基本的政治方針の一致と専門家の政策能力を信頼し，作業サー
クル・グループの提案を会派全体の態度として受け入れ，議会においてまと
まって支持する[33]。

（5）統一的投票条項

　以上のように，会派は，まとまった行動・投票のために会派統制を行い，ま
た，議員も自発的にまとまって行動し，投票する。
　よって，連立政権においては，連立会派は議員に対して連立の決定に従って
投票するように働きかけ，会派統制を行い，さらに連立協定において統一的投
票条項が定められる。
　統一的投票条項とは，議会・委員会において，連立会派がまとまって投票す
る規定である。すなわち，法律案の議決などに際して，連立会派が相互に敵対
して投票しないように，とくに反対の立場にある会派と一緒に投票することが
無いように意見が調整される[34]。
　連邦では，1961年11月のCDU／CSUとFDPの連立政権である第四次アデ
ナウアー（CDU）政権成立時に，FDPの主張によって，CDUが野党SPDと
連携することを阻止する目的で初めて規定された。その連立協定は，AⅡ1で，
「連立政党党首と連立会派委員長は，ドイツ連邦議会で，その会派が異なる多

---

(32)　Eberhard Schütt-Wetschky, „Die freie Volksvertreter: Illusion oder Wirklichkeit?
　　　Zur Kritik der Lehre vom „Parteienstaat" ", *Aus Politik und Zeitgeschichte* 1991 Bd.
　　　21-22, S. 20.

(33)　Kürschner, 1995, a.a.O.（Anm. 9), S. 52-53.

(34)　清水望『西ドイツの政治機構　ボン基本法体制の成立とその展開』（成文堂，1969
　　　年）170頁。

第二編　連立政権と国家機関

数派を形成して投票しないこと，とくに，個別の場合に，連立会派の個別の集団が，野党と多数派を構成しないことを目指す義務を負う」と規定する。

　2002年10月の連邦でのSPDと90年連合／緑の党の連立政権である第二次シュレーダー（SPD）政権成立時の連立協定では，「Ⅹ．政党の協調　議会での活動」において，「連邦議会と，連邦議会から派遣される委員会では，連立会派は統一して投票する。これは，協定されていない問題にも適用される。異なる多数派を形成することは行わない」と規定されている。このような明文の規定が無い場合でも，連立政権においては一般的に，このような統一的投票が行われている[35]。

　この規定は，1961年11月の場合が示すように，当初は連立小政党が連立大政党を抑制することが目的であった。たとえば1997年から1998年にかけての税制改革において，CDUは連邦参議院多数派を占めるSPDと妥協可能だったが，連立小政党のCSUとFDPが，野党（SPD）との多数派形成を禁止する連立協定を主張し，税制改革は失敗した[36]。

　しかし，この規定は，連立大政党にとっても利益がある。連立大政党は大臣数が多いため，通常，内閣においては多数決で連立小政党を負かすことができる。しかし，連邦議会においては，連立大政党の法案に反対する連立小政党が野党と連携すると，議会多数派を確保できない場合がありうる[37]。また，野党の法案などに連立小政党が賛成することもありうる。

　よって，統一的投票条項によって，連立大政党・連立小政党ともに，野党と組んで連立相手を負かすことはできなくなるが，負かされることも無くな

---

(35)　Thomas Saalfeld, „Deutschland: Auswanderung der Politik aus der Verfassung? Regierungskoalitionen und Koalitionsmanagement in der Bundesrepublik, 1949-1997“, in: Wolfgang C. Müller/Kaare Strøm（Hg.）, *Koalitionsregierungen in Westeuropa: Bildung, Arbeitsweise und Beendigung*, 1997, S. 77.

(36)　Wolfgang Renzsch, „Die große Steuerreform 1998/99: Kein Strukturbruch, sondern Koalitionspartner als Vetospieler und Parteien als Mehrebenensysteme. Diskussion eines Beitrags von Reimut Zohlnhöfer in Heft 2 der ZParl“, *Zeitschrift für Parlamentsfragen* 2000, S. 190-191.

(37)　Friedrich Schäfer, *Der Bundestag. Eine Darstellung seiner Aufgaben und seiner Arbeitsweise*, 2., neubearbeitete und erweiterte Auflage, 1975, S. 139-140.

る[38]。すなわち，個々の連立会派が野党会派と連携することを相互に防止することで，連立の協調が確保される。連立政党が合意できないときは，野党とともに多数派を形成して問題を解決してはならず，棚上げしなければならない[39]。この意味で，それぞれの会派・会派内部の反対議員は，事実上の拒否権を得ることになる[40]。1980年11月の連邦でのSPDとFDPの連立政権である第三次シュミット（SPD）政権成立時，ゲンシャーFDP党首は，連立政党が「異なる政党と多数派を形成することは連立政権の運営を阻害する」として，SPDが野党CDU（とくにCDU左派）と個別問題で協力しないように警告した[41]。

　この統一的投票条項について，基本法第38条1項2文の自由委任との関係で違憲とする見解がある。しかし，すでに述べたように，会派が個別の議員に働きかけること自体は正当であることから，会派強制に至らない限り，憲法上の問題は無い。連立協定締結者においても，このことは認識されている。たとえば1961年11月の連邦でのCDU／CSUとFDPの連立政権である第四次アデナウアー（CDU）政権成立時の連立協定には，公になった連立協定の他に，「連立に所属する議員は投票において自己の良心のみに従う」という付属文書があった[42]。

---

(38)　Uwe Kranenpohl, „»Mann kann nicht jeden Monat die Koalitionsfrage stellen!«—Koalitionsinterne Konfliktlösungsmechanismen und Einflußpotentiale—", *Zeitschrift für Politik* 1999, S. 286.

(39)　Helmuth Schulze-Fielitz, *Der informale Verfassungsstaat. Aktuelle Beobachtungen des Verfassungslebens der Bundesrepublik Deutschland im Lichte der Verfassungstheorie*, 1984, S. 48. ただ，連立会派は，野党会派と連携した方が利益があると判断するとき，この協定を破る。参照，Sabine Kropp, „Strategisches Koalitionshandeln und Koalitionstheorien. Konzeptionelle Überlegungen zur Untersuchung von Konflikt und Konsensbildung in Koalitionen", in: Roland Sturm/Sabine Kropp (Hg.), *Hinter den Kulissen von Regierungsbündnissen. Koalitionspolitik in Bund, Ländern und Gemeinden*, 1999, S. 59。

(40)　Kranenpohl 1999, a.a.O. (Anm. 38), S. 286. このことについて，なお，後述第8章2（2）（a）（i）参照。

(41)　Udo Bermbach, „Stationen der Regierungs- und Oppositionsbildung 1980", *Zeitschrift für Parlamentsfragen* 1981, S. 70.

第二編　連立政権と国家機関

　なお，この規定は，実際には厳格には運用されていない。全ての連立政党が賛成するわけではない法案などについて，連立与党の議員が野党議員とともに提出したい場合，他の連立会派の一部の議員の共同署名で足りる。また，本会議の投票においても，他の連立会派の一部の議員が賛成投票することによって連立協定違反としないという柔軟な運用が行われている[43]。

2　議会の地位との関係

（1）連立委員会・連立ラウンドの関与

　さらに，連立政権の場合，連立委員会・連立ラウンドによって立法過程そのものが侵害されているという指摘がある[44]。たとえば1961年11月の連邦でのCDU／CSU と FDP の連立政権である第四次アデナウアー（CDU）政権成立時の連立協定では，以下のように定めている。

　「A Ⅱ　5　政府提出法案の主旨は，内閣への提出前に，審議のために連立委員会に送付される。この審議には所轄の大臣が参加する。

　6　連立会派の提案する法案は，ドイツ連邦議会への提出前に，連立委員会に送付される。連立当事者は，提案法案を提出することと，その内容についての合意を達成するように試みる。

　7　連立会派の委員長は，それぞれの会派において，その会派のグループに

---

(42)　*Der Spiegel* Nr. 46 vom 8. 11. 1961, S. 24. また，1961年11月29日のエアハルト副首相・経済大臣（アデナウアー連邦首相の代理）の施政方針演説において，連立協定については，連立所属の個別の議員の決定の自由は守られているので憲法違反ではないと言及された。参照, *Das Parlament* Nr. 49 vom 6. 12. 1961, S. 1. ラントの連立協定では，たとえば2002年11月のメクレンブルク＝フォーアポメルン州での SPD と PDS の連立協定では，290項で，「両会派は異なる多数派を形成して投票しない義務を負う。ただ，議員の自由な良心の決定は不可侵である」と規定している。同連立協定は，参照, http://www.spd-mv.de/koalitionsvertrag2002.pdf（2004年3月）。

(43)　Saalfeld 1997, a.a.O.（Anm. 35），S. 77-78. なお，投票は統一的だが，先行する議論は自由であり，場合によっては反対意見を述べることが可能であることにも留意する必要がある。後述第8章2（4）（b）参照。

(44)　ここでは，議会のみならず政府の法案についても検討する。

第3章　連立政権と連邦議会

よって提案される法案が，4項（連立委員会の設置と任務）に沿って連立委員会に送付されることを目指す」（括弧は筆者）[45]。

　もちろん，それぞれは，法的にはこの規定に拘束されない。内閣または連邦議会に直接提案しても，その行為は単なる連立協定違反に過ぎず，法的には有効である。この，拘束力と働きかけに関する問題は，前に論じた通りであり，ここでは繰り返さない[46]。

　このような規定・実践について，シューレ（Adolf Schüle）は違憲とする。シューレによると，立法手続については，その提案，審議，議決，認証，公布に至る過程が基本法，連邦議会議事規則，連邦政府職務規則で規定されており，それ以外の機関・組織の介入は許容されない。連立委員会がこの過程に事実上介入することは，仮に法的な権限を侵害していないとしても，その過程の重大な侵害である。政府法案の内閣提出前に連立委員会・連立ラウンドで審議することは，所轄大臣の自己責任での議案提出の権利（基本法第65条2文）の侵害であり，また，連邦政府の決定が先取りされてしまうことになる（連邦政府職務規則第15条1項(a)）。また，会派および個別の議員グループの提案法案についても，それぞれの法案提出権（基本法第76条1項，連邦議会議事規則第76条1項）の大きな制約になる。結局，そのような連立委員会・連立ラウンドの介入は許容されず，そのような機関が介入した法案は，連邦大統領の審査（基本法第82条1項1文）の段階，または連邦憲法裁判所での規範統制訴訟（基本法第93条1項2号，第100条1項）により，違憲と判断されることになる[47]。

　たしかに，連立協定の内容的限界において述べたように，連立協定は，その規定により，憲法で定められた権限の移動をもたらす場合や責任関係をゆがめる場合には許容されない[48]。しかし，ここで問題としている，連立委員会・

---

(45)　このような明文の連立協定が無くとも，連立政権においては，法案は事前に連立委員会・連立ラウンドで協議される。

(46)　前述第2章2（4）参照。

(47)　Adolf Schüle, *Koalitionsvereinbarungen im Lichte des Verfassungsrechts. Eine Studie zur deutschen Lehre und Praxis*, 1964, S. 125-126. なお，本書では連邦大統領の審査権，規範統制訴訟の問題には立ち入らない。

(48)　前述第2章2（8）参照。

105

第二編　連立政権と国家機関

　連立ラウンドが法案の提出前にそれについて審議する場合を考えると，まず，正式の立法手続は全く侵害されていないので憲法で定められた権限は移動しておらず，憲法的な責任関係はゆがめられていない。また，実質的に見ても，政党・会派が立法に影響を与えること自体は許容せざるをえず，単独政権においては与党・与党会派内において行われていることに鑑みると，連立政権における連立委員会・連立ラウンドでの事前審議が，議案提出権，政府と議会の審議・議決権を侵害していると考えることはできない。結局，連立委員会・連立ラウンドの立法過程への介入は，事実上の影響にとどまり，関係国家機関の法的権限が形式的にも実質的にも侵害されていないので，許容されると考えられる[49]。

　なお，この規定は，連立政党が相互に相手を出し抜くことを防止する意味がある。すなわち，法案提案は会派または総議席数の５％の数の議員で可能なので（連邦議会議事規則第76条１項），連邦議会の与党会派は，他の連立政党の会派と協議することなく法案を提出可能であるが，この規定があるため阻止される。一般的には連立小政党が連立大政党を抑制できるので有利であるが，連立大政党にとっても連立小政党を抑制する効果がある。この規定により，連立内部で調整できない法案は，議会に提出されないことになる[50]。

　さらに，政府法案についても，大臣がいきなり公の閣議の場に提出するのではなく，事前に連立委員会・連立ラウンドにおいて調整を行うことが可能になるという，連立政権の安定にとっての長所がある。また，とくに連立小政党は，内閣では多数決されうるので，事前に連立委員会・連立ラウンドで審議することは有利であると言えよう[51]。

---

(49)　同旨，Christoph Sasse, „Koalitionsvereinbarung und Grundgesetz", *Juristenzeitung* 1961, S. 725; Joachim W. Maiwald, *Zum Wesen des „Verfassungsrechtlichen Vertrages". Dargestellt am Beispiel der zwischenparteilichen Koalitionsvereinbarung,* 1963, S. 128-129; Helmut Scheidle, *Die staatsrechtlichen Wirkungen einer Koalitionsvereinbarung bei der Bildung der Bundesregierung,* 1965, S. 128-131; Gerber 1964, a.a.O.（Anm. 1), S. 220-222。

(50)　Uwe Kranenpohl, „Zwischen politischer Nische und programmatischer Öffnung: kleine Parteien und ihre Bundestagsfraktionen 1949 bis 1994", *Zeitschrift für Parlamentsfragen* 1998, S. 247-248.

第3章　連立政権と連邦議会

（2）議会の無力化

　しばしば，連立政権での連立委員会・連立ラウンドによって，議会が無力化したと批判される。

　しかし，まず，立法過程は，議会以外に多くの国家機関，政治勢力が参加するものである。すなわち，連邦では，法案は連邦議会以外に，連邦政府，さらに連邦参議院が提案し（基本法第76条1項），連邦議会の可決後連邦参議院に送付され，審議・議決され（基本法第77条－第78条），最終的には連邦大統領が公布する（基本法第82条1項1文）[52]。すなわち，連邦議会は，法案の最終確定と法律の形での可決においてのみ独占権があることになる。

　立法は政治的性格を持つので，公式の手続に入る前にその実現可能性を判断し，関係機関のコンセンサスを求めることは当然のことであると言えよう。すなわち，連立政権の場合，その段階に連立委員会・連立ラウンドが存在するに過ぎず，連立委員会・連立ラウンドによって議会の権限が侵害されているとは言い難い。

　全体として，立法は，政府（連立）会派の専門家，官庁の官僚，所轄大臣という専門家の密接なコミュニケーションで決定される。この段階で一致できない場合に上位の連立委員会・連立ラウンドが開かれる[53]。そして，連立委員会・連立ラウンドには，会派専門家，会派指導者，さらに議員でもある政府構成員が所属しており，すなわち政府を支持する会派の代表が参加していることになる。よって，政府法案も閣議提出前に連立委員会・連立ラウンドに提出されるため，連立会派構成員は，連立委員会・連立ラウンドがあることによって大きな影響力を持つとも言いうる[54]。

　すなわち，テーマが政治的に重要である限り，政府会派は政府の提案前に決定準備に介入し，インフォーマルな方法で政府会派が共同決定していることになる。この限りで，議会から政府への影響は，政府会派についてはこれまでよ

---

(51)　1961年11月からの連立委員会について，参照，Kurt Becker, „Wer regiert jetzt in Bonn? ", *Die Welt* vom 8. 11. 1961, S. 1-2.

(52)　同意法律，異議法律によって相違がある。後述第9章1（2）参照。

(53)　後述第12章2（1）参照。

(54)　参照，*Frankfurter Allgemeine Zeitung* vom 28. 11. 1961, S. 1.

第二編　連立政権と国家機関

り早く，さらに事実上は強力になっている。この側面では，連立委員会・連立
ラウンドによって議会が無力化されているという批判は当てはまらない[55]。

　よって，連立委員会・連立ラウンドの議会に対する問題点は，そこで決定さ
れることによって，議会の場での議論がほとんど行われなくなるときに，その
限りで生じる[56]。現代議会では，多数派関係が確定しているので，議会本会
議場は，演説と反対演説（連邦議会議事規則第28条1項2文）により，政治決定
の透明性，合理性，明白な責任帰属が行われることに意味がある。「議会の決
定プロセスの透明性と周知性は，合理的根拠づけによる行為の正当化を強い
る」。実際の政治的決定プロセスにおいて非常に重要な意味を持つ「議会外的
コミュニケーション手段は，議会での自由な討論における透明性と周知性を作
り出すことができず，政治的決定プロセスにおいて果たすべき役割に相応しい
議会の共働とは言えない[57]」。

　そのような本会議での討論によって，初めて，本来的意味での議会の決定が
成立する[58]。それが行われないとき，連立委員会・連立ラウンドでの決定が
そのまま議会の決定となってしまうことになり，本来的意味の議会の決定とは
言えない。そして，連立委員会・連立ラウンドでの決定が議会で議論・修正さ
れることがほとんど不可能であるとき，この限りで議会の無力化という批判が
当てはまるであろう[59]。

---

(55)　以上について参照，Heinrich Oberreuter, „Entmachtung des Bundestages durch
　　　Vorentscheider auf höchster politischer Ebene?", in: Hermann Hill（Hg.）, *Zustand und*
　　　Perspektiven der Gesetzgebung. Vorträge und Diskussionsbeiträge der 56. Staatswissen-
　　　schaftlichen Fortbildungstagung 1988 der Hochschule für Verwaltungswissenschaften
　　　Speyer, 1989, S. 121-139。この政府・与党会派の関係は，単独政権でも相違は無い。
(56)　このこともまた，単独政権と相違は無い。
(57)　日比野勤「政治過程における議会と政府 —— 政治的計画を素材にして」岩村正彦
　　　ほか編『岩波講座・現代の法3 —— 政治過程と法』（岩波書店，1997年）85-86頁。
(58)　苗村辰弥『基本法と会派 —— ドイツにおける「会派議会」の憲法問題 —— 』（法律
　　　文化社，1996年）70頁。
(59)　Waldemar Schreckenberger, „Informelle Verfahren der Entscheidungsvorberei-
　　　tung zwischen der Bundesregierung und den Mehrheitsfraktionen: Koalitions-
　　　gespräche und Koalitionsrunden", *Zeitschrift für Parlamentsfragen* 1994, S. 341. なお，
　　　後述第12章参照。

◆ 第4章　連立政権と連邦首相

1　ドイツの連邦政府

（1）連邦政府の組織原則

ドイツでは，連邦首相と連邦大臣から連邦内閣が構成される（基本法第62条）[1]。それらの相互の関係については，いわゆる宰相原則，所轄原則，合議原則によって組織されている[2]。

宰相原則とは，連邦首相が政策とその執行の原則を確定し，統治過程を指導する原則である。具体的には，連邦首相は，政治の基本方針すなわち政綱を定め（基本法第65条1文），連邦政府の職務を指導し（基本法第65条4文），連邦大臣の任免を連邦大統領に提案する（基本法第64条1項）。

所轄原則とは，決定権限が政策領域ごとに所轄に配分され，同等の権利を持つ連邦大臣が独立して統括するという原則である。基本法第65条2文では，連邦大臣は独立して自己の責任で所轄を指導するということが規定されている。

合議原則とは，合議体である連邦内閣が審議・決定を行い，統治権を行使するという原則である。基本法第62条は，連邦内閣の合議的構成と，その構成員が連邦首相・連邦大臣であることを規定している。そして，連邦大臣間の意見の相違がある場合は連邦内閣が決定すること（基本法第65条3文），連邦内閣が職務規則を定めること（基本法第65条4文）が規定されている。さらに，基本法，各種法律・規則によって，数多くの権限が連邦内閣に属している。

（2）連邦政府に働きかける必要性

連立政党は，連立政権の政策・人事について合意する。しかし，その連立協定は，基本法第20条2項2文の意味での国家機関によってのみ実現される。

---

(1)　本書では，基本法第62条の意味での合議体を指す場合に「連邦内閣」と表記し，連邦首相・連邦大臣を含む政府全体を指す場合は「連邦政府」と表記する。

(2)　以下の三原則の記述については，基本的に Martin Oldiges, in: Michael Sachs（Hg.），*Grundgesetz Kommentar* 1996, Art. 62 Rn. 5によった。

第二編　連立政権と国家機関

　このことから，連立政党は，政策・人事協定実現のために，それぞれの権限がある国家機関に働きかけなければならないことになる。よって，国家の指導的決定，法案提案，外交，さらに政府における人事などについては，連邦政府，すなわちそれぞれ権限がある連邦首相・連邦大臣・連邦内閣に働きかけなければならないことになる。

　政府が議会に責任を負う議院内閣制では，政党と会派は政府にも影響することが許容される。基本法第21条1項1文の政治的意思形成への協力任務は，政党・会派が政府に影響することも含んでいる[3]。

　以下では，連立政権との関係について，本章で連邦首相，次章以下で連邦大臣，連邦内閣について検討していくことにする。

2　連邦首相の政綱

（1）連邦首相の地位

　宰相原則が示すように，連邦首相は連邦政府の支配的人物なので，連立政権においても連邦首相への働きかけが重要である[4]。連邦首相は多くの権限を持つが，ここでは，連立政権との関係で問題となる，連邦首相の政綱決定権（基本法第65条1文），組織権（連邦政府職務規則第9条1文），人事権（連邦大臣決定権）（基本法第64条1項）について検討する。

　なお，連邦首相の地位自体は連立交渉の中心的テーマであるが，この問題については，連邦大統領の項目で扱う[5]。

（2）連立政権と政綱

　連立協定の政策協定部分，さらには連立委員会・連立ラウンドにおいて合意された政策的取り決めは，その対象が連邦首相の政綱事項の場合，連邦首相の政綱決定権と関係する。

---

(3)　Helmut Gerber, *Koalitionsabkommen im Bund*, 1964, S. 181-184.

(4)　Gerber 1964, a.a.O.（Anm. 3），S. 184-185.

(5)　後述第7章3参照。

110

第4章　連立政権と連邦首相

（a）政綱とは

　連邦首相は，自己の責任で政治の基本方針，すなわち政綱を定める（基本法第65条1文，連邦政府職務規則第1条）。政綱とは，統治についての基本的国家指導的な決定であり，政府の行動原理である[6]。それは，一般的な方針のみならず，国家全体にとって基本的意味を持つ場合，個別の決定も含む[7]。たとえば，1974年に，ブラント（SPD）連邦首相は，公務員労働組合との賃金交渉に関して，内務大臣に対し，協約賃金を抑えるように政綱決定権を行使した[8]。しかし，国家全体にとって基本的意味が無い場合，所轄事項には介入できない。ただ，政綱となる個別措置と純粋な所轄事項の間には中間領域があり，明確に分けられるものではない[9]。

　政綱の決定については特定の形式は無い。口頭でも文書でも可能であり，連邦首相の施政方針演説，閣議での発言，大臣あて文書，各種会談[10]，予算審議での説明から読み取れる[11]。「政綱」として直接表現することは要せず，実際には，政綱と明示することはほとんど無い[12]。政綱は固定的なものではなく，変動し，補われ，修正されるものである[13]。

　政綱の名宛人は連邦大臣である（連邦政府職務規則第1条）。また，連邦大臣は，政綱決定にとって重要である措置・計画について，連邦首相に報告しなければならない（連邦政府職務規則第3条）。連邦大臣は，連邦首相に対して，政

---

(6)　Ernst Ulrich Junker, *Die Richtlinienkompetenz des Bundeskanzlers*, 1965, S. 125.

(7)　Junker 1965, a.a.O. (Anm. 6), S. 52.

(8)　平島健司『ドイツ現代政治』（東京大学出版会，1994年）154頁。

(9)　Hartmut Maurer, „Die Richtlinienkompetenz des Bundeskanzlers", in: Bernd Becker/Hans Peter Bull/Otfried Seewald（Hg.）, *Festschrift für Werner Thieme zum 70. Geburtstag*, 1993, S. 128-129.

(10)　Klaus Stern, „Die Bundesregierung", in: Klaus Stern, *Das Staatsrecht der Bundesrepublik Deutschland* Bd. II. *Staatsorgane, Staatsfunktionen, Finanz- und Haushaltsverfassung, Notstandsverfassung*, 1980, §31 S. 304.

(11)　Junker 1965, a.a.O.（Anm. 6), S. 100. 予算は形式化され細目化された政府のプログラムであるため，その説明から政綱を読み取ることができる。参照，清水望『西ドイツの政治機構　ボン基本法体制の成立とその展開』（成文堂，1969年）222頁。

(12)　Wilhelm Hennis, *Richtlinienkompetenz und Regierungstechnik*, 1964, S. 31.

(13)　Junker 1965, a.a.O.（Anm. 6), S. 125.

第二編　連立政権と国家機関

綱の変更を求め，また，意見を述べることができる（連邦政府職務規則第4条）。
しかし，それでもなお連邦首相が政綱を固守するとき，連邦大臣の公の発言・
決定は，連邦首相の政綱と一致しなければならない（連邦政府職務規則第12条）。
よって，連邦大臣が政綱に従わず，かつ，自発的に辞任しないとき，連邦首相
は連邦大臣に対して，政綱に従うように要請し，叱責し，また，当該問題につ
いて他の連邦大臣への所轄変更[14]，最終的には連邦大臣の交代などをしなけ
ればならなくなる[15]。

（ b ）政綱・施政方針演説・連立協定

　ここでは，政綱と施政方針演説と連立協定の関係について検討する。

　まず，政綱と施政方針演説の関係について検討する。施政方針演説とは，基
本法第65条1文に基づいて連邦首相が連邦議会で行う演説であり，各種案件と
諸問題についての態度表明である[16]。各官庁が個々の内容を準備し，連邦首
相官房でとりまとめられ，連邦内閣で審議・同意される[17]。その政策部分か
ら政綱を読み取ることができるが，しかし，施政方針演説には，所轄の案件，
連邦内閣の権限事項，さらには政府組織の問題なども含まれる[18]。すなわち，
施政方針演説の中でも，政綱対象事項のみが政綱となる。また，施政方針演説
には量的に限界があり，さらに特定時点に行われることから，全ての政綱を含
むことはできない。つまり，施政方針演説は政綱事項以外も含み，政綱は施政
方針演説の内容に尽きない。よって，両者は部分的に重なり合っているが同一

---

(14)　後述第4章3（1）参照。

(15)　Maurer 1993, a.a.O.（Anm. 9）, S. 130. よって，連邦大臣任免権が重要となることに
　　　ついては，後述第4章3（2）参照。

(16)　1955年3月7日第二連邦議会議事規則委員会決議。参照，Walter E. Pfister, *Re-*
　　　gierungsprogramm und Richtlinien der Politik, 1974, S. 224。

(17)　Udo Bermbach, „Regierungserklärung", in: Kurt Sontheimer/Hans H. Rohring
　　　(Hg.), *Handbuch des politischen Systems der Bundesrepublik Deutschland*, 1977, S. 530.
　　　なお，1999年9月のブランデンブルク州でのSPDとCDUの連立政権の連立協定では，
　　　「6.2.2 政府での協力活動」において，「ラント首相の施政方針演説は，閣議において遅
　　　くとも一週間前に審議・合意される」と規定している。同連立協定は，参照，http://
　　　www.cdu-fraktion-brandenburg.de/（2004年3月）。

(18)　Karl-Rudolf Korte, „Die Regierungserklärung als Führungsinstrument der
　　　Bundeskanzler", *Zeitschrift für Parlamentsfragen* 2002, S. 458.

のものではない[19]。

　次に，施政方針演説と連立協定の関係について検討する。施政方針演説は連邦首相官房と各官庁が作成するが，連立政党も政権成立時の連立交渉[20]，連立委員会・連立ラウンド，官庁経由などで作成に参加する[21]。1966年，1969年の場合のように，施政方針演説が連立協定の代用とされることもある[22]。しかし，まず，施政方針演説は連邦政府の行動にのみ関連し，この点で，政党と議会会派の行動も規定する連立協定と異なる。また，施政方針演説には量的に限界があり，連立協定の内容を全て含むことはできない[23]。さらに，施政方針演説は連立協定の内容以外についても言及する。すなわち，両者の関係は，政綱と施政方針演説の関係と同様に，部分的に重なり合っているが同一のものではない[24]。

　最後に，政綱と連立協定の関係について検討する。政綱事項は国家全体にとって基本的意味を持つ事項に限定されるため，連立協定における政策協定部分が全て政綱対象事項というわけではない。また，政綱は，連邦首相が連邦大臣あてに定める政府内部のものであるのに対し，連立協定には，連邦議会の立法計画など議会に関する事項，さらには人事，組織・手続協定も含まれる[25]。

---

(19)　Pfister 1974, a.a.O.（Anm. 16），S. 14.

(20)　1969年10月の連邦での SPD と FDP の連立政権である第一次ブラント（SPD）政権においては，文書の連立協定は無かったが，FDP は，ブラント連邦首相の就任時の施政方針演説作成のための作業サークルを設置した。参照，Klaus Bohnsack, „Bildung von Regierungskoalitionen, dargestellt am Beispiel der Koalitionsentscheidung der F.D.P. von 1969", *Zeitschrift für Parlamentsfragen* 1976, S. 420。

(21)　Korte 2002, a.a.O.（Anm. 18），S. 460.

(22)　前述第 2 章 2（2）参照。

(23)　Wolfgang C. Müller, „Koalitionsabkommen in der österreichischen Politik", *Zeitschrift für Parlamentsfragen* 1994, S. 348.

(24)　ただ，実際には，詳細な連立協定によって，施政方針演説の内容が広汎に先取りされてしまう。1980年11月に連邦で成立した第三次シュミット（SPD）政権では，シュミット連邦首相は施政方針演説の余地を残すため連立協定を詳細に確定することを避けようとしたが，意図に反して詳細な連立協定が作成されてしまった。参照，Udo Bermbach, „Stationen der Regierungs- und Oppositionsbildung 1980", *Zeitschrift für Parlamentsfragen* 1981, S. 79。なお，前述第 2 章注(58)参照。

他方，連邦首相の政綱は，連立協定の政策協定の内容に尽きない。連邦首相は，連立協定に定めていない事項についても随時政綱とすることができる。すなわち，連立協定と連邦首相の政綱は，部分的に重なり合っているが同一のものではない。

以上から，政綱，施政方針演説，連立協定は相互に重なり合う部分があるが，それぞれ固有の部分を持った，異なるものであると言える。

（ c ）連邦首相への働きかけの必要性

連立協定は，立法期開始の文書によるものも，さらに立法期中での連立委員会・連立ラウンドでの取り決めによるものも，連立政党間の政治的取り決めに過ぎない[26]。すなわち，連立政党は，連立協定のうちの政綱事項については，連邦首相が政綱とするように働きかけることが必要となる。そして，連邦首相が，連立協定のうちの政綱事項を政綱とすることによって，初めて連邦大臣，連邦内閣を拘束することになる[27]。

（ d ）連邦首相の拘束

連邦首相は，通常，政党・会派指導者として連立協定の作成に参加し，さらに連立委員会・連立ラウンドを主導する。しかし，国家機関である連邦首相としては，連立協定の当事者ではないため，直接的な拘束を受けない。基本法においては，政党・会派に憲法的地位を与え，他方で連邦首相に重要な権限を与えていることから，たとえ同一人物であっても，政党・会派での地位と連邦首相としての地位を区別して考えなければならない[28]。

しかし，実際には，連邦首相は連立協定を政綱に取り入れるように政治的拘束を受けている。すなわち，連立政権の場合，連立相手政党・会派およびその連邦大臣は，事実上共同で政綱を決定することを要求する。そして，連邦首相

---

(25) Helmut Karehnke, „Richtlinienkompetenz des Bundeskanzlers, Ressortprinzip und Kabinettsgrundsatz—Entspricht Art. 65 des Grundgesetz noch heutigen Erfordernissen?", *Deutsches Verwaltungsblatt* 1974, S. 103.

(26) 前述第 2 章 2 参照。

(27) Maurer 1993, a.a.O.（Anm. 9），S. 130.

(28) 会派統制について，議員の地位を政党・会派構成員と議員としての地位に分けて考えたことと同様である。前述第 3 章 1（2）（a）参照。

は，通常，連立政権維持のため，政綱決定に際して連立相手政党・会派および
その連邦大臣の政治的見解を考慮に入れる[29]。

　その要因としては，第一に，連邦首相は，連立交渉において連邦首相候補に
なり，実際に選出されるために，連邦首相就任後には連立協定，連立委員会・
連立ラウンドの決定に従った政策を実行することを約束しなければならないと
いうことが挙げられる。就任後にその約束を守らない場合，連邦首相の政治的
信用が損なわれ，政治的責任を問われる。

　第二に，連邦首相は，政党・会派の指導的人物として連立交渉を主導し，連
立協定に同意し，近年は連立協定に署名すること，また，立法期の間の連立委
員会・連立ラウンドにおいても指導的役割を果たし，政策決定を行うことが挙
げられる[30]。たとえば，1998年9月の連邦での第14回連邦議会選挙後のSPD
と90年連合／緑の党の連立交渉においては，連邦首相予定者だったSPDの
シュレーダー自身が連立交渉を主導し，交通政策などでは90年連合／緑の党の
要求を阻止し，現実的な政策を連立協定とした[31]。このように，政党・会派
における立場で自己が交渉・決定したことについて，連邦首相として守らない
場合，連立政党・会派さらには有権者の信頼を失うことは明らかである。

　第三に，とくに議院内閣制においては，連邦首相は，その政策実施のために，
いずれにせよ議会多数派の支持が必要であるということが挙げられる[32]。単
独政権の場合は，連邦首相は政綱決定について自己の政党・会派および連邦大
臣と協議することになるが，連立政権では，さらに他の連立政党・会派および
その連邦大臣と協議するという特徴がある。そのとき，他の連立政党・会派と
その指導者の力が大きいほど，連邦首相が受ける制約は大きい[33]。そして，

---

(29)　Harald Weber, *Der Koalitionsvertrag*, 1967, S. 139-140.

(30)　Gerber 1964, a.a.O.（Anm. 3），S. 198-199.

(31)　Spiegel-Gespräch, „Ich bestimme die Richtlinien. Gerhard Schröder über die
politischen und wirtschaftlichen Leitlinien seiner Kanzlerschaft, das Verhältnis zu Os-
kar Lafontaine und den Weg in die Berliner Republik", *Der Spiegel* Nr. 44 vom 26. 10.
1998, S. 34.

(32)　Helmut Scheidle, *Die staatsrechtlichen Wirkungen einer Koalitionsvereinbarung
bei der Bildung der Bundesregierung*, 1965, S. 115-116.

(33)　Ernst Benda, „Verfassungsprobleme der Großen Koalition", in: Alois Rummel

第二編　連立政権と国家機関

　他の連立政党・会派にとって重要な問題で政綱決定権を行使することは，連立政権が事実上終了することを意味する[34]。すなわち，連立政権での政綱決定権は，それぞれの連立政党・会派が受け入れる限りで行使されるという点で，単独政権での政綱決定権と異なる[35]。そして，連立協定，連立委員会・連立ラウンドの決定から逸脱した政策については，連立相手の政党・会派はもとより，場合によっては自己の政党・会派の支持をも得られないであろう。この点で，最小勝利連合においては連立小政党・会派が離脱すると多数派を確保できないため，過大規模政権の場合より強い制約があると言えよう[36]。

　第四に，連邦首相自身は，通常，政党・会派構成員でもあるので，それぞれの団体構成員としての拘束を受けるということも挙げられる[37]。

　以上のことから，連邦首相は，政綱決定において，連立協定，連立委員会・連立ラウンドの決定を考慮するように政治的に拘束されていることになる。それらから逸脱した政綱を定めた場合，連立相手政党・会派から批判され，議会の支持を失い，場合によっては自己の政党・会派内でも批判され，自主的退陣に追い込まれる可能性がある。そして，連立相手が連立政権から離脱した場合，議席状況によっては少数政権となる。さらに，それまでの連立相手が野党とともに建設的不信任（基本法第67条）を行う可能性もある[38]。

　とくに，政権開始時点の連立協定は政府の実績評価基準となっていることから[39]，連邦首相がそれから逸脱した政策を行った場合，次の選挙において連邦首相の所属する政党の議席が減少する可能性もある[40]。

　　　(Redaktion), *Die Große Koalition 1966-1969. Eine kritische Bestandsaufnahme*, 1969, S. 164.

(34)　Werner Kaltefleiter, „Die Kanzlerdemokratie des Helmut Kohl", *Zeitschrift für Parlamentsfragen* 1996, S. 30 Anm. 25.

(35)　Junker 1965, a.a.O. (Anm. 6), S. 63-64. なお，Junker 1965, a.a.O. (Anm. 6), S. 69は，連邦首相と政党党首が同一人物である単独政権においてのみ，連邦首相が政綱を文字通り決定できるとする。

(36)　Junker 1965, a.a.O. (Anm. 6), S. 62.

(37)　前述第3章1参照。

(38)　Weber 1967, a.a.O. (Anm. 29), S. 146.

(39)　前述第2章2（9）参照。

第4章　連立政権と連邦首相

（e）働きかけの許容性

以上のことから，連邦首相は，政綱決定において，連立協定，連立委員会・連立ラウンドの決定に政治的に拘束される。言い換えれば，連立政党・会派は，この事情に基づいて，それらを政綱に取り入れるように連邦首相に働きかける。そこで，連邦首相の法的に自由な政綱決定に対し，どの程度働きかけを行い拘束することが許容されるかという問題が生じる。

抽象的には，連邦首相の法的な決定の自由を侵害しない限り許容される。すなわち，連邦首相が連立協定，連立委員会・連立ラウンドの決定と異なる政綱を決定する余地が無ければならない[41]。具体的には，連邦首相が「実質的に」政綱を定めていなければならない。たとえば，連立協定，連立委員会・連立ラウンドの決定を連邦首相が形式的に政綱として確定するに過ぎない場合は違憲である。

ただ，実際には，個別の場合ごとに判断するしかない。たとえば政綱について，連邦首相が自己の判断で連立協定，連立委員会・連立ラウンドの決定を参考に政綱を決定することは許容されると考えられる[42]。しかし，連邦首相の判断の余地が無いほど詳細に定められた政綱の原案が連立委員会・連立ラウンドから連邦首相に対して頻繁に指令され，連邦首相はそれを「政綱」として発表するのみであるというとき，違憲と考えられる[43]。

すなわち，立法期全体にわたり，憲法で規定されていない，責任を負わない合議体である連立委員会・連立ラウンドに政綱の実質的決定権が移動するときは，憲法的に疑義があると考えられる[44]。

（f）実例の検討

どのような形態の連立政権も，連邦首相の政綱決定権の行使にとっては，多

---

(40)　Wolf-Rüdiger Schenke, in: *Bonner Kommentar zum Grundgesetz*, Loseblatt, Art. 63 Rn. 25-26 (1977). ただ，連立協定から逸脱した決定をすることが議席減少につながるとは限らない。

(41)　Adolf Schüle, *Koalitionsvereinbarungen im Lichte des Verfassungsrechts. Eine Studie zur deutschen Lehre und Praxis*, 1964, S. 97-98.

(42)　Gerber 1964, a.a.O.（Anm. 3), S. 220; Scheidle 1965, a.a.O.（Anm. 32), S. 115-118.

(43)　Schüle 1964, a.a.O.（Anm. 41), S. 97-98.

(44)　Junker 1965, a.a.O.（Anm. 6), S. 63. なお，後述第12章参照。

第二編　連立政権と国家機関

かれ少なかれ制約となる。とくに，1966年12月に連邦で成立したキージンガー（CDU）政権は，連立政党であるCDU／CSUとSPDの勢力がほぼ対等であったことから，ほとんど政綱決定権は行使されなかった。政綱が読み取れる施政方針演説は，キージンガー連邦首相が単独で決定したものではなく，連立交渉の結果，SPDの政策が取り入れられたものだった。さらに，SPDの連邦大臣に対して政綱決定権を行使すると連立政権が危機に陥るため，ほとんど政綱決定権を行使できなかった。また，本来，個々の連邦大臣は，政綱決定にとって重要である措置・計画について連邦首相に報告しなければならないが（連邦政府職務規則第3条），たとえばSPDのブラント副首相・外務大臣は東方外交についてキージンガー連邦首相に報告しないなど，SPDの連邦大臣の所轄については，政綱決定に必要な情報が不足していた。キージンガー連邦首相は連邦首相官房を強化することで政綱決定に必要な情報を入手しようとしたが，それでも不十分だった[45]。

　SPD党首であったブラント副首相・外務大臣は，同等の勢力の政党から構成される大連立政権においては，一方の党首（キージンガー）が他方の党首（ブラント）に対して政綱を与えることはできないとし，連邦首相の政綱決定権を空洞化した[46]。また，シュミットSPD会派委員長は，連邦首相がSPDの見解と異なる政綱を一回でも与えると連立政権は終了するだろうと述べている[47]。

　すなわち，この大連立政権においては，政綱は連邦首相単独ではなく，SPDの指導者と協力してのみ確定でき，連邦首相はそれを政綱として表明するのみであった。しかし，キージンガー連邦首相が政綱決定権を単独で行使しなかったこと，さらにSPDが政綱を事実上共同決定していたことは，キージンガー

---

(45)　以上について，Heribert Knorr, *Der parlamentarische Entscheidungsprozeß während der Großen Koalition 1966 bis 1969. Struktur und Einfluß der Koalitionsfraktionen und ihr Verhältnis zur Regierung der Großen Koalition*, 1975, S. 214-219。このために，連立大政党にとっても，連立小政党の連邦大臣の所轄での政務次官を獲得することが重要となる。このことについては，後述第8章2（4）（c）（i）参照。

(46)　Franz Schneider, *Große Koalition. Ende oder Neubeginn?*, 1969, S. 80.

(47)　Klaus Kröger, *Die Ministerverantwortlichkeit in der Verfassungsordnung der Bundesrepublik Deutschland*, 1972, S. 45 Anm. 82.

第 4 章　連立政権と連邦首相

連邦首相が連立政権の安定のため自己の判断で行っている限りで許容されると考えられる。

（ｇ）連立政権と政綱

以上から，連邦首相は，法的には自由に政綱を決定できるが，実際には連立政権においては，その決定の自由をかなり制約されていると考えられる。首相の政綱決定権については，すでにワイマール憲法第56条で定められていたが，当時も連立政党によって制約されていた[48]。結局，ワイマール共和国でもドイツ連邦共和国でも，首相は政綱決定において制約されることになるため，この問題は，連立政権が形成される多党制の議院内閣制一般の問題と言いうる。

しかし，連立政権における連邦首相の政綱決定は不利なことばかりではない。

第一に，政綱について，連立協定作成，さらには連立委員会・連立ラウンドでの協議により，かなり早い時点で連立政党・会派指導者の政治的合意を得ることができる[49]。その際は，連邦首相が会合の議題，日程，参加者を決定し，さらには通常は情報でも優位にあるため，この側面では，むしろ連邦首相の力が強まっているとも考えられる[50]。

また，第二に，連邦首相は，政綱対象事項ではない所轄事項，さらに合議体内閣の権限についても，連立協定作成，連立委員会・連立ラウンドでの協議により，事実上共同決定できる。

さらに，第三に，連邦首相は，自己の意見と異なる党内・会派内の意見を制御するために連立相手からの制約を利用でき，連邦首相の行動余地がかえって拡大するという側面もある。たとえばアデナウアー（CDU）連邦首相は，とくに1949年から1961年の間，経済政策において自己のCDU／CSU内の左派より

---

(48)　Friedrich Glum, „Kritische Bemerkungen zu Art. 63, 67, 68, 81 des Bonner Grund-gesetzes", in: Überreicht von Freunden, Verebrern und Schülern, *Um Recht und Gerechtigkeit. Festgabe für Erich Kaufmann zu seinem 70. Geburtstage—21. September 1950—*, Neudruck der Ausgabe Stuttgart 1950, 1981, S. 47-48. ワイマール共和国時代の研究については，たとえば参照，Weber 1967, a.a.O.（Anm. 29），S. 134-136。

(49)　Junker 1965, a.a.O.（Anm. 6），S. 92-93。

(50)　Karlheinz Niclauß, "The Federal Government: Variations of Chancellor Dominance", in: Ludger Helms (ed.), *Institutions and Institutional Change in the Federal Republic of Germany*, 2000, p. 75.

第二編　連立政権と国家機関

連立相手の FDP，DP の政策に近かったことから，自己の政策実現のために，単独政権より連立政権の方が有益であった[51]。

さらに，第四に，連邦首相は，連立委員会・連立ラウンドでの協議において，政綱決定に必要な専門知識を補充できるという側面もある。

しかし，一連の協議の主導権および最終決定権が連邦首相にあるとしても，連立政権においては，政綱決定権は「絶対的なものでもなければ無制限なものでもなく，連立に参加した政党の同意を必要とする[52]」。そのため，連立政党・会派幹部に政綱を事実上共同決定させることになり，連邦首相の政綱決定権が制約されることは否定できない[53]。

とくに実例でも見たように，対等の当事者からなる連立政権においては，政綱決定権をほとんど行使できない[54]。それでもなお，連邦首相は，公共の福祉のため，自己の信念に従って，必要ならば連立協定，連立委員会・連立ラウンドの決定と異なる政綱を定める権利と義務がある。基本法第65条１文は，その決定に必要な法的な決定の自由を保障し，その決断を要請している[55]。

そして，連邦首相は，後継連邦首相が選出されない限り不信任されないため（基本法第67条），一時的に連立協定，連立委員会・連立ラウンドの決定と異なる政綱を決定しても，連邦首相の地位は脅かされないと考えられる[56]。この点において，安定した政権，連邦首相がリーダーシップを発揮することを目指している基本法の制度は，その効果を発揮していると言えよう。

---

(51)　Hans-Peter Schwarz, „Adenauers Kanzlerdemokratie und Regierungstechnik", *Aus Politik und Zeitgeschichte* 1989 Bd. 1-2, S. 22.

(52)　シュトラウス CSU 党首発言。参照，清水 1969年・前掲注(11)359頁。

(53)　Waldemar Schreckenberger, „Informelle Verfahren der Entscheidungsvorbereitung zwischen der Bundesregierung und den Mehrheitsfraktionen: Koalitionsgespräche und Koalitionsrunden", *Zeitschrift für Parlamentsfragen* 1994, S. 340-341.

(54)　Kröger 1972, a.a.O. (Anm. 47), S. 44-45.

(55)　Karl Heinrich Friauf, „Grenzen der politischen Entschließungsfreiheit des Bundeskanzlers und der Bundesminister", in: Erich Schwinge (Hg.), *Festgabe für Heinrich Herrfahrdt zum 70. Geburtstag*, 1961, S. 58-59. なお参照，Weber 1967, a.a.O. (Anm. 29), S. 146。

(56)　Gerber 1964, a.a.O. (Anm. 3), S. 198-199.

第 4 章　連立政権と連邦首相

3　連邦首相の組織権・人事権

　続いて，連邦首相の組織権・人事権を検討する。両者は別個のものであるが，密接に関連しているため，ここでまとめて検討する。

（1）連邦首相の組織権

　連邦首相の組織権とは，連邦大臣数と所轄を確定する権利である。「連邦首相は，各連邦大臣の職務範囲の概要を定める」（連邦政府職務規則第 9 条 1 文）と規定されている。すなわち，連邦首相は，連邦大臣（官庁）数と任務の決定，管轄の移動，新たな任務についての管轄の決定を行う権限がある[57]。

　連邦首相の組織権は，まず，連邦首相の人事権と密接に関連している。というのは，たとえば連邦大臣任命においては，無任所大臣を除いて所轄を決定しなければならないからである（連邦大臣法〔Gesetz über die Rechtsverhältnisse der Mitglieder der Bundesregierung〕第 2 条 3 項）。よって，組織権は，まず，連邦首相の連邦大臣任免権を定める基本法第64条 1 項に憲法的根拠がある[58]。

　また，組織権は政綱決定権とも密接に関連している。というのは，連邦首相は，政綱を実現しうるような組織を整備する必要があるからである。このとき，政綱に従わない連邦大臣を解任しなくとも，管轄を移動することで政綱を実現し，連邦大臣を制御する可能性があることになる[59]。たとえば，1953年には，ザール問題について，管轄のカイザー（Jakob Kaiser）（CDU）ドイツ問題担当大臣の考えがアデナウアー（CDU）連邦首相の政綱と異なっていたため，アデナウアー連邦首相は，その管轄を，自己が兼任する外務大臣の管轄に移動した[60]。すなわち，組織権は，連邦首相の政綱決定権を定める基本法第65条 1

---

(57)　Junker 1965, a.a.O. (Anm. 6), S. 79.

(58)　Klaus Stern, „Grundlagen und Ausgestaltung des parlamentarischen Regierungssystems“, in: Klaus Stern, *Das Staatsrecht der Bundesrepublik Deutschland* Bd. I. *Grundbegriffe und Grundlagen des Staatsrechts, Strukturprinzipien der Verfassung*, Zweite, völlig neubearbeitete Auflage, 1984, § 22 S. 985.

(59)　Theodor Eschenburg, *Staat und Gesellschaft in Deutschland*, 1956, S. 740-741; Junker 1965, a.a.O. (Anm. 6), S. 79.

(60)　Theodor Eschenburg, „Die Richtlinien der Politik im Verfassungsrecht und in der

121

第二編　連立政権と国家機関

文にも憲法的根拠があることになる[61]。

　この組織権は，ワイマール共和国時代には共和国首相ではなく共和国大統領にあった（共和国政府職務規則〔Geschäftsordnung der Reichsregierung〕第8条）。このため，共和国首相は，その政綱決定権（ワイマール憲法第56条）を有効に行使できなかった。また，政綱に反した大臣から所轄権限を移動することができないため，当該大臣の解任を共和国大統領に提案するしかなかった[62]。よって，基本法では組織権が連邦首相に移動したことにより，連邦首相の地位は大幅に強化されたと言える[63]。

（2）連邦首相の人事権

　続いて，連邦首相の人事権は，組織権と密接に結合し，また，政綱決定権を補うものである。その中でも，連邦政府を構成し，また，原則的に所轄の長でもある連邦大臣決定権が重要である。

　ワイマール憲法第53条においては，共和国大統領に大臣の任免権があり，共和国首相が特定人物を大臣として共和国大統領に提案しても共和国大統領は自由裁量で拒否でき，また，共和国大統領は任意に個別大臣を解任できた。

　しかし，基本法では，連邦大統領は連邦首相の意思に反して連邦大臣を任免できない。基本法第64条1項によると，連邦首相が連邦大統領に連邦大臣を提案し，連邦大統領が連邦大臣を任命する。このとき，連邦大統領は，人物の適性などの理由に基づいて疑義を述べることはできるが，それでも連邦首相が当該人物を連邦大臣とすることを固守する場合，その人物が法的前提を満たしているときは任命しなければならない[64]。すなわち，実質的な連邦大臣決定権は連邦首相にある[65]。

　　　Verfassungswirklichkeit“, *Die Öffentliche Verwaltung* 1954, S. 202.

(61)　Stern 1984, a.a.O.（Anm. 58）, S. 985.

(62)　毛利透「ドイツ宰相の基本方針決定権限と『宰相民主政』」筑波法政第27号（1999年）61頁。

(63)　Ernst-Wolfgang Böckenförde, *Die Organisationsgewalt im Bereich der Regierung. Eine Untersuchung zum Staatsrecht der Bundesrepublik Deutschland*, 1964, S. 140.

(64)　法的前提については，連邦大臣法第1条，第6条3項が規定している。この規定から，ドイツ人であること，被選挙権があること，憲法への忠誠が前提とされる。

第 4 章　連立政権と連邦首相

　連邦首相が決定した政綱は,「連邦大臣を拘束し, 連邦大臣によってその職務範囲内において独立に, それぞれの責任のもとに実施される」(連邦政府職務規則第 1 条 1 項 2 文)。すなわち, 政綱の実現は管轄の連邦大臣が行い, 連邦首相は連邦大臣の個別的・具体的な決定には介入できない[66]。よって, 連邦首相の政綱決定権は, 政綱の範囲で所轄を率いる人物を連邦大臣に選ぶ権利がなければ何の役にも立たない[67]。また, 連邦首相は政綱事項のみしか政綱を定められず, 所轄事項は連邦大臣が独立して決定する (基本法第65条 2 文)。

　よって, 政綱事項であれ所轄事項であれ, 連邦首相は連邦大臣に対して所轄における個別行動を指示・命令することができないことになる[68]。

　さらに, 連邦大臣は, 所轄の長であるのみならず合議体の連邦内閣構成員でもあり, 連邦内閣の権限に属する事項について審議・決定権がある (基本法第62条)[69]。

　よって, 政策的に連邦首相の考えに近く, 連邦首相が信頼できる人物を連邦大臣にすることで, 連邦首相は政綱事項・所轄事項・連邦内閣の権限事項の全てにおいて, 自己の意思に沿った政策を遂行できることになる[70]。

　さらに, ワイマール憲法第54条と異なり, 基本法には個別大臣の不信任制度が無いため, 連邦大臣の行為についても連邦首相が不信任されうる。よって, 連邦首相は, この点からも, 政策的にも人物的にも信頼できる人物を連邦大臣に決定できなければならないことになる[71]。

　また, 連邦大臣就任後に連邦首相と連邦大臣が対立した場合, その所轄事項を他の連邦大臣に移動するという手段もあるが, 最終的には連邦大臣交代でし

---

(65)　Junker 1965, a.a.O. (Anm. 6), S. 77.

(66)　Stern 1980, a.a.O. (Anm. 10), S. 288.

(67)　Hennis 1964, a.a.O. (Anm. 12), S. 14.

(68)　Hennis 1964, a.a.O. (Anm. 12), S. 30. 実際には, 政綱との意見の相違は, ある程度は容認されている。参照, 片岡寛光『内閣の機能と補佐機構』(成文堂, 1982年) 190頁。

(69)　連邦内閣の権限については, 後述第 6 章 1 参照。連邦政府職務規則第15条により, 政綱事項を含むほとんどの事項に及ぶ。

(70)　Roman Herzog, in: Theodor Maunz/Günter Dürig/Roman Herzog/Rupert Scholz, *Kommentar zum Grundgesetz*, Loseblatt, Art. 64 Rn. 20 (1983).

(71)　Franz Schneider 1969, a.a.O. (Anm. 46), S. 31.

第二編　連立政権と国家機関

か解決できない場合も多い[72]。たとえば1950年8月に，アデナウアー（CDU）連邦首相は，アメリカ高等弁務官に「安全保障覚書」と，「連邦共和国と占領軍の新しい関係」に関する文書を提出し，再軍備を政綱として推進した。しかし，その際に必要となる警察整備の権限を持つハイネマン（CDU）内務大臣が閣議において再軍備に反対し，結局，10月にハイネマンが辞任した[73]。

しかし，連邦大臣が自発的に辞任しない場合は解任しなければならない。よって，連邦首相にとっては，連邦大臣の任命提案権とともに，解任提案権も重要な意味を持つことになる。

（3）連邦首相への働きかけの必要性

連立政権においては，組閣時の連立交渉において連邦大臣数，所轄範囲，その配分および具体的な人物について連立政党間で交渉され取り決められる。しかし，連立協定の当事者は連立政党であり，当事者ではない連邦首相は拘束されない[74]。連邦首相は，法的には，自由に連邦大臣数を定め，所轄範囲を決定し，所属政党とは無関係に任意の連邦大臣候補を連邦大統領に提案できる[75]。よって，連立政党は，連立協定で定めた通りの所轄を持つ連邦大臣ポストをそれぞれの政党に配分し，かつ，それぞれの政党が具体的に確定した人物を連邦大臣候補として連邦大統領に提案するように連邦首相に働きかけなければならないことになる。

（4）連邦首相の拘束

連邦首相は基本法第64条1項に基づいて連邦大臣を自由に決定し，連邦大統領に提案できる。そして，連邦大統領はその提案に対して疑義を表明すること

---

(72)　ただ，問題によっては連邦大臣交代でも解決できない場合もある。

(73)　小林正文『指導者たちでたどるドイツ現代史』（丸善ブックス，2002年）25-26頁。なお参照，Eschenburg 1956, a.a.O. (Anm. 59), S. 735-736。

(74)　前述第2章2（4）参照。

(75)　Helmuth Schulze-Fielitz, „Koalitionsvereinbarungen als verfassungsrechtliches Problem—Zu Grenzen einer Verrechtlichung des politischen Prozesses—", *Juristische Arbeitsblätter* 1992, S. 333.

は可能だが，それでも連邦首相が当該人物を連邦大臣とすることを固守する場合，その人物が法的前提（連邦大臣法第1条，第6条3項）を満たしている限り，連邦大統領はその人物を連邦大臣に任命しなければならない。この意味で，連邦首相は法的には自由である。

　しかし，実際には，連邦首相には強い政治的拘束が及んでいる。というのは，人事協定，とくに連邦大臣人事は連立政権に政党が参加する際の重要な関心事であるので[76]，この点が確定し，かつ，連邦首相予定者が同意しない限り，連立予定会派は，連邦首相予定者を実際に連邦首相に選出しない可能性がある。また，連立政党が拒否する人物を連邦大臣に任命すると，立法期においてその連邦大臣および連邦首相が議会で支持されず，その結果職務が滞ることになり，さらには個々の連邦大臣への不信任ができないため連邦首相に対して不信任が行われる可能性がある。

　よって，法的には，連邦議会で選出された連邦首相がその後に連邦大臣を決定し連邦大統領に提案することになっているが，実際は，連邦首相選出前に連邦大臣がほぼ確定していることになる。

　さらに，立法期中においても，他の連立政党に配分された連邦大臣について連邦首相が独断でその任免を連邦大統領に提案すること，さらに所轄を変更することは，連立協定違反として当該政党の反発を買い，報復活動が行われ，連立政権が崩壊する危機を招く[77]。

　すなわち，連立政権においては，連邦首相は，事実上，連立協定に従って，その所轄を持つ連邦大臣を連立政党・会派に配分し，かつ，それらが決定し，または受け入れる人物を連邦大臣としなければならない。そして，その連邦大臣について，立法期中も自由に任免できず，所轄の変更もできないことになる[78]。

---

(76)　前述第2章2（3）（b）参照。

(77)　さらに，実際には，政党・会派は，その構成員に対して，除名や次期選挙において当該政党から立候補させないなどの脅しにより，連邦大臣になることを阻止しうる。このときは，本人の意思に反することになるので連邦首相は当該人物を連邦大臣に任命することを連邦大統領に提案できなくなる。このことについては，参照，Eschenburg 1956, a.a.O.（Anm. 59），S. 690-691。

第二編　連立政権と国家機関

（5）働きかけの限界

　以上から，連邦首相は，組織権，人事権においても連立政党から制約を受けている。連立政党は，取り決め通りの所轄を持った連邦大臣を配分するように要求し，自己に配分された連邦大臣の人物を連邦首相に提示し，また，他の連立政党の連邦大臣の人物について拒否を表明する[79]。よって，これらの働きかけの限界が問題となる。

　この問題については，政綱の場合と同様に，連邦首相に自由な判断余地があるかどうかが問題となる。すなわち，連邦首相が最終的に連邦大臣の所轄範囲，連立政党・会派への配分および具体的な人物を決定していなければならない。

　実際は個別具体的に判断せざるをえないが，基本的には，連立政権の危機を避けるため，連邦首相の判断で連立交渉の結果に従って所轄を形成し，連立相手に連邦大臣を配分し，その人物決定を委ねること自体は，法的には問題は無いと考えられる。しかし，それらの決定について最終的に責任を負うのが連邦首相である以上，最終的には連邦首相が決定しなければならないと考えられる。

（6）組閣の具体的検討

（a）所轄の決定

　組閣は，連邦首相が連邦大統領に連邦大臣任命を提案することのみではなく，多くの段階があり多様な要素が考慮される，政治的で多層的なものである[80]。

　ここでは，組閣について，段階を追って検討する。

　まず，組閣においては，連邦大臣数・官庁数を決定しなければならない。さ

---

(78)　Wolf-Rüdiger Schenke, in: *Bonner Kommentar zum Grundgesetz*, Loseblatt, Art. 64 Rn. 5-6（1980）. なお，本書では検討しないが，ドイツ連邦共和国の連邦首相は，組閣において，連立政党以外に，それぞれの政党・会派内の派閥・利益集団，地域性，宗派，性別も考慮しなければならない。たとえば参照，Wolfgang Ismayr, „Parteien in Bundestag und Bundesregierung", in: Oscar W. Gabriel/Oskar Niedermayer/Richard Stöss（Hg.）, *Parteiendemokratie in Deutschland*, 1997, S. 401。

(79)　1961年の第四次アデナウアー（CDU）政権成立時の連立交渉において，CDUに配分された外務大臣ポストの人物をFDPが拒否したことについて，前述第2章2（3）（b）参照。

(80)　Stern 1980, a.a.O.（Anm. 10）, S. 291.

らに，連邦大臣任命においては，原則的に担当の所轄を決定しなければならない（連邦大臣法第2条3項）[81]。よって，組閣においては，全体の連邦大臣数とともに，各連邦大臣の担当所轄も決定されることになる。

具体的には，まず，内務大臣，外務大臣，法務大臣，財務（＝大蔵）大臣，軍事（＝国防）大臣という古典的な5大臣が設置される[82]。とくに，基本法で大蔵大臣（第108条3項2文，第112条，第114条1項），法務大臣（第96条2項），国防大臣（第65a条1項），さらに連邦政府職務規則で内務大臣（第26条2項），家族・高齢者・女性・青年大臣（第15a条，第21条4項）が規定されているため，これらの連邦大臣を必ず設置しなければならない。また，基本法第69条1項により，実質的権限は無いものの，連邦首相の代理すなわち副首相も決定しなければならない[83]。さらに，通常は，経済大臣，労働大臣，社会大臣，食糧・農業大臣，交通大臣，建設大臣も設置される[84]。その他，特別な必要に応じて大臣が設置されるが，とくに，所轄を持たない，特別の狭い任務を担う特務大臣も設置できる。これは，専門知識がある，連邦首相が信頼できる人物を政府に獲得することと，一般の大臣が行う通常の行政任務から解放して特別任務に専念させる目的で設置される[85]。

さらに，大臣設置については，不文の原則がある。まず，第一に，大臣は合議体である内閣を構成することから，人数が多すぎると内閣がまとまりを欠き，効率的・迅速な行動ができなくなるため，人数的に上限がある。内閣が単なる集会にならないために，「内閣の数的規模は，合議体としての機能を適切に行使できないほどに増加してはならない[86]」。連邦での過去の実例では，最多は

---

(81)　ただし，無任所大臣・特務大臣任命も可能である。

(82)　大西健夫編『ドイツの政治　連邦制国家の構造と機能』（早稲田大学出版部，1992年）87頁。なお，Eschenburg 1956, a.a.O.（Anm. 59），S. 760は郵政大臣も含める。

(83)　以上について，たとえば参照，Stern 1984, a.a.O.（Anm. 58），S. 985。なお，Stern 1980, a.a.O.（Anm. 10），S. 283は，連邦政府職務規則第11条により，外務省（Auswärtiges Amt）と外務大臣も必ず設置しなければならないとする。

(84)　Klaus von Beyme, *Das politische System der Bundesrepublik Deutschland. Eine Einführung*, 9., neu bearbeitete und aktualisierte Auflage, 1999, S. 320.

(85)　Schenke 1980, a.a.O.（Anm. 78），Art. 64 Rn. 53.

(86)　Böckenförde 1964, a.a.O.（Anm. 63），S. 196.

第二編　連立政権と国家機関

1965年10月に成立した第二次エアハルト（CDU）政権の21大臣である[87]。

　しかし，第二に，大臣数が少ないと個々の大臣の担当所轄が大きくなり，有効に所轄を指導することが不可能となる。議会責任を負う大臣が有効に所轄を指導するためには，所轄が大きすぎてはならない[88]。よって，国家任務が増加している現代国家においては，大臣数が増加することは必然と言える。1961年11月の連邦での第四次アデナウアー（CDU）政権成立時の施政方針演説では，「官庁数の増加は，特別な政治情勢，社会の複雑性，技術的展開の結果，国家の任務が増加したことが原因である。官庁は，大臣が見渡すことができる程度の規模でなければならない[89]」と述べられている。大臣数が少なくなると内閣が小規模になり審議・決定が促進されるという利点はあるが[90]，大規模になった官庁においては大臣を補佐する官職を増やすことになるため，大臣数減少にはそれほど大きな効果は無い[91]。

　また，第三に，民主主義の要請から，議会コントロールが及ばない行政領域が無いように，すなわち，全ての政府任務を，議会に責任を負う大臣に配分することが必要である。大臣に属さない所轄があってはならない[92]。

　以上の原則を前提としたうえで，さらに，連立政権においては，大臣数と所轄範囲についても連立交渉の対象となるという特徴がある。まず，各連立政党への配分数を調整するため，大臣数が増加する傾向がある[93]。すなわち，連

---

(87)　連邦首相を含めると22大臣である。なお，連邦首相官房長官は通常は事務次官であるが，このときはヴェストリック（Ludger Westrick）長官が連邦首相官房担当特務大臣となった。

(88)　Böckenförde 1964, a.a.O.（Anm. 63), S. 196.

(89)　*Das Parlament* Nr. 49 vom 6. 12. 1961, S. 1.

(90)　前述第2章3（4）（c）参照。

(91)　Beyme 1999, a.a.O.（Anm. 84), S. 320. たとえば1971年5月設置の大蔵・経済省のように，いくつかの官庁を合併し「スーパー官庁」とする試みがあったが，うまく機能せず解消された。参照，Gerold Lehnguth/Klaus Vogelgesang, „Die Organisationserlasse der Bundeskanzler seit Bestehen der Bundesrepublik Deutschland im Lichte der politischen Entwicklung", *Archiv des öffentlichen Rechts* 1988, S. 569, S. 576.

(92)　Böckenförde 1964, a.a.O.（Anm. 63), S. 197-198. 以上の不文の原則について，なお参照，Schenke 1980, a.a.O.（Anm. 78), Art. 64 Rn. 47-49。

(93)　Eschenburg 1956, a.a.O.（Anm. 59), S. 714.

第 4 章　連立政権と連邦首相

立政党の要求により，本来は独立した官庁とすることが不要な政策領域につい
て，独立した官庁・大臣が設置されることがある。たとえば，1961年 9 月の第
4 回連邦議会選挙後の CDU／CSU と FDP の連立交渉においては，FDP が 5
大臣目を要求したため，経済協力大臣が設置された[94]。また，とくにドイツ
連邦共和国初期には，連立政党の統合のため特務大臣が設置された。たとえば
1953年10月の連邦での第二次アデナウアー（CDU）政権においては，各連立政
党に特務大臣が配分された[95]。

　しかし，内閣の機能を確保するため，大臣数増加には限界がある。よって，
所轄変更による連立政党間の調整も行われることになる[96]。

　たとえば2002年 9 月の第15回連邦議会選挙後の SPD と90年連合／緑の党の
連立交渉では，SPD の大幅な議席減少と90年連合／緑の党の議席増加により，
連立政権内での90年連合／緑の党の交渉力は増加していた。しかし，90年連合
／緑の党は数的には 3 大臣にとどまり，それぞれの権限を従来より拡大するこ
とで調整した[97]。

　このように，連邦首相の組織権は，連立政権においては連立政党の要求によ
り恒常的に大臣数増加の圧力にさらされ，また，連立政党の調整のために所轄
調整を行わなければならないという制約を受けることになる[98]。さらに，連
立政党の要求に対応するため，政策を実行するには不適切な所轄区分になると
いう問題も考えられる[99]。

---

(94)　Klaus von Beyme, „Organisationsgewalt, Patronage und Ressorteinteilung im
　　　Bereich der Regierung", *Die Verwaltung* 1969, S. 284-285. ただ，国際経済協力の発展
　　　により，政策的観点からも必要な官庁・連邦大臣ではあった。

(95)　Beyme 1969, a.a.O.（Anm. 94），S. 288-289.

(96)　Sabine Kropp／Roland Sturm, *Koalitionen und Koalitionsvereinbarungen. Theorie,
　　　Analyse und Dokumentation*, 1998, S. 32.

(97)　Richard Hilmer, „Bundestagswahl 2002: eine zweite Chance für Rot-Grün",
　　　Zeitschrift für Parlamentsfragen 2003, S. 216-217. 連邦内閣全体ではそれまでの15大臣
　　　から13大臣（連邦首相を除く）に減少したため，90年連合／緑の党の連邦大臣は15分の
　　　3 から13分の 3 になった。すなわち，数的な割合という点では，90年連合／緑の党の連
　　　邦大臣は増加したと言える。

(98)　Eschenburg 1954, a.a.O.（Anm. 60），S. 202.

(99)　Josef Kölble, „Ist Artikel 65 GG（Ressortprinzip im Rahmen von Kanzlerricht-

第二編　連立政権と国家機関

　しかし，議院内閣制においては，所轄を形成することは，行政の合目的性，財政的許容性と並んで，政治的要素も重要な要素であると考えられる。すなわち，連立政権においては，連立政党を統合するため所轄を形成することも許容される[100]。よって，連立政党が所轄についての連立協定を締結し，連邦首相にその実現を働きかけることも許容され，連邦首相は，連立政権の安定のために，自己の判断で連立政党の要求に従い，大臣数を増減させ，大臣の所轄を変更することができる[101]。2002年10月の連邦でのSPDと90年連合／緑の党の連立協定は，「Ⅹ．政党の協調　内閣の所轄区分」において，「組織権は連邦首相の責任である。立法期中の所轄の区分の大規模な変更は，連立当事者の間で合意して決定される」と規定している。この規定は，所轄について連立当事者が協議・合意するが，しかし，最終決定を行うのは連邦首相であるということを確認している規定であると言えよう。

（b）大臣の配分

　続いて，連立政権においては，所轄が確定された各大臣が，連立政党に配分される。政党は，まず，合議体である内閣決定について継続的に大きな影響を獲得するために，できるだけ多くの投票数すなわち多くの大臣を獲得しようとする[102]。大臣の配分数については，原則的にそれぞれの議席数に比例するが，政党の交渉力を決定するその他の要素も影響する[103]。

　また，大臣は法的には平等な地位を持つが，事実上重要な大臣が存在することから，それらの大臣配分について争いが生じうる。重要大臣とは，政府への実質的な影響力，公衆の認知度，所轄規模，予算規模などで判断される[104]。

---

　　　linien und Kabinettentscheidungen) überholt? Verfassungsrechtlicher Diskussionsbeitrag zur Reform der Organisation der Bundesregierung", *Die Öffentliche Verwaltung* 1973, S. 5.

(100)　Böckenförde 1964, a.a.O.（Anm. 63), S. 193-194; Beyme 1969, a.a.O.（Anm. 94), S. 282-283.

(101)　Eschenburg 1956, a.a.O.（Anm. 58), S. 740-741.

(102)　Eric C. Browne, "Conclusion: Considerations on the Construction of a Theory of Cabinet Coalition Behavior", in: Eric C. Browne/John Dreijmanis (ed.), *Government Coalitions in Western Democracies*, 1982, pp. 350-351.

(103)　交渉力については，前述第2章1（3）参照。

第4章　連立政権と連邦首相

　まず，首相を出す連立大政党は，数的に多くの大臣を獲得し，さらに，重要大臣を独占して連立政権の主導権を握ろうとする[105]。とくに，政綱実現は予算次第であること，さらに支出決定という手段で他の連立政党の全所轄活動を制御するため，予算法案を作成する大蔵大臣を確保しようとする[106]。連邦では，CDU／CSU を同一政党として考えると，1961年11月の第四次アデナウアー（CDU）政権成立から1966年10月の第二次エアハルト（CDU）政権崩壊の間の FDP の大蔵大臣以外は，全て，連邦首相を出している政党が大蔵大臣を確保している[107]。

　また，たとえば外務大臣は，自由な活動の余地が大きく，また，ドイツ連邦共和国の特殊な国際的地位のため重視されている。1966年12月のキージンガー（CDU）政権成立時においては，SPD が外務大臣を獲得することを条件としてCDU／CSU と連立し，ブラント党首が外務大臣になった[108]。それ以降現在に至るまで，連立小政党が外務大臣を獲得している[109]。

---

(104)　Norbert Achterberg, „Innere Ordnung der Bundesregierung", in: Josef Isensee/
　　　Paul Kirchhof（Hg.）, *Handbuch des Staatsrechts der Bundesrepublik Deutschland* Bd. Ⅱ.
　　　Demokratische Willensbildung—Die Staatsorgane des Bundes, 1987, § 52 Rn. 36; Wolf-
　　　gang Rudzio, „Koalitionen in Deutschland: Flexibilität informellen Regierens", in: Sa-
　　　bine Kropp/Suzanne S. Schüttemeyer/Roland Sturm（Hg.）, *Koalitionen in West- und
　　　Osteuropa*, 2002, S. 53-54; Beyme 1999, a.a.O.（Anm. 84）, S. 324-325.

(105)　Browne 1982, *supra* note 102, p. 351.

(106)　Sabine Kropp, *Regieren in Koalitionen. Handlungsmuster und Entscheidungsbil-
　　　dung in deutschen Länderregierungen*, 2001, S. 113. また，連邦では，基本法第112条で
　　　予算超過・予定外支出について大蔵大臣の同意権が規定されていることからも，連邦首
　　　相を出している政党は大蔵大臣を確保しようとする。なお，予算法案作成方法について
　　　は，たとえば参照，清水 1969年・前掲注(11)215-222頁。予算は法律であるため，政綱
　　　は議会の合意があってのみ実現するという原則がとくに明確になる。

(107)　ラントでの例外として，たとえば1996年1月に成立したベルリン州でのCDUと
　　　SPD の大連立政権では，市長を出していない SPD に大蔵大臣が配分された。参照,
　　　Eckhard Jesse/Marco Michel, „Die Wahl zum Berliner Abgeordnetenhaus vom 22.
　　　Oktober 1995: Das erneute Bündnis zweier Verlierer", *Zeitschrift für Parlamentsfra-
　　　gen* 1996. S. 599。

(108)　Knorr 1975, a.a.O.（Anm. 45）, S. 90.

(109)　その他の重要大臣として，法律案・命令案・連邦政府の措置の合法性審査を行う

131

第二編　連立政権と国家機関

　また，重要大臣に関連するものとして，通常の場合は特別な権限は無いが，連邦首相の代理，すなわち副首相についても連立交渉の対象となる[110]。連邦首相が職務を行うことができない場合に連邦首相を代理するために，特定の連邦大臣が連邦首相によって副首相とされる（基本法第69条1項，連邦政府職務規則第8条）。このとき，連立のまとまりを示す象徴的意味から，連立小政党（三党以上の連立政権の場合は連立第二党）に副首相が配分されることが多い。実際には，1957年10月の第三次アデナウアー（CDU）政権成立から1963年10月の第五次アデナウアー（CDU）政権終了までのエアハルト（CDU）副首相を除いて，全期間，連立小政党が副首相を占めている。そして，1966年12月のキージンガー（CDU）政権でのブラント副首相以降は，原則として外務大臣が副首相となっている[111]。この例にならって，1998年10月と2002年10月の連邦でのSPDと90年連合／緑の党の連立協定では，それぞれの人事協定の部分で，「副首相は90年連合／緑の党のフィッシャー（外務大臣）が務める」（括弧は筆者）と規定されている。

　また，ラント（州）については，連立政党は，ラントの固有権限がある大臣を重要大臣として確保しようとする傾向がある。とくに首相を出す連立大政党は，大蔵大臣以外では内務大臣，文化管轄大臣を確保しようとする[112]。また，農業地域のラントにおいては農業大臣が重視されるなど，地域による相違もある。

　重要大臣の獲得は，連立政党にとっては，影響力の確保，自己の勢力の誇示という側面があるが，他方，首相にとっても，それぞれの政党指導者を重要大

　　横断的権限がある法務大臣と内務大臣（連邦政府職務規則第26条2項），さらに大官庁である経済大臣，国防大臣，労働大臣，社会大臣，交通大臣，建設大臣，農業大臣などが挙げられるが，具体的な所轄区分によっても変動する。

(110)　Michael Sachs, in: Michael Sachs（Hg.）, *Grundgesetz Kommentar* 1996, Art. 69 Rn. 2.

(111)　なお，権力集中を阻止するためとして，副首相と大蔵大臣，法務大臣，内務大臣，国防大臣との兼職禁止が主張されることがあるが，通説は，そのような兼職禁止を否定する。参照，Kröger 1972, a.a.O.（Anm. 47）, S. 72-73。なお，1992年のゲンシャー副首相・外務大臣辞任に伴う連邦での副首相争いについては，後述第4章注(121)参照。

(112)　Kropp 2001, a.a.O.（Anm. 106）, S. 26, S. 114.

第4章　連立政権と連邦首相

臣とすることで，各政党をまとめる権威を与えるという意図がある[113]。

　さらに，各政党の重点政策があることから，それぞれの政党には，政策実現・特徴付けのために特定大臣を確保しようとする傾向がある[114]。具体的には，SPD は労働大臣・社会大臣，FDP は経済大臣・法務大臣，90年連合／緑の党は環境大臣を要求する傾向がある。このことについては，政権交代にかかわらず政策の継続性があるという利点もあるが[115]，しかし，長い間同一政党が大臣を占めると，その官庁内において特定政党の影響が増加し，行政の中立性が損なわれるという問題点もありうる。

　実際の連立交渉においては，連立政党にどの大臣を配分するかが最も争いがある点である。1965年10月の連邦での第二次エアハルト（CDU）政権成立時に，FDP は，メンデ党首がドイツ問題担当大臣に留任するか，または外務大臣となることを要求し，それ以外のポストならば CDU／CSU と連立しないとした。他方でエアハルトは，FDP のドイツ政策に反対する CDU／CSU 内部の集団に対して，ドイツ問題担当大臣を CDU／CSU に獲得し FDP・メンデには別のポストを与えると述べていたため，連立交渉が難航した。FDP が連立に参加しないと CDU／CSU の少数単独政権になってしまうので，結局，エアハルトは，FDP の要求に従わざるをえなかった[116]。

　近年は連立政権成立時に，文書の連立協定で各大臣の連立政党への配分が規定される。2002年10月の連邦での SPD と90年連合／緑の党の連立協定では，「X．政党の協調　人事協定」で，所轄を明示したうえで SPD に10大臣，90年

---

(113)　Clay Clemens, "Party Management as a Leadership Resource: Kohl and the CDU/CSU", *German Politics* 1998 Nr. 1, p. 109.

(114)　Scheidle 1965, a.a.O.（Anm. 32），S. 24. 近年は詳細な連立協定により制約されているが，それでもなお所轄原則によって所轄には広汎な自律性があるため，所轄においてそれぞれの政党の政策を実現することが可能である。

(115)　第11章3（3）参照。

(116)　1965年の組閣の経緯について，参照，Wolfgang F. Dexheimer, *Koalitionsverhandlungen in Bonn 1961・1965・1969. Zur Willensbildung in Parteien und Fraktionen*, 1973, S. 73-99。FDP は，さらに，CDU／CSU の統一会派結成の承認（1969年の連邦議会議事規則改正までは必要だった）に反対すること，ガルステンマイヤー（CDU）連邦議会議長の再選に反対することも示唆した。

第二編　連立政権と国家機関

連合／緑の党に 3 大臣が配分されている。

　このようにして大臣を連立交渉で配分することについては，他の連立政党に当該分野の優れた専門家が居ても大臣になれず，また，当該大臣ポストを獲得した政党に適切な人物が居るとは限らないため，適材適所にならず，政権運営に支障が生じるという問題点がある。しかし，連立政権においては，大臣を配分することで連立政党を内閣に統合するという側面もあることから，政治的考慮に基づいて大臣を各政党に配分することも許容されると考えられる。

（ c ）人 物 決 定

　連立政党へのポスト配分後は，原則としてそれぞれの連立政党が具体的人物を決定し，連邦首相に提示する。連邦では，すでに1949年の第一回目の組閣から，それぞれのポストについて連立政党が具体的人物を決定し，また，個々の場合に連邦首相または他の連立政党が拒否することが見られた[117]。

　たとえば1965年の第二次エアハルト（CDU）政権の組閣においては，連邦議会選挙直後，連立交渉前に，連邦大臣人事について連立予定政党間で議論が起こった。エアハルト連邦首相は，法的に保障された人事権を自由に行使することを表明したが，同時に，各連立会派（声明では会派のみを挙げている）が，それぞれに配分された連邦大臣ポストについて，連邦首相に具体的人物の提示を行うことを認めた[118]。このことで，連邦首相の憲法的権利と会派の慣習的な権利が事実上同等となり，連邦首相の地位は大幅に弱くなった[119]。

　さらに，1982年10月からの CDU／CSU と FDP の連立政権であるコール（CDU）政権においては，コール連邦首相は，連邦大臣の人物決定を連立政党に完全に委ねた。とくに FDP では，配分された連邦大臣ポストごとに，政党幹事会から提案された連邦大臣候補について政党幹部会と会派総会が投票して

---

(117)　前述第 2 章 2（3）（ b ）参照。1949年の組閣については，参照，Rudolf Morsey, „Die Bildung der ersten Regierungskoalition 1949. Adenauers Entscheidungen von Frankfurt und Rhöndorf am 20. und 21. August 1949", *Aus Politik und Zeitgeschichte* 1978 Bd. 34, S. 3-14; Udo Wengst, „Adenauers erste Koalitions- und Regierungsbildung im Spätsommer 1949", *Aus Politik und Zeitgeschichte* 1985 Bd. 18, S. 3-14。

(118)　Dexheimer 1973, a.a.O.（Anm. 116), S. 75, S. 77.

(119)　Suzanne S. Schüttemeyer, *Fraktionen im Deutschen Bundestag 1949-1997. Empirische Befunde und theoretische Folgerungen*, 1998, S. 143.

134

第4章 連立政権と連邦首相

決定するようになり，コール連邦首相はその決定を受け入れるだけになった[120]。

このようにして確立した連立政党の事実上の人物決定権は，立法期中にも及ぶ。たとえば1992年4月27日に，FDPのゲンシャー外務大臣は辞任することを表明し，後任としてFDPのシュウェツァー（Irngard Schwaetzer）建設大臣を推薦した。FDPの政党幹事会もこれを了承し，コール連邦首相に伝えられた。しかし，翌日のFDPの政党幹部会兼会派総会の投票では，シュウェツァーの外交経験不足が党内外から指摘されたことを受け，キンケル（Klaus Kinkel）法務大臣が外務大臣の後任候補として選出された。この一連の経過を受けて行われた連立政党・会派指導者の連立ラウンドでは，外務大臣の後任がFDPから選出されることに対してCSUが反発したが，最終的にはコール連邦首相が，「外務大臣ポストはFDPに配分される」という連立協定に従って，キンケルを外務大臣に任命するように連邦大統領に提案することを決定した[121]。

連邦大臣の人物決定については，二つの基準があるとされる。第一に，内閣合議体構成員として優れた資質があり，また，担当官庁を有効に指導する能力がある人物を連邦大臣とすることが考えられる。第二に，所属政党の利益を政府において主張することに長けた人物を連邦大臣とすることも考えられる。

実際には，二つの基準を同時に満たす人物ばかりではない。そして，政党は，政府の政策に影響することを重視するため，政党の利益を主張することに長けているが，内閣合議体構成員・所轄の長としての資質が無い人物を連邦大臣とする傾向がある[122]。とくに，連立政権において連立政党が個別に連邦大臣の人物を決定するとき，職務執行に最適とは言えない人物，連邦首相が信頼でき

---

(120) Wolfgang Jäger, *Wer regiert die Deutschen? Innenansichten der Parteiendemokratie*, 1994, S. 40-41.

(121) 一連の経過については，参照，Schüttemeyer 1998, a.a.O.（Anm. 119），S. 209-210。なお，副首相のポストについても，CSUがヴァイゲル党首・大蔵大臣を副首相とすることを要求し，争いが起こったが，結局，FDPのメレマン（Jürgen Wilhelm Möllemann）経済大臣が就任した。

(122) Eschenburg 1956, a.a.O.（Anm. 59），S. 688-689.

135

第二編　連立政権と国家機関

ない人物が連邦大臣として決定され，また，連邦大臣にとどまる可能性がある。

　しかし，連邦大臣は所轄の長である（基本法第65条2文）と同時に連邦内閣の構成員である（基本法第62条）。すなわち，各連立政党・会派が提案した人物を連邦首相が受け入れることにより，連立政党・会派の指導的政治家を連邦内閣に束ねることが可能になる[123]。このことで，連邦首相は連立政党・会派の支持を確保できる。このように，各連立政党・会派の提案人物を受け入れることは，連邦首相が最終的に自身で決定する限りにおいて許容されると考えられる。

　なお，連邦大臣の任命と同様に，連邦大臣解任についても連邦首相の自由にはならない。連邦大臣解任は，基本的には，当該連邦大臣との意見の相違，または連邦大臣の職務上・職務外の不始末について，叱責・非難，所轄移動などの緩やかな手段で対処できない場合で，かつ，当該連邦大臣が自発的に辞任しない場合の最終手段である。通常は，連邦首相が連邦大臣本人または連立政党に対して，連邦大臣が自発的に辞任するように働きかける[124]。しかし，それでも連邦大臣が辞任しない場合，連邦首相は，連立政権の安定のためその連邦大臣を留任させるか，連立政権の危機を招くとしても解任するかを決断しなければならない[125]。

　たとえば，ラントの事例だが，2002年11月のメクレンブルク＝フォーアポメルン州でのSPDとPDSの連立協定では，「ⅩⅣ　安定した政府行動　共同活動の原則」において，「287　ラント政府構成員は，政府構成員が所属する連立当事者の意思に反して解任されない。解任された場合，連立は終了する」として，ラント首相の大臣解任権（メクレンブルク＝フォーアポメルン州憲法第43条）が強度に制約されている。このような明文の連立協定が無くとも，連立政党の大臣を解任することは連立が危機に陥るため，実際にはほとんど行われない[126]。

---

(123)　Eschenburg 1956, a.a.O.（Anm. 59），S. 689. なお，前述第2章3（4）（b）で述べたように，各連立政党の有力者を全て大臣とすることは不可能であり，また，連立政党の側も，政府と距離を置くために有力者をあえて大臣としないことがある。

(124)　Stern 1980, a.a.O.（Anm. 10），S. 294.

(125)　Eschenburg 1956, a.a.O.（Anm. 59），S. 739.

(126)　Waldemar Schreckenberger, „Veränderungen im parlamentarischen Regie-

第 4 章　連立政権と連邦首相

（7）　連邦首相の組織権・人事権

　法的には，連邦首相が議会で選出された（基本法第63条）後に，連邦首相が所轄ごとに連邦大臣を決定し，連邦大統領に提案する（基本法第64条1項）。しかし，実際には，連邦首相選出前に少なくとも主要な連邦大臣が連立交渉で決定される。

　たしかに，連邦首相は，一方では連立相手からの要求があることで自己の政党からの人事についての過大な要求を制御できるという利点はある[127]。しかし，やはり，連立政権においては連邦首相は組織権・人事権を広汎に制約されていることには変わりない。すでにワイマール共和国時代に，政党・会派が内閣の構成について取り決めていた[128]。その意味では，このことは，議院内閣制において多党制で連立政権が形成される場合に共通する現象であると言える。

　通常は，連邦首相は連立政権の安定を考慮して，連立政党の連立協定に基づいた働きかけを受け入れ，所轄を形成し，連立政党に配分し，提示された人物を連邦大臣に決定する。

　しかし，連邦首相はなお，必要があるときは，連立政権を危険にさらしても，連立政党の働きかけに抗して，適切と判断する所轄区分・人事を行わなければならない[129]。基本法第64条1項は，そのために必要な連邦首相の権利を保障している。

　そして，連邦首相は，後継連邦首相が選出されない限り不信任されないため（基本法第67条），立法期において連立政党の働きかけと異なる組織・人事を

---

　　rungssystem. Zur Oligarchie der Spitzenpolitiker der Parteien", in: Karl Dietrich Bracher/Paul Mikat/Konrad Repgen/Martin Schumacher/Hans-Peter Schwarz（Hg.）, *Staat und Parteien. Festschrift für Rudolf Morsey zum 65. Geburtstag*, 1992, S. 135は，首相の政党以外の連立政党の大臣は，首相の政党の大臣よりも，その地位が守られているとする。

（127）　1957年9月の第3回連邦議会選挙後の組閣においては，連立政党のDPの交渉力が弱かったことから，アデナウアー連邦首相はCDU／CSU内部の各派閥・集団の要求を制御できず，人事が難航した。参照，Schüttemeyer 1998, a.a.O.（Anm. 119）, S. 128-129。

（128）　Eschenburg 1954, a.a.O.（Anm. 60）, S. 196.

（129）　Eschenburg 1956, a.a.O.（Anm. 59）, S. 690-692.

第二編　連立政権と国家機関

行っても，ただちには連邦首相の地位は脅かされないと考えられる。この意味で，連立政権においても，連邦首相は，組織・人事について主導権を握ることは可能であると言える。

4　連立政権と連邦首相

　連立政権における連立協定，連立委員会・連立ラウンドでの政綱事項・連邦大臣人事・官庁組織の取り決めについては，国家機関である連邦首相は直接の当事者ではない[130]。よって，連邦首相は自由に政綱を定め（基本法第65条1文），連邦大臣を決定し（基本法第64条1項），所轄を形成・修正・廃止できる（連邦政府職務規則第9条1文）。

　しかし，連邦首相は，自身が連立当事者である政党・会派に属していること[131]，それらのおかげで連邦首相になったこと，自身も連立協定作成に参加していること，さらにいずれにせよ職務遂行において議会多数派の支持が必要なことから，連立当事者に拘束されている[132]。

　そして，連邦首相が法的な自由によって連立協定から逸脱する場合，議会多数派の支持の拒否，連立政権の崩壊，建設的不信任による倒閣のおそれがある。さらに，連立相手が連邦首相の連立協定違反について公に批判することで，連邦首相は政治的・道徳的信用を失う。この限りで，連邦首相の法的な自由は事実上の不自由になっている[133]。すなわち，連邦首相が自己の責任で政綱・連邦大臣・組織を決定するという憲法的規定と，連邦首相就任前に連立協定でそれぞれが確定されるという政治の実際との間に相違があることになる[134]。

　このことについては，基本法によって権力が集中した連邦首相は，議院内閣

---

(130)　前述第2章2（4）参照。

(131)　ただし，キージンガー（CDU）連邦首相がバーデン＝ヴュルテンベルク州首相から連邦首相になったように，連邦首相が連邦議会議員すなわち会派構成員である必要は無い。また，理論的には，政党に所属していない（無所属の）連邦首相も可能である。

(132)　Gerber 1964, a.a.O.（Anm. 3），S. 182.

(133)　Weber 1967, a.a.O.（Anm. 29），S. 126. このことは単独政権でも生じるが，連立政権ではとくに明白になる。参照，Schüle 1964, a.a.O.（Anm. 41），S. 95。

(134)　Weber 1967, a.a.O.（Anm. 29），S. 142.

制の多党制国家における組閣の政治的な構造のため，少なくとも組閣において
は弱くなったとも言われる[135]。とくに，議会過半数獲得に必要な連立政党・
会派に対しては，連邦首相は無力である[136]。

　しかし，政綱の部分で述べたように，連邦首相は，連立協定，連立委員会・
連立ラウンドによって，本来の権限を越えて所轄事項・合議体内閣の権限事項
にも介入できる。

　さらに，連邦首相は，連立政権であることにより，かえってその地位が安
定・強化する側面もある。というのは，単独政権の場合と異なり，自己の政党
の過大な人事要求，党内反対派の政策要求を制御する手段として，連立政党か
らの制約を利用することが可能となるからである[137]。そのために，連邦首相
は，進んで連立政党の政策要求を受け入れ，有力ポストを与えることがある。

　このことから，連立政党が弱くなると，連邦首相の地位も弱くなることがあ
る。コール（CDU）連邦首相は，連立相手のFDPを利用して，自己の政党で
あるCDUの右派とCSUを制御していたが，1990年代にFDPが弱体化したた
めそれらを制御できなくなった。さらに，SPDとの大連立政権を目指すCDU
左派も制御できなくなり，結果的にコール連邦首相の地位が弱まった[138]。

　すなわち，連立相手からの制約を持ち出すことにより，自己の政党に対して
行動余地が拡大することがあるため，連立政権であることによって連邦首相が
不利になると一概には言えない[139]。

　なお，連邦首相の権限に属する事項について最終的に連邦議会に責任を負う
のは連邦首相である。また，連邦首相は政党代表ではなく国家の公職である。
よって，法的にはなお連邦首相が，公共の福祉のために必要な場合は連立政

---

(135)　Eschenburg 1954, a.a.O.（Anm. 60），S. 202.

(136)　Peter Haungs, „Kanzlerdemokratie in der Bundesrepublik Deutschland: Von Ade-
nauer bis Kohl", *Zeitschrift für Politik* 1986, S. 53.

(137)　Niclauß 2000, *supra* note 50, p. 71.

(138)　Clemens 1998, *supra* note 113, pp. 109-110.

(139)　Göttrik Wewer, „Richtlinienkompetenz und Koalitionsregierung: Wo wird die
Politik definiert?", in: Hans-Hermann Hartwich/Göttrik Wewer（Hg.），*Regieren in der
Bundesrepublik* Ⅰ. *Konzeptionelle Grundlagen und Perspektiven der Forschung*, 1990,
S. 147.

第二編　連立政権と国家機関

党・会派の要求に反しても単独で決定する権利があり，かつ，その義務がある[140]。そして，ワイマール憲法第54条と異なり，基本法においては建設的不信任（第67条）でなければ連邦首相を倒すことはできないため，連邦首相の法的な権限は強力に保護されていると言える[141]。結局，連邦首相が連立政党・会派にどの程度拘束されるかは，連邦首相の人物と政治情勢次第であると言えよう[142]。

---

(140)　Gerber 1964, a.a.O. (Anm. 3), S. 196.

(141)　Gerber 1964, a.a.O. (Anm. 3), S. 198-199.

(142)　参照，Eschenburg 1954, a.a.O. (Anm. 60), S. 202。

◆ 第5章　連立政権と連邦大臣

1　連邦大臣の地位

連邦政府においては，宰相原則によって連邦首相が優越的地位を占めるが，実際の職務は，所轄原則によって決定権限が政策領域ごとに所轄に配分され，連邦大臣が独立して統括する。基本法第65条2文では，連邦大臣が独立して自己の責任で所轄を指導することが規定されている。すなわち，連邦大臣は，独自の権限があり，連邦議会に対して責任を負っている[1]。

このことから，連邦大臣は，まず，通常の場合は，一定の政策管轄を持った独立領域である所轄の長である。連邦大臣の任務としては，所轄において政綱を実現し，内閣の決定を執行し，さらに所轄事項について独自の方針を決定する。そして，法案作成，連邦大統領の行為への副署（基本法第58条）を行い，さらに官庁・下部組織に対して行政的な行為を行い，法規命令を出し（基本法第80条），ラント官庁に指令を出す（基本法第85条3項）。これらの任務の実行のため，連邦大臣には，それぞれの官庁において独自の組織・人事権，政策決定権がある[2]。

また，連邦大臣は，所轄が無い無任所大臣・特務大臣も含めて，合議体である連邦内閣の構成員でもある（基本法第62条）。この合議体構成員としての側面は，次の連邦内閣のところで検討する[3]。

---

[1]　直接不信任されなくとも，連邦議会で答弁し批判を受けなければならない（基本法第43条1項）ことなどから，連邦議会に対して責任を負っていることには変わりない。このことについては，参照，Klaus Kröger, *Die Ministerverantwortlichkeit in der Verfassungsordnung der Bundesrepublik Deutschland*, 1972, S. 5-12.

[2]　Hans-Peter Schneider, in: *Kommentar zum Grundgesetz für die Bundesrepublik Deutschland* Bd. 2, 2. Auflage 1989, Art. 65 Rn. 7. とくに，連邦大臣の政務次官決定権については，後述第8章2（4）（c）（i）参照。

[3]　後述第6章4，5参照。

第二編　連立政権と国家機関

2　連邦大臣への働きかけの必要性

　連立政権においては，組閣時の連立交渉と連立協定，さらに立法期中の連立委員会・連立ラウンドでの協議において，政綱事項，所轄事項が取り決められる。しかし，連立協定の当事者は連立政党であり，当事者ではない連邦大臣は拘束されない[4]。連邦大臣は，法的には自由にそれぞれの所轄を「連邦首相の政綱の範囲内で」「独立して自己の責任で」指導する（基本法第65条2文）。

　連邦首相は，政綱事項については政綱を定めることはできるが，政綱の具体的実行は管轄の連邦大臣が行う。たしかに，政綱が不明確または疑義がある場合，連邦大臣は連邦首相に問い合わせなければならず（連邦政府職務規則第1条1項3文），また，連邦大臣は，政綱決定に重要な措置・計画について，連邦首相に報告しなければならない（連邦政府職務規則第3条）。しかし，なお，政綱事項である国家の基本的決定についても，連邦大臣が自律的に決定する余地がある[5]。さらに，連邦首相は政綱事項について必ずしも政綱を定めるとは限らないため，本来は政綱となりうる事項でも，連邦大臣の活動の余地が大きいことがある。また，連邦内閣の権限事項も，その実行は連邦大臣が行う。

　そして，以上の連邦首相・連邦内閣の権限以外の所轄内部事項には，連邦首相・連邦内閣ともに介入できない。すなわち，政策の実行は，いずれにせよ必ず連邦大臣を経由しなければならず，連邦大臣を無視できないことになる[6]。

　さらに，たとえば連邦大蔵大臣の同意権（基本法第112条）のように，基本法，法律などで特定の連邦大臣の権限となっている事項がある[7]。

　よって，連立協定の政策協定部分の実現のためには，連邦大臣の所轄事項に

---

(4)　前述第2章2（4）参照。

(5)　Karl Heinrich Friauf, „Grenzen der politischen Entschließungsfreiheit des Bundeskanzlers und der Bundesminister", in: Erich Schwinge (Hg.), *Festgabe für Heinrich Herrfahrdt zum 70. Geburtstag*, 1961, S. 67. 実際は，政綱とのある程度の意見の相違は容認されている。参照，片岡寛光『内閣の機能と補佐機構』（成文堂，1982年）190頁。

(6)　Ernst-Wolfgang Böckenförde, *Die Organisationsgewalt im Bereich der Regierung. Eine Untersuchung zum Staatsrecht der Bundesrepublik Deutschland*, 1964, S. 205.

(7)　Helmut Gerber, *Koalitionsabkommen im Bund*, 1964, S. 200.

第5章　連立政権と連邦大臣

関する部分はもちろん，さらに国家の基本的決定すなわち政綱になりうる事項，合議体内閣の権限事項についても，連邦首相とともに連邦大臣に対しても働きかけなければならないことになる[8]。

3　連邦大臣の拘束

　基本法と連邦政府職務規則により，連邦大臣は所轄において広範な自律を持っている。しかし，連邦大臣は，自身が連立当事者である政党・会派に属していること[9]，さらに，それらのおかげで連邦大臣になったこと，連邦大臣自身も多くの場合連立協定作成に参加していること，さらにいずれにせよ職務遂行においては連邦議会多数派の支持が必要なことから，事実上連立当事者に拘束されている。実際には，連立協定作成・さらには連立の日常決定において，政策ごとに連立政党・会派の作業サークル・グループが成立し，連邦大臣の政治指導を制約している。極端な場合，連邦大臣・官庁は，連立作業サークル・グループにおける非公式の決定を仕上げ，実行するだけになっている[10]。

　すなわち，連邦大臣についても，連邦首相と同様に，法的には自由だが，実際には不自由な状況にあると言える。

4　働きかけの限界

　連立政党は，連立協定，連立委員会・連立ラウンドでの決定に従って所轄政策を実施するように連邦大臣に働きかける。よって，これらの働きかけの限界が問題となる。

---

(8)　Gerber 1964, a.a.O. (Anm. 7), S. 199-201.

(9)　ただ，連邦首相の場合より多く，非議員，さらには非政党員の連邦大臣が存在する。近年では，1998年10月の第一次シュレーダー（SPD）政権のミュラー（Wilhelm Werner Müller）経済大臣は，非議員・非政党員（無所属）だった。

(10)　Gerhard Lehmbruch, *Parteienwettbewerb im Bundesstaat. Regelsysteme und Spannungslagen im Institutionengefüge der Bundesrepublik Deutschland*, 2., erweiterte Auflage, 1998, S. 57.

第二編　連立政権と国家機関

この問題については，連邦首相の場合と同様に，連邦大臣に自由な判断余地があるかどうかが重要である。すなわち，連邦大臣が所轄指導について連邦議会に責任を負う以上，連邦大臣が実質的に所轄事項を決定しなければならない。

ただ，議院内閣制においては，大臣の決定が実現するためには議会多数派の支持が必要なのであり，適切な時期に大臣が自己の決定について議会の支持を得ることができるか確認し，支持を確保するために調整することは，必要であり許容されると考えられる。実際は，許容される場合と許容されない場合を区別することは困難である[11]。

それでも，たとえば，所轄の重要問題について，担当大臣が知らないうちに連立委員会・連立ラウンドで決定が行われてしまうことは，明らかに憲法的に疑義がある。このように，所轄指導を実行できないほど大臣の行動の自由が狭められるとき，大臣は議会に対して職務領域の指導の責任を負うことができないため，通常の場合は自ら辞任する[12]。

たとえば，連邦では，1992年12月にCDUのシュヴァルツシリング（Christian Schwarz-Schilling）郵政・電信大臣が，自身が知らないうちに連立ラウンドで郵政改革が決定されたことに抗議し，辞任した[13]。よって，連立委員会・連立ラウンドの決定は，そのような状況に至らない程度でなければならないと考えられる。

5　連立政権と連邦大臣

たしかに，所轄原則は，連立協定，連立委員会・連立ラウンドによって制約される側面がある。しかし，連邦大臣が連立協定，連立委員会・連立ラウンド

---

(11)　Ernst Benda, „Verfassungsprobleme der Großen Koalition", in: Alois Rummel (Redaktion), *Die Große Koalition 1966-1969. Eine kritische Bestandsaufnahme*, 1969, S. 164-165.

(12)　Kröger 1972, a.a.O. (Anm. 1), S. 18-19.

(13)　Waldemar Schreckenberger, „Informelle Verfahren der Entscheidungsvorbereitung zwischen der Bundesregierung und den Mehrheitsfraktionen: Koalitionsgespräche und Koalitionsrunden", *Zeitschrift für Parlamentsfragen* 1994, S. 334.

第 5 章　連立政権と連邦大臣

での活動を通じて連邦首相に対して政綱を先取りし，共同決定することが可能である。すなわち，連邦大臣が連立協定作成，連立委員会・連立ラウンドに参加することで，自己の立場を強く主張できるため，この限りで連邦大臣は強化されているとも言える[14]。このことは，とくに，連邦首相が自由に解任できない，連邦首相の所属政党以外の連立政党の連邦大臣に当てはまる。また，連立委員会・連立ラウンドに参加できる連邦大臣は，かなり早い時点で連立会派幹部と連立政党指導者の政治的合意を得ることができるという利点もある[15]。

たとえば連立協定については，1980年11月の第三次シュミット（SPD）政権成立時においては，10月の第 9 回連邦議会選挙のかなり前に，シュミット連邦首相の指令で各官庁が連立協定の基礎となるペーパーを作成し，連立協定に取り入れられた[16]。また，日常的には，担当大臣，官庁，会派の専門家が協力して連立政権の政策の決定を行っており，とくに，連立委員会・連立ラウンドに至る前の連立作業サークル・グループの段階で確定した事項の多くは，そのまま政権の政策となる[17]。これらの点で，所轄原則は強化されているとも言える。

しかし，連立協定，連立委員会・連立ラウンドの決定は，事実上のものに過ぎなくとも，やはり連邦大臣の決定を先取りすることになり，連邦大臣にとっては制約になる[18]。とくに，所轄事項について，かなり早い時点で連立政党・連立会派・連邦首相を審議に参加させることには問題がある[19]。実際には，政策領域ごとの連立作業サークル・グループにより，連立相手の政党・会派の専門家と共同活動することになるため，所轄原則は大きく制約されている

---

(14)　Waldemar Schreckenberger, „Veränderungen im parlamentarischen Regierungssystem. Zur Oligarchie der Spitzenpolitiker der Parteien", in: Karl Dietrich Bracher/Paul Mikat/Konrad Repgen/Martin Schumacher/Hans-Peter Schwarz (Hg.), *Staat und Parteien. Festschrift für Rudolf Morsey zum 65. Geburtstag*, 1992, S. 143.

(15)　Schreckenberger 1994, a.a.O. (Anm. 13), S. 340-341.

(16)　Udo Bermbach, „Stationen der Regierungs- und Oppositionsbildung 1980", *Zeitschrift für Parlamentsfragen* 1981, S. 61-62.

(17)　後述第12章 2（1）（2）参照。

(18)　Benda 1969, a.a.O. (Anm. 11), S. 164-165.

(19)　Schreckenberger 1994, a.a.O. (Anm. 13), S. 340-341.

第二編　連立政権と国家機関

と言える[20]。

　結局，所轄事項については，議会制民主主義の原理から，官庁の長として最終的には議会に責任を負う大臣が決定しなければならない[21]。ワイマール憲法第54条と異なり，基本法においては，個別大臣を議会で不信任することはできない。また，連邦首相と異なる連立政党の連邦大臣については，連邦首相の解任権が限定されている[22]。連邦首相の側も，連邦大臣の所轄での自律を尊重している[23]。さらに，連邦大臣も，連邦首相と同じく，政党代表ではなく国家の公職者である[24]。

　よって，法的にはなお，連邦大臣は，公共の福祉のために必要な場合，連立政党・会派の要求に反しても決定する権利があり，かつ，その義務があると言える。

----

(20)　連立政権での政策決定については，後述第12章2（1）参照。なお，連立政権では，大臣は，さらに，異なる政党に所属する政務次官，異なる政党に所属する関連・隣接所轄の大臣によっても制約されることについて，後述第8章2（4）（c）参照。

(21)　Helmut Scheidle, *Die staatsrechtlichen Wirkungen einer Koalitionsvereinbarung bei der Bildung der Bundesregierung*, 1965, S. 130-131; Veith Mehde, „Die Ministerverantwortlichkeit nach dem Grundgesetz—Dogmatischer Kernbestand und aktuelle Herausforderungen—", *Deutsches Verwaltungsblatt* 2001, S. 15.

(22)　前述第4章3（6）（c）参照。

(23)　Ferdinand Müller-Rommel, "The role of German ministers in cabinet decision making", in: Michael Laver/Kenneth A. Shepsle（ed.）, *Cabinet Ministers and Parliamentary Government*, 1994, p. 162.

(24)　Müller-Rommel 1994, *supra* note 23, pp. 160-162によると，とくにCDU／CSUの大臣は，自己の政党，会派から自律的に行動していると考えている。

◆ 第6章　連立政権と連邦内閣

1　連邦内閣の地位

　連邦政府の三原則のうち，最後の合議原則とは，連邦大臣から構成される合議体である連邦内閣が審議・決定を行い，統治権を行使するという原則である。基本法では，連邦首相・連邦大臣から連邦内閣が構成されることが規定され（基本法第62条），連邦大臣間の意見の相違の場合に連邦内閣が決定すること（基本法第65条3文），連邦内閣が職務規則を定めることが規定されている（基本法第65条4文）。

　連邦内閣についての包括的な権限列挙の規定は無いが，基本法，法律，規則によって，さらに数多くの権限が連邦内閣に属している。たとえば基本法第76条1項では，法案の提案は連邦内閣が行い，連邦首相・個々の連邦大臣が提案することはできない。また，法規命令，行政規則などの決定・公布を行う（基本法第80条，第84条－第86条）。

　さらに重要なのは，連邦政府職務規則第15条である。同規定は，1項で「内政・外交，経済，社会，財政または文化的に一般に重要な全ての案件，とくに次に掲げるものは連邦政府（内閣）に提出してその審議および議決を経なければならない。(a) 全ての法律案　(b) 連邦政府（内閣）命令案　(c) その他の命令案で，それが特別な政治的意義を持つとき　(d) 連邦政府（内閣）の提案に対する連邦参議院の態度決定　(e) 基本法または法律が定める全ての事務　(f) 連邦大臣間の意見の不一致　（以下略）」（括弧〔内閣〕は筆者）とし，さらに2項では，官僚人事・裁判官人事についても連邦内閣で審議することを定めている。

　この規定により，政綱事項であれ所轄事項であれ，重要な決定はほとんど連邦内閣で審議・決定されることになり，その決定は，連邦内閣の一体性の要請（連邦政府職務規則第28条2項）により連邦首相も連邦大臣も拘束するため，事実上は合議原則が宰相原則・所轄原則に対して優位になっている[1]。

　よって，連立政党は，連立協定の実現のためには，連邦内閣に働きかけるこ

147

第二編　連立政権と国家機関

とが必要である。具体的には，連邦内閣は連邦首相と連邦大臣から構成される
ので，連邦首相と個々の連邦大臣に対して，連邦内閣において連立協定と連立
委員会・連立ラウンドの決定に従って行動するように働きかける必要があるこ
とになる[2]。ただ，この働きかけと限界の問題については，連邦首相・連邦
大臣のところで検討したことと同様なので，ここでは検討しない[3]。ここで
は，連立政権と連邦内閣についての個々の問題を取り上げて検討することにす
る。

2　会派委員長の閣議への出席

まず問題となるのは，会派委員長の閣議への出席の規定である。

（1）連邦政府職務規則

連立政権においては，内閣のみならず様々な局面を調整しなければならない。
その中でも，議会の与党会派の支持を確保することが重要であるため，会派委
員長との調整が必要となる。このため，様々な手段がとられるが，その一つと
して会派委員長を閣議に出席させることが考えられる[4]。

たとえば，1961年11月の連邦でのCDU／CSUとFDPの連立協定は，AⅡ
8で，「連立会派の委員長は，各閣議の日程について報告を受ける。それらは，
各閣議に出席する権利を持つ」と定めている。これは，明らかに，会派委員長
が，継続的に，特別の要請に基づかずに，全ての閣議に出席することを意味し
ている[5]。

この規定は，まず，連邦政府職務規則に照らして疑義がある。閣議の通常の

---

(1)　本書では検討の対象とはしないが，このように連邦政府職務規則によって憲法（基
　　本法）上の宰相原則・所轄原則を広汎に制約することについては，違憲の疑いがあると
　　される。参照，Hans-Peter Schneider, in: *Kommentar zum Grundgesetz für die Bun-*
　　desrepublik Deutschland Bd. 2, 2. Auflage 1989, Art. 65 Rn. 11。

(2)　Helmut Gerber, *Koalitionsabkommen im Bund*, 1964, S. 200-201.

(3)　前述第4章，第5章参照。

(4)　前述第2章3参照。

(5)　なお，当該規定は，閣議における投票権については明らかにしていない。

第6章　連立政権と連邦内閣

出席者に関して，連邦政府職務規則第23条1項は，「連邦政府の会議には，連邦大臣および連邦首相官房長官，連邦首相の政務次官のほか，通常，連邦大統領官房長官，連邦情報庁長官，連邦首相秘書官，書記官が出席する」と規定している。つまり，連立会派の委員長が継続的に閣議に出席することは，投票権の有無にかかわらず，明らかに連邦政府職務規則に違反しており，許容されないと考えられる[6]。

（2）基 本 法

　しかし，連邦政府職務規則は，連邦内閣が決定し，連邦大統領が認可することによって改正することができる（基本法第65条4文）。よって，閣議の通常の参加者に会派委員長を加えるように連邦政府職務規則を改正することが可能かということが問題となる[7]。

　連邦政府の構成員について，基本法第62条は，「連邦政府は，連邦首相および連邦大臣から構成される」と定めている。この規定は，これらの人物のみが閣議における投票権を持つということを意味していると考えられる[8]。

　したがって，まず，会派委員長に閣議での投票権を与えるように連邦政府職務規則を改正することは，基本法違反である。よって，会派委員長が閣議で投票することを認める連立協定は，連邦政府職務規則違反であるのみならず，基本法違反の連立協定ということになり，許容されない。

　ここで，さらに，会派委員長に投票権を与えないが，常に閣議に出席できるように連邦政府職務規則を改正できるかということが問題となる。たしかに基本法第62条は，連邦政府構成員以外誰も閣議に参加してはならないとは規定しておらず，そのように連邦政府職務規則を改正することは可能であるとも思わ

---

(6)　連邦政府職務規則も連立協定の限界を画すことについては，前述第2章2（8）参照。同連立協定によって成立した第四次アデナウアー（CDU）政権には，連立会派の会派委員長は，CDU／CSUのブレンターノ，FDPのメンデともに入閣しなかった。

(7)　この問題は，連立協定独自の問題ではないが，当該連立協定が，連邦政府職務規則違反であるのみならず基本法違反であるかどうかということを判断するために検討する。

(8)　Roman Herzog, in: Theodor Maunz/Günter Dürig/Roman Herzog/Rupert Scholz, *Kommentar zum Grundgesetz*, Loseblatt, Art. 62 Rn. 4-5（1984）.

第二編　連立政権と国家機関

れる。

　しかし，ここで考えなければならないのは，会派委員長は，議会内の存在であるということである。つまり，会派委員長がその資格をもって常に閣議に出席することは，権力分立（基本法第20条2項2文）と相容れないと考えられる。

　これは，会派委員長が投票権を行使しないということによっても変わらない。なぜなら，会派委員長は，通常，その所属する政党・会派において有力な政治家であるので，会派委員長が常に閣議に出席すると，会派という議員の集団内における権限，そしてその影響力によって，閣議での投票権が無くともその審議にきわめて重大な影響を与えうるからである。この点，特定の事項について閣議に時折出席する場合とは状況が全く異なる。また，実際は閣議では投票を行うことがまれなため，この点からも，会派委員長の投票権の有無は，会派委員長が閣議に継続的に出席することの許容性を判断する際の決定的基準とはならない。

　たしかに，議院内閣制においては，議会と政府は政治的に結合している。しかし，国家機関として，やはり両者の基本的区別は維持され，職務の実行と責任は区別されなければならないと考えられる。

　以上のことから，投票権の有無にかかわらず，会派委員長が閣議に継続的に出席することは基本法と相容れず，連邦政府職務規則をそのように改正することは基本法違反である。したがって，そのことを定めた連立協定は，連邦政府職務規則違反であるのみならず，基本法違反の連立協定ということになり，許容されないと考えられる。会派委員長は，連邦大臣となって，その立場で閣議に出席するしかない。

　もちろん，閣議以外の場，すなわち連立委員会・連立ラウンドなどにおいて，会派委員長が連立政権の政策についての協議に参加することは許容され，実際に行われている[9]。しかし，連邦内閣の公式の決定の場である閣議に，会派委員長が継続的に出席することを定める連立協定は，連邦政府職務規則違反であるとともに基本法違反でもあり，許容されないと考えられる[10]。

---

　(9)　過去の連立委員会・連立ラウンドの構成について，前述第2章3（2）参照。

　(10)　以上について，参照，Christoph Sasse, „Koalitionsvereinbarung und Grundgesetz", *Juristenzeitung* 1961, S. 725; Adolf Schüle, *Koalitionsvereinbarungen im Lichte*

150

第6章　連立政権と連邦内閣

3　多数決排除条項

（1）問題の所在

連邦内閣は、「投票の多数をもって議決を行う」（連邦政府職務規則第24条2項）。ワイマール憲法第58条においては、内閣が多数決で決定することが規定されていたが、基本法では内閣の決定方式については連邦政府職務規則に委ねられた。内閣は一体性の要請があるため、（連邦政府職務規則第28条2項。また、憲法的要請でもある）全員一致が望ましいという見解もある。しかし、内閣は構成員が多く、かつ、利益が多様なため、全員一致は困難である[11]。よって、内閣の決定は全員一致ではなく多数決で足りると考えられる[12]。

しかし、連立政権においては、しばしば、内閣では多数決で決定しないということが連立協定において定められる。たとえば2002年10月の連邦でのSPDと90年連合／緑の党の連立協定では、「X．政党の協調　内閣での活動」において、「内閣においては、連立当事者にとって基本的な意味を持つ事項については、投票で決着を付けてはならない」と規定している。また、明文の連立協定が無くとも、連立政権においては、実際の運用はそのように行われている。たとえば1966年12月に連邦で成立したCDU／CSUとSPDの連立政権であるキージンガー（CDU）政権では、CDU／CSUとSPDの数的にほぼ対等の連邦

---

des Verfassungsrechts. Eine Studie zur deutschen Lehre und Praxis, 1964, S. 103-107; Gerber 1964, a.a.O.（Anm. 2), S. 215-218。なお、1961年11月の連邦でのCDU／CSUとFDPの連立協定における、会派委員長の閣議への出席を定める規定は実行されなかった。参照、Schüle 1964, a.a.O.（Anm. 10), S. 105。なお、1998年10月の第一次シュレーダー（SPD）政権においては、当初、連立会派の会派委員長を全ての閣議に出席させることで政府決定に拘束しようとしたが、当の会派委員長が拒否し、実現しなかった。参照、Wolfgang Rudzio,„Koalitionen in Deutschland: Flexibilität informellen Regierens", in: Sabine Kropp/Suzanne S. Schüttemeyer/Roland Sturm（Hg.), Koalitionen in West- und Osteuropa, 2002, S. 62。

(11)　Norbert Achterberg,„Innere Ordnung der Bundesregierung", in: Josef Isensee／Paul Kirchhof（Hg.), Handbuch des Staatsrechts der Bundesrepublik Deutschland Bd.Ⅱ. Demokratische Willensbildung—Die Staatsorgane des Bundes, 1987, §52, Rn. 63.

(12)　なお、連邦憲法裁判所判決は、多数決原理が民主主義原理に属するとする。たとえば参照、BVerGE 1, 299［315］。

151

第二編　連立政権と国家機関

大臣から構成される内閣であったこともあり，政治的に重要な問題について，CDU／CSU が SPD に対して多数決で決着を付けることは行われなかった[13]。

このような多数決排除条項については，とくに，内閣で大臣数が少ない連立小政党が主張する。このことによって，問題解決は，対等の人数で構成される連立委員会・連立ラウンドで決定されることになり，連立小政党は自己の意見を強く主張できることになる。そして，内閣の権限事項は実際には広汎に及んでいるため，多数決排除条項によってその決定を阻止できる連立小政党の力が大幅に強まることになる。

この，内閣での多数決を排除する連立協定，そのような連立政権の運用が，内閣が多数決で決定することを定める連邦政府職務規則に反しないかが問題となる。

まず，投票で決着を付けないというこの条項の意味するところは，連立当事者のコンセンサスで決定するということである。コンセンサスは全員一致なので当然過半数を超えており，形式的には多数決を満たしている。すなわち，この意味では，明らかに連邦政府職務規則違反ではない。

よって，問題は，多数派から見ると，コンセンサスに至らない場合に投票で数的に決着を付けられないということにある。すなわち，多数派が本来多数決で決定を行うことができるのに行うことができず，少数派に拒否権があることになるということが連邦政府職務規則に反するかという点が問題となる。

（2）検　討
この多数決排除条項についてまず注目しなければならないことは，全ての問題について多数決してはならないということではないということある。すなわ

---

(13)　Heribert Knorr, *Der parlamentarische Entscheidungsprozeß während der Großen Koalition 1966 bis 1969. Struktur und Einfluß der Koalitionsfraktionen und ihr Verhältnis zur Regierung der Großen Koalition*, 1975, S. 215. たとえば核拡散防止条約の批准については，内閣で議論されたものの決定されなかった。ただ，キージンガー政権でも選挙が近くなると連立政権の安定に配慮する必要が無くなったため，連邦内閣において多数決が行われた。参照，Knorr 1975, a.a.O. (Anm. 13), S. 217-218. なお，選挙と連立内部の衝突の関係については，後述第8章2（2）（b）参照。

152

第6章　連立政権と連邦内閣

ち，連立当事者にとって重要な問題について，話し合いで合意を目指すことなく端的に投票で決着を付けてはならないということである。このように，対象が重要な問題に限定されているということが，多数決排除条項の許容性を判断する際の重要な要素となる。

　さらに，多数決を行う場合においても，多数決に至る前に十分な話し合いを行うことが前提であり，端的な数の決着ではないということに留意しなければならない。全ての交渉相手，とくに少数派の合意の後に，公式の多数決を行うことは，政治の実際においては慣行となっている[14]。このようにコンセンサスを目指すことによって妥協がなされ，多様な利益を考慮した，広汎に受け入れられる決定がなされる[15]。よって，多数派があえて自己のみの多数派で決定せず，連立の協調を考慮して，話し合いによって連立政党全体のコンセンサスを目指すことは異例のことではなく，また，有益でもある。

　また，閣議では，実際には，ほとんど公式の多数決が行われない。例外的な場合は多数決が行われるが，通常は，政治的に同質的な単独政権においてさえ行われない。というのは，激しい議論と数による決着によって，内閣のまとまり・威信を損なうからである[16]。まして，政治的に異質な政党から構成される連立政権では，実際には公式の多数決はほとんど行われない[17]。

---

(14)　Winfried Steffani, „Der parlamentarische Bundesstaat als Demokratie", *Zeitschrift für Parlamentsfragen* 1999, S. 989.

(15)　Helmuth Schulze-Fielitz, *Der informale Verfassungsstaat. Aktuelle Beobachtungen des Verfassungslebens der Bundesrepublik Deutschland im Lichte der Verfassungstheorie*, 1984, S. 89-90.

(16)　Klaus König, „Formalisierung und Informalisierung im Regierungszentrum", in: Hans-Hermann Hartwich/Göttrik Wewer (Hg.), *Regieren in der Bundesrepublik* II. *Formale und informale Komponenten des Regierens in den Bereichen Führung, Entscheidung, Personal und Organisation*, 1991, S. 210-211; Waldemar Schreckenberger, „Veränderungen im parlamentarischen Regierungssystem. Zur Oligarchie der Spitzenpolitiker der Parteien", in: Karl Dietrich Bracher/Paul Mikat/Konrad Repgen/Martin Schumacher/Hans-Peter Schwarz (Hg.), *Staat und Parteien. Festschrift für Rudolf Morsey zum 65. Geburtstag*, 1992, S. 150.

(17)　Reinhard Schmoeckel/Bruno Kaiser, *Die vergessene Regierung. Die große Koalition 1966 bis 1969 und ihre langfristigen Wirkungen*, 1991, S. 73. なお，閣議での態度

第二編　連立政権と国家機関

　また，政治的要因以外にも，多様な政策的見地があることから，多数決で決
着することが最適な結果をもたらすとは限らない。とくに，基本的な意味があ
る重要な問題については，多数決で決定することは望ましくない[18]。

　以上から，連立の協調のために，内閣の決定において，重要な問題に限定し
て，投票で決着を付けず話し合いでコンセンサスを目指すことを連立協定など
で取り決めることは，連邦政府職務規則に違反しないと考えられる。

（3）多数決の必要性

　国家機関である連邦内閣，その構成員である連邦首相と連邦大臣は，連立協
定の当事者ではない[19]。すなわち，連邦内閣での多数決排除という取り決め
は，連邦内閣に直接的には適用されない。連立当事者は，内閣構成員に対して，
政治的に基本的な意味がある重要な問題について多数決で決着を付けないよう
に働きかけるのみである。連邦内閣の多数派は，自由に多数決で決定できる。

　よって，連立政権では，多数派である連立大政党は多数決で決着できるので
内閣での話し合い・決定を優先しようとし，少数派である連立小政党は，多数
決排除条項を規定・主張することで多数決されることを阻止しようとする。こ
のとき，連立大政党は，多数決を行うと連立政権が崩壊の危機にさらされるの
で，通常は，解決方法として，最低限の共通点での妥協か，他の案件との抱き
合わせを行う。それでも解決不能の場合，結局，決定の先延ばしか，決定しな
いことになる[20]。すなわち，決定に時間がかかり，真の対立時においてはし
ばしば行動不能に陥ることになる[21]。

　よって，たしかに政治的に重要な問題ではコンセンサスを目指すことは許容

　　が連立政党ごとにまとまるとは限らない。所轄対立により，同じ政党の大臣が対立し，
　　異なる政党の大臣がまとまることもある。参照，Theodor Eschenburg, *Staat und Ge-
　　sellschaft in Deutschland*, 1956, S. 731。

(18)　Winfried Steffani, „Mehrheitsentscheidungen und Minderheiten in der pluralis-
　　tischen Verfassungsdemokratie", *Zeitschrift für Parlamentsfragen* 1986, S. 572.

(19)　前述第2章2（4）参照。

(20)　Knorr 1975, a.a.O.（Anm. 13），S. 23. 大連立政権中の実例について，参照，Knorr
　　1975, a.a.O.（Anm. 13），S. 143–144。

(21)　Hans-Peter Schneider 1989, a.a.O.（Anm. 1），Art. 65 Rn. 14.

第6章　連立政権と連邦内閣

されるが，しかし，最終的には決定を行うことが可能でなければならない[22]。連邦政府職務規則に基づいて，連邦内閣が多数決で決定可能である以上，連立協定に反しても多数決を行わなければならないことがあると認識しなければならないであろう[23]。

4　連邦内閣の一体性

（1）問題の所在

ここでは，連邦内閣の一体性と連立政権の関係について検討する。

連邦内閣は，法案などについて審議し，多数決で決定する。そして，連邦内閣の決定後は，反対意見の連邦大臣も含めて，対外的にまとまって行動しなければならない（内閣統制）（連邦政府職務規則第28条2項）[24]。よって，連邦大臣が連邦内閣のまとまりを損なうこと，すなわち，連邦内閣の決定に反して行動することは禁止される。

他方で，ドイツ連邦共和国では，連邦議会での与党会派が無条件に連邦内閣を支持するわけではない[25]。このことは単独政権でも当てはまるが，とくに，独自の政策を保持する複数の政党から構成される連立政権においては，反対意見の連立政党がしばしば異なる意見を公にし，また，その連邦議会会派が連邦議会で反対行動をとることがある。

以上のことから，連立政権において，連邦内閣と異なる立場の連立政党・会派に所属する連邦大臣は，連邦内閣においては連邦内閣の見解を保持する義務

---

(22)　Ernst-Wolfgang Böckenförde, „Demokratie als Verfassungsprinzip", in: Josef Isensee/Paul Kirchhof（Hg.), *Handbuch des Staatsrechts der Bundesrepublik Deutschland* Bd. I . *Grundlagen von Staat und Verfassung*, 1987, § 22 Rn. 53.

(23)　Hans-Peter Schneider 1989, a.a.O.（Anm. 1), Art. 65 Rn. 14. なお，このことは，ラント政府の連邦参議院での投票の決定について問題となる。この点について，後述第9章3参照。

(24)　Gudrun Heinrich, *Kleine Koalitionspartner in Landesregierungen. Zwischen Konkurrenz und Kooperation*, 2002, S. 33-34. このために，閣議は非公開で行われ，投票結果・議事録は基本的に秘密である（連邦政府職務規則第22条3項）。

(25)　後述第10章3（4）（d）（ⅱ）参照。

第二編　連立政権と国家機関

を負い，他方で，自己の政党・会派においてはそれぞれの見解に従うように拘束されるという困難な状況に陥ることになる。とくに，連邦大臣が同時に連邦議会議員である場合に大きな問題となる。というのは，連邦議会議員でもある連邦大臣は，連邦大臣としての立場を優先して連邦議会においても連邦内閣を支持するか，または，自己の政党・会派の意見に従って連邦議会において連邦内閣の立場に反する行動をとるかを選択しなければならないからである。この場合，連邦議会議員としての行動については，基本法第38条１項２文の自由委任が主張される。

（2）実　例

連邦大臣の選択肢としては，まず，連邦内閣の一体性を尊重し，その立場を支持することが考えられる。このとき，自己の政党・会派から批判され，場合によっては当該連邦大臣の政党・会派からの除名，自発的離党・会派離脱につながる。たとえば，1955年７月，第二次アデナウアー（CDU）政権において，ドイツとフランス間のザール協定受け入れについて対立が生じ，GB／BHE の政党・会派は連立政権から離脱した。しかし GB／BHE のオーバーレンダー（Theodor Oberländer）難民・移民・戦傷者大臣，クラフト（Waldemar Erich Kraft）特務大臣は，連邦内閣構成員としての立場を優先し，両連邦大臣および GB／BHE の連邦内閣支持派は離党した（後に CDU に加入した）[26]。

しかし，場合によっては，連邦大臣が自己の政党・会派の意見に従い，議会内外で連邦内閣に反対することが考えられる。このとき，連邦大臣を辞任する場合と，留任する場合が考えられる。

たとえば，1965年10月に連邦で成立した CDU／CSU と FDP の連立政権で

---

(26)　清水望『西ドイツの政治機構　ボン基本法体制の成立とその展開』（成文堂，1969年）63頁。GB／BHE は両連邦大臣の解任をアデナウアー連邦首相に要求したが，アデナウアー連邦首相は留任させた。参照，Gerhard Loewenberg, *Parlamentarismus im politischen System der Bundesrepublik Deutschland*, 1969, S. 280。同様の事例である1956年２月の FDP の分裂については，参照，Uwe Kranenpohl, „»Mann kann nicht jeden Monat die Koalitionsfrage stellen!«—Koalitionsinterne Konfliktlösungsmechanismen und Einflußpotentiale—", *Zeitschrift für Politik* 1999, S. 293-294。

第6章　連立政権と連邦内閣

ある第二次エアハルト（CDU）政権は，景気後退による歳入減の影響で，1967年度予算案の歳入不足をいかにして処理するかについて連立政党の対立が生じた。FDPは，増税ではなく国防費などの削減で対応することを主張したが，CDU／CSUは増税を主張した。そして，1966年10月26日に，FDPの4大臣を含む連邦内閣は，「他の措置を尽くしても歳入不足を補えない場合」増税を行うと決定したが，FDPは，政党・会派の方針に反する妥協をした4大臣に対して辞任を要求し，結局翌日に4大臣が辞任し，連立が解消した[27]。

　これは連邦大臣が辞任した例であるが，連邦大臣が辞任しない場合もある。たとえば1969年5月には，SPDのシラー（Karl August Fritz Schiller）経済大臣がドイツマルクの引き上げを強く主張し，SPDの他の連邦大臣も賛成したが，閣議で投票が行われ，否決された。しかし，シラー経済大臣は留任したまま，その決定を公に批判した[28]。

（3）連邦内閣の一体性の優位

　以上のように，連邦大臣として連邦内閣の一体性を守り連邦内閣の決定に従う義務（連邦政府職務規則第28条2項）と，自己の政党・会派の見解に従うことは，連立政権においては衝突しうる。このとき，連邦大臣は，どのように行動するべきなのであろうか。とくに，連邦議会議員として自由委任で自己の良心に従って投票すること（基本法第38条1項2文）との関係について検討する。

　まず，連邦内閣の一体性の原則は，連邦内閣が合議体であることから，連邦政府職務規則にとどまらず，不文の憲法原則と考えられている[29]。よって，連邦内閣の一体性は，連邦議会議員の自由委任と同等の憲法的要請であるため，

---

(27)　この経過については，参照，Knorr 1975, a.a.O. (Anm. 13), S. 55-63。

(28)　Theodor Eschenburg, „Das leidige Problem der Kabinettsdisziplin", *Zur politischen Praxis in der Bundesrepublik* Bd. Ⅲ. *Kritische Betrachtungen 1966-1970*, 1972, S. 170.

(29)　Karl Heinrich Friauf, „Grenzen der politischen Entschließungsfreiheit des Bundeskanzlers und der Bundesminister", in: Erich Schwinge (Hg.), *Festgabe für Heinrich Herrfahrdt zum 70. Geburtstag*, 1961, S. 71; Ernst Ulrich Junker, *Die Richtlinienkompetenz des Bundeskanzlers*, 1965, S. 108; Edzard Schmidt-Jortzig, *Die Pflicht zur Geschlossenheit der kollegialen Regierung* (*Regierungszwang*), 1973, S. 24.

157

第二編　連立政権と国家機関

両者の関係でどちらが優先するかは総合的に考慮しなければならない。

このとき，連邦議会議員は連邦大臣になることは強制されていない，すなわち，連邦議会議員は，連邦大臣になる場合に連邦内閣の一体性の義務を負うことを考慮したうえで連邦大臣となっていることが重要である。連邦議会議員は，そのことを認識して連邦大臣になったことによって，連邦議会議員としての自由委任を制約され，連邦内閣の一体性の要請が優先されることになる。

連邦議会議員は，自己の良心によって自己の政党・会派の決定を支持すると判断し，連邦内閣の決定に従うことができないとき，連邦大臣を辞任して連邦議会議員としての立場で連邦内閣の決定に反対しなければならない。逆に，連邦大臣にとどまる限りは，連邦内閣の決定を，連邦議会においても支持しなければならない。

連邦大臣にとどまりつつ連邦議会議員として反対することは，連邦政府職務規則違反であり，また，合議体の連邦内閣を規定する基本法違反でもある。実際は，連邦大臣を連邦内閣の個々の決定に強制的に従わせる手段が無いため，連邦首相は，連邦内閣の一体性保持のために，当該連邦大臣を解任することが適切と考えられる[30]。

5　合議体としての連邦内閣

続いて，合議体としての連邦内閣について検討する。

（1）連邦内閣が決定する必要性

連邦内閣は，連邦議会から伝達される，国民に由来する国家権力を，合議体構成員全体で行使する。よって，連邦議会に責任を負っている連邦内閣の決定は[31]，形式的に合議体で決定するのみでは不足であり，実質的に合議体とし

---

(30)　以上について，参照，Friauf 1961, a.a.O.（Anm. 29），S. 69-72; Junker 1965, a.a.O.（Anm. 29），S. 107-109; Schmidt-Jortzig 1973, a.a.O.（Anm. 29），S. 31-44。このとき，連邦首相は解任権を行使しうるが，連立政権においては制約されていることについては，前述第4章3（6）（c）参照。

(31)　連邦内閣全体の責任があるかについては見解が分かれているが，本書ではその点に

第6章　連立政権と連邦内閣

ての連邦内閣に帰属できるような方式で決定されなければならない[32]。すなわち，全連邦大臣が連邦内閣の決定の責任を負うため，その決定については，全連邦大臣が参加して決定したものであると言えなければならない。

　具体的には，連邦内閣の構成員である連邦大臣の全員が決定対象を知り（情報），合議体決定と言えるだけの数の構成員が決定に参加し（定足数），さらにその過半数が決定を支持しなければならない（多数決）[33]。これに対応して，連邦内閣では閣議の内容について事前に連邦大臣に送付し（連邦政府職務規則第21条），閣議には連邦大臣の過半数が出席することを定め（連邦政府職務規則第24条1項），その投票の過半数で決定する（連邦政府職務規則第24条2項）。

　しかし，連立政権においては，重要な政治問題は，しばしば連邦内閣の外での少数者の連立委員会・連立ラウンドで実質的に決定される。このとき，連邦内閣は，国家機関の決定とするために形式的に可決するのみとなる[34]。よって，連立委員会・連立ラウンドに常に参加することによって情報を多く獲得でき，自己の意見を合議体の決定に反映できる連邦大臣と，時折しか参加せず，または全く参加しないため情報を獲得できず，意見表明・実現の機会が少ない連邦大臣が存在するようになった[35]。

　すなわち，連立委員会・連立ラウンドの存在によって，構成員の平等が原則である連邦内閣において，合議体決定の前提としての情報について実質的格差が生じ，定足数の意味が空洞化し，もはや合議体決定と言えない状況が生じう

ついては検討しない。連邦内閣全体の責任を認めるものとして，たとえば参照，Klaus Stern, „Die Bundesregierung", in: Klaus Stern, *Das Staatsrecht der Bundesrepublik Deutschland* Bd. Ⅱ. *Staatsorgane, Staatsfunktionen, Finanz- und Haushaltsverfassung, Notstandsverfassung*, 1980, § 31, S. 312。

(32)　BVerGE 91, 148 [166-167]. なお参照，Volker Epping, „Die Willensbildung von Kollegialorganen. —Am Beispiel der Beschlußfassung der Bundesregierung—", *Die Öffentliche Verwaltung* 1995, S. 720。

(33)　BVerGE 91, 148 [166].

(34)　Wolfgang Jäger, *Wer regiert die Deutschen? Innenansichten der Parteiendemokratie*, 1994, S. 57.

(35)　Waldemar Schreckenberger, „Informelle Verfahren der Entscheidungsvorbereitung zwischen der Bundesregierung und den Mehrheitsfraktionen: Koalitionsgespräche und Koalitionsrunden", *Zeitschrift für Parlamentsfragen* 1994, S. 340.

159

第二編　連立政権と国家機関

る[36]。

（2）合議制の意味

さらに，このことは，合議制の意味からも問題がある。

合議制の持つ意味は，決定についての視点の増加，議論の増加，決定の結果についての詳細な議論を行うこと，独断を防ぎ相互に抑制しあうことなどである。よって，連邦内閣については，十分な数の構成員が決定に協力するときのみ，合議制の長所が確保される[37]。しかし，連立委員会・連立ラウンドでの少数者の決定においては，この要素に欠陥が生じる。すなわち，連立委員会・連立ラウンドでの決定を，連邦内閣において十分な審議無しに連邦内閣の決定とすることは，決定の合理性の面からも問題があると考えられる[38]。

6　内閣の無力化

さらに，連立政権では，連立政党の意見が対立するとき，有力者が全て内閣に属しているわけではないので，連立委員会・連立ラウンドで調整が行われなければならないため，内閣が意味を失う危険がある[39]。

たしかに，議院内閣制においては，内閣の決定について議会の支持を確保しなければならず，よって，そのために協議・調整することは許容される。しかし，実際は，連立委員会・連立ラウンドにおける連立政党・会派の共同決定により，事実上，内閣の権限はかなり制約されている。

---

(36)　Karlheinz Niclauß, "The Federal Government: Variations of Chancellor Dominance", in: Ludger Helms (ed.), *Institutions and Institutional Change in the Federal Republic of Germany*, 2000, p. 75.

(37)　BVerGE 91, 148［166］. なお，広汎に過ぎるように思われる連邦政府職務規則第15条の意味は，この点にある。参照，Junker 1965, a.a.O.（Anm. 29），S. 120。

(38)　Waldemar Schreckenberger, „Sind Wir auf dem Weg zu einem Parteienstaat? „Koalitionsrunden" mit ihren Verabredungen als Symptom", *Frankfurter Allgemeine Zeitung* vom 5. 5. 1992, S. 13.

(39)　堀江湛・政治改革コロキアム『連立政権の政治学：ポスト55年体制の政権形態』（PHP 研究所，1994年）34頁。

たとえば，2002年4月のザクセン＝アンハルト州でのCDUとFDPの連立協定では，「8. 当事者の協調」の「連立委員会」の項目で連立委員会は5人ずつから構成され決定は全員一致で行うことが規定され，さらに「内閣」の項目では，内閣において連立当事者の一方がラントの利益のために重要であるとする点については，連立委員会での決定前に内閣で多数決で決定してはならないということを規定している。

つまり，重要な点については，連立委員会での全員一致の決定が，内閣での決定に先行する。すなわち，「大量の日常的業務が内閣に残り，重要な政治的措置は，連立ラウンド（ここでは連立委員会）によって事前に決定され[40]」（括弧は筆者）ている状況と言える。このような状況は，やはり憲法的に疑義があると言わざるをえない[41]。

7 連立政権と連邦内閣

これまで連立政権と連邦内閣に関する各論点について検討してきたことからも分かるように，単独政権ではなく連立政権であることが，連邦内閣にも大きな影響を与えている。その中でも憲法（基本法）に照らして疑義がある点については，国政における連邦内閣の重要な地位に鑑みて，憲法（基本法）に沿った運用に修正する必要があると言えよう。

---

(40)　Schreckenberger 1994, a.a.O.（Anm. 35）, S. 334.

(41)　Ernst Benda, „Verfassungsprobleme der Großen Koalition", in: Alois Rummel (Redaktion), *Die Große Koalition 1966-1969. Eine kritische Bestandsaufnahme*, 1969, S. 163-164.

◆ 第 7 章　連立政権と連邦大統領

本章では，連立政権と連邦大統領の関係について検討する。

1　連邦大統領の地位

ワイマール憲法においては，国民が直接選挙する共和国大統領が独立した民主的正統性を持っていた。また，共和国大統領は，固有の，政治的に強力な憲法的手段があったため，議会に対抗しうる強力な地位を持っていた[1]。しかし，まさに議会に対抗しうる強力な共和国大統領の地位によりワイマール共和国が崩壊したという反省から，基本法では，連邦大統領の地位は弱められた[2]。

まず，連邦大統領は，元首として国家を代表する機能を持つほか，一定の政治的権限を持っている[3]。たとえば，連邦大統領は，連邦首相候補を連邦議会に提案し（基本法第63条1項），さらに，連邦議会での連邦首相選挙の際に法定過半数（基本法第121条）を得る者が居ない場合，少数政権を成立させるか連邦議会を解散するかの裁量・判断を行う（基本法第63条4項）。また，連邦首相が自己に信任を求める動議を提出したが連邦議会の過半数の賛成を得られなかった場合，連邦首相の提案に基づいて，連邦議会を解散することができる（基本法第68条）[4]。さらに，連邦首相の信任動議が連邦議会の過半数を得られ

---

(1)　Wolfgang Zeh, *Parlamentarismus. Historische Wurzeln—Moderne Entfaltung*, 1978, S. 49-50.

(2)　Wilhelm Hennis, „Die Rolle des Parlaments und die Parteiendemokratie", in: Wilhelm Hennis, *Die mißverstandene Demokratie*, 1973, S. 78.

(3)　連邦大統領の権限については，参照，Klaus Schlaich, „Die Funktionen des Bundespräsidenten im Verfassungsgefüge", in: Josef Isensee/Paul Kirchhof (Hg.), *Handbuch des Staatsrechts der Bundesrepublik Deutschland* Bd. II. *Demokratische Willensbildung—Die Staatsorgane des Bundes*, 1987, §49 Rn. 3-51.

(4)　このとき，裁量によって解散しないこともできる。このことについて，後述第10章3（3）（a）（ii）参照。

第二編　連立政権と国家機関

ず，かつ，連邦政府がある法律案を緊急なものと表明したにもかかわらず連邦議会がこれを否決したとき，連邦大統領は，連邦政府の申し立てにより，連邦参議院の同意を得て，その法律案について立法の緊急状態を宣言することができる。その宣言が行われた後，連邦議会が再び否決するか，連邦政府が受け入れられない形で可決したときは，連邦参議院の同意によって，原案通りの法律が成立する（基本法第81条）[5]。

　このように，連邦大統領は，政治的に中立ではあるが，一定の重要な政治的機能を持っており，非政治的で無力な存在ではない[6]。このことから，連邦大統領は，連邦政府，連邦議会，さらに政党・会派とも無関係ではないことになる。

2　連邦大統領選出と連立政権

（1）連邦大統領選出

　連邦大統領は，連邦議会議員と，ラント議会が比例代表で選出する連邦議会議員と同数の議員から構成される連邦会議（Bundesversammlung）によって，審議無しに選出される。任期は5年で，連続再選は1回に限り可能である（基本法第54条。詳細は連邦大統領選挙法〔Gesetz über die Wahl des Bundespräsidenten durch die Bundesversammlung〕で規定されている）。この特徴としては，まず，ラント代表として，69人の連邦参議院議員ではなく，連邦議会議員と同数の議員が別個に選出されるためラントの影響が強いことが挙げられる[7]。さらに，連邦議会とラント議会それぞれから伝達される広汎な民主的正統性の基礎があることから，連邦大統領は強力な統合作用を持つことが挙げられる[8]。

---

(5)　なお，連邦大統領の行為は，原則として連邦首相・連邦大臣の副署が必要である（基本法第58条）。

(6)　Schlaich 1987, a.a.O.（Anm. 3), Rn. 82.

(7)　清水望『西ドイツの政治機構　ボン基本法体制の成立とその展開』（成文堂，1969年）291頁。

(8)　Klaus Schlaich, „Die Bundesversammlung und die Wahl des Bundespräsidenten",

第7章　連立政権と連邦大統領

　国家の元首である連邦大統領を政党的に選出することに対しては，批判がある。たとえば，1949年9月の初代連邦大統領選出において，CDUのカイザーは，野党になる予定であったSPDとの協議によって，国家を代表する性格を持つ人物を連邦大統領とするべきであると主張した[9]。このような考えに基づき，基本法では連邦大統領の任期が5年とされ，4年ごとの連邦議会選挙・連邦政府成立（基本法第39条1項）となるべく重ならないように，連邦大統領が政党的な投票によって選出されないように配慮されている[10]。

　しかし，連邦議会とラント議会は政党的に構成されているため，連邦会議も政党的に構成されることになる。そして，政党的に構成される国家機関が他の国家機関の選出を行うとき，その投票が政党的に行われることは避けられない[11]。そして，これまで，実際にも各政党が連邦大統領候補者を擁立し，政党的な投票によって連邦大統領が選出されている[12]。

（2）連立政権との関係

　連邦大統領が政党的に選出されるということと，ドイツ連邦共和国においては連邦もラントも基本的に連立政権であることから，連邦大統領選出と連立政権が関連することになる。

　すでに述べたように，連邦大統領と連邦議会・連邦政府の任期はなるべく一

---

　　　in: Josef Isensee/Paul Kirchhof（Hg.），*Handbuch des Staatsrechts der Bundesrepublik Deutschland* Bd.II. *Demokratische Willensbildung—Die Staatsorgane des Bundes*, 1987, §47 Rn. 2.

（9）　平島健司『ドイツ現代政治』（東京大学出版会，1994年）45頁。

（10）　Klaus Schlaich, „Der Status des Bundespräsidenten", in: Josef Isensee/Paul Kirchhof（Hg.），*Handbuch des Staatsrechts der Bundesrepublik Deutschland* Bd.II. *Demokratische Willensbildung—Die Staatsorgane des Bundes*, 1987, §48 Rn. 1; 清水 1969年・前掲注（7）297頁。

（11）　参照，Ulrich K. Preuß, in: *Kommentar zum Grundgesetz für die Bundesrepublik Deutschland* Bd. 1, 2. Auflage, 1989, Art. 21 Rn. 28。

（12）　2004年3月までの8人の連邦大統領は，CDU，SPD，FDPの有力政治家であった（1994年から1999年までの第7代連邦大統領ヘルツォーク〔CDU〕は，直前は連邦憲法裁判所長官であったが，その前はCDUのバーデン＝ヴュルテンベルク州議会議員，内務大臣だった）。

165

第二編　連立政権と国家機関

致しないように配慮されている。しかし，理論的には20年ごとに一致するのであり，また，連邦議会解散，さらには立法期中での連邦首相交代・連邦内閣改造があるため，実際には，連邦大統領の選出は，連立交渉・連立政権成立と関連している。

　まず，連邦大統領選挙が連邦政府成立とほぼ同時，または連邦政府成立直後にある場合は，連立交渉で連邦大統領も決定されることが多い。

　1949年8月の第1回連邦議会選挙後のCDU／CSUとFDP，DPの連立交渉においては，連邦首相はCDUのアデナウアーとするが，連邦大統領には連立第二党であるFDPのホイス党首がなることが決定された[13]。

　さらに，第7立法期中の1974年5月にブラント（SPD）連邦首相が辞任しシュミット（SPD）連邦首相が選出されたが，その際のSPDとFDPの連立交渉では，同時期に行われる連邦大統領選挙において，シェールFDP党首・副首相・外務大臣を次期連邦大統領とすることが合意された[14]。

　また，1998年10月の連邦での第一次シュレーダー（SPD）政権成立時のSPDと90年連合／緑の党の連立協定では，1999年5月に予定された連邦大統領選挙について，「XII. 政党の協調　5　人事協定」において，「連立当事者は，1999年の連邦大統領選挙で共同で候補者の提案を行う。提案権はSPDが持つ」と規定し，これに従って，1999年5月にSPDのラウ（Johannes Rau）前ノルドライン＝ウエストファレン州首相が連邦大統領に選出された。

　このように，連邦大統領職を連立交渉に組み込むことは批判されている[15]。

---

(13)　Udo Wengst, „Adenauers erste Koalitions- und Regierungsbildung im Spätsommer 1949", *Aus Politik und Zeitgeschichte* 1985 Bd. 18, S. 7-9.　FDPは，ホイスが連邦大統領となることを連立参加の条件としていた。また，アデナウアーは，FDPに連邦大統領を与えることで，FDPの大臣数を減らす目的があった。なお，ホイスを連邦大統領とすることに対してカイザーが反対意見を主張したが，それもまた，SPDとの大連立政権という目標に基づく主張であった。

(14)　Suzanne S. Schüttemeyer, *Fraktionen im Deutschen Bundestag 1949-1997. Empirische Befunde und theoretische Folgerungen*, 1998, S. 179.

(15)　Wolfgang Rudzio, „Koalitionen in Deutschland: Flexibilität informellen Regierens", in: Sabine Kropp/Suzanne S. Schüttemeyer/Roland Sturm（Hg.）, *Koalitionen in West- und Osteuropa*, 2002, S. 63.

第7章　連立政権と連邦大統領

　さらに，逆に，連邦大統領選出が，後に続く連立政権形成の先取り・予告になることもある。1959年7月にSPDの連邦大統領候補を破って選出されたCDUのリュプケ（Karl Heinrich Lübke）連邦大統領はSPDとの大連立推進派であったため，1964年7月の再選時には，SPDもリュプケに投票した[16]。さらに，典型的なものとして，1969年3月の連邦大統領選挙が挙げられる。この選挙には，1966年12月に連邦で成立したキージンガー（CDU）政権の与党であったCDU／CSUがシュレーダー国防大臣，SPDがハイネマン法務大臣をそれぞれ擁立した[17]。このとき，野党FDPが連邦大統領についてキャスティングヴォートを握ることになり，FDPがハイネマンを支持したため，ハイネマンが連邦大統領に選出された。この選択は，同年9月の第6回連邦議会選挙後のSPDとFDPの連立政権を先取りしたものと考えられている[18]。

---

(16)　Franz Schneider, *Große Koalition. Ende oder Neubeginn?*, 1969, S. 26.

(17)　前述第4章3（2）で述べたように，ハイネマンは第一次アデナウアー（CDU）政権ではCDUから内務大臣となったが，再軍備をめぐり辞任，離党し，SPDに入党した。そして，キージンガー（CDU）政権ではSPDから法務大臣となっていた。なお，FDPは，この連邦大統領選挙においてハイネマンを支持するにあたり，連邦議会選挙に小選挙区・相対多数選挙制を導入しないという確約をSPDから得ていた。参照，加藤秀治郎『戦後ドイツの政党制　東西ドイツ政党の政治社会学的分析』（学陽書房，1985年）52頁および注86。

(18)　参照，Franz Schneider 1969, a.a.O.（Anm. 16），S. 135。なお，1999年5月の連邦大統領選挙では，FDP指導部はCDUのシパンスキ（Dagmar Elisabeth Schipanski）候補を支持したが，ノルドライン＝ウエストファレン州のFDPは，次のラント議会選挙後のSPDとの連立を目指すため，SPDのラウ候補に投票した。参照，Uwe Wagschal, „Der Parteienstaat der Bundesrepublik Deutschland. Parteipolitische Zusammensetzung seiner Schlüsselinstitutionen", *Zeitschrift für Parlamentsfragen* 2001, S. 885。

　なお，連邦大統領は連邦議会とは異なる連邦会議で選出されること，また，任期が連邦議会・連邦政府と異なることから，連邦与党と連邦大統領の政党が一致するとは限らない。1979年5月には，連邦野党のCDU／CSUがラント議会で多数派だったため連邦会議でもCDU／CSUが多数派となり，CDUのカルステンス（Karl Carstens）が連邦大統領に選出された。また，1998年10月には，連邦での政権交代により，それまで連邦与党だったCDUが連邦野党になったため，在職中のヘルツォーク連邦大統領が連邦野党CDUの連邦大統領ということになった。

167

第二編　連立政権と国家機関

3　連立政権成立と連邦大統領

（1）連邦首相選出

　ワイマール憲法は不完全ながらも議院内閣制（同憲法第54条）を採用しており，共和国議会では単独過半数を獲得する政党が無かったため，組閣時には政党・会派間の連立交渉が行われていた。まず，政党・会派が連立政権に参加するかどうかを決定し，その条件としての人事・政策について交渉・合意し，それに続いて共和国大統領が政党・会派と協議し，それらが共和国大統領に提示する人物を共和国首相・大臣に任命していた（同憲法第53条）。しかし，政党・会派が多数派を形成できないとき，共和国大統領が完全に自由に共和国首相を任命し，いわゆる大統領内閣が成立した[19]。

　これに対して，基本法では，連邦首相選出は，連邦大統領の提案に基づき，審議無しに連邦議会が行う（基本法第63条1項）。そして，その候補が過半数を獲得できない場合，基本法第63条2-4項によって，連邦議会が連邦首相を選出する。よって，連邦大統領が連邦議会の意思に反して連邦首相を任命することはできない。この点において，連邦大統領の権限は限定されている。

　そして，連邦議会において単独過半数政党が無い場合には連立政権が形成されるが，そのとき，連邦首相の人物についての交渉が連立交渉の中心となる[20]。この連立交渉の結果，連邦首相候補として合意された人物が，提案権を持つ連邦大統領に報告され，連邦大統領がその人物を連邦首相候補として連邦議会に提案する。たとえば1949年9月の連邦でのCDU／CSUとFDP，DPの連立政権成立時には，アデナウアー（CDU）が連邦首相となることが連邦議会選挙後の連立交渉で決定され，ホイス連邦大統領に報告され，ホイス連邦大統領はそれに従った[21]。

---

(19)　Wolf-Rüdiger Schenke, in: *Bonner Kommentar zum Grundgesetz*, Loseblatt, Art. 63 Rn. 4-9 (1977).

(20)　Helmut Scheidle, *Die staatsrechtlichen Wirkungen einer Koalitionsvereinbarung bei der Bildung der Bundesregierung*, 1965, S. 24.

(21)　1949年の組閣については，参照，Rudolf Morsey, „Die Bildung der ersten Regierungskoalition 1949. Adenauers Entscheidungen von Frankfurt und Rhöndorf am

第 7 章　連立政権と連邦大統領

　たしかに，連邦大統領は連邦首相についての取り決めの当事者ではないため，政党と会派の勧告に拘束されず，法的には自由に連邦首相候補を連邦議会に提案できる。しかし，その候補が多数派を獲得できない場合，連邦大統領の権威が失墜することになり，また，その候補が偶然多数派を獲得できたとしても，その政権は基本法が意図する安定した政権とはならない[22]。よって，政党・会派の連立交渉において連邦首相選出時に連邦議会の多数派を獲得することが確実な人物が決定され，連邦大統領に報告されたときには，連邦大統領は，その人物を提案しなければならないと考えられる[23]。

　言い換えると，連邦大統領は，多数派獲得が確実な連邦首相候補が決定・報告されるまで，連立交渉を待つことになる。よって，連邦大統領は，最大会派の連邦首相候補ではなく，連立として多数派獲得が確実な連邦首相候補を提案することになる[24]。

　これまで，1969年10月（第6回連邦議会選挙後），1976年12月（第8回連邦議会選挙後），1980年11月（第9回連邦議会選挙後）の連邦政府の組閣では，最大会派はCDU／CSUであったが，連立交渉の結果多数派を確保することが確実な第二会派のSPDの連邦首相候補が連邦大統領に報告され，連邦大統領はその人物を連邦議会に提案した[25]。このことで最大会派が連邦政府に参加しない

---

　　20. und 21. August 1949 ", *Aus Politik und Zeitgeschichte* 1978 Bd. 34, S. 3-14; Wengst 1985, a.a.O.（Anm. 13），S. 3-14。

(22)　前述第2章2（5）参照。

(23)　根拠として，たとえば Hans-Peter Schneider, in: *Kommentar zum Grundgesetz für die Bundesrepublik Deutschland* Bd. 2, 2. Auflage 1989, Art. 63 Rn. 4 は，裁量権収縮を挙げる。

(24)　Hans-Peter Schneider 1989, a.a.O.（Anm. 23），Art. 63 Rn. 4.

(25)　このとき，単独政党であれ連立であれ，議席の過半数を確保する政党・連立が政権を担当するという絶対多数原理（majority principle）と，比較第一党が政権を担当するという相対多数原理（plurality principle）では，連邦首相として提案する人物が異なることになる。1976年の場合は，最大会派のCDU／CSUのコールが相対多数原理を主張して連邦首相となることを要求したが，連立として多数派となったSPDとFDPが絶対多数原理を主張し，SPDのシュミットが連邦首相となった。参照，Udo Bermbach, „Stationen der Regierungs- und Oppositionsbildung 1976", *Zeitschrift für Parlamentsfragen* 1977, S. 163-164。なお，組閣原理については，参照，近藤敦『政権交代と議院

169

第二編　連立政権と国家機関

ことになるが，最大会派が組閣するという憲法的権利は無く，よって憲法的疑義は無い[26]。

　なお，連邦首相候補は，連邦議会議員・政党員でなくてもよい[27]。この提案について，連邦大統領は，連邦首相として提案する者の法的前提は審査するが（連邦大臣法第1条，第6条3項）[28]，その審査が特定の政治的意図によるものであってはならない。この連邦大統領の提案に基づく第一段階（基本法第63条1項）で候補者が法定過半数（基本法第121条）を獲得できないとき，連邦議会が連邦首相候補を自ら提案し選出する第二段階以降に移行するが（基本法第63条2-4項），これまでは全て第一段階で連邦首相が選出されている。

（2）連邦大統領の介入

　以上の連邦首相選出過程において，連邦大統領が，その提案権に基づいて，適切な時点で政党・会派の指導者と連絡を取り，その提案人物を決定し，場合によっては連立交渉に介入するのは，慣行であるばかりでなく合目的的である。

　ただ，ドイツ連邦共和国では，連邦議会選挙前に，大政党が多数派を確保した場合に連邦首相になる人物（「首相候補」）を明らかにし，また，各政党が連立相手を表明する慣行が次第に成立した。そして，これもまた次第に成立した両極的政党システムの条件の下で，連邦議会選挙が事実上連邦首相選挙に発展してきている[29]。

　よって，連邦大統領は，選挙で多数派となった連立予定政党の首相候補を，自己の連邦首相候補として連邦議会に提案することになり，その提案権は単なる形式的・手続的提案権へと変化した。しかし，それでもなお，連邦大統領の提案権は，連立交渉が行き詰まるとき，政党と会派を合意へと導くために不可

　　　内閣制　比較憲法政策論』（法律文化社，1997年）91-102頁。
(26)　Preuß 1989, a.a.O. (Anm. 11), Art. 21 Rn. 59.
(27)　キージンガー（CDU）連邦首相は，連邦首相就任までバーデン＝ヴュルテンベルク州首相であり，連邦議会議員ではなかった。
(28)　連邦大臣任命の場合と同様である。前述第4章3（2）参照。
(29)　後述第10章3（2）参照。定義から明らかなように，連邦大統領が連邦議会に提案する連邦首相候補と，ここでの「首相候補」は異なる概念である。

欠のものとなる[30]。

たとえば，1961年9月の第4回連邦議会選挙後のCDU／CSUとFDPの連立交渉においては，FDPが選挙前に，アデナウアー（CDU）連邦首相の場合はCDU／CSUとは連立しないとしていたことから，誰を連邦首相にするかについて連立交渉が難航した。このとき，リュプケ連邦大統領は，連立政党がアデナウアーを連邦首相とすることでまとまらない場合，自己の連邦首相候補としてエアハルト（CDU）を提案すると二度にわたり表明し，連立交渉を促進した[31]。結局連立政党はアデナウアーを連邦首相候補とすることで合意し，多数派獲得が確実になったことをリュプケ連邦大統領に報告した後，リュプケ連邦大統領がアデナウアーを連邦首相候補として連邦議会に提案した[32]。

さらに，連立政党は連邦大臣についての連立交渉がまとまらないと連邦首相候補についても合意しないため，連邦大統領は，場合によっては連邦大臣についての連立交渉にも介入する。たとえば，1953年9月の第3回連邦議会選挙後のCDU／CSU，FDP，DP，GB／BHEの連立交渉において，FDPは自己に配分された法務大臣について，前政権のデーラー（Thomas Dehler）法務大臣の留任を要求し，そうでない場合は連立政権に参加しないとした。しかし，デーラーが連邦憲法裁判所について批判的な発言をしていたことから連立交渉が難航したため，ホイス連邦大統領がFDPに対してデーラーを取り下げるように説得し，代わりにノイマイヤー（Fritz Neumayer）（FDP）を法務大臣とすることで連立交渉がまとまった[33]。

ただし，連邦大統領のこの介入・予備会談は，自制的に行われることが要請される。調整目的での情報交換を越える，個人的影響力の行使，さらに連立交渉への直接参加は，基本法における連邦大統領の中立的地位と調和しないため，

---

(30)　Hans-Peter Schneider 1989, a.a.O.（Anm. 23），Art. 63 Rn. 3.

(31)　Gerhard Loewenberg, *Parlamentarismus im politischen System der Bundesrepublik Deutschland*, 1969, S. 275-276; 清水 1969年・前掲注（7）319頁。

(32)　リュプケ連邦大統領の要請により，FDP会派内部では，議員がアデナウアーに投票するかどうかを確認するための予備投票が行われた。参照，Loewenberg 1969, a.a.O.（Anm. 31），S. 273-274。

(33)　Loewenberg 1969, a.a.O.（Anm. 31），S. 275.

第二編　連立政権と国家機関

禁じられていると考えられる⁽³⁴⁾。

　なお，近年は多党化，とくに PDS の存在により，議席数の理由から，選挙前の連立表明通りの連立政権が形成されない可能性がある⁽³⁵⁾。また，政党戦略などの理由から，連立表明を行わないケースも増えている。さらに2002年9月の第15回連邦議会選挙では，CDU／CSU，SPD に加えて FDP も「首相候補」を擁立した⁽³⁶⁾。これらのことから，今後，連邦大統領の役割が増加し，連立交渉に事実上介入する可能性が高まりうると言えよう⁽³⁷⁾。

4　連立政権と連邦大統領

　以上のように，連邦大統領は，自身の選出，さらに連立政権成立において，連立政権と大きな関係がある。この意味で，ワイマール共和国の共和国大統領に比べ権限が減少し，また，政治的に中立であるとはいえ，連邦大統領は，やはり政治的な存在であると言える。

---

(34)　Hans-Peter Schneider 1989, a.a.O.（Anm. 23），Art. 63 Rn. 3.

(35)　東側のラントについて，参照，Wolfgang Renzsch/Stefan Schieren, „Große Koalition oder Minderheitsregierung: Sachsen-Anhalt als Zukunftsmodell des parlamentarischen Regierungssystems in den neuen Bundesländern?", *Zeitschrift für Parlamentsfragen* 1997, S. 391-407.

(36)　後述第10章3（2）（ c ）参照。

(37)　Schenke 1977, a.a.O.（Anm. 19），Art. 63 Rn. 54.

第三編　連立政権と権力分立

本編では，連立政権と権力分立として，与野党，連邦制についてそれぞれ検討する。

◆ 第8章　連立政権と与野党

1　権力分立

（1）権力分立

基本法では，国家権力が個別の立法・執行・司法機関によって行使されることが定められている（基本法第20条2項2文）。すなわち，国家の作用が立法作用，執行作用，司法作用に分割され，それぞれが議会，政府，裁判所という別個の国家機関に委ねられている[1]。この規定の重点は，権力の集中の防止にある[2]。つまり，「同一人もしくは同一機関に二つまたは三つの権力（作用）

---

(1)　BVerGE 3, 225［247］.「権力」と言うとき，国家機関と国家作用という二つの意味・文脈がある。このことについて，参照，高橋和之「権力分立の分析視角」高橋和之『国民内閣制の理念と運用』（有斐閣，1994年）313頁。

(2)　Roman Herzog, in: Theodor Maunz/Günter Dürig/Roman Herzog/Rupert Scholz, *Kommentar zum Grundgesetz*, Loseblatt, Art. 20 V. Die Verfassungsentscheidung für die Gewaltenteilung, Rn. 4（1980）. ただ，近年では，次第に，機能的な国家活動の保障という側面が強調されるようになった。たとえばBVerGE 68, 1［86］によると，権力分立は，権力抑制・均衡に加えて，組織・構成・機能・手続的に最も適した機関が国家の決定を行うことで，国家の決定ができるだけ正しくなることをも目指すとする。しかし，このような国家決定の機能性の要請は，「作用分化と専門化の結果であって，権力分立の目的と捉えるべきものではな」いとされる。高橋和之「権力分立」高橋和之・大石眞編『憲法の争点（第3版）』（有斐閣，1999年）15頁。

第三編　連立政権と権力分立

が全面的に帰属してはならない[3]」。このことから，各国家作用は，少なくと
も，その中心において異なる機関が実行しなければならない[4]。ただ，それ
ぞれの国家作用において，周辺的に他の機関が関与することは許容される。む
しろ，その共同活動によって，権力間の抑制・均衡が，より有効に達成される
と考えられる[5]。

　さらに，権力分立は，この三権分立のみならず，広く権力相互の抑制・均衡
に役立つ権限の分割を広く含むものである[6]。たとえば立法機関での二院制，
さらにドイツ連邦共和国では連邦政府の権限が連邦首相，連邦大臣，連邦内閣
に分割されているように，それぞれの国家機関内部でその作用の担い手が分割
され，共同活動が行われることが権力分立に含まれる[7]。また，連邦制も権
力分立に含まれる[8]。さらに，権力分立の本来的目的である権力間の抑制・
均衡という視点からは，国家機関の担い手である政治勢力相互の関係も検討す
る必要がある[9]。

---

(3)　髙橋和之 1994年・前掲注（1）314頁。

(4)　BVerGE 9, 268 ［279-280］.

(5)　Herzog 1980, a.a.O.（Anm. 2），Art. 20 V. Rn. 6; 髙橋和之 1994年・前掲注（1）314-
　　315頁。なお，本書では，権力分立の文脈では抑制・均衡という表現のみを用い，しば
　　しば用いられる「コントロール」という概念は，民主主義の文脈で，責任に対応するも
　　のに限定して用いる。このことについては，参照，Ulrich Scheuner, „Verantwortung
　　und Kontrolle in der demokratischen Verfassungsordnung“, in: Theo Ritterspach/Willi
　　Geiger（Hg.），*Festschrift für Gebhard Müller. Zum 70. Geburtstag des Präsidenten des
　　Bundesverfassungsgerichts*, 1970, S. 379-381; Karl-Ulrich Meyn, *Kontrolle als Ver-
　　fassungsprinzip. Problemstudie zu einer legitimationsorientierten Theorie der politi-
　　schen Kontrolle in der Verfassungsordnung des Grundgesetzes*, 1982, S. 217-218。

(6)　Andreas von Arnauld, „Gewaltenteilung jenseits der Gewaltentrennung. Das ge-
　　waltenteilige System in der Verfassungsordnung der Bundesrepublik Deutschland“,
　　Zeitschrift für Parlamentsfragen 2001, S. 698.

(7)　連邦政府について，前述第4章－第6章参照。Walter Leisner, „Die quantitative
　　Gewaltenteilung. Für ein neues Verständnis der Trennung der Gewalten“, *Die Öffent-
　　liche Verwaltung* 1969, S. 410は，このことを「量的な権力分立」と表現する。

(8)　連邦制については，後述第9章参照。

(9)　Norbert Gehrig, „Gewaltenteilung zwischen Regierung und parlamentarischer Op-
　　position“, *Deutsches Verwaltungsblatt* 1971, S. 634-635.

第 8 章　連立政権と与野党

本章では，まず，連立政権と権力分立という視点から，与野党について検討する。

（2）現代政党国家の権力分立

議院内閣制では，通常，政府は議会多数派の支持を得て議会を支配する。そして，現代の政党国家の議院内閣制では，政府と政府を支持する議会会派を，政党が結合する[10]。よって，担い手に着目するとき，政府と議会の間には権力分立は存在していない。すなわち，政府と議会についての権力分立は権限配分でしかなく，政治的権力の配分原理としてはもはや意味を失ったとされる。そして，その代わりに，政府および議会の政府支持会派，その母体である与党と，それに対抗する議会内反対派，野党との対立が前面に出てくることになる[11]。

このとき，連立政権では，単独政権と異なり与党が複数存在すること，具体的には，複数政党から政府が構成され，また，議会において政府支持会派が複数存在することが特徴である。よって，ここでは，まず，連立政党の権力分立，続いて，連立政権を所与とした場合の与野党の権力分立の特徴を検討する。

2　連立政党の権力分立

（1）与党が複数存在することの意義

現代国家では，政府と議会の間の権力の均衡はほとんど失われているとされる。「非常に拡大し高度に専門化した政府と行政の活動を，議会はもはや実効

---

(10)　Heinrich Oberreuter, *Kann der Parlamentarismus überleben?: Bund—Länder—Europa*, 2. Auflage, 1978, S. 42-43.

(11)　Klaus Stern, „Neue Frontstellung: Regierungs- und Oppositionsfraktion", in: Klaus Stern, *Das Staatsrecht der Bundesrepublik Deutschland* Bd. I. *Grundbegriffe und Grundlagen des Staatsrechts, Strukturprinzipien der Verfassung*, Zweite, völlig neubearbeitete Auflage, 1984, § 23 S. 1032; Hans-Peter Schneider, „Verfassungsrechtliche Bedeutung und politische Praxis der parlamentarischen Opposition", in: Hans-Peter Schneider/Wolfgang Zeh (Hg.), *Parlamentsrecht und Parlamentspraxis in der Bundesrepublik Deutschland*, 1989, § 38 Rn. 19.

175

第三編　連立政権と権力分立

的に統制することができない。一方で，法律の需要の飛躍的増大と，他方で，官僚制の専門知識にもとづく政府による立法の周到な準備によって，議会の能力は，政府との関係において著しく低下する」。よって，「現代の議会的統制はもはや抑制的統制では不十分であり，多かれ少なかれ政府活動への共働においてはじめて実効的に行われうる」。すなわち，統制は，「事後的・抑制的統制としてではなく，事前的・共働的統制として」理解されなければならない[12]。

　このことは，政党国家の議院内閣制で登場した与野党間の権力分立にも当てはまる。野党は，与党会派・政府を統制しようとするが，限界がある。というのは，もともと議会全体に対して政府が優位にある上に，議会全体としての政府統制手段を行使するには議会多数派が必要であるが，通常は与党会派が議会の多数派を支配しているからである。野党は基本的に少数派の権利しか利用できないため，事後的・抑制的統制すら不十分である[13]。

　ここから，現代国家では，与党内での権力抑制・均衡が重要となる。

　まず，与党会派と政府の権力抑制・均衡が考えられる。というのは，与党会派が政府を無条件に支持するわけではないからである。とくに，ドイツ連邦共和国では会派委員長が連邦大臣になることが少ないため，連邦内閣に拘束されることは少ない。また，会派委員長が政府支持を目指すか，または会派をまとめて政府に対抗して自己の政治権力を拡大しようとするかは，そのときの政治状況・人物次第である。後者の場合，与党会派は政府の強力な対抗物になりうる。また，与党会派が対立方針をとらないときも，実際には，与党会派と政府の共同活動による抑制・均衡が行われている[14]。

---

(12)　日比野勤「政治過程における議会と政府 ── 政治的計画を素材にして」岩村正彦ほか編『岩波講座・現代の法3 ── 政治過程と法』（岩波書店，1997年）88-89頁。なお参照，Richard Bäumlin, „Die Kontrolle des Parlaments über Regierung und Verwaltung", *Zeitschrift für Schweizerisches Recht* Bd. 85, 1966, S. 244-250; Leisner 1969, a.a.O. （Anm. 7）, S. 409-410。

(13)　Hans-Peter Schneider 1989, a.a.O.（Anm. 11）, Rn. 44.

(14)　参照，Heinrich Oberreuter, „Entmachtung des Bundestages durch Vorentscheider auf höchster politischer Ebene?", in: Hermann Hill（Hg.）, *Zustand und Perspektiven der Gesetzgebung. Vorträge und Diskussionsbeiträge der 56. Staatswissenschaftlichen Fortbildungstagung 1988 der Hochschule für Verwaltungswissenschaften Speyer*, 1989,

第 8 章　連立政権と与野党

　この与党会派と政府の抑制・均衡は，単独政権でも行われている。しかし連立政権では，与党という権力の担い手が異なる政党からなる，すなわち複数存在することにより，さらなる権力分立が加わる[15]。これは，一つの担い手に配分する権力をできるだけ少なくするという意味で，いわゆる量的な権力分立の一種である[16]。この連立政党の相互の抑制・均衡によって，多数派による政府と議会の一方的な支配が阻止されることになる[17]。

　しばしば，連立政権は，政策が中道に近くなるとされる[18]。ドイツ連邦共

S. 121-139。

(15)　Winfried Steffani, „Formen, Verfahren und Wirkungen der parlamentarischen Kontrolle", in: Hans-Peter Schneider/Wolfgang Zeh (Hg.), *Parlamentsrecht und Parlamentspraxis in der Bundesrepublik Deutschland*, 1989, §49 Rn. 80. 連立政権は，異なる政党・会派から構成されるという点で，単独政権の党内・会派内の反対派とは質的に異なる。たとえば，CDU／CSU，SPD 内の少数派の議員の方が FDP の議員全体より数的に多いことも考えられるが，やはり，独立した政党・会派である FDP による抑制・均衡の方が強いと考えられる。

(16)　Walter Leisner, „Gewaltenteilung innerhalb der Gewalten. Ein Beitrag zum Problem der Hierarchie", in: Hans Spanner/Peter Lerche/Hans Zacher/Peter Badura/Axel Frhr. V. Campenhausen (Hg.), *Festgabe für Theodor Maunz zum 70. Geburtstag am 1. September 1971*, 1971, S. 277. 政党が複数あることすなわち多党制が量的な権力分立であることについて，参照，Walter Leisner, „Parteienvielfalt bei gleichem Parteiprogramm? Ein Beitrag zur Verfassungsdogmatik des Mehrparteienstaats", *Die Öffentliche Verwaltung* 1971, S. 649-654。

(17)　Helmuth Schulze-Fielitz, „Koalitionsvereinbarungen als verfassungsrechtliches Problem―Zu Grenzen einer Verrechtlichung des politischen Prozesses―", *Juristische Arbeitsblätter* 1992, S. 336. この連立政党の相互抑制は，オーストリアにおけるオーストリア国民党（Österreichische Volkspartei＝ÖVP）とオーストリア社会民主党（Sozialdemokratische Partei Österreichs＝SPÖ）との大連立政権において典型的であるが，本書ではドイツ連邦共和国のみを検討対象とする。オーストリアの大連立政権については，たとえば参照，高橋進「大連合体制とデモクラシー ―― オーストリアの経験」篠原一編『連合政治 II ―― デモクラシーの安定をもとめて』（岩波書店，1984年）67-155頁。

(18)　Arend Lijphart, *Electoral Systems and Party Systems. A Study of Twenty-Seven Democracies 1945-1990*, 1994, p. 144; 高見勝利「岐路に立つデモクラシー ―― 五五年体制後の政党システムと議会政の方途」ジュリスト1089号（1996年）43-44頁。

177

第三編　連立政権と権力分立

和国においては，FDP が CDU／CSU と SPD の中間の位置からそれぞれの連立大政党を抑制してきたため，政権の政策が全体として中道に接近したとも言いうる[19]。しかし，三党の関係は直線的なものではなく，FDP は一部の経済政策では CDU／CSU よりも右に位置し，逆に一部の法・文化政策では SPD よりも左に位置するので，それぞれについて政策が中道に接近するとは限らない[20]。また，90年連合／緑の党，PDS は，中道より左に位置する SPD よりもさらに左に位置するので，SPD がそれらの政党と連立する場合，政権の政策が一層左に引きずられることになる[21]。すなわち，ドイツ連邦共和国の連立政権は，連立政権の組み合わせ次第では政策が中道になるという効果もありうるが，単独政党の支配を阻止するという意味での権力抑制・均衡効果が主となるものであることになる。

（2）連立政党の行動基準

連立政党は，政府の役職獲得，政府の政策形成への参加，自己の政策実現という政府参加の利益があり，その利益は連立政権でしか実現できないため，基本的には協調的である[22]。

しかし，連立政権は，政党合併と異なり，政党システムで競争関係にある異なる政党から形成されるため，競争関係が政権内部にも入ることになる[23]。

---

(19)　大西健夫編『ドイツの政治　連邦制国家の構造と機能』（早稲田大学出版部，1992年）61頁。

(20)　三党の関係について，前述第1章4（3）参照。

(21)　FDP は SPD が「左傾化」しないように中道から SPD と連立するとするが，たとえば PDS は，SPD が「右傾化」しないように左翼から SPD と連立するとする。参照，Knut Bergmann, *Der Bundestagswahlkampf 1998. Vorgeschichte, Strategien, Ergebnis*, 2002, S. 212。

(22)　Sabine Kropp, „Verhandeln und Wettbewerb in der Regierungspraxis von Länderkoalitionen—Handlungsarenen, Strategien und Konflikte von Koalitionsakteuren", in: Everhard Holtmann/Helmut Voelzkow (Hg.), *Zwischen Wettbewerbs- und Verhandlungsdemokratie. Analysen zum Regierungssystem der Bundesrepublik Deutschland*, 2000, S. 158.

(23)　前述第1章1参照。2002年11月のメクレンブルク＝フォーアポメルン州での SPD と PDS の連立協定では，「ⅩⅣ　安定した政府行動　共同活動の原則」の項目284で，

178

すなわち，各政党の支持者の対立が継続すること，それまでの政党間の争いの影響，さらに立法期中に生じた新たな問題，個々の連立政党の政策転換が，連立政権に影響を与えうる。よって，連立政党は協調戦略，競争・衝突戦略を複合的に採用する[24]。連立政党が相互に協調的であるときでも，与党が複数あること自体で権力抑制・均衡効果がある。さらに，相互に競争・衝突的であるときは，権力抑制・均衡効果が一層強まることになる。

連立政党がとる行動基準は，連立政権の種類，時間的要因，各局面の優先順位の決定など多くの要因によって変動する。以下では，それぞれについて検討する[25]。

（ a ）連立政権の種類

（ ⅰ ）規　模

最小勝利連合の場合，連立政権の一当事者が個別に野党と連携または連立を離脱すると政府は多数派を失うため，連立政権全体としては協調的になる。ただ，連立政権内部では，少数派が離脱しても政府が議会多数派を失うため，権力抑制・均衡効果が強まる[26]。

過大規模政権の場合，一部の連立政党が離脱しても政府は多数派を失わない。このことで，個々の議員も「命令と指令に拘束されず，良心のみに従う」と感じることが可能となる[27]。よって，連立政党は，相互に表だって競争・衝突

両党は「政府活動において，パートナー的な，同権的な地位を基礎とし，政党のアイデンティティを保持する」と規定している。

(24)　Gudrun Heinrich, *Kleine Koalitionspartner in Landesregierungen. Zwischen Konkurrenz und Kooperation*, 2002, S. 41. 厳密には，相互に競合しあう競争と直接対立する衝突は区別されるが，本書では区別しない。このことについて，参照，Heinrich 2002, a.a.O. (Anm. 24), S. 66。

(25)　人物的要因も重要だが，個別の事例ごとに多様なので検討しない。ただ，連立経験を積み重ねることによって生じる信頼関係という意味では，この要因も検討に含まれている。

(26)　Hans-Peter Schneider/Wolfgang Zeh, „Koalitionen, Kanzlerwahl und Kabinettsbildung", in: Hans-Peter Schneider/Wolfgang Zeh (Hg.), *Parlamentsrecht und Parlamentspraxis in der Bundesrepublik Deutschland*, 1989, §48 Rn. 11; 堀江湛・政治改革コロキアム『連立政権の政治学：ポスト55年体制の政権形態』(PHP研究所，1994年) 66頁。

(27)　Reinhard Schmoeckel/Bruno Kaiser, *Die vergessene Regierung. Die große Koali-*

第三編　連立政権と権力分立

も行いうる。しかし，連立政権内部では，十分な多数派があるために，権力抑制・均衡効果が弱いことになる[28]。

　ドイツ連邦共和国では，1957年10月の第三次アデナウアー（CDU）政権以外は最小勝利連合だったため，連立政権内部において権力抑制・均衡がもたらされた[29]。

（ⅱ）政 策 距 離

　政策距離の理論により，基本的には連立政党間の政策距離が近い連立政権が成立しやすい。ドイツ連邦共和国では連邦内閣の一体性の要請（連邦政府職務規則第28条2項）があることから，とくに当てはまる[30]。このとき，連立政権は基本的に協調的だが，連立政党相互の政策が近すぎると，支持者が競合し，自己の政党の特徴付けのために争いが起こる場合もある。

　逆に，連立政党間の政策距離が遠い連立政権の場合，自己の政策を実現するために，基本的には競争・衝突が多いと考えられる。しかし，連立政党の相互の重点政策領域が異なるときには，相互に特徴付けが可能で，支持者も競合しないので，協調が可能となりうる[31]。典型的なものとしては，1991年5月にラインラント＝ファルツ州で成立し，二回のラント議会選挙を経て現在も継続しているSPDとFDPの連立政権が挙げられる。SPDとFDPは，相互に特徴

───────────

tion 1966 bis 1969 und ihre langfristigen Wirkungen, 1991, S. 78.

(28)　Hans-Peter Schneider/Zeh 1989, a.a.O.（Anm. 26），Rn. 11; 堀江 1994年・前掲注(26)66頁。

(29)　Uwe Kranenpohl, „»Mann kann nicht jeden Monat die Koalitionsfrage stellen!«— Koalitionsinterne Konfliktlösungsmechanismen und Einflußpotentiale—", *Zeitschrift für Politik* 1999, S. 286-287. これまでの連立政権の構成について，前述第1章5(2)参照。

(30)　政策距離の理論について，前述第1章2(2)参照。連邦内閣の一体性について，前述第6章4参照。内閣の連帯責任と連立政権形成の関係について，なお参照，Kaare Strøm/Ian Budge/Michael J. Laver, "Constraints on Cabinet Formation in Parliamentary Democracies", *American Journal of Political Science* 1994, p. 313。

(31)　Patricia Hogwood, "Playing to win. Adapting Concepts of Rationality and Utility for the German Coalition Context", in: Roland Sturm/Sabine Kropp（Hg.），*Hinter den Kulissen von Regierungsbündnissen. Koalitionspolitik in Bund, Ländern und Gemeinden*, 1999, S. 33-34.

付けを行う政策領域が異なり，左翼の有権者を SPD，中道の有権者を FDP が獲得できるため，協調的である[32]。

（ⅲ）やむをえない連立政権・継続を予定しない連立政権

政党情勢からやむをえず形成された連立政権は，通常は次の立法期への継続を予定しない連立政権でもあり，望ましい連立政権・次の立法期への継続を予定した連立政権より競争・衝突志向である[33]。

連邦に限らず，ラントでも，CDU（連邦では CDU／CSU）と SPD の大連立政権は，政党情勢からやむをえず成立することが多く，また，期間限定で形成されるため，競争・衝突志向が強い。

また，大連立政権以外でも，競争・衝突志向が強い連立政権が存在する。たとえば，1995年5月にノルドライン＝ウエストファレン州で成立した SPD と90年連合／緑の党の連立政権は，SPD にとっては，ラント議会選挙で過半数を獲得できなかったため単独政権を継続できず，また，CDU との大連立政権では多くの大臣を提供し妥協を強いられるため90年連合／緑の党と連立せざるをえなかったということから，やむをえない連立政権であった。また，次の選挙では単独過半数獲得を目指すということで，継続を予定しない連立政権でもあった。これらのことから，この連立政権においては競争・衝突が多かったとされる[34]。

（ⅳ）新規の連立政権・継続した連立政権

以前の立法期からの連立政権，また，過去に連立した経験がある連立政権の場合，信頼の基礎があることから，基本的に協調的である[35]。対照的に，新

---

(32)　Sabine Kropp, *Regieren in Koalitionen. Handlungsmuster und Entscheidungsbildung in deutschen Länderregierungen*, 2001, S. 99.

(33)　Kropp 2001, a.a.O.（Anm. 32），S. 54. それぞれの連立政権の種類については，前述第1章3（2）参照。

(34)　さらに，政策的にも相違が大きかった。この連立政権については，参照，Stefan Bajohr, „Fünf Jahre und zwei Koalitionsverträge: Die Wandlung der Grünen in Nordrhein-Westfalen", *Zeitschrift für Parlamentsfragen* 2001, S. 146-170。

(35)　参照，Mark N. Franklin／Thomas T. Mackie, "Familiarity and Inertia in the Formation of Governing Coalitions in Parliamentary Democracies", *British journal of political science* 1983, pp. 275-298. ただ，過去の連立政権の経験において生じた不信感が

第三編　連立政権と権力分立

規の連立政権の場合，とくにそれまで与野党に分かれていた政党の連立政権の場合は，相互の不信感が継続し，競争・衝突が生じる可能性がある。たとえば，1966年12月に連邦で成立したキージンガー（CDU）政権は，それまで与野党の中心だった CDU／CSU と SPD の連立政権だったため，連立政党相互の競争・衝突が激しかった[36]。

（b）時間的要因

　連立政党の戦略は，時間的にも変化する。最初は協調志向だった連立政党が，時間が経過していく中で連立相手が多くの利益を得ているとき[37]，また，連立相手の裏切り，さらに立法期中に争いとなる問題が新たに生じることなどで，競争・衝突戦略に転換することがある。逆に，最初は相互不信によって競争・衝突が多い連立政権が，協力の経験が積み重なること，また，それまで対立していた問題が解決することなどで，協調的になることがある[38]。

　さらに，ドイツ連邦共和国では連邦・ラントとも議会の解散が限定されているため基本的には選挙を意識しなくてよいが[39]，立法期が終了に近づくと，とくに選挙後に継続を予定していない連立政権の場合，得票・議席数を増やすため競争・衝突戦略が前面に出てくる[40]。たとえば1966年12月に連邦で成立した CDU／CSU と SPD の大連立政権は，期間限定の連立政権であったことから，1969年9月の立法期終了・連邦議会選挙が近づくにつれ，対立が強まった[41]。

　　残存している場合もある。

(36)　Schmoeckel／Kaiser 1991, a.a.O.（Anm. 27）, S. 79.

(37)　連立政権参加後の選挙において，自身の得票・議席数が減少した場合も含む。

(38)　Kropp 2001, a.a.O.（Anm. 32）, S. 44.

(39)　連邦では，立法期の間の連邦議会の解散は，基本法第68条の連邦首相の信任問題を連邦議会が否決し，かつ，連邦首相が連邦議会の解散を連邦大統領に提案し，連邦大統領も解散を行うことが適切と判断したときに限定される。解散については，なお，後述第10章3（4）（d）（ⅲ）参照。

(40)　Kropp 2000, a.a.O.（Anm. 22）, S. 154-155.

(41)　Heribert Knorr, *Der parlamentarische Entscheidungsprozeß während der Großen Koalition 1966 bis 1969. Struktur und Einfluß der Koalitionsfraktionen und ihr Verhältnis zur Regierung der Großen Koalition*, 1975, S. 148-150. 連邦内閣の閣議では，CDU／CSU が自制してきた多数決が行われた。前述第6章注(13)参照。

第 8 章　連立政権と与野党

（c）多様な局面の優先順位

　連立政権には多様な局面が結合しているため，基本的には協調志向である連立政権にも，競争・衝突志向の他局面が影響することになる[42]。たとえば，政党競争（選挙）の局面は，競争・衝突志向であり，また，個別の連立政党，とくに綱領的特徴を保持しようとする政党の内部では，連立政権における妥協に反対し，政党の固有の利益を主張するように要求する圧力が強い[43]。よって，連立政党の戦略決定者が連立政権の局面よりこれらの局面を優先するとき，協調志向ではなくなる[44]。

　たとえば，とくに連立小政党は，選挙のために自己を特徴付ける必要がある[45]。1990年代になって勢力を弱めていた FDP は，生き残りのため，1997年5月の党大会で，自己責任の増加，連邦の増税阻止，社会国家改編を目指す，FDP の独自色が強いウィースバーデン基本綱領（„Für die liberale Bürgerschaft"）を採択し，連立政権においては CDU／CSU との対立が激しくなった[46]。

　また，連邦とラント，ラントそれぞれの相互作用により，連邦の連立政権においてラントの局面での自己の政党の利益を優先し，また，ラントの連立政権において連邦・他のラントの局面での自己の政党の利益を優先することもある。このとき，それぞれの連立政権においては，協調の代わりに競争・衝突戦略が採用されることになる。とくに，連邦での与野党がラントで連立している場合，連邦の政策をめぐりラントの連立政権において対立が生じうる[47]。

---

(42)　Kropp 2000, a.a.O.（Anm. 22），S. 167.

(43)　Kropp 2000, a.a.O.（Anm. 22），S. 175-176.

(44)　Kropp 2001, a.a.O.（Anm. 32），S. 45-48. なお，自己の政党の特徴を示し，また，党内・支持者の不満を解消するため，連立政党双方が合意して見せかけの対立を行うこともある。このことについて，参照，Kropp 2000, a.a.O.（Anm. 22），S. 164.

(45)　Helmut Norpoth, "The German Federal Republic: Coalition Government at the Brink of Majority Rule", in: Eric C. Browne／John Dreijmanis（ed.）, *Government Coalitions in Western Democracies*, 1982, p. 28.

(46)　Knut Bergmann 2002, a.a.O.（Anm. 21），S. 192. この戦略は，政府内野党戦略と呼ばれた。

(47)　連邦制との関連については，なお，後述第 9 章参照。

第三編　連立政権と権力分立

（3）権力抑制・均衡効果

　以上は，連立政権の種類・時間的要因・各局面の優先順位によってどのような戦略がとられることが多いかという点に着目して検討したが，ここでは，その権力抑制・均衡の効果に着目して検討する。各政党の権力抑制力は，その交渉力と連動している。とくに，連立小政党が連立大政党の権力を抑制するためには，交渉力が強くなければならない。交渉力は，政党の議席数，限界効用地位，かなめ党の地位によって決まる[48]。よって，議席数が少ない連立小政党が連立大政党を抑制し，連立政権の権力抑制・均衡効果を強めるには，連立小政党が限界効用地位，かなめ党の地位を持つことが重要であることになる[49]。

　まず，限界効用地位とは，その政党が連立政権を離脱すると政府が多数派を失うという地位である。この点において，最小勝利連合の場合は，連立小政党も連立大政党と同等の地位を持ち，連立政権の権力抑制・均衡効果が強まる。対照的に，1957年10月の連邦の第三次アデナウアー（CDU）政権のDPのように，過大規模政権において限界効用地位を持たない政党は権力抑制力が弱く，連立政権の権力抑制・均衡効果も弱いことになる[50]。

　次に，かなめ党とは，本書では，議席数的にも政策的にも複数の連立選択肢があるという地位を持つ政党を指す。かなめ党は，他の連立選択肢があることから交渉力が強く，連立内部で権力抑制力が強い。かなめ党でない連立政党は，かなめ党である連立政党に対しての権力抑制力が弱い。1995年5月にノルドライン＝ウエストファーレン州で成立したSPDと90年連合／緑の党の連立政権では，SPDがかなめ党であり，90年連合／緑の党はSPDとしか連立できないことから，SPDが優位な地位にあり，SPDは90年連合／緑の党の希望，政治構想，提案を無視する傾向があったとされる[51]。

　これまで，連邦では，FDPが長い間限界効用地位とかなめ党の地位を両方持っていたため強力な交渉力があり[52]，連立大政党を抑制することができた。

（48）　前述第2章1（3）参照。なお，交渉技術は除外した。

（49）　Heinrich 2002, a.a.O.（Anm. 24），S. 62.

（50）　前述第2章1（3）（b）参照。ただ，この場合でも，単独政権の場合よりは権力抑
　　　制・均衡効果がある。

（51）　Bajohr 2001, a.a.O.（Anm. 34），S. 150.

184

FDP は社会階層では CDU／CSU，宗教的には SPD に近いため，CDU／CSU
との連立政権においては宗教・文化政策について CDU／CSU を抑制し，SPD
との連立政権においては経済政策について SPD を抑制した[53]。しかし，1998
年10月以降の連邦の SPD と90年連合／緑の党の連立政権では，連立大政党の
SPD がかなめ党でもあることから，90年連合／緑の党の権力抑制力が弱く，
SPD が優位に政権を運営している[54]。

（4）具体的権力抑制・均衡手段
（a）連立協定と連立委員会・連立ラウンド
　連立協定と連立委員会・連立ラウンドは，連立政党間の権力抑制・均衡に資
する。

　これまでの各項目で検討したように，具体的には，連立政党は，連立協定を
詳細に定めることで，他の連立政党の連邦大臣を制約しようとする。さらに，
連立協定で立法計画を詳細に定めることは，連立会派が相互に抜け駆けを阻止
するという意味で，権力抑制・均衡に役立つと言える[55]。

　さらに，立法期中においては，①連邦議会については，連立委員会・連立ラ
ウンドにおいて法案を事前に審議すること，②連邦首相については，政綱・組
織・人事権を制約すること，③連邦大臣については，所轄政策について働きか
けること，④連邦内閣については，とくに多数決排除条項があることによって，
それぞれの局面において連立政党が相互に制約することになる。

---

(52)　前述第 2 章 1（3）参照。

(53)　加藤秀治郎『戦後ドイツの政党制　東西ドイツ政党の政治社会学的分析』（学陽書
　　房，1985年）151-152頁。

(54)　前述第 2 章 1（3）参照。このことが第一次シュレーダー（SPD）政権で連立委員
　　会・連立ラウンドがほとんど開催されなかった理由であり，逆にまた，連立委員会・連
　　立ラウンドがほとんど開催されなかったことで連立政権であることによる権力抑制・均
　　衡効果が弱かった。参照，Wolfgang Rudzio, „Koalitionen in Deutschland: Flexibilität
　　informellen Regierens", in: Sabine Kropp/Suzanne S. Schüttemeyer/Roland Sturm
　　(Hg.), *Koalitionen in West- und Osteuropa*, 2002, S. 61-62。ただ，2002年 9 月の第15回
　　連邦議会選挙で SPD が議席数を大幅に減らしたため，権力抑制・均衡効果が強まった。

(55)　前述第 3 章－第 6 章参照。

185

第三編　連立政権と権力分立

　しかし，連立委員会・連立ラウンドについては，権力分立との関連で問題も
ある。基本法は，古典的権力分立に従って，独立した機関としての連邦議会と
連邦政府に，それぞれ立法作用，執行作用を委ねている（基本法第20条2項2
文）。他方で，連立委員会・連立ラウンドは，連邦首相，連邦大臣，連立政
党・会派指導者から構成される。つまり，連邦政府と連邦議会の代表者が集合
することになるため，古典的権力分立との関係が問題となる。

　たしかに，権力分立とは相互の厳格分離を意味するのではない[56]。しかし，
それぞれの機関に独立した決定権限があることが前提である。このことから，
「連立委員会が連立政権の実質的決定機関となるとき，政府と議会の間の繊細
な権力の配分，政治的バランスが損なわれる危険がある[57]」。そして，「立法
と統治全体の過程を制御しているのは政党指導部である。ドイツでは，議会多
数派はほとんどの場合連立によって成立するので，最重要の決定の中心の場所
として，しばしば連立ラウンドが成立する。重要な方針決定・変更は，そこで
行われる。それでもなお，伝統的権力分立と言えるであろうか[58]」と批判さ
れる。

　これに対しては，以下のような反論がある。すなわち，権力分立に反すると
して連立委員会・連立ラウンドを批判することは，古典的立憲主義における政
府と議会の二元的思考の表れである。しかし，議院内閣制においては，政府と，
政府を支持する議会会派の密接な協力が特徴である。そして，現代政党国家に
おいては，政党が両者を結合する[59]。よって，連立政権における政府と議会

---

(56)　前述第8章1（1）参照。

(57)　Waldemar Schreckenberger, „Informelle Verfahren der Entscheidungsvorberei-
　　　tung zwischen der Bundesregierung und den Mehrheitsfraktionen: Koalitions-
　　　gespräche und Koalitionsrunden", *Zeitschrift für Parlamentsfragen* 1994, S. 342.

(58)　„Die liberale Demokratie braucht die Parteien. Aber der Machtanspruch der
　　　Parteien gefährdet die Demokratie. Bundespräsident Richard von Weizsäcker im
　　　Gespräch mit Gunter Hofmann und Werner A. Perger", *Die Zeit* Nr. 26 vom 19. 6.
　　　1992, S. 4.

(59)　このことは単独政権でも変わらない。むしろ，政府と議会会派の一体性は，連立政
　　　権の場合より強い。連立政権の特徴は，単独政権と異なり，連立政党・会派の間，すな
　　　わち個々の政党・会派の外部に，連立委員会・連立ラウンドという独立組織が生じるこ

会派の調整組織である連立委員会・連立ラウンドを一律に権力分立に反すると批判することは，現代政党国家の議院内閣制の構造を批判することになり，不適切である[60]。

この問題については，まさしく，連立委員会・連立ラウンドの具体的態様次第である。たとえば，連立委員会・連立ラウンドが単なる意見交換・調整の場所にとどまるとき，権力分立に反しないと判断することも可能である。しかし，連立委員会・連立ラウンドが常設機関として設置され，実際に政府と連立会派すなわち議会の決定を政治的に拘束するとき，権力分立を脅かすものとして，憲法的にも疑義があると考えられる[61]。

（b）議会・政府での権力抑制・均衡

さらに，連立政党相互の権力抑制・均衡について，単独政権と異なる点を中心に検討する。

連立政党は，基本的に協調して行動するが，場合によっては競争・衝突戦略をとる。

このとき，通常は，議会・政府の外で自己の立場を特徴付け，紛争が生じた場合は，連立委員会・連立ラウンドで協議して解決する。

さらに，連立政党の抑制・均衡は連邦議会・連邦政府においては以下のような形態で現れる。

まず，連邦議会においては，連立政権の場合は連邦政府を支持する会派が複数存在しているという点が特徴である。そして，この連立会派は，連邦議会内で連邦政府を支持するのみではなく，場合によっては連邦政府を批判し反対することがある。これは，連邦政府内では妥協が達成されたが，連立政党・会派がその妥協を受け入れることができない場合に行われる[62]。

とである。

(60)　Ernst Benda, „Verfassungsprobleme der Großen Koalition“, in: Alois Rummel (Redaktion), *Die Große Koalition 1966-1969. Eine kritische Bestandsaufnahme*, 1969, S. 163; Wolfgang Rudzio, „Mit Koalitionsausschüssen leben? Zum Unbehagen an einem Phänomen parteistaatlicher Demokratie“, *Zeitschrift für Parlamentsfragen* 1970, S. 214-215.

(61)　Schreckenberger 1994, a.a.O.（Anm. 57), S. 341-342.

(62)　Hans Meyer, „Das parlamentarische Regierungssystem des Grundgesetzes. An-

第三編　連立政権と権力分立

　具体的には，まず，連立会派は，独立した立場を表明し，自己を特徴付けるために，動議・質問を行うことがある[63]。このとき，質問により他の連立政党の連邦大臣を批判・攻撃することもありうる[64]。

　また，投票においては基本的に統一的行動をとるが，このこと自体に権力抑制効果がある[65]。また，統一的投票を行うものの，先行する審議において連立政党の一部が反対の態度表明をすることがある[66]。これは，連立政党が，有権者に対して，自己の固有の立場を表明する意味がある。さらに政策的のみならず，戦略的・宣伝的な事情によっては，投票を棄権し，または野党と連携して反対投票も行い，連邦政府案を修正・否決することもある[67]。

　次に，連邦政府においては，単独政権の場合は連邦内閣構成員が全て同一政党であるが，連立政権の場合は連邦内閣構成員の所属政党が異なることによる権力抑制・均衡がもたらされるという特徴がある[68]。

---

lage—Erfahrungen—Zukunftseignung", *Veröffentlichungen der Vereinigung der Deutschen Staatsrechtslehrer* Heft 33, 1975, S. 101.

(63)　Heinrich 2002, a.a.O.（Anm. 24），S. 63-64. 動議・質問は会派または総議席数の5％の数の議員で可能なため（連邦議会議事規則第76条1項），連立小政党の会派が行うこともできる。すなわち，これらの権利は野党限定の権利ではないということに意味がある。なお，これらの権利は，実際に行使されなくとも事前の抑制効果がある。このことについては，参照，Wolfgang Zeh, „Gliederung und Organe des Bundestages", in: Josef Isensee/Paul Kirchhof（Hg.），*Handbuch des Staatsrechts der Bundesrepublik Deutschland* Bd. Ⅱ. *Demokratische Willensbildung—Die Staatsorgane des Bundes*, 1987, §42 Rn. 18。

(64)　清水望『西ドイツの政治機構　ボン基本法体制の成立とその展開』（成文堂，1969年）252-253頁。たとえば大連立政権後期について，参照，Knorr 1975, a.a.O.（Anm. 41），S. 249。

(65)　統一的投票条項について，前述第3章1（5）参照。

(66)　Wolfgang Rudzio, „Entscheidungszentrum Koalitionsausschuß—zur Realverfassung Österreichs unter der Großen Koalition", *Politische Vierteljahresschrift* 1971, S. 113-114.

(67)　Michael Hereth, *Die parlamentarische Opposition in der Bundesrepublik Deutschland*, 1969, S. 62-63; Rudzio 1971, a.a.O.（Anm. 66），S. 114. このことは，連邦大臣に，連邦内閣の一体性と会派統制の間の衝突をもたらす。このことについて，前述第6章4参照。

第 8 章　連立政権と与野党

　まず，連邦首相は，連立協定，連立委員会・連立ラウンドにより，他の連立政党から大きな制約を受ける[69]。さらに，異なる政党の連邦大臣が存在することで，一方で各所轄が独立性を強め，他方で，連立協定，連立委員会・連立ラウンドにおいて相互の所轄について制約しあうことで，権力の抑制・均衡が強まる[70]。また，連邦内閣の権限についても，合議体内閣において異なる政党の連邦大臣が存在すること，さらに多数決排除条項があることによって，権力抑制・均衡が強まる[71]。

（ｃ）人事による権力抑制・均衡

（ｉ）政務次官

　さらに，連立政権においては，人事による権力抑制・均衡が行われる。

　まず，政務次官（Parlamentarische Staatssekretäre）について検討する[72]。政務次官は，官庁間・官庁と議会（政府会派）のコミュニケーションの改善，連邦大臣の負担軽減，さらには連立政党が相互に監視する目的から[73]，1966年12月の連邦でのCDU／CSUとSPDの連立政権であるキージンガー（CDU）政権成立時の連立交渉において設置が決定された[74]。1967年4月に連邦首相官房，外務省，内務省，大蔵省，経済省，交通省，国防省で設置され，1969年10月の連邦でのSPDとFDPの連立政権である第一次ブラント（SPD）政権以降は全官庁に設置されるようになった。

　政務次官は全員連邦議会議員である（政務次官法〔Gesetz über die Rechtsverhältnisse der Parlamentarischen Staatssekretäre〕第1条）。基本法第62条の意味

---

(68)　参照，近藤敦『政権交代と議院内閣制　比較憲法政策論』（法律文化社，1997年）32頁。

(69)　前述第4章参照。

(70)　前述第5章参照。

(71)　前述第6章参照。

(72)　連邦首相官房，外務省の政務次官はStaatsminister という役職名である。

(73)　Klaus Stern, „Die Bundesregierung", in: Klaus Stern, *Das Staatsrecht der Bundesrepublik Deutschland* Bd. Ⅱ. *Staatsorgane, Staatsfunktionen, Finanz- und Haushaltsverfassung, Notstandsverfassung,* 1980, §31 S. 289.

(74)　設置される官庁，配分される政党，具体的な人物も決定された。参照，*Frankfurter Allgemeine Zeitung* vom 2. 12. 1966 S. 1。

189

第三編　連立政権と権力分立

での政府構成員ではなく，よって，閣議での投票権は無い。政務次官は，連邦大臣を連邦議会・連邦参議院において代理し，さらに投票権は無いが閣議への出席で代理する（連邦政府職務規則第14条２項）。その行動の議会責任は連邦大臣が負うため，政務次官は，政策的にも人物的にも連邦大臣が信頼できる人物でなければならない[75]。よって，連邦首相がそれぞれの連邦大臣と合意して，連邦大統領に政務次官の任免を提案する（政務次官法第２条，第４条）[76]。

　連立政権においては，連立の調整のために連邦大臣数を増やすことには限界があり，また，所轄での調整でも不均衡が残る[77]。よって，連立政党のポストの調整は，政務次官人事でも行われることになる[78]。すなわち，政務次官ポストについても連立交渉の対象となる[79]。

　このとき，連邦大臣と同様に，政務次官ポスト数も議席数に比例して連立政党に配分されるが，連立小政党に過大に配分される傾向がある[80]。

　さらに，個々の官庁の政務次官を連邦大臣と同一政党にするか異なる政党にするかが検討される。通常は，政務次官は連邦大臣と同一政党に配分される。しかし，連邦大臣と政務次官を意図的に異なる政党に配分することもある。

　実例は両方ある。1967年４月の政務次官導入当初は全て連邦大臣と同一政党の政務次官だったが，1974年５月以降の連邦でのSPDとFDPの連立政権であるシュミット（SPD）政権では，いくつかの官庁で，連邦大臣と異なる政党の政務次官が任命されるようになった[81]。1982年から1998年の連邦でのCDU

---

(75)　Klaus Kröger, *Die Ministerverantwortlichkeit in der Verfassungsordnung der Bundesrepublik Deutschland*, 1972, S. 110-111.

(76)　Wolf-Rüdiger Schenke, in: *Bonner Kommentar zum Grundgesetz*, Loseblatt, Art. 64 Rn. 55 (1980).

(77)　前述第４章３参照。

(78)　Heinrich 2002, a.a.O. (Anm. 24), S. 54-55.

(79)　このことは，連邦首相と連邦大臣の人事権の制約となるが，この問題については連邦首相の人事権の制約の場合と同様に考えることができるので，ここでは検討しない。このことについては，前述第４章３参照。

(80)　Rudzio 2002, a.a.O. (Anm. 54), S. 53.

(81)　Thomas Saalfeld, „Deutschland: Auswanderung der Politik aus der Verfassung? Regierungskoalitionen und Koalitionsmanagement in der Bundesrepublik, 1949-1997", in: Wolfgang C. Müller/Kaare Strøm (Hg.), *Koalitionsregierungen in Westeuropa: Bil-*

第8章　連立政権と与野党

／CSU と FDP の連立政権であるコール（CDU）政権においては，CDU と CSU を別政党とするかどうかにより判断が分かれるが，別政党と考えると，たとえば1994年11月の第五次コール政権成立時には，全17の官庁・連邦首相官房のうち，連邦大臣・政務次官が全て同一政党であるものは5つのみだった[82]。

　1998年10月の連邦での SPD と90年連合／緑の党の連立政権である第一次シュレーダー（SPD）政権では，連立協定の「ⅩⅡ．政党の協調　5　人事協定」，2002年10月の第二次シュレーダー政権では連立協定の「Ⅹ．政党の協調　人事協定」において，「事務次官と政務次官の提案権は，それぞれの連邦大臣に属する」と規定している。しかし，それに続いて，1998年の場合は，SPD に90年連合／緑の党の連邦大臣である外務省，90年連合／緑の党に SPD の連邦大臣である経済協力・開発省の政務次官が配分されている。2002年にはさらに範囲が拡大し，SPD に90年連合／緑の党の連邦大臣である外務省と消費者保護・食糧・農業省，90年連合／緑の党に SPD の連邦大臣である労働・経済省，経済協力・開発省，家族・高齢者・女性・青年省の政務次官が配分されている。つまり，2002年の連立協定では，5省において，連邦大臣と異なる政党に政務次官が配分されたことになる。

　同一官庁に異なる政党の連邦大臣と政務次官が存在することによって，情報を相互に獲得可能になること，高度のコミュニケーションと調整・妥協が可能になること，さらに連立政党が所轄責任を分有することから，権力抑制・均衡効果がある。このとき，連立小政党は連邦大臣数が少ないことから，他の連立政党の所轄の情報を政務次官経由で入手できるので有利である[83]。ただ，連立大政党にとっても，連立小政党の所轄についての情報を獲得し，制御を可能にするという長所がある[84]。

---

　　dung, Arbeitsweise und Beendigung, 1997, S. 92.

（82）　Gudrun Heinrich, „Koalitionsverhandlungen und Regierungsbildung auf Bundes-ebene 1994 im Spiegel der Presse", *Zeitschrift für Parlamentsfragen* 1995, S. 199（Ta-belle 3）.

（83）　参照，Heinrich 2002, a.a.O.（Anm. 24），S. 55。

（84）　たとえば1966年12月から1969年10月までの大連立政権の時期は，SPD が連邦大

第三編　連立政権と権力分立

　他方で，連邦大臣と政務次官の政党が異なることの短所として，官庁内部での調整が困難になること，官庁内部での争いで官庁自体が弱まること，さらに相互に監視し相互不信になることが考えられる[85]。実際は，連邦大臣と異なる政党の政務次官の場合，連邦大臣の権限が大きく制約され，連邦大臣の自己責任での所轄指導を定める所轄原則が後退することになる[86]。

　このような，連邦大臣と異なる政党の政務次官という人事は，所轄内での権力分立であり，単独政権には無い，連立政権の特徴と言えるであろう。

（ⅱ）連　邦　大　臣

　さらに，連立政権における人事による権力抑制・均衡として，連邦大臣人事も利用される。

　まず，所轄を横断する権限，また，特権を持つ連邦大臣は，異なる政党に配分される。たとえば，大蔵大臣は予算を作成し，全ての官庁の支出を監視し，予算超過・予定外支出の同意権がある（基本法第112条）。また，法務大臣は，政府のあらゆる法案の合法性を審査する（連邦政府職務規則第26条2項）。よって，大蔵大臣と法務大臣は別々の政党に配分されることが多い[87]。

　さらに，関連・隣接所轄大臣を連立政党に配分することで，相互に独断を阻止し，それぞれの政策領域に影響を及ぼそうとする[88]。たとえば，大蔵大臣と経済大臣については，予算・税制・経済・景気政策の管轄を一政党が独占しないように，異なる政党に配分される[89]。連邦では1961年11月の第四次アデ

　　臣・政務次官を占める外務省の情報が，キージンガー（CDU）連邦首相，CDU／CSU
　　側に入らなかった。このことについては，前述第4章2（2）（f）参照。

(85)　参照，Heinrich 2002, a.a.O.（Anm. 24），S. 55。

(86)　Helmuth Schulze-Fielitz, *Der informale Verfassungsstaat. Aktuelle Beobachtungen
　　des Verfassungslebens der Bundesrepublik Deutschland im Lichte der Verfassungstheo-
　　rie*, 1984, S. 138-139; Wolfgang C. Müller/Kaare Strøm, „Koalitionsregierungen in
　　Westeuropa—eine Einleitung", in: Wolfgang C. Müller/Kaare Strøm（Hg.), *Koalitions-
　　regierungen in Westeuropa: Bildung, Arbeitsweise und Beendigung*, 1997, S. 36.

(87)　Thomas Saalfeld 1997, a.a.O.（Anm. 81），S. 87-92.

(88)　多くの所轄事項は独立しているのではなく相互に関係しているため，関連・隣接所
　　轄が存在する。参照，Adolf Hüttl, „Institutionelle Schwächen des deutschen Kabi-
　　nettsystems", *Deutsches Verwaltungsblatt* 1967, S. 64。

(89)　Schulze-Fielitz 1984, a.a.O.（Anm. 86），S. 83. 逆に，両連邦大臣が同一政党に配分さ

ナウアー（CDU）政権以降確立した慣行となり，1969年10月から1972年11月の第一次ブラント（SPD）政権，1998年10月以降の第一次・第二次シュレーダー（SPD）政権を除いて，両連邦大臣はそれぞれ異なる政党に配分されている。実際には，連邦首相を出している連立大政党が大蔵大臣を獲得することが多いため，連立小政党が経済大臣を獲得することが多い。逆に，1961年11月の第四次アデナウアー（CDU）政権成立から1966年10月の第二次エアハルト（CDU）政権崩壊までのように，大蔵大臣を連立小政党が獲得するときは，その強力な地位から，連邦首相・連立大政党に対しての権力抑制・均衡効果があると言える[90]。

　その他，法案の合法性審査を行う法務大臣と内務大臣（連邦政府職務規則第26条2項）も，同一政党が独占しないように異なる政党に配分される。また，ドイツ連邦共和国においては外交が重要なため，外交関連大臣（外務大臣，経済協力大臣，ドイツ問題担当大臣）も，異なる政党に配分される[91]。また，具体的権限は無いが，連邦首相の代理（副首相）（基本法第69条1項）がほとんどの期間連立小政党に配分されていることも，象徴的な権力分立の意味がある[92]。

　以上のように，連立政権では，大臣人事によって，連立の一当事者の独断，一方的な利益実現，さらに野党と連携しての政策実現が阻止される。この意味で，この権力分立は，政務次官人事と並んで，連立政権の安定した協力関係の基礎であると言えよう[93]。

　　れると，その政党は大きな政治的権力を持つことになる。参照，Kröger 1972, a.a.O.
　　（Anm. 75），S. 121。

（90）　前述第4章3（6）（b）参照。

（91）　Saalfeld 1997, a.a.O.（Anm. 81），S. 92. なお，ドイツ問題担当大臣は，ドイツ統一により廃止された。

（92）　前述第4章3（6）（b）参照。なお，ここで取り上げた関連・隣接所轄を持つ連邦大臣を同一政党が独占するときは，政務次官を異なる政党に配分することで調整が試みられる。

（93）　Philip Manow, „Informalisierung und Parteipolitisierung—Zum Wandel exekutiver Entscheidungsprozesse in der Bundesrepublik", *Zeitschrift für Parlamentsfragen* 1996, S. 106.

第三編　連立政権と権力分立

（5）連立政党の権力分立

　以上のように，連立政権であることで，連立与党間で権力抑制・均衡効果が働く。それは，相互に競争・衝突戦略をとる場合のみならず，協調戦略をとる場合においても，複数の主体が共同行動するということ自体で権力抑制・均衡効果をもたらす。

　連立小政党は，しばしば，連立政権における自身の役割を連立大政党の制御役とし，単独政権を阻止することを訴えて選挙戦を戦う[94]。たとえば，1965年9月の第5回連邦議会選挙において，FDPは，「議会制民主主義を守るために単独政権を阻止する」ことを目標に選挙戦を戦った[95]。

　また，有権者も単独政権には不信感を持っており，大政党を抑制するために連立政権を好み，しばしば第二投票を小政党に投票する（スプリットヴォート）[96]。これまでドイツでは，CDU／CSUとFDPの連立政権ではCDU右派・CSUを抑制すること，SPDとFDPの連立政権ではSPD左派を抑制することを主たる理由として，本来大政党を支持する有権者がFDPに投票していた。すなわち，ドイツの有権者は，自己の支持政党の過半数，単独政権を拒否するほどに，連立政権を望ましいもの，必要なものと考えるようになった[97]。

　また，連立大政党の政治家も，必ずしも自己の政党の単独政権を好まない[98]。大政党が単独政権を形成せず連立政権を形成することは，自らが権力を濫用しないという証明でもある[99]。

---

(94)　堀江 1994年・前掲注(26)115頁。

(95)　Wolfgang F. Dexheimer, *Koalitionsverhandlungen in Bonn 1961・1965・1969. Zur Willensbildung in Parteien und Fraktionen*, 1973, S. 92.

(96)　ドイツ連邦共和国の選挙制度については，後述第10章3（1）参照。

(97)　たとえば1990年時点では，CDU／CSU支持者の58％，有権者全体の67％がCDU／CSUの単独政権を望ましくないとしていた。参照，Wolfgang G. Gibowski/Max Kaase, „Auf dem Weg zum politischen Alltag. Eine Analyse der ersten gesamtdeutschen Bundestagswahl vom 2. Dezember 1990", *Aus Politik und Zeitgeschichte* 1991 Bd. 11-12, S. 12。

(98)　連邦首相について，前述第4章4参照。

(99)　1953年からの第2立法期開始時のブレンターノCDU／CSU会派委員長発言について，参照，Dolf Sternberger, *Lebende Verfassung. Studien über Koalition und Opposition*, 1956, S. 130。

第8章　連立政権と与野党

　現代の議会制では，政府外の反対者よりも，連立政党が存在することが権力抑制・均衡のために役に立つとされる[100]。たしかに，二大政党制における強い野党が，単独政権を形成する政府多数派（この場合，二大政党制なので政府会派は通常多数派となる）に対して強力な統制をもたらすという見解はあるが，それは，まず，政権交代可能性があることが前提である[101]。また，野党は少数派の権利しか利用できないため，多数派への制裁は最終的には有権者が判断する次の選挙まで待たなければならない。対照的に，連立政権の場合には，一部の連立政党の連立政権からの離脱により，立法期の間にも政府が多数派を失う可能性があるため，政府内では有効な統制が存在する[102]。

　実際にも，この権力抑制・均衡効果はかなり強い。たとえば，1960年代までのCDU／CSU・アデナウアー（CDU）連邦首相にとっての最大の反対勢力は，野党のSPDではなく連立政党のFDPであったとさえ言われる[103]。たとえば，1962年のシュピーゲル事件では，野党SPDよりも，連立与党FDPがシュトラウス（CSU）国防大臣らを批判し，辞任を要求し，一旦連立を解消した。この結果，内閣改造により1962年12月に成立した第五次アデナウアー（CDU）政権ではシュトラウスは入閣しなかった[104]。

　まさしく，ドイツ連邦共和国の連立政権には，多数派の権力を抑制する長所がある。「大政党の職務上の権力行使，時にその権力濫用の意図は，小政党が政府に存在することで抑制される。小政党は，政府内の反対派として，野党の大政党より有効に活動できた[105]」と言える。

　ニュージーランドでは，小選挙区・相対多数選挙制による単独政権では執行

---

(100)　Franz Schneider, *Große Koalition. Ende oder Neubeginn?*, 1969, S. 55.

(101)　後述第11章2（1）参照。

(102)　Joachim Raschke, „Mehrheitswahlrecht—Mittel zur Demokratisierung oder Formierung der Gesellschaft?", in: Winfried Steffani, *Parlamentarismus ohne Transparenz*, 2. Auflage, 1973, S. 206.

(103)　加藤　1985年・前掲注（53）149頁。

(104)　参照，Raschke 1973, a.a.O.（Anm. 102），S. 207。シュピーゲル事件については，第2章2（3）（b）参照。

(105)　Norpoth 1982, *supra* note 45, p. 31. オーストリアの大連立政権においても，同様の権力抑制・均衡作用があった。参照，Rudzio 1971, a.a.O.（Anm. 66），S. 117-118。

第三編　連立政権と権力分立

権濫用の危険が高まるとし，まさに連立政権を成立させるという目的もあって，ドイツ連邦共和国と同様の小選挙区比例代表併用制が導入された[106]。このことからも，連立政権であることが，有効な権力抑制・均衡手段であると言えよう。なお，相互に独立した政党である連立政党間の権力分立は，単独政権の場合よりも透明性をもたらすため，民主主義にとっても有益である[107]。

　ただ，基本的には，連立政党は，連立政権を危機にさらしてまで対立することは無い[108]。また，ドイツ連邦共和国の有権者は協調を重んじるため，連立政権において争いを起こした政党は批判され，選挙の得票にも影響しかねない[109]。このため，対外的には連立政党は一体としてまとまる。すなわち，この与党間の権力抑制・均衡は，有効であるが，やはり限界があるため，与野党の権力分立も独自の意味を持つ[110]。よって，以下では，与野党の権力分立と連立政権の関係について検討することにする。

3　与野党の権力分立

　上記の連立政党の権力分立は，与野党の権力分立にも影響する。

（1）野党の根拠
（a）権 力 分 立

基本法は，議会対政府という古典的権力分立に従い，明文で野党（反対派）に言及した規定は無い[111]。しかし，野党の存在は憲法的根拠があり，また，

---

(106)　選挙制度に関する王立審議会報告による。参照，"Towards a Better Democracy: Report of the Royal Commission on the Electoral System", in: Mai Chen/Sir Geoffrey Palmer (ed.), *Public Law in New Zealand. Cases, Materials, Commentary, and Questions*, 1993, p. 688。

(107)　Raschke 1973, a.a.O. (Anm. 102), S. 202. なお，後述第12章2（4），第13章2（2）（a）参照。

(108)　Kranenpohl 1999, a.a.O. (Anm. 29), S. 294-295.

(109)　Franz Schneider 1969, a.a.O. (Anm. 100), S. 131.

(110)　Knorr 1975, a.a.O. (Anm. 41), S. 256.

(111)　野党は官庁・行政の情報獲得，さらに有権者への宣伝効果において政府政党に対

第8章　連立政権と与野党

野党の存在が暗黙の前提とされている[112]。

　まず，野党は，権力分立原理から正当化される。

　現代の政党国家の議院内閣制においては，政府が議会多数派の支持を確保し，政府と政府を支持する議会会派を政党が結合するため[113]，担い手に着目するとき，政府と議会の間には権力分立は存在していない。よって，政治的権力についての権力分立として，政府および議会の政府支持会派対議会内反対派，政党レベルでは与野党の権力分立が生じることになる。野党は，政府・与党を批判するのみならず，議会においてはその会派が利用できる権利によって，政府・与党会派を抑制できる。この意味で，野党は国家権力の有効な抑制に貢献することになる[114]。

　ただ，ドイツ連邦共和国においては，政府対議会という対立も頻繁に見られる。これは，とくにドイツでは議会の成立が遅かったこと，君主制のもとで議会は立法に協力するだけの役割であったこと，さらに，議会は立法機関であり，執行機関である政府に対立するという古典的権力分立の思考が強かったことの影響が現在でも残っていることによる。

　実際には，議会の機能のうち，与野党対立が生じるのは典型的には首相選挙である。その他の機能では与野党協調が主であり，立法でさえ，与野党対立のみならず，野党が政府・与党案を支持する協調的行動が多く見られる[115]。ドイツにおいては一般的に協調が重視されるため，与党は，重要な問題においては多数決で決着するのではなく，野党の支持も得ようとする。たとえば1961年

　　して不利なため，多くのラント憲法において，機会均等の保障・（追加）補助金などが規定されている。ラント憲法における野党に関する規定の一覧は，参照，Sabine Kropp, „Oppositionsprinzip und Mehrheitsregel in den Landesverfassungen: Eine Analyse am Beispiel des Verfassungskonflikts in Sachsen-Anhalt“, *Zeitschrift für Parlamentsfragen* 1997, S. 375。

(112)　連邦憲法裁判所判決として，たとえば参照，BVerGE 2, 1 [12-13]; 5, 85 [140-141]。

(113)　Oberreuter 1978, a.a.O. (Anm. 10), S. 42-43.

(114)　Hans-Peter Schneider 1989, a.a.O. (Anm. 11), Rn. 19.

(115)　Meyer 1975, a.a.O. (Anm. 62), S. 98-101. このことからも，議会に多様な政治勢力が参加することに意味がある。後述第10章3（4）（d）（ⅰ）（ⅱ）参照。

第三編 連立政権と権力分立

11月の連邦でのCDU／CSUとFDPの連立協定では，ベルリンの壁建設という国家の危機的状況のため，「B Ⅰ 外交−ドイツ政策」において，「連立当事者は，ドイツ政策については議会野党の支持を得るように努力する」と規定している。さらには，政府を政府会派が支持するとは限らないことから，議会で与党会派と野党会派が協力して，政府法案に反対すること，政府法案を全面的に変更することもありうる[116]。

それでもなお，基本的には，与党・与党会派が政府を支持し，野党・野党会派がそれらに反対するため，与野党の権力分立が重要となる。そして，現代国家では政府の権力が強まり，政府の権力濫用の危険が高まるため，有力な野党が存在することは，まさしく権力抑制・均衡にとって重要である[117]。

（ｂ）民 主 主 義

野党の存在は，民主主義からも正当化される。

民主主義における政府は，常に議会・有権者に責任を負うこと，すなわちコントロールされなければならない。このとき，与野党の対立によって統治過程の透明性が高まり，その結果，コントロール可能性が高まる[118]。

さらに，民主主義における政府の支配は期間が限定されていること，そして一定期間ごとに選挙による正当化を必要とする。このとき，政治的権力交代可能性が存在しなければ期間限定の支配という意味が無いため，政治的権力交代可能性を確保するものとしての野党の存在が正当化される[119]。この意味で，野党を形成し活動する権利は，基本法第20条の民主主義自体，さらに，基本法第21条2項の「自由で民主的な基本秩序」に含まれている[120]。

（ｃ）その他の根拠

さらに基本法における野党の具体的根拠として，多党制の形での政党国家を

---

(116) Theodor Eschenburg, *Staat und Gesellschaft in Deutschland*, 1956, S. 677.

(117) Norbert Gehrig, *Parlament—Regierung—Opposition. Dualismus als Voraussetzung für eine parlamentarische Kontrolle der Regierung*, 1969, S. 202.

(118) Hereth 1969, a.a.O.（Anm. 67），S. 153.

(119) Hans-Peter Schneider, in: *Kommentar zum Grundgesetz für die Bundesrepublik Deutschland* Bd. 2, 2. Auflage 1989, vor Art. 62 Rn. 4.

(120) BVerGE 2,1 [12-13]; 5, 85 [188].

採用したことが挙げられる。まず，基本法第21条1項1文の文言の「政党」が複数形であることから，野党形成の自由が含意されている。さらに，基本法第21条1項2文で明白に政党結成の自由が保障されている。これらの規定により，野党が憲法的に保障されている[121]。

　また，野党についての直接的な憲法的基礎として，基本法第67条が挙げられる。同条の建設的不信任は，立法期の間に現職の連邦首相に対して多数派を形成し，後継連邦首相を選出しうる連邦議会内反対派の存在を前提としている[122]。

　そして，連邦では，野党は，議員法第50条2項の，政府を支持（trägen）しない会派への追加補助金（反対派手当）の規定において明文で言及されている[123]。すなわち，政府を支持しない政党が野党，その議会会派が反対派会派となる[124]。

（2）野党の任務・統制手段

　野党の任務は，政府・政府を支持する与党会派・与党を抑制し，批判し，その政策・人物に対抗する選択肢を提示することである[125]。

　野党会派は，基本的には議会会派の権利，少数派の権利を行使し，政府・政府支持会派を抑制する。具体的には，調査委員会設置（基本法第44条），質問（基本法第43条，連邦議会議事規則第100条–第105条），各種動議・法案提出（連邦議会議事規則第76条）などがある[126]。このような少数派の権利には限界がある

---

(121)　Gehrig 1971, a.a.O.（Anm. 9），S. 636.

(122)　Hans-Peter Schneider, in: *Kommentar zum Grundgesetz für die Bundesrepublik Deutschland* Bd. 2, 2. Auflage 1989, Art. 67 Rn. 2, Rn. 13; Ute Mager, in: Ingo von Münch（Begründet），Philip Kunig（Hg.），*Grundgesetz-Kommentar* Bd. 2（Art. 21 bis Art. 69），3., neubearbeitete Auflage, 1995, Art. 67 Rn. 2. ただ，理論的には，与党が，自己の連邦首相に対して建設的不信任を行うことも可能である。

(123)　その他，刑法（Strafgesetzbuch）第92条2項3で，「議会内反対派の形成と活動の権利」が保障されている。

(124)　野党かどうかを判断する「支持」という基準について，ザクセン＝アンハルト州憲法裁判所で憲法判断がなされた。後述第8章3（3）参照。

(125)　詳細は，参照，Hans-Peter Schneider 1989, a.a.O.（Anm. 11），Rn. 34-48。

第三編　連立政権と権力分立

が，ただ，多数派は，少数派の権利使用・それに伴う議論を避けるため，事前に妥協するという「事前効果」があるとされる[127]。

　さらに，与野党関係に配慮したものとして，議会での演説は，演説と反対演説になるようにすること（連邦議会議事規則第28条1項2文），演説時間について，政府構成員の演説時間を政府支持会派分に算入すること[128]，連邦首相の施政方針演説の直後に野党会派が反論すること[129]，さらに，委員会の委員長ポストは各会派の議席数に応じて各会派に比例配分されるが（連邦議会議事規則第58条），とくに予算委員会の委員長が野党会派に配分されることなどがある[130]。さらに，野党会派には1977年以降予算措置で追加手当が給付されていたが，1994年の議員法改正（会派法）により，法律的に規定された[131]。

　さらに野党は，連邦参議院経由で影響する機会がある[132]。連邦参議院はラント政府代表から構成されるため，連邦野党であっても，与党であるラントから，連邦参議院議員を派遣する（基本法第51条）。連邦参議院は，連邦の法律について，同意が必要な法律では絶対的拒否権を持つ。さらに，連邦参議院の異議が可能な法律では，連邦参議院が過半数で異議を申し立てた場合は連邦議会で再度多数決することで可決できるが，連邦参議院が3分の2で異議を申し立てた場合は，連邦議会で再度可決するためには3分の2の多数が必要となる

---

(126)　なお，このほか，司法的手段として，機関訴訟（基本法第93条1項1号），抽象的規範統制（基本法第93条1項2号）がある。議会少数派の各種手段について，たとえば参照，Steffani 1989, a.a.O.（Anm. 15），Rn. 100-114。ただ，これらの権利は，議会少数派の権利である。すなわち，野党会派固有の権利ではなく，与党会派も利用できる。

(127)　Sylvia Kürschner, *Das Binnenrecht der Bundestagsfraktionen*, 1995, S. 96-97.

(128)　Wolfgang Ismayr, „Parteien in Bundestag und Bundesregierung", in: Oscar W. Gabriel/Oskar Niedermayer/Richard Stöss (Hg.), *Parteiendemokratie in Deutschland*, 1997, S. 397. 連邦政府構成員はいつでも連邦議会で発言できるという基本法第43条2項の通りの運用だと，与党は無限に発言できることになってしまう。

(129)　Udo Bermbach, „Regierungserklärung", in: Kurt Sontheimer/Hans H. Rohring (Hg.), *Handbuch des politischen Systems der Bundesrepublik Deutschland*, 1977, S. 530.

(130)　Zeh 1987, a.a.O.（Anm. 63），Rn. 25.

(131)　Martin Morlok, „Gesetzliche Regelung des Rechtsstatus und der Finanzierung der Bundestagsfraktionen", *Neue Juristische Wochenschrift* 1995, S. 30.

(132)　連邦参議院については，後述第9章1（2）参照。

第8章　連立政権と与野党

（基本法第77条-第78条）。このことから，野党が連邦参議院多数派を占める場合，多くの法律において野党が拒否権を持つことになり，事実上，連邦議会の与野党が共同統治することになる。また，基本法改正は連邦議会と連邦参議院ともに3分の2の賛成が必要なので（基本法第79条2項），基本法改正を目指す場合はさらに与野党の広汎な協力が必要となり，この場合も野党は拒否権を持つことになる。

　ただし，ドイツ連邦共和国では少数政権が可能なことから（組閣について基本法第63条4項）[133]，野党が多数派の場合がある。このときは，野党が議会全体としての権利を行使できる。逆に，大連立政権時における野党は，議席数的に，議会少数派の権利ですら行使できない場合がある。

（3）協調戦略と野党

　連立政権の特徴は，複数の政党が与党であることである。具体的には，異なる政党の政府構成員が存在すること，また，議会で政府を支持する与党会派が複数存在することであるが，これらのことに基づいて，与野党の関係が単独政権の場合とは変化しうる。

　多党制で連立政権が所与の場合，政党情勢次第で，野党は高度の協調戦略をとる可能性がある。すなわち，政府・与党に対して，争点ごとの協調にとどまらず，将来の連立相手と考える政党そのものと協調的な戦略をとりうる[134]。

　たとえば，SPDは，1949年5月のドイツ連邦共和国成立当初はCDU／CSU・連邦政府と対決姿勢をとっていた。しかし1953年9月（第2回），1957年9月（第3回）の連邦議会選挙で連続して敗北し，また，内政・外交でアデナウアー（CDU）連邦首相の政策が変更不可能なほど定着していったことから，SPDは強硬な野党路線を放棄し，1959年のゴーテスベルク綱領で階級政党から国民政党への転換を図った[135]。

　そして，社会構造的にCDU／CSUが有利なためSPDは得票・議席数で

---

(133)　その他，多数派政権成立後の連立解消・一部議員の離党でも少数政権になる。

(134)　Gehrig 1969, a.a.O. (Anm. 117), S. 181.

(135)　Klaus von Beyme, *Das politische System der Bundesrepublik Deutschland. Eine Einführung*, 9., neu bearbeitete und aktualisierte Auflage, 1999, S. 302.

第三編　連立政権と権力分立

CDU／CSU を上回る可能性が低いこと[136]，また，現代福祉国家では政府が優位な地位を占めることと与野党の政策が類似することから選挙による政権交代可能性が低いと考えられたことから[137]，次第に選挙での勝利による政権獲得ではなく，一旦 CDU／CSU と連立し統治能力を示した後に SPD が主となる政権を目指すという，ヴェーナーが唱える戦略に切り替えていった[138]。この戦略に基づいて1961年 9 月の第 4 回連邦議会選挙後に初めて CDU／CSU と連立のための予備交渉を行い[139]，その後は「連立の順番を待つ政党」として，CDU／CSU・連邦政府を批判しなくなった[140]。

　その SPD の戦略もあって1966年12月に成立した CDU／CSU と SPD の大連立政権では，野党 FDP は，CDU／CSU と SPD のどちらかと連立するしか政権に参加する可能性が無いため，激しい政府批判を行うことは困難だった[141]。

　大連立政権終了後，1969年10月に SPD と FDP の連立政権が成立した。その結果野党となった CDU／CSU は，バルツェル CDU 党首・CDU／CSU 会派委員長を代表とする，政府・SPD・FDP と協調路線をとりつつ政権復帰を目指す CDU 主流派と，シュトラウス CSU 党首を代表とする，政府・SPD・FDP と対立し CDU／CSU の単独政権を目指す CSU・CDU 右派の対立が生じた。1973年 6 月にバルツェルの後継として CDU 党首となり，1976年12月からの第 8 立法期には CDU／CSU 会派委員長にもなったコールは，CDU／CSU の単独政権は現実的ではないとして，FDP と連立することによる政権復帰を目指す戦略をとった。そして，1982年10月に，CDU／CSU は FDP と連立政権を形成して政権復帰を果たした[142]。

---

(136)　前述第 1 章 4 （ 1 ）参照。

(137)　Gehrig 1969, a.a.O. (Anm. 117), S. 205.

(138)　Franz Schneider 1969, a.a.O. (Anm. 100), S. 44-46. SPD は，選挙での政権交代は不可能で，CDU／CSU と大連立政権を形成するか，永久に野党にとどまるかしかないと考えていた。

(139)　ベルリンの壁建設という国家的危機を克服するため，全党連立政権を目指すとした。参照，Dexheimer 1973, a.a.O. (Anm. 95), S. 68。

(140)　Hereth 1969, a.a.O. (Anm. 67), S. 117. SPD が1964年の連邦大統領選挙で大連立派のリュプケの再選を支持したことについては，前述第 7 章 2 （ 2 ）参照。

(141)　Hereth 1969, a.a.O. (Anm. 67), S. 87-88.

第 8 章　連立政権と与野党

　また，左右軸において中道に位置する連立政党の左右に野党が存在する場合，野党がまとまって与党に取って代わることができないため，野党が政権に参加するためには，現在の与党（の一部）と連立することが唯一の戦略となる。たとえば，1991年 5 月以降のラインラント＝ファルツ州での SPD と FDP の連立政権は中道に位置し，右に CDU，左に緑の党（1993年 5 月以降90年連合／緑の党）が野党として存在している。CDU は90年連合／緑の党と連立可能性が無いこと，また，単独過半数が現実的ではないこと，さらに SPD との大連立政権は民主主義に関する理由により避けたいことから[143]，FDP との連立を目指すしかなかった。よって，野党 CDU は，潜在的連立相手である FDP に対しては協調的に行動し，SPD のみと対立する戦略をとった[144]。

　二大政党制で単独政権が所与である場合，野党は，政権を獲得するために与党に取って代わるしかなく，与党への批判を制約されない[145]。よって，将来の連立政権形成を想定した野党の協調戦略は，二大政党制・単独政権では考えられない，多党制で連立政権が所与である政党システムの特徴である。

　このように，政府・与党への協調戦略をとる場合，どの程度までの協調戦略が「野党」たりうるかという問題が生じる。

　一方で，野党の任務は政府多数派を倒しそれに取って代わることとし，積極的に政府を倒そうとしない会派について「直接的に権力交代を追求せず，間接的に政府を支持している」として，野党であることを否定する見解がある[146]。この見解では，主として協調戦略をとる野党は，野党とは言えなくなる可能性がある。

　しかし，この見解は二大政党制・単独政権を所与とする場合には当てはまる

---

(142)　Clay Clemens, "Party Management as a Leadership Resource: Kohl and the CDU/CSU", *German Politics* 1998 Nr. 1, p. 95. 1970年代の CDU／CSU の野党戦略について，参照，Werner Kaltefleiter, „Oppositionsstrategie im parlamentarischen System. Regierung und Opposition im parlamentarischen System", *Aus Politik und Zeitgeschichte* 1973 Bd. 31, S. 3-8。

(143)　大連立政権の民主主義的問題について，後述第 8 章 3（6）参照。

(144)　Kropp 2001, a.a.O.（Anm. 32）, S. 286.

(145)　Hereth 1969, a.a.O.（Anm. 67）, S. 136-137.

(146)　Hans-Peter Schneider 1989, a.a.O.（Anm. 11）, Rn. 32.

203

第三編　連立政権と権力分立

かもしれないが，狭い野党概念であり，政治活動の柔軟性を損ないかねない。実際の多党制・連立政権では，野党が政権を獲得するための戦略は多様たりうるので，「野党」の定義は広いものになりうる。

　ここでは，ザクセン＝アンハルト州での憲法裁判をもとに検討する。1994年6月26日に行われたザクセン＝アンハルト州議会選挙では，それまでのCDUとFDPの連立政権側も，野党のうちSPDと90年連合／緑の党の合計も過半数に達しなかった[147]。CDUはSPDとの大連立政権を希望したが，SPDは拒否した。また，SPDはPDSと連立することも避け，90年連合／緑の党とともに少数連立政権を形成した。この結果，CDUとPDSは野党となった。

　ザクセン＝アンハルト州憲法第48条は，「政府を支持しない会派が野党会派である」とし，野党会派は，州議員法第47条1項，州会派法第3条1項で補助金を与えられる。さらに，州調査委員会法第5条1項により，議会調査委員会委員長または副委員長が野党会派に配分される。実際の議会運営においては，野党会派となったCDU会派は政府への対立を強めたため，政府は野党PDS会派の支持を受けて多くの法案を成立させた。この状況により，CDU会派は，PDS会派が野党会派の地位を失ったとして，ザクセン＝アンハルト州憲法裁判所に機関訴訟を提起した[148]。

　1997年5月29日のザクセン＝アンハルト州憲法裁判所判決において[149]，裁判所は，単に議会でアドホックにまたは繰り返し多数派形成に協力するのみでは野党会派の地位を失わないとし，「連立類似」の行動で継続的に政府を「支持」するときにのみ，野党会派の地位を失うとした。SPDと90年連合／緑の党の間には連立協定・連立委員会は存在していたが，しかし，PDSとの間にはそれらは存在せず，また，PDSは継続的な政府「支持」も行っていなかっ

---

(147)　同選挙については，参照，Jürgen Plöhn, „Die Landtagswahl in Sachsen-Anhalt vom 26. Juni 1994: Die Mehrheitsbildung bleibt dem Landtag überlassen", *Zeitschrift für Parlamentsfragen* 1995, S. 216-231。なお，FDPは得票率5％に達せず，全議席を失った。

(148)　以上について，参照，Ralf Poscher, „Die Opposition als Rechtsbegriff", *Archiv des öffentlichen Rechts* 1997, S. 444-468。

(149)　LVG 1/96.

た。よって，本件の PDS の行動は連立類似のものではなく，単なる「容認」であり，PDS は野党の地位を失わないとした[150]。

すなわち，この見解によると，野党は政府を倒さず，しかし「支持」もしない「容認」という行動が可能ということになる[151]。多党制においては，野党は「政府を倒すかどうか」という区分では把握できない。野党は政府を文字通り「倒す」ことを義務付けられない[152]。

政府に対して対立するか，それとも容認して協調戦略をとるかは野党に委ねられている。協調的な行動であっても，単独または他の政党と政府を形成する可能性を将来的に高めるとき，野党は権力交代機能を果たしていることになる[153]。このように柔軟な・多様な野党戦略を認めることで，野党の行動余地が広がり，議会制民主主義の機能を確保できると考えられる[154]。

（4） 連立政権と野党戦略

多党制で連立政権が所与の場合の野党戦略としては，第一に，二大政党制での単独政権の場合と同様に，政府に単独で取って代わろうとすることが考えられる。1950年代までの野党 SPD，1970年代の野党 CSU がこの戦略をとったが，ドイツ連邦共和国では単独政権の現実性が無く，うまくいかなかった。

第二に，野党で連立を予定したブロックを形成し，政府と入れ替わる戦略が

---

(150) 同判決の解説として，さらに参照，Jürgen Plöhn, „Der Oppositionsstatus der PDS nach dem Urteil des Landesverfassungsgerichts Sachsen-Anhalt", *Zeitschrift für Parlamentsfragen* 1997, S. 558-571。前述第 1 章 1 で述べたように，本書（および通説）では，大臣を出していることを連立政党であることの条件としている。よって，大臣を出していないので「連立政党」ではないが，連立協定・連立委員会・連立ラウンド類似のものがあり継続的に政府を「支持」しているので憲法的意味での「野党」ではない政党が存在することになる。

(151) なお参照，Arend Lijphart, *Patterns of Democracy: Government Forms and Performance in Thirty-Six Countries*, 1999, pp. 103-104。近藤 1997年・前掲注(68)68頁は，与党，支持政党，容認政党，全くの野党を区別する。

(152) Poscher 1997, a.a.O. (Anm. 148), S. 464.

(153) Poscher 1997, a.a.O. (Anm. 148), S. 464.

(154) Kropp 1997, a.a.O. (Anm. 111), S. 390. なお参照，Karl-Heinz Seifert, *Die politischen Parteien im Recht der Bundesrepublik Deutschland*, 1975, S. 108-109。

205

第三編　連立政権と権力分立

考えられる。これは，1990年代に野党 SPD と90年連合／緑の党が基本的に採用し，1998年 9 月の第14回連邦議会選挙で勝利したことで政権交代を達成した[155]。

　さらに，第三に，野党の一部がこれまでの政府に加入すること，さらに一部の与党と入れ替わることを目指す戦略がありうる。この第三の戦略，政府政党との協調戦略は小野党にとって重要な選択肢となるが[156]，大野党にとっても，選挙で政権獲得することが困難と判断する場合の選択肢となる。これは，1960年代前半の野党 SPD，1966年12月からの大連立政権での野党 FDP，さらに1970年代には野党 CDU がとった戦略であり，結局それぞれ政権を獲得・政権に復帰することに成功した[157]。

　これらのことから，ドイツ連邦共和国においては，連立を前提とした野党戦略を立てなければならないことが分かる。1960年代半ばまでの野党 SPD が自己の単独政権を目指していたら，今日に至るまで政権交代は無かった可能性がある[158]。すなわち，ドイツ連邦共和国での野党戦略は，二大政党制・単独政権におけるものとは異なることになる。

（5）連立政権下における与野党関係のその他の特徴

　その他，連立政権が所与の場合，与野党関係には様々な影響が生じる。まず，以前の連立与党が与野党に分裂することがある。このとき，野党になった政党は，以前に自己が関与した政策を与党・政府が継続するとき，与党・政府を攻撃できず，また，攻撃しても説得力が無いことになる。1966年12月に成立したCDU／CSU と SPD の大連立政権において野党になった FDP は，それまでのCDU／CSU と FDP の連立政権の政策について野党として批判したが，説得力が無く，また，信用を失った[159]。

---

(155)　ただし，SPD が90年連合／緑の党と距離を置いていたことから，SPD が明白にこの戦略をとったとは言いきれない。後述第10章 3 （2）（c）参照。

(156)　Poscher 1997, a.a.O. (Anm. 148), S. 462-463.

(157)　この他，政権参加を目指さないという野党戦略もありうることについては，前述第 1 章 3 （1）参照。

(158)　後述第11章参照。

第8章　連立政権と与野党

さらに，連立政権では，与党が複数あることで，一部の与党が野党と連携する可能性があるため，野党の政府抑制が有効になりうる[160]。このことで多数派関係が変化する場合，議会全体の多数派の権利が行使できるようになり，議会と政府の均衡にも資する[161]。野党の側から見ると，自己の意見が実現する可能性が高まる。このため，連立政権の場合は，政府の議会支配が弱まり，議会と政府が独立する傾向があると指摘される[162]。

なお，連立政権における与野党関係は，連邦制とも関連する。すなわち，連邦与党がラントで与野党に分かれているとき，当該ラントにおいて，連邦の政策に関する問題では与野党の協調がありうる。逆に，連邦の与野党が，ラントで形成している連立政権への影響を配慮して連邦でも協調することもありうる。この意味で，連立政権を所与としたとき，連邦制と与野党関係は関連してくることになる[163]。

（6）大連立政権

与野党関係の検討の最後に，いわゆる大連立政権について検討する。大連立政権とは，議会の議席の大部分を占める連立政権であり，過大規模政権とは異なる概念である。というのは，どちらも過半数の議席を持っていない二大政党が連立するとき，議席数からは大連立政権となるが，しかし，過半数確保に不要な政党が含まれていないので過大規模政権ではないからである。

大連立政権の最大の問題点は，野党がほとんど存在しないことである。

まず，議会における野党会派は，数的に少数派の権利すら行使が困難である[164]。また，小野党は将来の連立相手の大政党に配慮して少数派の権利も行

---

(159)　Knorr 1975, a.a.O.（Anm. 41）, S. 245. たとえば非常事態法について，参照，Hereth 1969, a.a.O.（Anm. 67）, S. 126。

(160)　Kranenpohl 1999, a.a.O.（Anm. 29）, S. 294. なお，前述第8章2参照。

(161)　Steffani 1989, a.a.O.（Anm. 15）, Rn. 142.

(162)　Lijphart 1999, *supra* note 151, pp. 35-36.

(163)　後述第9章参照。

(164)　Rudzio 1970, a.a.O.（Anm. 60）, S. 206. 2003年6月のブレーメン州でのSPDとCDUの大連立政権での連立協定では，「少数派の権利・議会改革」という項目で，野党の90年連合／緑の党を，議会や議会委員会などにおいて4分の1の議席を持っているも

207

第三編　連立政権と権力分立

使しない可能性があるため，与野党の権力分立が働かない可能性が一層高まる[165]。

　また，大連立政権は民主主義の面からも問題がある。まず，議論が公開の場である議会から，連立大政党間の連立委員会・連立ラウンドに移動し透明性が無くなることで，政府・大連立多数派のコントロールが不可能になり責任が問われなくなる[166]。さらに，現実的には政権交代可能性が無く（小野党が大連立政権の一部の政党と連立するしかない），支配の期間限定性が損なわれる点においても，民主主義的に問題がある[167]。

　これらのことから，とくに議会外反対派（Außerparlamentarische Opposition ＝APO）が生じる危険がある。1949年の最初の連邦政府形成について，CDU／CSU内ではSPDとの大連立派が多数派だったが，アデナウアー（CDU）は，大連立政権を形成すると議会に十分な反対派が無くなり，議会外反対派が生じ，国家を危機にさらすことになるとして，CDU／CSU，FDP，DPの連立政権を形成することを決定した[168]。

　1966年12月に連邦で成立したCDU／CSUとSPDの大連立政権においては，野党FDPは496議席中49議席しかなく，割合的に10％にも満たなかったため，野党の行動不能・機能不全という大連立政権の構造的欠陥が顕著に現れた[169]。

　このような野党の不在を補うものとして，大連立政党間の権力分立が挙げられる。しかし，これには限界があり[170]，それのみでは権力抑制・均衡には不

　　のとして扱うこと，すなわち，本来は議席数的に行使できない少数派の権利を保障する
　　ことを規定している。同連立協定は，参照，http://www.bremen.de/info/presse/koav_
　　spd_cdu_2003.pdf（2004年3月）。

(165)　前述第8章3（3）（4）参照。

(166)　Wilhelm Henke, „Koalition 1. Parteien K.", in: Roman Herzog/Hermann Kunst/ Klaus Schlaich/Wilhelm Schneemelcher (Hg.), *Evangelisches Staatslexikon* Bd. I, 3., neu bearbeitete Auflage, 1987, Sp.1797-1798.

(167)　Renè Marcic, *Die Koalitionsdemokratie. Das österreichische Modell im Lichte der Wiener rechtstheoretischen Schule*, 1966, S. 43-44.

(168)　たとえば参照，Gunter Hofmann/Theo Sommer, „Große Koalition: Ausweg oder Ausflucht?", *Die Zeit* Nr. 22 vom 22. 5. 1992, S. 3.

(169)　Knorr 1975, a.a.O. (Anm. 41), S. 248.

(170)　前述第8章2（5）参照。

十分である(171)。この点について，ドイツ連邦共和国の大連立政権においては，CDU／CSU と SPD の相互抑制の他に，さらに，与党の CDU／CSU と SPD の連邦議会会派が連邦政府と距離を置き，連邦議会全体が政府に対立したという指摘がある(172)。つまり，ドイツ連邦共和国における大連立政権の時期には，古典的権力分立が復活したということになる(173)。

　しかし，この連邦議会全体の連邦政府への対立も，連立政権を脅かさないことが前提であるため，限界があった(174)。また，これは，CDU／CSU のバルツェル，SPD のシュミット両会派委員長の，連邦議会会派すなわち自己の勢力を拡大しようとする試みによるところも大きい。逆に，忠実に政府を支持することを目的とする会派委員長の場合，大連立政権は，連立政党による議会と政府全体の完全な支配となる危険がある。

　実際には，大連立政権の時期に議会外反対派が展開し，さらにラント議会では右翼のドイツ国家民主党（Nationaldemokratische Partei Deutschlands＝NPD）が議席を獲得したことから，CDU／CSU と SPD は大連立政権を避けるようになった(175)。すなわち，大連立政権は，緊急事態における期間限定の非常手段と理解されている(176)。

---

(171)　Gehrig 1969, a.a.O.（Anm. 117），S. 201-202. なお参照，吉田栄司「議会内反対派による政府統制 —— 西ドイツ憲法論における新たな視角（三・完）」自治研究第60巻第11号（1984年）101頁。

(172)　Knorr 1975, a.a.O.（Anm. 41），S. 248-256.

(173)　Ulrich Lohmar, *Innerparteiliche Demokratie. Eine Untersuchung der Verfassungswirklichkeit politischer Parteien in der Bundesrepublik Deutschland,* Zweite, unveränderte Auflage, 1968, S. 130-131.

(174)　Knorr 1975, a.a.O.（Anm. 41），S. 256.

(175)　現在では，大連立政権を形成すると，PDS と極右政党が議席を伸ばすとされる。参照，Hofmann/Sommer 1992, a.a.O.（Anm. 168），S. 3。

(176)　他方で，大連立政権を形成することにより，小政党を含めた全政党が連立可能になるということから，大連立政権を肯定的に評価する見解もある。参照，Jan Ross, „Lob der Großen Koalition. Ein politisches Gedankenspiel", *Merkur* 1998, S. 411。この点について，後述第14章 3 参照。

第三編　連立政権と権力分立

4　連立政権と与野党

以上から，連立政権であることは，与野党の権力分立についても大きな影響がある。

与野党の対立において，野党が与党を統制することは公開性があるが，結局議会はほとんど多数決で決定するため野党は少数派の権利しか利用できないという限界がある。逆に，与党会派と政府間での抑制・均衡は有効だが，公開性が無いという短所がある[177]。

このとき，連立政権の場合，単独政権とは異なり，追加的に有効で，場合によっては議会・内閣内外での公開性もある，連立政党の権力分立が加わるという特徴がある。このとき，野党が連立与党の一部と連携し多数派関係が逆転する可能性があるため，野党の統制は，連立政党の権力分立にも役立つ[178]。言い換えると，与野党の権力分立は，連立政党の権力分立にも役立っている。

また，与党が複数あることで，一部の連立政党の反対によって多数派関係が変化する可能性があることから，与野党の権力分立も有効になり，さらには議会と政府の権力分立にも資することになる[179]。

すなわち，連立政権の場合，連立政党間（政府と政府支持会派の抑制・均衡も含む）で有効な権力抑制・均衡がもたらされるのみならず，与野党の権力分立，議会と政府の権力分立も有効になる可能性があり，または実際に有効になるため，全体として強力な権力抑制・均衡効果をもたらす。それは，二大政党制・単独政権での野党のみによる権力抑制よりも，有効な権力抑制・均衡となる可能性がある[180]。

---

(177)　Oberreuter 1978, a.a.O. (Anm. 10), S. 62.

(178)　Oberreuter 1978, a.a.O. (Anm. 10), S. 63.

(179)　Steffani 1989, a.a.O. (Anm. 15), Rn. 142.

(180)　イギリス的な多数決民主主義では多数派政党の行き過ぎを抑制できないため，連立政権を形成することで権力を抑制する方が有益であるという指摘がある。参照，Nevil Johnson, „Politische Stabilität und Unregierbarkeit in Großbritannien: Fragezeichen hinter einer alten Verfassungstradition“, in: Wilhelm Hennis/Peter Graf Kielmansegg/Ulrich Matz (Hg.), *Regierbarkeit. Studien zu ihrer Problematisierung* Bd. II, 1979, S. 419。

◆ 第9章　連立政権と連邦制

　権力の抑制・均衡は，国家機関相互の権限の配分のみならず，独立した政治システムの形成でも達成できる[1]。つまり，連邦制であることも権力分立である。ドイツ連邦共和国は連邦制国家であるので，連邦制という視点もドイツ連邦共和国の連立政権の理解にとって不可欠である[2]。

1　ラントで政権に参加することの意味

（1）ラント

　ドイツ連邦共和国は，連邦制国家である。独自の統治権限を与えられた複数のラントが，それぞれ国家的な性格を保持しつつ，一つの国家（連邦）を構成している。ラントにはそれぞれ固有の憲法があり，ラント議会と，議院内閣制に基づくラント政府を持っている[3]。

　ドイツ連邦共和国においては，ラントの権限は強力である。

　まず，立法では，連邦とラントで権限が分有されている。たとえば文化，教育，警察，自治体法はラントのみが立法できる専属的立法事項である。さらに，連邦の立法についても，ラントは，連邦参議院経由で強い影響を及ぼすことができる。

　さらに，連邦法も含め，原則としてラントが執行を行う（基本法第83条）。また，ラントは，連邦の行政に連邦参議院経由で協力・参加し，さらには外交

---

(1)　Reinhold Zippelius, „Problemfelder der Machtkontrolle", in: Detlef Merten (Hg.), *Gewaltentrennung im Rechtsstaat. Zum 300. Geburtstag von Charles de Montesquieu*, 1989, S. 30-31.

(2)　Patricia Hogwood, "Playing to win. Adapting Concepts of Rationality and Utility for the German Coalition Context", in: Roland Sturm/Sabine Kropp (Hg.), *Hinter den Kulissen von Regierungsbündnissen. Koalitionspolitik in Bund, Ländern und Gemeinden*, 1999, S. 36-37.

(3)　大西健夫編『ドイツの政治　連邦制国家の構造と機能』（早稲田大学出版部，1992年）81頁。

第三編　連立政権と権力分立

（EU 関係）にも参加できる（基本法第23条，第32条，第50条）[4]。

　このような強力な権限があることから，政党はラントでも政権参加を目指す。

　連邦法もその執行は原則的にラントが行うため，連邦与党と異なる政権構成のラントの場合，執行が滞ること（いわゆる「執行の欠陥」）が生じる[5]。このため，連邦与党はラントでも政権獲得を目指すことになる。また，連邦野党も，ラントで政権参加することによって，その統治能力を示し，連邦参議院経由で連邦政策に影響し，人材を育成し，また，官庁情報・官僚を利用できるなどのことから，ラントでの政権獲得を目指す[6]。

（2）連邦参議院

　ドイツ連邦共和国の強力な連邦制は，連邦レベルにも及んでいる。

　連邦参議院は，一方では，連邦機関として連邦の立法・行政に協力する（基本法第50条）。すなわち，水平的権力分立機関である。他方で，その構成員はラント政府代表であることから，連邦とラントの垂直的権力分立の要素も含んでいる[7]。

　連邦参議院においては，人口に応じて各ラントに票が配分され，各ラントが対応する数の政府構成員を議員として派遣する[8]。議員はラントの票を分割

---

(4)　Wolf Reinhard Wrege, „Das System der Gewaltenteilung im Grundgesetz", *Juristische Ausbildung* 1996, S. 439. その他，司法の権限も原則的にラントに与えられている。

(5)　平島健司『ドイツ現代政治』（東京大学出版会，1994年）127頁（注20）。

(6)　Gerard Braunthal, "Opposition in the Kohl Era: The SPD and the Left", *German Politics* 1998 Nr. 1, p. 152.

(7)　Roman Herzog, in: Theodor Maunz/Günter Dürig/Roman Herzog/Rupert Scholz, *Kommentar zum Grundgesetz*, Loseblatt, Art. 20 V. Die Verfassungsentscheidung für die Gewaltenteilung, Rn. 35 (1980); Wrege 1996, a.a.O. (Anm. 4), S. 439.

(8)　全体の票数は，1990年のドイツ統一までは41票，それ以降は68票となり，1996年にヘッセン州の人口増により69票となった。現在（2004年3月）の各ラントの票数は，バーデン＝ヴュルテンベルク州，バイエルン州，ニーダザクセン州，ノルドライン＝ウエストファレン州が6票，ヘッセン州が5票，ベルリン州，ブランデンブルク州，ラインラント＝ファルツ州，シュレースビッヒ＝ホルシュタイン州，チューリンゲン州，ザクセン州，ザクセン＝アンハルト州が4票，ブレーメン州，ハンブルク州，メクレンブルク＝フォーアポメルン州，ザール州が3票である。

第9章　連立政権と連邦制

して行使することはできず，統一的にのみ行使でき，ラント政府の指令に拘束される（基本法第51条）。このことから，連邦野党も，ラント政権に参加することによって連邦参議院経由で連邦の政治にも参加し，責任を負うことになる[9]。

連邦参議院の権限は多様であるが，重要なのは，連邦法律に関する権限である[10]。まず，連邦政府・連邦議会議員とともに，連邦参議院にも法案提出権がある（基本法第76条1項）。さらに，連邦政府提出法案は，まず連邦参議院に送付され，連邦参議院が賛否の態度を決定した後に連邦議会に提出される（基本法第76条2項）。連邦議会に提出後，審議・可決された法律案は，全て連邦参議院に送付される（基本法第77条1項）。

法律案は，連邦参議院の同意を要する法律（同意法律〔Zustimmungsgesetz〕）と，連邦参議院の同意を要しない法律（異議法律〔Einspruchsgesetz〕）がある（基本法第77条2-4項）。同意法律は，連邦参議院の明示の同意が無くては成立しない（基本法第78条）。連邦議会と意見が相違する場合，両院協議会（基本法第77条2項）で協議を行うが，それでも合意できず，さらに連邦参議院が同意を拒否する場合，法律は不成立となる。異議法律は，両院協議会で協議することは可能だが，合意が成立しない場合，連邦参議院が過半数で異議を述べるときは過半数で，連邦参議院が3分の2の多数で異議を述べるときは3分の2の多数で，連邦議会は異議を却下することができ，その法律は成立する（基本法第77条4項）。

連邦法律は異議法律であることが原則とされているが，実際は50％から60％の法律，それも重要な法律のほとんどが同意法律となっている[11]。また，基本法改正は，連邦参議院の3分の2の賛成が必要である（基本法第79条2項）。

---

(9)　このことが議会制民主主義に対して持つ意義について，後述第14章1，2参照。

(10)　連邦参議院の任務については，参照，Roman Herzog, „Aufgaben des Bundesrates", in: Josef Isensee/Paul Kirchhof (Hg.), *Handbuch des Staatsrechts der Bundesrepublik Deutschland* Bd. II. *Demokratische Willensbildung—Die Staatsorgane des Bundes*, 1987, §45。

(11)　ただ，連邦予算法律は異議法律扱いである。参照，清水望『西ドイツの政治機構 ボン基本法体制の成立とその展開』（成文堂，1969年）220頁。

第三編　連立政権と権力分立

　よって，連邦の立法において，連邦参議院は連邦議会に対して広汎な拒否権
を持つことになり，事実上，連邦議会と同等の共同決定機関となった[12]。

　実際には，連邦参議院における通常の大部分の案件では，ラント政府の代表
はラントの利益を考慮して行動する[13]。つまり，ラント政府は，同一政党の
連邦政府を支持し，反対政党の連邦政府を妨害するとは限らない。たとえば，
連邦政府の1993年以降の付加価値税増税案については，連邦野党で連邦参議院
では多数派の SPD が首相を出しているラントのうち，ブランデンブルク州が
両院協議会での妥協案に賛成して連邦参議院を通過した[14]。この点に関して，
2003年3月にニーダザクセン州で成立した，連邦野党からなる CDU と FDP
の連立政権の連立協定では，「1．当事者の協力」「連邦参議院」の項目で，
「ラント政府は，政策的に，建設的に連邦の立法に協力し，ニーダザクセンの
利益を有効に主張する[15]」と規定している。

　しかし，重要な政治的問題においては，連邦参議院議員は，しばしば政党的
立場から行動・投票する[16]。このため，連邦での野党が連邦参議院の多数派
を占める場合，連邦参議院は連邦政府への対抗機関となる。連邦議会での多数
派関係は，連邦参議院の多数派関係すなわちラント政府の構成次第では，意味
が失われうる。

　この点について，連邦参議院はラントの代表であるとして，政党的に行動す
ることを違憲とする見解がある[17]。たしかに，基本法第81条では，連邦議会

───────────

(12)　Ludger Helms, „Parteienregierung im Parteienstaat. Strukturelle Voraussetzun-
　　　gen und Charakteristika der Parteienregierung in der Bundesrepublik Deutschland
　　　und in Österreich (1949 bis 1992)", *Zeitschrift für Parlamentsfragen* 1993, S. 637-638.

(13)　Roman Herzog, „Stellung des Bundesrates im demokratischen Bundesstaat", in:
　　　Josef Isensee/Paul Kirchhof (Hg.), *Handbuch des Staatsrechts der Bundesrepublik
　　　Deutschland* Bd. Ⅱ. *Demokratische Willensbildung—Die Staatsorgane des Bundes*, 1987,
　　　§44 Rn. 17-20.

(14)　平島 1994年・前掲注(5)211-212頁。

(15)　同連立協定は，参照，http://www.cdu-niedersachsen.de/hmsc/presse/2003/03/
　　　koalitionsvereinbarung.pdf（2004年3月）。

(16)　Karl-Heinz Seifert, *Die politischen Parteien im Recht der Bundesrepublik Deutsch-
　　　land*, 1975, S. 404-405.

(17)　違憲説については，参照，Wolf-Rüdiger Bandorf, „Das Stimmverhalten im Bundes-

第9章　連立政権と連邦制

における政党的な対立のために連邦政府が法律を成立させられないとき連邦参議院の同意で法律が成立するという立法緊急状態を規定しているが，この規定は，連邦参議院が政党政治的対立をしない，政党政治への対抗物であることを前提としている[18]。

しかし，政党は連邦とともにラントでも国民の政治的意思形成に協力する。すなわち，ラント議会選挙に参加し，ラント議会・政府での活動に協力することができる（基本法第21条1項1文，政党法第1条，第2条）。そして，ラントも議院内閣制を採用しており，その政府は政党的に構成される。したがって，その政府の代表が連邦参議院において政党的に行動することは許容される[19]。

たしかに，政党競争が連邦制の局面に入り込むことによって，コンセンサス志向の連邦制の意義が失われる危険がある[20]。しかし，ラント政府が政党的に行動することで，投票関係の計算可能性が高まるという長所も指摘される[21]。

過去，1969年11月から1982年9月のSPDとFDPの連立政権であるブラント（SPD），シュミット（SPD）政権のほとんどの期間，連邦政府は連邦参議院多数派を確保していなかった[22]。それに続くCDU／CSUとFDPの連立政権

---

rat als Gegenstand von Koalitionsvereinbarungen", *Zeitschrift für Rechtspolitik* 1977, S. 82-83。

(18)　Gerhard Lehmbruch, *Parteienwettbewerb im Bundesstaat. Regelsysteme und Spannungslagen im Institutionengefüge der Bundesrepublik Deutschland*, 2., erweiterte Auflage, 1998, S. 82.

(19)　参照，Ulrich K. Preuß, in: *Kommentar zum Grundgesetz für die Bundesrepublik Deutschland* Bd. 1, 2. Auflage, 1989, Art. 21 Rn. 28; Lehmbruch 1998, a.a.O.（Anm. 18），S. 19。

(20)　Lehmbruch 1998, a.a.O.（Anm. 18），S. 27-29.

(21)　Wolfgang Renzsch, „Die große Steuerreform 1998/99: Kein Strukturbruch, sondern Koalitionspartner als Vetospieler und Parteien als Mehrebenensysteme. Diskussion eines Beitrags von Reimut Zohlnhöfer in Heft 2 der ZParl", *Zeitschrift für Parlamentsfragen* 2000, S. 191.

(22)　以下の票数計算は，CDUの首相であれSPDの首相であれ，大連立政権のラントは中立として除外して計算した。この結果，連邦与党も連邦野党も連邦参議院の過半数を獲得していないという状況がありうることになる。このことについて，参照，Werner

215

第三編　連立政権と権力分立

であるコール（CDU）政権は，当初は連邦参議院多数派を確保していた。しかし，1991年１月のヘッセン州議会選挙でCDUとFDPの連立政権が敗北し，SPDと90年連合／緑の党の連立政権が成立したことで，連邦参議院多数派を失った。コール政権末期には，連邦野党SPDのラフォンテーヌ（Oskar Lafontaine）党首が連邦与党への対抗手段として多数派を確保している連邦参議院を利用したため，政権は各種の政策を実行できず，「改革の渋滞（Reformstau）」と評される状況になった[23]。

　1998年10月の政権交代でSPDと90年連合／緑の党が連邦与党となった結果，連邦議会と連邦参議院の多数派は一致した。しかし，直後の1999年２月のヘッセン州議会選挙でSPDと90年連合／緑の党の連立政権が敗北し，CDUとFDPの連立政権が成立したことで，連邦政府は連邦参議院多数派を失った。

　現時点（2004年３月）においては，連邦と同構成であるSPDと90年連合／緑の党の連立政権は２州（ノルドライン＝ウエストファレン州，シュレースビッヒ＝ホルシュタイン州）のみで，連邦参議院での票数は10票しかない。その他，SPDと連邦野党FDP，PDSとの連立政権のラントを含めても，連邦参議院でのSPD側の票は21票しかなく[24]，連邦野党のCDUおよびCSUの単独政権，またはCDU主導の連立政権のラントの合計41票にはるかに及ばない状況である。

　このため，現在のシュレーダー（SPD）政権も，実際は連邦野党（とくにCDU／CSU）と広汎に協調せざるをえない状況である。すなわち，連邦参議院多数派を確保する連邦野党は，連邦参議院経由で連邦の政策を事実上共同決定できるということになる[25]。

　以上のことから，連邦与党も連邦野党も，ラント議会選挙で議席を獲得し，

　　Billing, „Die rheinland-pfälzische Landtagswahl vom 21. April 1991: Machtwechsel in Mainz nach 44 Jahren“, *Zeitschrift für Parlamentsfragen* 1991, S. 585 Anm. 3。

(23)　Braunthal 1998, *supra* note 6, p. 158.

(24)　このほか，SPDが首相を出しているCDUとの大連立政権（ブランデンブルク州とブレーメン州の合計７票）があるが，それを加えても28票にしかならない。

(25)　連邦野党が連邦参議院で多数派の場合，実際にはCDU／CSUとSPDの「隠れた大連立政権」になり，両院協議会が事実上の連立委員会の役割を果たすことになる。参照，Manfred G. Schmidt, "Germany. The Grand Coalition State", in: Josep M. Colomer (ed.), *Political Institutions in Europe*, 1996, p. 68。

ラント政府に参加することは，ラント政治のみならず連邦政治にとっても重要な意味があると言える[26]。

2 ラントの連立政権

（1）ラントの政党システム

（a）ラントの政党システムの異質性

ドイツ連邦共和国は連邦国家であり，ラントに分かれている。これに対応して，政党も，基本的にラント支部に分かれ，さらに下部の管区（Bezirk）・郡・地域支部に分かれている（政党法第7条）。

ラントには都市と地方，工業と農業などの地域性があり，また，宗教的相違も大きい。ドイツ統一により，さらにラントの異質性が拡大し，東西ラント相互の対立も新たに生じた。よって，各政党も，とくにラント支部ごとに地域性があり，かなり異なる政策・性格を持つ。このとき，同一政党内での地域的相違の方が，政党全体としての他の政党との相違より大きくなりうる[27]。

これらのことから，ラントの政党支持率・選挙結果に大きな差がある[28]。

また，地域政党が存在することもラントの政党システムの特徴である。

よって，ラントの政党システムは地域ごとに相違が大きく，また，連邦よりも多様であると言える。

---

(26) Schmidt 1996, *supra* note 25, pp. 75-76.

(27) Sabine Kropp, *Regieren in Koalitionen. Handlungsmuster und Entscheidungsbildung in deutschen Länderregierungen*, 2001, S. 65. 各政党について，参照，Gudrun Heinrich, *Kleine Koalitionspartner in Landesregierungen. Zwischen Konkurrenz und Kooperation*, 2002, S. 30; Kropp 2001, a.a.O.（Anm. 27）, S. 69-72。さらに，東西政党の合併により，党内での東西対立も生じた。

(28) Schmidt 1996, *supra* note 25, pp. 67-68. ラントの選挙制度は，連邦の選挙制度と基本的に相違は無い。連邦の選挙制度については，後述第10章3（1）参照。なお，Uwe Wagschal, „Der Parteienstaat der Bundesrepublik Deutschland. Parteipolitische Zusammensetzung seiner Schlüsselinstitutionen", *Zeitschrift für Parlamentsfragen* 2001, S. 870によると，ラント議会選挙においては，有権者が，連邦政府の対抗勢力とするために連邦野党に投票し，その結果，連邦与党がラント議会選挙で敗北する傾向がある。

第三編　連立政権と権力分立

（ｂ）東側の政党システム

とくに，東側の政党システムについては，以下の特徴が挙げられる[29]。

まず第一に，政党への伝統的拘束・支持が無い・弱い。このため，有権者は政党への固定的支持ではなく，個々の争点についての政策，さらには候補者によって投票するため，選挙ごとの投票の変動が激しい[30]。

第二に，政党の政策について，一般的な左右軸は存在するが，相互に接近しており，コンセンサス志向であることが挙げられる。これは，旧東ドイツの権威的な体制の影響とされる。

第三に，旧東ドイツの社会主義の影響が残っているため，社会構造的に左翼政党が有利である。たとえば，左右軸において，東側のCDU支持者は，西側の90年連合／緑の党の支持者よりも左に位置する[31]。

第四に，全体としては有利な左翼が分裂している。西側と異なり，左右軸の左翼には，SPD，90年連合／緑の党と並んでPDSが存在している。PDSは連立の用意・連立の意思・連立能力が限定されているため，左翼全体が連立ブロックを形成するに至らない。

第五に，西側より小政党が弱い。FDPは支持層である中産階級が存在しないこと，90年連合／緑の党はポスト物質主義・環境志向が存在しないことから，しばしば５％の得票を獲得できず，議席を失う。このことから，PDSがCDU，SPDに続く第三党，ラントによっては第二党となっている[32]。

最後に，第六に，西側より各種団体が弱い。このため，政党と特定団体の結びつきが少なく，地域ごとの支持のばらつき，投票の変動が激しいことの一要

---

(29)　以下の記述は，Stefan Grönebaum, „Wird der Osten rot? Das ostdeutsche Parteiensystem in der Vereinigungskrise und vor den Wahlen 1998", *Zeitschrift für Parlamentsfragen* 1997, S. 413によった。

(30)　Ursula Birsl/Peter Lösche, „Parteien in West- und Ostdeutschland: Der gar nicht so feine Unterschied", *Zeitschrift für Parlamentsfragen* 1998, S. 15.

(31)　Wolfgang Jagodzinski/Steffen Kühnel, „Werte und Ideologien im Parteienwettbewerb", in: Oscar W. Gabriel/Oskar Niedermayer/Richard Stöss (Hg.), *Parteiendemokratie in Deutschland*, 1997, S. 218.

(32)　2004年３月現在，チューリンゲン州，ザクセン州，ザクセン＝アンハルト州では，CDUに次ぐ第二党である。

因となっている。

（2） ラントの連立政権
（a） ラントの連立政権形成の自律性
ラントも基本的に議院内閣制を採用しており，連邦政府と同様に連立政権が
多い[33]。

ラントの政党システムは多様である。

そして，ドイツの政党は，ラントごとに異質な性格を持ち，比較的強度に独
立したラント「政党」の連合体となっている[34]。たしかに連邦政党はラント
支部に連立形成について影響を与えるが，特定の連立を強制する手段が無い。
ラント支部は，連邦政党に対して広汎な自律権を持ち，連邦政党と対立しても
特定の連立政権を形成することがある[35]。

これらのことから，ラントでは多様な連立可能性があることになる。とくに，
近年，東西ラントともに異質性が拡大したために，連邦政府と対応した連立政
権の形成が自明ではなくなった[36]。

（b） ラントの連立政権の歴史
ここでは，これまでのラントの連立政権の歴史の概略をたどる。

まず，1945年の終戦後，1950年頃までは，国家再建のため大連立政権，時に
は KPD も含む全党連立政権が形成された[37]。

---

(33)　ただ，単独政権も連邦よりは多い。以下の記述は，基本的に Eckhard Jesse, „Die
　　　 Parteien im westlichen Deutschland von 1945 bis zur deutschen Einheit 1990“, in: Os-
　　　 car W. Gabriel/Oskar Niedermayer/Richard Stöss（Hg.）, *Parteiendemokratie in*
　　　 Deutschland, 1997, S. 76–80によった。

(34)　Thomas Poguntke, „Parteiorganisationen in der Bundesrepublik Deutschland: Ein-
　　　 heit in der Vielfalt?“, in: Oscar W. Gabriel/Oskar Niedermayer/Richard Stöss（Hg.）,
　　　 Parteiendemokratie in Deutschland, 1997, S. 264.

(35)　Heinrich 2002, a.a.O.（Anm. 27）, S. 30–31.

(36)　Roland Sturm/Sabine Kropp, „Einleitung: Zum Erkenntniswert der Innenseite des
　　　 Regierungshandelns von Koalitionen“, in: Roland Sturm/Sabine Kropp（Hg.）, *Hinter*
　　　 den Kulissen von Regierungsbündnissen. Koalitionspolitik in Bund, Ländern und Ge-
　　　 meinden, 1999, S. 9; Schmidt 1996, *supra* note 25, pp. 83–84.

(37)　Lehmbruch 1998, a.a.O.（Anm. 18）, S. 39–40.

第三編　連立政権と権力分立

　その後，連邦でのCDU／CSUを中心とした連立与党対SPDなどの野党という対立により，次第に連邦の連立政権と同一のCDUとFDP，地域によってはDP，GB／BHE，中央党なども含む連立政権が成立するようになった[38]。しかし，この時期においても，ハンブルク州，ニーダザクセン州，ブレーメン州，ノルドライン＝ウエストファレン州では，CDUを含まない，SPDとFDP（さらに小政党）の連立政権が形成されていた。連邦での大連立政権の時期も，ラントにおいては，CDUとFDP，SPDとFDPの連立政権がそれぞれ存在していた。

　1969年10月からの連邦でのSPDとFDPの連立政権である第一次ブラント（SPD）政権成立後，連邦参議院での多数派獲得競争により，FDPはラントでもSPDとの連立政権形成を目指した。しかし，1977年にはニーダザクセン州とザール州でCDUとFDPの連立政権が形成されるなど，ラントの連立政権の独立性は保持されていた。

　1982年10月に連邦でCDU／CSUとFDPの連立政権が成立すると，ラントでも連邦にならってCDUとFDPの連立政権が増加した。しかし，1985年12月にヘッセン州でSPDと緑の党の連立政権が成立し，また，1987年9月にハンブルク州でSPDとFDPの連立政権が成立するなど，次第にラントの連立政権が多様化してきた。

　1990年代に入ると，ドイツ統一で異質性が拡大し，政党支持率の相違が大きいことから，ラントの連立政権が一層多様化してきた。

　東側では連立の用意・連立の意思・連立能力が限定されているPDSが勢力を拡大し，FDPと緑の党（90年連合／緑の党）の勢力が弱いことから，CDUとSPDの大連立政権が多くなった。さらに，近年は，SPDの戦略により，1998年11月にメクレンブルク＝フォーアポメルン州（2002年11月に継続），2002年1月にベルリン州でSPDとPDSの連立政権が成立した。

　西側では，政党情勢は連邦の与野党に対応するSPDと90年連合／緑の党，CDU（バイエルン州ではCSU）とFDPの連立が可能だが，投票の流動化に伴い，政権交代が頻繁になった[39]。

───────────────

　(38)　CSUはバイエルン州のみの政党なので，他のラントではCDUのみとなる。

220

第9章　連立政権と連邦制

　さらに，1990年11月にブランデンブルク州（1994年3月まで），1991年9月に
ブレーメン州（1995年2月まで）で，SPDとFDPと緑の党（90年連合／緑の党）
の三党の連立政権（いわゆる信号連立）が成立するという新しい動きが生じた。
　そして，現時点（2004年3月）では，ラントの連立政権は，多い順に，CDU
とFDPが3州，SPDとCDUが2州，SPDと90年連合／緑の党が2州，SPD
とPDSが2州，SPDとFDPが1州となっている[40]（さらにCDU，CSUの単独
政権が6州ある）。
　このように，ラントの連立政権は，多様で，また，近年とくに変化が大きい
という特徴があり，将来的な連立の予測が困難となっている[41]。そして，地
域レベルで多様な連立政権が形成されることにより，他のラント，連邦でもそ
れぞれの政党の連立可能性が高まることになる[42]。

3　連邦参議院条項

　連邦参議院での投票はラント政府の指令に従って，統一的に投票しなければ
ならない（基本法第51条）。そして，上記のようにラントの連立政権は多様であ
り，連邦の与野党と一致するとは限らない。そのため，ラントでは，連立政権
の場合，連邦参議院での投票について連立政党の意見が分かれる可能性がある。
具体的には，連邦の与党のみ・連邦の野党のみ，連邦の与野党からなるという

---

(39)　Oskar Niedermayer, „Das gesamtdeutsche Parteiensystem", in: Oscar W. Gabriel/
　　　Oskar Niedermayer/Richard Stöss（Hg.）, *Parteiendemokratie in Deutschland*, 1997, S.
　　　117-118.

(40)　ハンブルク州では，2004年3月に，CDUとFDPと法治国家攻勢党（Partei rechts-
　　　staatlicher Offensive＝PRO）（ハンブルク州の右翼・地域政党）の連立政権からCDU
　　　の単独政権への政権交代が行われた。

(41)　Eckhard Jesse, „Die wahrscheinlichen und die sinnvollen Koalitionen（vor）der
　　　Bundestagswahl 2002", *Zeitschrift für Parlamentsfragen* 2002, S. 427.

(42)　Klaus von Beyme, „Funktionenwandel der Parteien in der Entwicklung von der
　　　Massenmitgliederpartei zur Partei der Berufspolitiker", in: Oscar W. Gabriel/Oskar
　　　Niedermayer/Richard Stöss（Hg.）, *Parteiendemokratie in Deutschland*, 1997, S. 378. こ
　　　のことの意義については，後述第14章参照。

221

第三編　連立政権と権力分立

三通りの連立政権構成が考えられる[43]。とくに意見が分かれうるのは連邦の与野党からなる連立政権であるが，連邦の与党のみ・野党のみからなる連立政権でも，政策的相違，ラントの利益についての考え方の相違から意見が分かれる可能性がある。このとき，連邦参議院での意見の相違によって当該ラントの連立政権が危機に陥ることを防ぐため，ほとんどのラントの連立協定でいわゆる連邦参議院条項が定められている[44]。

　たとえば，2002年11月のメクレンブルク＝フォーアポメルン州でのSPDとPDSの連立協定においては，「内閣と連邦参議院」の項目で，「295　連邦参議院での投票行動は，連立当事者によって内閣で決定される。このとき，ラントと市民の利益が前面にある。当事者が基本的意味があるとする問題のみを争いあるものとする」と規定し，それに先行する項目で，「294　連立当事者は，内閣での決定がコンセンサスで行われることに努力する。連立当事者は，一当事者にとって基本的意味を持つ問題においては，連立当事者が多数決されないことについて合意する」としている。すなわち，連邦参議院の投票について，基本的問題とされるものは内閣で多数決を行わず，よって，「296　合意が成立しない場合，連邦参議院でラントは棄権する」ことになる[45]。

　このような連邦参議院条項の許容性について，争いがある。

　まず，内閣は連立協定の当事者ではない。したがって，この連邦参議院条項は，基本的な意味を持つ問題についての連邦参議院での投票について，内閣での審議において合意できない場合，多数決で決定せず，この結果，連邦参議院では棄権するように連邦参議院議員（ラント政府の構成員）に働きかけるとい

---

(43)　2004年3月現在，連邦の連立政権と同一であるSPDと90年連合／緑の党の連立政権が2州，連邦野党のみから構成される連立政権が3州，連邦与野党から構成される連立政権が5州ある（さらに，CDUの単独政権が5州，CSUの単独政権が1州ある）。

(44)　Kropp 2001, a.a.O. (Anm. 27), S. 191-192.

(45)　他の連立協定についても，ほぼ同様である。ただ，1996年5月のラインラント＝ファルツ州のSPDとFDPの連立政権での連立協定は，「連邦参議院」の項目で，様々な条件付きではあるが，くじによって投票を決定することが規定された。しかし，この規定は批判され，実際には適用されず，当事者が話し合いで合意することを強制する効果をもたらした。参照，Sabine Kropp/Roland Sturm, *Koalitionen und Koalitionsvereinbarungen. Theorie, Analyse und Dokumentation*, 1998, S. 193-194 Dok. 61.

第9章　連立政権と連邦制

う協定であるということになる。

　まず，連邦参議院案件の中で，基本的な意味を持つ問題については内閣で多数決で決定しないと連立協定で規定することは，許容されると考えられる。内閣で多数決によって決定しないということは，決定手続についての限定であり，このときは全員一致で賛成・反対・棄権を決定することになる[46]。

　しかし，連邦参議院条項は，合意が成立しない場合は連邦参議院で棄権するとして，内閣での決定内容を規定している点で異なる。連邦参議院においては，棄権は反対と同じ効果を持つことになるので一層問題となる（基本法第52条3項1文）。

　この条項は，基本的意味を持つ問題について全て棄権することを働きかけることになるため，許容されない連立協定であるという見解がある[47]。

　しかし，内閣での審議において，連邦参議院で棄権すると決定することは可能である。よって，この条項については，内閣において合意を目指した十分な話し合いでも合意できない場合，当事者がそれぞれにとって基本的な意味を持つとする問題に限定して，多数決での決定を行わず，連邦参議院で棄権することを決定するように内閣に対して働きかけると限定的に規定している（またはそのように解釈できる）限りで許容されると考えうる。たとえば2003年6月のブレーメン州でのSPDとCDUの連立協定では，「連邦参議院での投票行動」において，以下のように規定している。

　「連立当事者は，個別の場合に連邦参議院での投票手続について合意する。このとき，以下の点が考慮される。

　ラントの利益が絶対的に優先する。ラントと連邦の建設的協力でその実現が追求される。

　連立協定の文言と精神が考慮される。連立協定が政策の基礎である。

　当事者の見解で基本的意味がある問題のみ，争いあるものとされる。

　連邦参議院でのラントの投票行動について合意が無い場合，原則的に，ラントは棄権し，よって，提案に合意しないことになる。

（46）　内閣の多数決排除条項について，前述第6章3参照。

（47）　Bandorf 1977, a.a.O.（Anm. 17）, S. 84.

第三編　連立政権と権力分立

　憲法的に規定された，連邦の立法手続への協力は，ブレーメン州および他の
ラントによって，建設的な協力として実行され，自動的な棄権・よって拒否と
されてはならない。このような連立当事者の確信を基に，ブレーメン州は，と
くに財政・経済安定のための法律において，実践的な，連邦に忠誠的な行動の
全ての可能性を利用する。前述の原則のもとで合意が達成されない特別な個別
の場合，連立当事者は，連立委員会でのコンセンサス的手続において，両者が
受け入れることができる解決を目指す。このとき，両院協議会招集による合意
のチャンスも検討する」

　連邦参議院条項は，この規定のように，連立政党が基本的意味があるとする
問題で争いがあるとき，内閣・連立委員会などでの話し合いでも合意できない
場合のみ投票を棄権するという意味である限りで許容されると考えられる[48]。

　実際には，連邦参議院でのほとんどの投票は，内閣の閣議でも管轄大臣でも
なく，州首相官房長官，連邦参議院担当大臣，官庁の連邦参議院担当者との会
談で決定される。少数の高度に政治的な問題か，複数の所轄に関わる問題で官
僚レベルでの会談で合意が達成されなかった場合のみが内閣段階に至る[49]。
そして，内閣・連立委員会などでの協議で合意に至らない場合に初めて連立協
定が適用され，連邦参議院で棄権するという決定が行われる。しかし，内閣は
連立協定の当事者ではないため，多数決で投票行動を決定することもある[50]。
このとき，連立協定違反として連立政権が危機に陥る可能性があるが，国家機
関の決定としては有効である。このとき，連邦参議院では投票者（Stimm-
führer）が内閣の決定に従って投票し，その投票は有効である[51]。

---

(48)　Ingo von Münch, *Rechtliche und politische Probleme von Koalitionsregierungen.*
　　　Vortrag gehalten vor der Juristischen Gesellschaft zu Berlin am 14. Oktober 1992,
　　　1993, S. 26; Kropp/Sturm 1998, a.a.O.（Anm. 45），S. 122-123.

(49)　投票決定手続については，参照，Herzog 1987, a.a.O.（Anm. 13），Rn. 23。

(50)　実例は，たとえば参照，Bandorf 1977, a.a.O.（Anm. 17），S. 81。

(51)　Roman Herzog, „Zusammensetzung und Verfahren des Bundesrates", in: Josef Isen-
　　　see/Paul Kirchhof（Hg.），*Handbuch des Staatsrechts der Bundesrepublik Deutschland*
　　　Bd. Ⅱ. *Demokratische Willensbildung—Die Staatsorgane des Bundes*, 1987, §46 Rn. 33.
　　　なお，通常は一人の投票者がラントの投票をまとめて投票するため，投票者が内閣の決
　　　定・指令に反する投票を行うこともある。このとき，その投票は有効だが，ラント政府

第9章　連立政権と連邦制

4　ラントと連邦の相互作用

　ラントの連立政権形成は，ラントのみならず連邦政治の要素も考慮される。
たとえば，1954年7月にノルドライン＝ウエストファレン州で成立したCDU
とFDPと中央党の連立政権成立時の施政方針演説において，アーノルド
（CDU）州首相は，「政府形成においては，ラント政治の要素だけが考慮される
のではなく」「連立政権形成についてのラントと連邦の政治的相互作用が考慮
されなければならない」と述べた[52]。

　連邦政党はラント支部に特定の連立を強制はできないが，それでも，働きか
けは可能である。連邦参議院の多数派関係による影響が最も大きいが，それ以
外にも事実上の影響が存在する。このとき，連邦からラントのみならず，ラン
トから連邦，ラント相互の影響もある。

（1）連邦参議院の多数派関係

　まず，連邦政党は，連邦参議院の多数派関係を考慮し，連邦与党・連邦野党
と一致した連立政権を形成するようにラント支部に働きかける。たとえば1950
年代には，アデナウアー（CDU）連邦首相が，連邦参議院も支配するために，
ラントにおいても連邦と同様の連立政権の形成を目指した[53]。

　ただ，ラント支部は，連邦参議院多数派のためだけにラントでの連立相手を
決定するとは限らない[54]。たとえば，1998年10月に連邦で成立したSPDと90
年連合／緑の党の連立政権は，1999年2月のヘッセン州議会選挙敗北で連邦参
議院多数派を失った。その後，5月のブレーメン州議会選挙の結果，SPDは
連立相手をそれまでのCDUから90年連合／緑の党に変更すれば連邦参議院多
数派を回復できたが，CDUとの大連立政権を継続した[55]。

　　内で紛争が生じる。

(52)　Harald Weber, *Der Koalitionsvertrag*, 1967, S. 37.

(53)　平島 1994年・前掲注（5）78頁。

(54)　Wagschal 2001, a.a.O.（Anm. 28）, S. 870.

(55)　Eckhard Jesse, „Koalitionen in den neuen Bundesländern. Varianten, Veränderun-
　　　gen, Versuchungen", in: Roland Sturm／Sabine Kropp（Hg.）, *Hinter den Kulissen von*

第三編　連立政権と権力分立

（2）連立政権の相互作用

次に，連邦とラントの連立政権の相互作用について検討する。

まず，連立政権の相互作用の典型的なものは，ラントでの連立政権が連邦での連立政権の実験・予告になることである[56]。1969年10月の連邦での初めてのSPDとFDPの連立政権成立は，1966年12月からのノルドライン＝ウエストファレン州でのSPDとFDPの連立政権の成功によるところが大きかった[57]。1998年10月の連邦でのSPDと90年連合／緑の党の連立政権の成立にとっても，それに先行する各ラントでの両党の多くの連立政権の経験，とくに1995年7月からのノルドライン＝ウエストファレン州でのSPDと90年連合／緑の党の連立政権が重要な意味を持った[58]。

逆に，連邦での連立政権形成に合わせてラントでも連立政権が形成され，また，連邦と異なる連立政権形成が阻止されることも多い。たとえば1969年10月の連邦でのSPDとFDPの連立政権成立後，FDPは複数のラントでもSPDとの連立政権を形成した。

ただ，他の局面での連立選択肢を確保するために，あえて異なる構成の連立政権を形成することもある。たとえば，ラントにおいて連邦与党が連邦野党と連立政権を形成することによって，連邦でも連立可能性が生じる。1977年に，FDPはニーダザクセン州とザール州でCDUと連立したことで，連邦でも野党CDU／CSUと連立する可能性が高まり，SPDに対して有利な戦略的地位を得た[59]。また，1991年5月には，ラインラント＝ファルツ州で，連邦与党の

Regierungsbündnissen. Koalitionspolitik in Bund, Ländern und Gemeinden, 1999, S. 149. シュレーダー（SPD）連邦首相は，連邦参議院の多数派が無い状況を，自己の連邦での連立相手の90年連合／緑の党を抑制するために利用できるという側面がある。参照，Klaus von Beyme, *Das politische System der Bundesrepublik Deutschland. Eine Einführung,* 9., neu bearbeitete und aktualisierte Auflage, 1999, S. 375。

(56)　Kropp/Sturm 1998, a.a.O.（Anm. 45），S. 10. このことで，連邦でも連立政権の選択肢が増加するという効果があることについては，後述第14章参照。

(57)　加藤秀治郎『戦後ドイツの政党制　東西ドイツ政党の政治社会学的分析』（学陽書房，1985年）162-163頁。

(58)　Knut Bergmann, *Der Bundestagswahlkampf 1998. Vorgeschichte, Strategien, Ergebnis,* 2002, S. 122.

第9章　連立政権と連邦制

FDP が当時の連邦野党 SPD と連立した。この連立政権は，1998年10月の連邦
での政権交代後は連邦与党 SPD と連邦野党 FDP の連立政権となったが，両
党にとって連邦での連立選択肢を確保する重要な戦略的意味を持っている[60]。
これも，他の局面での連立政権を考慮した連立政権形成であると言える。

　この連邦とラントの連立政権の相互作用は，立法期の間にも及ぶ。連邦で連
立政権を組んでいる政党が，ラントで連立相手を変更することで，連邦の連立
相手に間接的影響を及ぼそうとすることがある[61]。たとえば，ザール問題，
選挙法問題でアデナウアー（CDU）連邦首相・CDU／CSU と対立した FDP は，
1956年2月に，連邦での対立のみを理由として，ノルドライン＝ウエストファ
レン州での CDU，FDP，中央党の連立を解消し，CDU のアーノルド州首相へ
の建設的不信任を成立させ，SPD と FDP と中央党の連立政権を成立させ
た[62]。

　逆に，他の局面を重視し，対立が多い連立政権を維持することもある。1995
年7月に成立したノルドライン＝ウエストファレン州の SPD と90年連合／緑
の党の連立政権は競争・衝突が多く，90年連合／緑の党はたびたび連立を解消
しようとした。しかし，1998年に予定された第14回連邦議会選挙後の SPD と
の連立政権形成可能性を損なわないために連立政権を維持した[63]。

---

(59)　Udo Bermbach, „Stationen der Regierungs- und Oppositionsbildung 1976“,
　　　Zeitschrift für Parlamentsfragen 1977, S. 168. なお，その S. 166-167によると，連邦参議
　　　院で多数派を持つ連邦野党 CDU の単独政権に連邦与党 FDP が参加し，連邦参議院で
　　　の CDU の連邦政府への妨害行動を阻止する目的もあった。

(60)　Kropp 2001, a.a.O.（Anm. 27），S. 94-95.

(61)　加藤秀治郎・楠精一郎『ドイツと日本の連合政治』（芦書房，1992年）25頁。

(62)　Theodor Eschenburg, „Das Zweiparteiensystem in der deutschen Politik“, in:
　　　Richard Dietrich/Gerhard Oestreich (Hg.), *Forschungen zu Staat und Verfassung. Fest-*
　　　gabe für Fritz Haltung, 1958, S. 414-415. 直後に，連邦でも FDP は連立政権から離脱し
　　　た。前述第1章5（2）（a）参照。

(63)　Sabine Kropp, „Verhandeln und Wettbewerb in der Regierungspraxis von Län-
　　　derkoalitionen—Handlungsarenen, Strategien und Konflikte von Koalitionsakteuren“,
　　　in: Everhard Holtmann/Helmut Voelzkow (Hg.), *Zwischen Wettbewerbs- und Verhand-*
　　　lungsdemokratie. Analysen zum Regierungssystem der Bundesrepublik Deutschland,
　　　2000, S. 164-165. 当該連立政権で対立が多かった要因については，前述第8章2（2）

第三編　連立政権と権力分立

（3）連立政権と選挙の相互作用

以上は連立政権自体の相互作用であるが，連邦・ラントの連立政権と他の局面の選挙の相互作用もある。

まず，連邦・ラントの連立政権が，他の局面の選挙結果に影響することがある。典型的なのは，1982年9月の連邦でのFDPの連立変更である[64]。この連立変更によってFDPは有権者の批判を受け，また，それまでの支持者を部分的に失ったため，その後，ヘッセン州，バイエルン州，ハンブルク州のラント議会選挙（ハンブルク州は都市州のため市議会選挙）で得票率5％に達せず全議席を失った[65]。

また，他の局面の選挙結果への影響を事前に予測した連立行動もある。たとえば，1994年には，連邦議会選挙戦開始を前に，シャルピング（Rudolf Albert Scharping）SPD党首・首相候補は，東側のSPDラント支部・会派の指導者とともに，ラントでPDSと連立しないとするドレスデン宣言を出した[66]。その後も，1998年に予定された第14回連邦議会選挙への影響を考慮してSPDはPDSと公式の連立をせず，連邦議会選挙後の1998年11月に，初めてメクレンブルク＝フォーアポメルン州でPDSと連立政権を形成した[67]。

5　連立政権と連邦制

以上のように，ドイツ連邦共和国は連邦制国家であり，ラントおよび連邦参議院が強力な地位を持っているため，ラントの連立政権形成は重要である。そ

（a）（iii）参照。

(64)　経過について，前述第2章2（7），後述第10章3（3）（a）（ii）（イ）参照。

(65)　Karlheinz Niclauß, „Repräsentative und Plebiszitäre Elemente der Kanzler-demokratie", *Vierteljahrshefte für Zeitgeschichte* 1987, S. 238.

(66)　PDSに対する態度についてSPD党内には争いがあり，現在でも意見が分かれている。参照，Heinrich Oberreuter/Uwe Kranenpohl/Günter Olzog/Hans-J. Liese, *Die politischen Parteien in Deutschland. Geschichte, Programmatik, Organisation, Personen, Finanzierung,* 26., aktualisierte Auflage von Heinrich Oberreuter/Uwe Kranen-pohl, 2000, S. 173。

(67)　Kropp 2001, a.a.O. (Anm. 27), S. 81.

228

第9章　連立政権と連邦制

して，ラントの連立政権が連邦・他のラントに影響し，また，連邦の連立政権がラントに影響する。よって，ドイツ連邦共和国における連立政権を考察する場合は，連邦制という局面を考慮しなければならない。とくに，ラントにおいて連立政権の実験が行われることで連邦でも連立政権の選択肢が増加し，また，反体制政党が政治システムに統合される効果をもたらすことなど，ラントの連立政権はラントにとどまらない大きな意味を持っていると言えよう[68]。

(68)　後述第14章参照。

第四編　連立政権と民主主義

　本編では，連立政権と民主主義に関する論点を検討する。

　民主主義は幅広い概念であるが，「全ての国家権力は国民に由来する」という国民主権原理（基本法第20条2項1文）の帰結であり実現である。すなわち，民主主義とは，国家権力の制度と行使が常に国民の意思に基づいていることを確保し，国民を源とする正統性の連鎖（Legitimationskette）が確立されるように組織するという国家形態・統治形態である[1]。

　本編では，民主主義に関連する論点として，選挙，政権交代，連立政権の日常の活動，党内・会派内民主主義，議会制民主主義のそれぞれと連立政権との関係を検討する。

◆ 第10章　連立政権と選挙

1　民主主義と選挙

　民主主義と言いうるためには，国家の任務の実行・国家の権限の行使が国民の意思に由来すること，すなわち民主的正統性が必要である[2]。国家機関は，

---

(1)　Ernst-Wolfgang Böckenförde, „Mittelbare/repräsentative Demokratie als eigentliche Form der Demokratie. Bemerkungen zu Begriff und Verwirklichungsproblemen der Demokratie als Staats- und Regierungsform", in: Georg Müller/Renè A. Rhinow/ Gerhard Schmid/Luzius Wildhaber, *Staatsorganisation und Staatsfunktionen im Wandel. Festschrift für Kurt Eichenberger zum 60. Geburtstag*, 1982, S. 315; Ernst-Wolfgang Böckenförde, „Demokratie als Verfassungsprinzip", in: Josef Isensee/Paul Kirchhof (Hg.), *Handbuch des Staatsrechts der Bundesrepublik Deutschland* Bd. I . *Grundlagen von Staat und Verfassung*, 1987, § 22 Rn. 1, Rn. 8-9.

(2)　BVerGE 47, 253 [275].

第四編　連立政権と民主主義

その成立時のみならず，一旦成立した後も，その権力行使において常に国民に対して責任を負わなければならない。すなわち，国家の権力行使が国民によってコントロールされることが必要である[3]。

　具体的には，まず，組織・人物的正統性があることが必要である。すなわち，国民から，国家権力を行使する機関の職務者に至るまで，正統性の連鎖が途切れないことが必要である[4]。

　さらに，政策・内容的正統性があることが必要である。政策・内容的正統性とは，国家権力の行使が，内容的に国民の意思と断絶しないことを意味する。この正統性は，国民の代表機関としての議会に立法権を与え，他の国家機関の行為を議会の制定した法律に拘束すること（基本法第20条3項），さらに，与えられた任務について国家機関が民主的責任を負い，コントロールされることでもたらされる[5]。

　このとき，代表民主制においては，国民代表としての議会選挙が核心的な制度である[6]。

　まず，議会選挙によって議会議員という職務者を選出することにより，議会に組織・人物的正統性がもたらされる。そして，議院内閣制では，その議会が首相・大臣・政府など他の国家機関・職務者を選出することで，国民に由来する正統性の連鎖が確立される[7]。

　また，議会選挙が定期的に行われることで，国民と議会の間に民主的責任関係が成立し，その議会に対して首相・大臣・政府など他の国家機関が責任を負うことで，国家機関の権力行使に政策・内容的正統性が確立される[8]。

　すなわち，議会選挙によって，まさしく民主的正統性がもたらされることに

---

(3)　Böckenförde 1987, a.a.O.（Anm. 1），Rn. 9-11.

(4)　BVerGE 47, 253［275］; 83, 60［71-73］; 93, 37［66-68］. なお，Böckenförde 1987, a.a.O.（Anm. 1），Rn. 15-16は，国家機関が憲法に基づいて設立されるという機能的・制度的民主的正統性と，その実行を委ねられた職務者についての組織的・人物的正統性を独立して扱っているが，ここでは選挙との関連が問題となるので，まとめて論じる。

(5)　Böckenförde 1987, a.a.O.（Anm. 1），Rn. 21.

(6)　BVerGE 3, 19［26］.

(7)　Böckenförde 1982, a.a.O.（Anm. 1），S. 315.

(8)　Böckenförde 1982, a.a.O.（Anm. 1），S. 315.

なる。

本章では，民主主義にとって大きな意味を持つ議会選挙と連立政権の関係について検討する。

2　連立政権での選挙

選挙後に連立政権が形成される場合に最も問題とされるのは，有権者が具体的な政権構成について選挙で決定することができないという点である。ここで，政権構成を決定するとは，政権を構成する政党を決定することを指すが，具体的には，政権の政策（政治プログラム）とその実施主体を決定することである。

多党制においては，一政党または事前に形成された連立予定政党のブロックが議席の過半数を獲得しない限り，有権者は，政府の政党的構成を決定することができない[9]。有権者は，可能な連立の組み合わせ，その可能性の程度を決定するのみであり，選挙後にどのような連立政権を成立するかについては，政党（指導者）が決定する[10]。

つまり，多党制・連立政権が所与の場合，二大政党制・単独政権の場合とは選挙の意味が異なる。二大政党制・単独政権の場合，選挙において事実上の政権決定がなされる。しかし，多党制・連立政権の場合，基本的に選挙においては議席決定までしかできず，最終的な政権形成は議会，具体的には政党・会派指導者に委ねられる[11]。このような状況は，「有権者は，実際に形成された政府を望んでいたとは言えない。政党の決定の自由は，それに対応する有権者の損失と対応している。有権者は，行方もしれぬ旅立ちに誘われている[12]」と

---

(9)　加藤秀治郎・楠精一郎『ドイツと日本の連合政治』（芦書房，1992年）85-86頁。

(10)　Helmut Norpoth, "Choosing a Coalition Partner. Mass Preferences and Elite Decisions in West Germany", *Comparative Political Studies* 1980, p. 426.

(11)　Theodor Eschenburg, „Das Zweiparteiensystem in der deutschen Politik", in: Richard Dietrich/Gerhard Oestreich (Hg.), *Forschungen zu Staat und Verfassung. Festgabe für Fritz Haltung*, 1958, S. 406; Vernon Bogdanor, "Conclusion", in: Vernon Bogdanor (ed.), *Coalition Government in Western Europe*, 1983, p. 272; Winfried Steffani, „Der parlamentarische Bundesstaat als Demokratie", *Zeitschrift für Parlamentsfragen* 1999, S. 990.

第四編　連立政権と民主主義

表現されている。

　すなわち，二大政党制・単独政権の場合は，国民が選挙を通じて政治プログラムとその実施主体を事実上直接的に決定する「直接民主政（démocratie directe）」となる。その典型例としては，イギリス・アメリカ・フランス第五共和制が挙げられる。しかし，多党制・連立政権の場合は，選挙が政治プログラムとその実施主体を事実上直接的に決定する意味を持たず，その決定を選挙で選ばれる代表者の話し合いに委ねる「媒介民主政（démocratie médiatisée）」となる。その典型例としては，ワイマール共和国・イタリア・フランス第四共和制が挙げられる[13]。

　以下では，この直接民主政と媒介民主政の枠組みを基にドイツ連邦共和国の議会選挙を分析し，連立政権と選挙の問題について検討する。

3　ドイツ連邦共和国の議会選挙

（1）ドイツ連邦議会の選挙制度

　まず，ドイツ連邦議会の選挙制度について概観する[14]。

　ドイツ連邦議会の選挙制度は，人物的要素を考慮した比例代表制である。まず，全土が299の小選挙区に分けられ，有権者は，第一投票を，それぞれの属する小選挙区の候補者に投票する。この得票の相対多数者1人が小選挙区当選者となり，総議席598の半数の299人の議員が確定される。この部分で人物的要

---

(12)　Theodor Eschenburg, *Staat und Gesellschaft in Deutschland*, 1956, S. 683.

(13)　Maurice Duverger, *La VIe République et le régime présidentiel*, 1961, pp. 39-53; Maurice Duverger, *Institutions politiques et droit constitutionnel, 1/Les grands systèmes politiques*, 17e édition, 1988, pp. 90-91, pp. 138-141. 直接民主政と媒介民主政については，なお参照，高橋和之「議院内閣制と現代デモクラシー —— 民意を国政に反映させるということの意味」高橋和之『国民内閣制の理念と運用』（有斐閣，1994年）369頁；高橋和之「現代デモクラシーの課題」岩村正彦ほか編『岩波講座・現代の法3 —— 政治過程と法』（岩波書店，1997年）25-26頁；高橋和之「『国民内閣制』再論（上）」ジュリスト1136号（1998年）66頁。

(14)　ラント議会の選挙制度もほぼ同様である。なお，2004年3月の博士論文提出当時の制度である。

第10章　連立政権と選挙

素が考慮されることになる。さらに，有権者は第二投票を，政党が提出した比例名簿に投票する。この第二投票は，第一投票とは独立して投票される。第二投票は，全国レベルで各政党ごとに集計され，比例代表（ヘア・ニーマイヤー方式）により，第二投票の得票数に基づいて，全598議席が各政党に配分される。すなわち，議席配分自体は比例代表制である。このとき，第二投票で有効投票の5％以上を獲得できない政党，または，第一投票で選挙区議席を3議席以上獲得できない政党は，比例代表分の議席を配分されない（5％〔阻止〕条項，直接議席条項）（連邦選挙法第6条6項）。

　このようにして確定された各政党の全国レベルでの議席数が，さらにヘア・ニーマイヤー方式によって，各ラントの政党に配分される。そして，この配分数から第一投票で獲得した議席数を差し引いた数だけ，小選挙区で当選が確定した候補を除外した比例名簿の上位者から順に当選者が確定される。このとき，そのラントでの政党の小選挙区獲得議席数が第二投票によるラントの政党への配分数を上回るときは，超過議席として連邦議会の議席が増加する。2002年9月の第15回連邦議会選挙では，SPDが4，CDUが1の超過議席が生じ，全体の議席が603議席になった。

　以上のように，ドイツ連邦共和国の選挙制度である「小選挙区比例代表併用制」は，議席配分の点では比例代表制であり，小政党でも連邦議会に議席を獲得する可能性がある。よって，多党制となり，議会の場での連立形成によって政権の政治プログラムとその実施主体が決定される媒介民主政になる可能性があるものである。そのため，1960年代まで，二大政党制・単独政権をもたらすために選挙制度を小選挙区・相対多数選挙制に変更することが主張された[15]。

（2）直接民主政的運用

　しかし，ドイツ連邦共和国の実際の展開は，媒介民主政的にはならなかった。

---

(15)　この主張は，競争民主主義的思考を背景にしていた。参照，Gerhard Lehmbruch, *Parteienwettbewerb im Bundesstaat. Regelsysteme und Spannungslagen im Institutionengefüge der Bundesrepublik Deutschland*, 2., erweiterte Auflage, 1998, S. 20-21。なお，連立政権において小政党（具体的にはFDP）が阻害要因となることも問題視された。

第四編　連立政権と民主主義

　この展開をもたらした大きな要因として，各政党が選挙前に連立相手を表明し，さらに大政党が「首相候補」を擁立することが次第に慣行となったことが挙げられる[16]。

（ａ）連 立 表 明

　連立表明とは，選挙後の連立政権形成の予定についての表明である。新政権の政党構成，そのおおまかな人事，個別政党の選挙綱領が政府政策にどのように取り入れられるかということについての予測を与える機能がある[17]。このような連立表明は，議会の政党数が減少し，また，政策が接近したので相互に連立可能になったことによって容易になった[18]。

　連立表明には三種類ある。まず，議席合計で議会の多数派になることを前提として，どの政党と連立政権を形成するかということについての積極的連立表明がある。これが一般的な連立表明だが，さらに，特定の政党とは連立しないという消極的連立表明，そして，連立する場合の条件を含む条件付き連立表明がある。ただ，何をもって連立表明とし，どのような手続で決定されるかは確立していない。同一政党内でも複数の連立の意図があるため，政党としての立場をはっきり確定できない場合もある[19]。

　連立表明は，基本的には，単独で過半数獲得可能性が無い小政党が行い，ま

---

(16)　Hans Meyer, „Das parlamentarische Regierungssystem des Grundgesetzes. Anlage—Erfahrungen— Zukunftseignung", *Veröffentlichungen der Vereinigung der Deutschen Staatsrechtslehrer* Heft 33, 1975, S. 86；加藤・楠 1992年・前掲注（9）92頁。

(17)　Karl-Ulrich Meyn, *Kontrolle als Verfassungsprinzip. Problemstudie zu einer legitimationsorientierten Theorie der politischen Kontrolle in der Verfassungsordnung des Grundgesetzes*, 1982, S. 302 Anm. 423. ドイツ連邦共和国においては，各政党は独自の政策（選挙綱領）を掲げて選挙戦を戦うため，政権の具体的政策は選挙後の連立交渉において決定される。しかし，それでも，連立表明によって，政権の政策の大枠については有権者が選択することが可能となる。

(18)　Göttrik Wewer, „Richtlinienkompetenz und Koalitionsregierung: Wo wird die Politik definiert?", in: Hans-Hermann Hartwich/Göttrik Wewer（Hg.），*Regieren in der Bundesrepublik* Ⅰ. *Konzeptionelle Grundlagen und Perspektiven der Forschung*, 1990, S. 146.

(19)　以上について，参照，Knut Bergmann, *Der Bundestagswahlkampf 1998. Vorgeschichte, Strategien, Ergebnis*, 2002, S. 120.

第10章　連立政権と選挙

た，行うことを要求される。大政党は，小政党と連立政権を形成している場合
はその連立政権を継続することを表明することが多いが，様々な理由から連立
表明を行わないこともある[20]。

（b）首相候補

続いて，首相候補とは，大政党が政権を担当する場合に首相となる予定の人
物のことである[21]。連邦では，1961年 9 月の第 4 回連邦議会選挙において，
SPD がオレンハウアー（Erich Ollenhauer）党首・会派委員長ではなく，西ベ
ルリン（当時は東西に分かれていた）市長のブラントを「首相候補」としたこと
が始まりである。ただ，それまでも，事実上は，CDU／CSU，SPD それぞれ
が政権を担当する場合に誰が連邦首相になるかということは明白・暗黙に確定
しており，その意味では，首相候補は存在していたと言える。

その決定方式については，規定・慣行は無く，選挙ごとに多様な手続で決定
されてきた。SPD は1993年11月の党大会において，党組織規約（Organisations-
statut）第39b 条で，首相候補についての党員投票（Urwahl des/der Kanzler-
kandidaten/in）を行う可能性を規定した。CDU も1995年10月の党大会におい
て，規約（Statut der CDU）第 6 a 条で，連邦幹部会の決定により首相候補に
ついて党員意見調査（Mitgliederbefragung）を行いうることを規定した。しか
し，両方とも任意手続であり，その他，たとえば政党幹部会・会派幹部会の決
定，また，党大会，会派総会など，どの機関・手続で決定してもよい。実際に
は，首相候補は選挙における宣伝者であるため，選挙に勝つ可能性が最も高い
と考えられる者が首相候補になる[22]。

---

(20)　以上について，参照，Ingo von Münch, *Rechtliche und politische Probleme von
　　　Koalitionsregierungen. Vortrag gehalten vor der Juristischen Gesellschaft zu Berlin am
　　　14. Oktober 1992*, 1993, S. 16-17.

(21)　Karl-Ulrich Meyn, in: Ingo von Münch (Begründet), Philip Kunig (Hg.), *Grundge-
　　　setz-Kommentar* Bd. 2（Art. 21 bis Art. 69），3., neubearbeitete Auflage, 1995, Art. 63
　　　Rn. 1. なお，首相候補は，連邦議会選挙でもラント議会選挙でも存在する。

(22)　Richard Hilmer, „Bundestagswahl 2002: eine zweite Chance für Rot-Grün",
　　　Zeitschrift für Parlamentsfragen 2003, S. 195；高田篤「現代民主制から見た議院内閣制
　　　―― 『国民内閣制』論の意義・限界と議会・内閣の役割再検討の視角（覚え書き）」
　　　ジュリスト1133号（1998年）78頁 注（7）。なお，Ulrich Lohmar, *Innerparteiliche*

第四編　連立政権と民主主義

　同一政党内でも異なる連立の意図があることから，しばしば，首相候補決定
は特定の連立と連動している。1998年９月の第14回連邦議会選挙において，
CDU／CSU では，現職のコール連邦首相・CDU 党首ではなく，CDU のショ
イブレ（Wolfgang Schäuble）CDU／CSU 会派委員長が首相候補になる可能性
があった。ショイブレは，困難な問題を解決するため，さらには連邦参議院の
多数派を SPD が占めていることから，SPD との大連立政権を支持していた。
よって，ショイブレが首相候補になった場合，CDU／CSU が勝利した場合の
みならず，SPD が勝利した場合にも大連立政権が成立する可能性があった[23]。
しかし，FDP との連立政権の継続を支持するコール連邦首相が再度首相候補
となり，1998年１月に，CDU／CSU は，FDP との連立政権を継続するという
積極的連立表明と，SPD とは連立しないという消極的連立表明を行った[24]。
　イギリス的なウエストミンスターモデルでは，首相と与党党首，野党の首相
候補と議会内の野党指導者・野党党首が同一人物であることは自明である。し
かし，ドイツ連邦共和国では，これまでの７人の連邦首相中，４人は，連邦首
相就任時には自己の政党の党首ではなかった[25]。また，野党の首相候補も，
それぞれの政党の党首ではないこともあり，また，州首相（すなわち連邦議会
議員ではない）であることも多かった。これまでの先例に共通することは，現
職連邦首相が次の連邦議会選挙においても首相候補になるということのみであ
る[26]。よって，首相候補は党首・会派委員長とは独立したものであり，独自
の意味があると言える。

（ｃ）連立表明・首相候補の実例

　ここでは，これらの慣行を，実際に成立した連立政権，就任した連邦首相と

　Demokratie. Eine Untersuchung der Verfassungswirklichkeit politischer Parteien in der
　Bundesrepublik Deutschland, Zweite, unveränderte Auflage, 1968, S. 104-105, S. 121に
　よると，政党指導者の決定においては政党をまとめる能力が重視されるが，首相候補の
　決定においては有権者への影響力・有権者の評価が重視される。

(23)　SPD が勝利した場合は，CDU／CSU は連立小政党となる。

(24)　この経過について，参照，Knut Bergmann 2002, a.a.O.（Anm. 19），S. 128-132。

(25)　CDU の連邦政党成立前のアデナウアーは除く。

(26)　参照，Suzanne S. Schüttemeyer, *Fraktionen im Deutschen Bundestag 1949-1997.*
　Empirische Befunde und theoretische Folgerungen, 1998, S. 223-231。

第10章　連立政権と選挙

の関係で検討することにする。

　まず，1949年8月の第1回連邦議会選挙においては，はっきりとした連立表明は行われず[27]，CDU／CSU と SPD の大連立政権が成立する可能性もあった。しかし，フランクフルト経済評議会ですでに CDU／CSU と FDP，DP が連立を形成しており，暗黙に，最初の連邦政府でも連立することが考えられていた[28]。また，この選挙では，全政党が KPD と連立しない，BP はどの政党とも連立しない「建設的野党」となる，さらに CSU は BP および SPD と連立しないという消極的連立表明もなされた[29]。そして，選挙の結果，CDU／CSU と FDP，DP の連立政権が形成された。首相候補については，明白な首相候補ではなかったが，CDU／CSU において選挙戦を主導したアデナウアー（CDU）が連邦首相になった。

　1953年9月の第2回，1957年9月の第3回の連邦議会選挙においては，それぞれ CDU／CSU を中心とした連立政権を継続することを表明し，現職のアデナウアー連邦首相が選挙戦を主導した[30]。これに対して，野党 SPD は単独で選挙戦を戦わざるをえなかった。その結果，CDU／CSU を中心とした連立政権が成立し，また，アデナウアーが引き続いて新政権の連邦首相となった。

　1961年9月の第4回連邦議会選挙においては，前年から単独政権となっていた CDU／CSU はアデナウアー連邦首相を事実上の首相候補とし，対して，野党 SPD は，オレンハウアー党首ではなく西ベルリン市長であったブラントを初の公式の首相候補として擁立した。さらに，野党だった FDP は，「アデナ

---

(27)　Eckhard Jesse, „Die wahrscheinlichen und die sinnvollen Koalitionen（vor）der Bundestagswahl 2002", *Zeitschrift für Parlamentsfragen* 2002, S. 422.

(28)　たとえば Schüttemeyer 1998, a.a.O.（Anm. 26）, S. 117 は，選挙前にアデナウアーが FDP，DP と接触していたとする。

(29)　Thomas Saalfeld, „Deutschland: Auswanderung der Politik aus der Verfassung? Regierungskoalitionen und Koalitionsmanagement in der Bundesrepublik, 1949-1997", in: Wolfgang C. Müller/Kaare Strøm（Hg.）, *Koalitionsregierungen in Westeuropa: Bildung, Arbeitsweise und Beendigung*, 1997, S. 56-57.

(30)　Schüttemeyer 1998, a.a.O.（Anm. 26）, S. 123. 1957年には，CDU は，DP に議席を獲得させるために特定の選挙区で候補者を立てない選挙協定を締結した。参照，Saalfeld 1997, a.a.O.（Anm. 29）, S. 56。

239

第四編　連立政権と民主主義

ウアー抜きでCDU／CSUと連立を」というスローガンにより，条件付き連立表明を行った[31]。結果としてCDU／CSUは単独過半数を獲得できず，FDPと連立交渉を行った。FDPは，選挙前の連立表明に基づいて，アデナウアーが連邦首相となることを拒否したため連立交渉が難航した。結局，任期の途中で辞任することを条件にアデナウアーが連邦首相に選出され，CDU／CSUとFDPの連立政権が成立した。

　1965年9月の第5回連邦議会選挙においては，連立与党のCDU／CSUとFDPは連立の継続を表明した。首相候補はCDU／CSUはエアハルト（CDU）連邦首相，SPDはブラント党首・西ベルリン市長であった。選挙の結果，エアハルト連邦首相のもとでのCDU／CSUとFDPの連立政権が継続した。

　1969年9月の第6回連邦議会選挙においては，CDU／CSUとSPDの二大政党が連立政権を形成していたこともあり，明白な連立表明が無かった。ただ，選挙直前のテレビ討論において，FDPのシェール党首が個人的見解としてSPDとの連立を述べ，SPDのブラント党首もFDPとの連立を支持する発言を個人的に行っていたことから，SPDとFDPの連立表明に近いものはあった[32]。また，首相候補については，CDU／CSUがキージンガー（CDU）連邦首相，SPDはブラント党首・副首相・外務大臣をそれぞれ擁立し，与党同士が争うことになった。そして，選挙の結果，SPDとFDPの連立政権であるブラント政権が成立した。

　それに続く1972年11月の第7回，1976年10月の第8回，1980年10月の第9回連邦議会選挙においては，連立与党のSPDとFDPは連立の継続を表明し，SPDの首相候補は，1972年はブラント連邦首相，1976年，1980年はシュミット連邦首相だった。対して，野党CDU／CSUは連立相手が無く，単独で闘わ

---

(31)　Heinrich Oberreuter/Uwe Kranenpohl/Günter Olzog/Hans-J. Liese, *Die politischen Parteien in Deutschland. Geschichte, Programmatik, Organisation, Personen, Finanzierung*, 26., aktualisierte Auflage von Heinrich Oberreuter/Uwe Kranenpohl, 2000, S. 135.

(32)　Klaus Bohnsack, „Bildung von Regierungskoalitionen, dargestellt am Beispiel der Koalitionsentscheidung der F.D.P. von 1969", *Zeitschrift für Parlamentsfragen* 1976, S. 406-410. なお，1969年3月の連邦大統領選挙もSPDとFDPの連立を予想させるものとされた。前述第7章2（2）参照。

第10章　連立政権と選挙

ざるをえなかった。CDU／CSU の首相候補は，1972年はバルツェル CDU 党首・CDU／CSU 会派委員長，1976年はコール CDU 党首・ラインラント＝ファルツ州首相，1980年はシュトラウス CSU 党首・バイエルン州首相であった。そして，3 回の選挙とも SPD と FDP の連立政権が勝利し，ブラント連邦首相，シュミット連邦首相がそれぞれ再選された。

　1982年10月の SPD と FDP の連立政権である第三次シュミット（SPD）政権から CDU／CSU と FDP の連立政権である第一次コール（CDU）政権への政権交代後，1983年 3 月の第10回連邦議会選挙で緑の党が議席を獲得し，1990年12月の第12回連邦議会選挙では PDS が議席を獲得したことにより，与党のみならず野党も複数存在することになり，連立表明の重要性が増加した。

　1983年 3 月の第10回，1987年 1 月の第11回，1990年12月の第12回，1994年10月の第13回の連邦議会選挙においては，連立与党の CDU／CSU と FDP は連立の継続を表明し，CDU／CSU の首相候補は全て現職のコール（CDU）連邦首相だった。

　対して，野党側は分裂していた。1983年，1987年，1990年の連邦議会選挙では，緑の党が反体制的であったこと，政策的にも距離があったことから，SPD と緑の党の連立可能性は低く，相互に連立表明を行わなかった[33]。すなわち，SPD は単独過半数を目指さざるをえなかった。1994年には客観的には両者の連立可能性が高まっており，実際にも90年連合／緑の党は SPD と連立することを表明したが，SPD は拒否した[34]。この間，SPD の首相候補は，1983年は前西ベルリン市長のフォーゲル（Hans-Jochen Vogel），1987年はノルドライン＝ウエストファレン州首相のラウ，1990年はザール州首相のラフォンテーヌ，1994年はラインラント＝ファルツ州首相であり党首でもあったシャルピングであった。そして，全ての選挙において CDU／CSU と FDP の連立政権が勝利し，現職のコール連邦首相が再選された。

---

(33)　Eckhard Jesse, „Koalitionsveränderungen 1949 bis 1994: Lehrstücke für 1998?", *Zeitschrift für Parlamentsfragen* 1998, S. 465.

(34)　Oskar Niedermayer, „Die Bundestagswahl 1998: Ausnamewahl oder Ausdruck langfristiger Entwicklungen der Parteien und des Parteiensystems?", in: Oskar Niedermayer（Hg.）, *Die Parteien nach der Bundestagswahl 1998*, 1999, S. 31.

241

第四編　連立政権と民主主義

1998年9月の第14回連邦議会選挙では，連立与党のCDU／CSUとFDPは連立の継続を表明し，CDU／CSUは首相候補として現職のコール連邦首相を擁立した。これに対し，野党の90年連合／緑の党はSPDとの連立を表明するとともに，SPDが90年連合／緑の党との連立を表明することを要求した[35]。しかし，首相候補となったニーダザクセン州首相のシュレーダーおよびSPDは，90年連合／緑の党との連立表明によって中道の有権者と固定票の労働者を逃すことをおそれ，さらには連立の選択肢を開いておくことで選挙後の連立交渉を有利に進めるため，明白な連立表明を行わなかった[36]。そして，選挙ではSPDが勝利し，シュレーダーを連邦首相とするSPDと90年連合／緑の党の連立政権が成立した。

2002年9月の第15回連邦議会選挙では，連立与党のSPDと90年連合／緑の党は連立の継続を表明し，現職のシュレーダー連邦首相がSPDの首相候補となった。対して，シュトイバー（Edmund Rüdiger Stoiber）CSU党首・バイエルン州首相を首相候補とした野党CDU／CSUは，FDPと連立するしかなかった。しかし，FDPは独自性を示すために連立表明を行わず，ヴェスターヴェレ（Guido Westerwelle）党首を独自の「首相候補」としたため，結局，野党CDU／CSUとFDPのまとまった連立表明は無かった[37]。そして，選挙の結果，連立与党のSPDと90年連合／緑の党が勝利し，第二次シュレーダー政権が成立した[38]。

（d）連立選挙・首相選挙

以上から分かるように，ドイツ連邦共和国の連邦議会選挙においては，1949年8月（第1回），1969年9月（第6回）のように不明確なこともあるが，原則

---

(35)　Jesse 1998, a.a.O.（Anm. 33）, S. 465.

(36)　ただ，シュレーダー首相候補，ラフォンテーヌ党首とも，90年連合／緑の党との連立を示唆する発言を行っていた。1998年9月の第14回連邦議会選挙におけるSPDの90年連合／緑の党に対する戦略について，参照，Knut Bergmann 2002, a.a.O.（Anm. 19）, S. 121-124。

(37)　Jesse 2002, a.a.O.（Anm. 27）, S. 429.

(38)　なお，1990年12月の第12回連邦議会選挙以降議席を獲得しているPDSについては，PDSに連立の用意・連立の意思・連立能力が無く，また，他の政党も，PDSとは連立しないという消極的連立表明を行っていた。

第10章　連立政権と選挙

として選挙前に連立表明が行われ，選挙後には連立表明通りの連立政権が成立している。また，連邦首相については，全ての場合に，勝利した連立または政党が事前に擁立した首相候補が実際に選出されている。すなわち，連立表明，さらに CDU／CSU と SPD の二大政党が首相候補を擁立するという慣行によって，連邦議会選挙は連立選挙・首相選挙（Kanzlerwahl）となり，連邦議会の構成のみならず，特定の連立とその首相候補についての決定でもあることになった[39]。ドイツ連邦共和国の比例代表制，多党制，連立政権において，ウエストミンスターモデルの小選挙区・相対多数選挙制，二大政党制，単独政権類似の運用が確立したと言える[40]。

ドイツ連邦共和国においては，その選挙制度・政権形態から媒介民主政に展開する可能性があった。しかし，政党数の減少・二つの大政党の確立という政党システムの展開と，連立表明・首相候補の擁立という慣行により，国民が選挙を通じて政治プログラムとその実施主体を事実上直接的に決定する「直接民主政」的な運用が確立した[41]。

（3）媒介民主政的要素

しかし，この直接民主政的な運用は，政党数の減少・二つの大政党の確立という政党システムの展開と，連立表明・首相候補の擁立という慣行に支えられたものである。すなわち，これらの条件が変化すると，「媒介民主政」的要素

---

(39)　Karlheinz Niclauß, „Repräsentative und Plebiszitäre Elemente der Kanzlerdemokratie", *Vierteljahrshefte für Zeitgeschichte* 1987, S. 229.

(40)　Eckhard Jesse, „Die Parteien im westlichen Deutschland von 1945 bis zur deutschen Einheit 1990", in: Oscar W. Gabriel/Oskar Niedermayer/Richard Stöss (Hg.), *Parteiendemokratie in Deutschland*, 1997, S. 74-75. なお，高橋和之 1998年・前掲注(13)72頁も，比例代表制において直接民主政的運用が実現する可能性を述べている。

(41)　Wilhelm Hennis, „Die Rolle des Parlaments und die Parteiendemokratie", in: Wilhelm Hennis, *Die mißverstandene Demokratie*, 1973, S. 77, S. 111; Eschenburg 1958, a.a.O. (Anm. 11), S. 412. なお，Duverger 1961, *supra* note 13, p. 52, p. 65は，ドイツ連邦共和国を直接民主政国家に分類する。ドイツ連邦共和国では，この展開を受けて，小選挙区・相対多数選挙制への選挙制度改革が主張されなくなった。参照，Eckhard Jesse, "The Electoral System: More Continuity than Change", in: Ludger Helms (ed.), *Institutions and Institutional Change in the Federal Republic of Germany*, 2000, p. 130。

243

第四編　連立政権と民主主義

が前面に出てくることになる。以下では，連立政権形成・連立変更の問題，さらに，連立表明の義務があるかという点について検討する。

（ａ）連立政権形成・連立変更

（ｉ）問題の所在

　これまでの連立表明・首相候補という慣行は，首相を出すことが可能な二つの大政党（主政党）である CDU／CSU と SPD，それぞれの大政党が多数派を形成する際に連立可能な小政党（副政党）である FDP からなる三党制という安定した政党システムを前提としていた[42]。

　しかし，1980年代に緑の党（90年連合／緑の党），1990年代に PDS が議席を獲得したことによる多党化，さらに，PDS は連邦レベルでは連立の用意・連立の意思・連立能力が無いことから，議席状況次第では，事前の連立表明通りの連立政権が形成できるとは限らなくなってきた[43]。具体的には，現状では，連立与党も，野党も過半数を獲得できず，よって，事前に表明することが困難な SPD と CDU／CSU の大連立政権，SPD と90年連合／緑の党と FDP の三党連立政権を形成せざるをえない可能性がある。たとえば2002年９月の第15回連邦議会選挙においては，PDS の議席数次第で，事前の連立表明に含まれない様々な連立可能性が考えられた[44]。

　すなわち，政党システムの変化により，連立表明通りの連立政権が形成できなくなり，この点において媒介民主政的運用となる可能性がある。

　さらに，これに関連する問題として，立法期の間の連立の変更が挙げられる。選挙前に連立表明が行われ選挙後に連立表明通りの連立政権が形成された場合でも，多党制の連立政権においては，立法期中に連立政権の組み合わせが変化

---

(42)　主政党（Hauptpartei），副政党（Nebenpartei）という表現は，Eschenburg 1956, a.a.O.（Anm. 12），S. 686-687によった。

(43)　Roland Sturm／Sabine Kropp, „Einleitung: Zum Erkenntniswert der Innenseite des Regierungshandelns von Koalitionen“, in: Roland Sturm／Sabine Kropp（Hg.）, *Hinter den Kulissen von Regierungsbündnissen. Koalitionspolitik in Bund, Ländern und Gemeinden*, 1999, S. 7. 連立表明をしていた小政党が得票率５％以上の票を獲得できず，議席を獲得できない可能性も考慮しなければならない。

(44)　参照，Jesse 2002, a.a.O.（Anm. 27），S. 429-434。このことは，ラントで一層顕著である。前述第９章２参照。

第10章　連立政権と選挙

する可能性がある。

　時には，立法期中に大規模な連立の変更も行われる。1966年の CDU／CSU と FDP の連立政権であるエアハルト（CDU）政権から CDU／CSU と SPD の連立政権であるキージンガー（CDU）政権への交代は連邦首相の変更と政権構成政党の大規模な変更を伴い，1982年の SPD と FDP の連立政権であるシュミット（SPD）政権から CDU／CSU と FDP の連立政権であるコール（CDU）政権への交代は連邦首相を出す政党も変更された[45]。

　以上のことから，多党制においては，連立表明を行っても，選挙直後または立法期中に異なる連立政権が形成される可能性があるという問題があることになる。

（ⅱ）連邦議会解散訴訟判決

　この問題について，1982年秋の連立変更とそれに続く連邦議会の解散，1983年2月のいわゆる連邦議会解散訴訟判決をもとに検討する[46]。

（イ）訴訟に至る経過

　1980年10月の第9回連邦議会選挙前の連立表明の通りに1980年11月に成立した SPD と FDP の連立政権である第三次シュミット（SPD）政権は，当初から経済政策と失業対策で両党の対立があった。そして，1982年夏には1983年度予算案について両党が対立し，1982年9月17日に FDP の連邦大臣が辞任して連立が終了した。その後，FDP は CDU／CSU と連立交渉を行い，10月1日に CDU／CSU と FDP によるシュミット連邦首相に対する建設的不信任（基本法第67条）が可決され，第一次コール（CDU）政権が成立した。

　この連立変更においては，基本法第67条による建設的不信任による連邦首相の交代は，手続的には合法だが，連邦議会選挙でしか調達できない正統性が欠

（45）　また，1963年10月のアデナウアーからエアハルト，1974年5月のブラントからシュミットへの連邦首相交代のように，政権構成政党が同一でも立法期中に連邦首相が交代することがあった。この点についても，連邦議会選挙が首相選挙となっている傾向が強まっていることからは問題となるべきところであるが，政権構成政党が同一の場合の連邦首相の交代が問題とされることは実際には少ないので，以下では，連立変更に関する問題のみを検討することにする。このことについては，なお参照，Niclauß 1987, a.a.O.（Anm. 39）, S. 234-235。

（46）　BVerGE 62, 1.

245

第四編　連立政権と民主主義

如しているとして批判された(47)。すなわち，連立表明と首相候補擁立という慣行の成立により，立法期中の連立解消と連邦首相交代は，立法期の間その連邦首相のもとでの連立を維持するという選挙時点での約束違反と考えられ(48)，その民主的正統性が疑問視されるようになっていた(49)。たとえばシュミット連邦首相は，不信任される前に，コールが基本法第67条による建設的不信任で連邦首相になる場合，「連邦首相は基本法的な合法性（Legalität）のみではなく，有権者のみが与えることができる正統性（Legitimität）も必要なので，選挙を行わなければならないだろう」と発言した(50)。

　すでに CDU／CSU と FDP は，建設的不信任を行う前の連立交渉において，緊急案件処理の後に連邦議会を解散することを取り決めていた(51)。政権交代から二ヶ月あまり後の1982年12月13日に，コール連邦首相は連邦議会を解散するために基本法第68条の信任問題を提出し，12月17日，与党の棄権によって反対多数となり否決された。これを受けて，コール連邦首相は連邦議会の解散をカルステンス連邦大統領に提案し，連邦大統領は解散の憲法適合性，解散が必要かどうかを検討したうえで，1983年１月６日に連邦議会の解散命令を出した。

　（ロ）連邦憲法裁判所判決の概要

　この連邦議会の解散命令に対して，連邦議会議員４人が，連邦大統領を被告

---

(47)　理論的には，1965年９月の第５回連邦議会選挙前に連立を表明し実際に成立した CDU／CSU と FDP の連立政権が崩壊し，エアハルト（CDU）連邦首相が辞任し，CDU／CSU と SPD が連立し，基本法第63条によってキージンガー（CDU）連邦首相が選出された1966年10月から12月の場合も同様である。

(48)　Geoffrey K. Roberts, "Coalition Termination in the Federal Republic of Germany", in: Roland Sturm／Sabine Kropp（Hg.）, *Hinter den Kulissen von Regierungsbündnissen. Koalitionspolitik in Bund, Ländern und Gemeinden*, 1999, S. 211-212.

(49)　Wolfgang Ismayr, „Parteien in Bundestag und Bundesregierung", in: Oscar W. Gabriel／Oskar Niedermayer／Richard Stöss（Hg.）, *Parteiendemokratie in Deutschland*, 1997, S. 399.

(50)　Wolf-Rüdiger Schenke, in: *Bonner Kommentar zum Grundgesetz*, Loseblatt, Art. 68 Rn. 98（1989）. なお参照，*Das Parlament* Nr. 40 vom 9. 10. 1982, S. 1-3。Niclauß 1987, a.a.O.（Anm. 39）, S. 239は，この状況を，「基本法の代表制的性格と，宰相民主主義のプレビシット的要素の緊張関係」と表現する。

(51)　Roberts 1999, a.a.O.（Anm. 48）, S. 207-208.

246

とする機関訴訟を連邦憲法裁判所に提起した。この訴訟において，原告は，解散命令が基本法第68条1項1文に反すること，さらに，基本法第39条1項により4年の任期を保障され，基本法第38条1項2文でも保障された連邦議会議員の地位を侵害されたことを主張した[52]。

連邦憲法裁判所の多数意見は，基本法第68条が解散目的で利用されることは許容されるが[53]，不文の構成要件として，連邦首相と連邦議会の関係において不安定な政治状況があること，すなわち，連邦首相が連邦議会多数派の恒常的な支持を確保できないことを挙げた[54]。解散を行うためには，「連邦議会の政治的勢力関係により，多数派の恒常的信任によって支持された政策を有意味に行うことができないほど連邦首相の行動能力が損なわれまたは麻痺しなければならない。これが基本法第68条1項1文の，不文の客観的な構成要件である[55]」。そして，連邦首相は，連邦議会の解散を必要とするという政治状況であると判断するときは解散目的で信任問題を提出し[56]，連邦議会が否決した後に連邦大統領に解散を提案する。このとき，連邦大統領は，解散を禁じる政治状況であるという判断が，解散を必要とするという連邦首相の判断に明白に優先しない限り，政治状況に関する連邦首相の判断を受け入れ[57]，連邦議会

---

(52)　その他関連訴訟があるが，ここでは検討しない。参照，近藤敦『政権交代と議院内閣制　比較憲法政策論』（法律文化社，1997年）167頁。

(53)　BVerGE 62, 1 [37-38]. 基本法第68条の信任問題は，まさしく信任を獲得するためのみに提出するべきものか，連邦議会を解散することを目的とした信任問題提出も可能かという問題であるが，通説は，判決と同様に，解散目的の信任問題提出も許容する。たとえば参照，Schenke 1989, a.a.O.（Anm. 50），Art. 68 Rn. 62-66。

　　過去，解散目的の信任問題は，1982年12月の本件とともに1972年9月のブラント（SPD）連邦首相の信任問題がある。また，文字通り信任を求める信任問題としては，1982年2月のシュミット（SPD）連邦首相の信任問題がある。さらに，基本法第81条1項2文から，信任問題は特定の法案などと結合できる。2001年11月に，シュレーダー（SPD）連邦首相は，アフガニスタン派兵決議案と結合した信任問題を提出し，同決議案は可決された。参照，Arnulf Baring/Gregor Schöllgen, *Kanzler Krisen Koalitionen*, 2002, S. 303。

(54)　BVerGE 62, 1 [42].

(55)　BVerGE 62, 1 [44].

(56)　BVerGE 62, 1 [49-50].

第四編　連立政権と民主主義

解散のための先行する行為を合憲としなければならない。そして，連邦大統領は，先行する行為の合憲性を受け入れた後，自己の裁量で，さらに，連邦議会を解散するかどうかを決定するとした[58]。

そして，この基準によって，本件の解散に至った状況を検討した結果，連邦大統領の政治状況判断において，解散を必要とする政治状況であるという連邦首相の判断に対して解散を禁じる判断が明白に優先しないとした。そして，以上を前提とした連邦大統領の独自の裁量の結果連邦議会を解散した1983年1月6日の解散命令は，基本法に反しないとした[59]。

（ハ）憲法的合法性と民主的正統性

結論として解散を認めたこの判決については賛否両論あるが[60]，本書にとって重要なのは一般論の部分である[61]。

すなわち，判決の挙げた基本法第68条の不文の構成要件から，連邦議会において十分な多数派が連邦首相・政府を支持している場合，連邦首相は連邦議会の解散を連邦大統領に提案してはならないことになる。

(57)　BVerGE 62, 1 [51].

(58)　BVerGE 62, 1 [51].

(59)　BVerGE 62, 1 [62-63]. この判決が明白性の原則を採用したことについて，たとえば参照，Hans-Peter Schneider, „Sibyllinisch oder salomonisch? —Das Urteil des Bundesverfassungsgerichts zur Parlamentsauflösung", *Neue Juristische Wochenschrift* 1983, S. 1529-1530。

(60)　とくに，信任問題否決の前日の1982年12月16日に連立与党会派の賛成多数で予算案が可決されていたこと，さらに，解散による連邦議会選挙後には再度コール連邦首相のもと CDU／CSU と FDP の連立政権を継続することが表明されていたことから，連邦首相・政府は連邦議会多数派の支持を確保していたので解散してはならなかったという見解が有力である。たとえば参照，Wolf-Rüdiger Schenke, „Zur verfassungsrechtlichen Problematik der Bundestagsauflösung", *Neue Juristische Wochenschrift* 1983, S. 152。

(61)　この判決についての我が国における解説として，参照，石村修「西ドイツにおける議会の解散権（一）」専修大学法学研究所編『公法の諸問題（二）』（1985年）135-161頁；石村修「西ドイツにおける議会の解散権（二）」専修法学論集41号（1985年）109-143頁；近藤敦「議会の解散 —— 西ドイツ連邦憲法裁判所の判決を中心に」九大法学55号（1988年）69-94頁；吉田栄司「基本法68条と連邦議会の解散 —— 連邦議会解散訴訟」ドイツ憲法判例研究会編『ドイツの憲法判例（第2版）』（信山社，2003年）522-526頁。

第10章　連立政権と選挙

　とくに，判決は，「建設的不信任で選出された連邦首相に対し，憲法的な合法性とともに総選挙でもたらされる正統性が必要であると主張して連邦議会解散と総選挙を要求することは，基本法第68条と，基本法が形成した代表民主主義の意味を根本的に見誤るものである。憲法から判断すると：基本法第67条で選出された連邦首相も，その選出の合憲性により，完全な民主的正統性を持つ。さらなる正統性が必要であるという主張することによって憲法に従った手続の価値を引き下げ，または空洞化することは，基本法が規定する民主的法治国家を保護することに鑑みて，無責任であろう。基本法によると，憲法に従った合法性は，同時に民主的正統性を意味する。これと異なる見解は，自由選挙の民主的基本原理と，基本法第38条１項の意味での議員の代表制的な自由委任の意味に抵触するものである」と述べた[62]。

　すなわち，連邦議会内での政権交代は非民主主義的であり避けるべきという主張に対し，連邦憲法裁判所は，憲法的合法性と民主的正統性を同一のものとし，連立変更の場合に連邦議会解散・選挙は不要とした[63]。民主的正統性獲得のために解散する必要は無いばかりではなく，違憲である。つまり，代表民主制を採用し，議員の自由委任を定める以上，立法期の間の連立変更は自由である。基本法第67条によって選出された連邦首相も，連邦議会において政府を支持する多数派が存在する限り，連邦議会の解散を連邦大統領に提案してはならない[64]。

----

(62)　BVerGE 62, 1 [43].これに対し，ツァイドラー（Wolfgang Zeidler）裁判官の，結論において一致するが理由が異なる補足意見は，連邦議会選挙が事実上連邦首相決定の役割を帯びるに至ったとし，その結果，立法期中に基本法第67条で選出された連邦首相に対する国民の信頼が不足することにより連邦首相の政治的行動能力が麻痺しうるとして，連邦議会解散を合憲とした。参照，BVerGE62, 1 [64-70].

(63)　Rainer Klemmt, „Ein Vergleich mit der britischen Verfassung zeigt: Festschreibung der rein parlamentarischen Form ministerieller Verantwortlichkeit durch das Urteil des Bundesverfassungsgerichts vom 16. 2. 1983", *Zeitschrift für Parlamentsfragen* 1983, S. 430.

(64)　判決からは，確実な多数派が支持する連邦首相の解散，基本法の規定によって選出された連邦首相がさらに民主的正統性を獲得するための解散のほか，政府政党が有利な時点で選挙を行うための解散（合法的な権力保持の特権となるため，政党の機会均等〔基本法第21条１項，第３条１項〕に反すると考えられる）（判決 S. 48），個々の議員，

249

第四編　連立政権と民主主義

　この理論を敷衍すると，基本法の手続に従って選出された連邦首相は全て同等の民主的正統性を持つ。すなわち，連邦議会選挙後に，事前の連立表明無しに，または連立表明と異なる連立政権が成立し，基本法第63条で連邦首相が選出された場合，民主主義の面からは問題が無いことになる。選挙直後に事前の連立表明と異なる連立政権を形成しても，また，事前の連立表明通りの連立政権を形成した後に立法期中に変更しても，さらなる民主的正統性獲得のために連邦議会を解散する必要は無いし，解散してはならない。

　つまり，連邦議会選挙直後であれ，立法期中であれ，基本法の手続に沿って連邦議会が連邦首相を選出し連邦政府が形成されることで民主的正統性は必要十分であり，よって，連立政権形成・変更は自由であるということになる。

（ⅲ）自由委任

　連立変更でなくとも，個別の議員の会派移動が重なり議会での多数派関係が変わりうる。たとえば，1969年10月に連邦で成立した第一次ブラント（SPD）政権では，連立与党である SPD と FDP の議員が野党 CDU／CSU に移動して過半数を失い，1972年4月には，CDU／CSU が基本法第67条の建設的不信任を行った[65]。その建設的不信任は失敗したが，このことは，まさしく，立法期中に，連立変更ではなく議員の会派移動でも政権が交代しうることを示している[66]。よって，国民が政権構成を決定しなければならないという視点からは，議員の会派移動についても制約がなされなければならないことになる[67]。

────────────────

　集団，会派を選挙によって議会から排除するための解散（判決 S. 63）が違憲と考えられる。以上について，たとえば参照，Wolf-Rüdiger Schenke, „Die verfassungswidrige Bundestagsauflösung“, *Neue Juristische Wochenschrift* 1982, S. 2522, S. 2524。なお，この判決について，民意確認のための解散を不要とする一般論については支持しつつも，解散を認めた結論については批判が多い。

(65)　Rolf Lange/Gerhard Richter, „Erste vorzeitige Auflösung des Bundestages. Stationen vom konstruktiven Mißtrauensvotum bis zur Vereidigung der zweiten Regierung Brandt/Scheel“, *Zeitschrift für Parlamentsfragen* 1973, S. 38-45. この時期の議員の会派移動について，たとえば参照，Horst Säcker, „Nochmals: Mandatsverlust bei Fraktionswechsel?“, *Deutsches Verwaltungsblatt* 1971, S. 642-644。なお，前述第1章注（8）参照。

(66)　このときの建設的不信任について，連立与党 FDP 党首のシェール副首相・外務大臣は，有権者が関与しない政治的多数派変更であり「民主主義の根幹に抵触する」と批判した。参照，Bogdanor 1983, *supra* note 11, p. 275。

第10章　連立政権と選挙

　たとえば，有権者の投票によって確定された政党の勢力関係を保持するため，自発的な会派離脱・離党の場合，議員は議席を喪失するべきであるという見解がある[68]。しかし，有権者は選挙によって成立した議会の政党的構成を，政治情勢の変化にかかわらず，いかなる場合にも全立法期にわたって固定する意図で投票しているとは考えがたい[69]。まさに流動的な政治状況に対応するため，連邦議会議員には基本法第38条１項２文で自由委任が規定されており，会派移動は自由である。

　このとき，議員の会派移動を認めつつ，議会における多数派関係が変化しそうなときには議会を解散するという方法も考えうる[70]。しかし，ドイツ連邦共和国では議会の解散は限定されており，さらに，議員の移動がどの程度生じた場合に解散を必要とするかということが不明確である。

　よって，議員の自由委任により会派移動は自由であり，その結果，議会の多数派関係が変更することになっても議会の解散は不要である[71]。また，議員の集合である会派（議員法第45条１項，連邦議会議事規則第10条１項）も，連立を変更することは自由である。

（iv）連立表明の慣行の限界

　基本法は代表民主制を採用し，議員に自由委任を認めているので，連立政権形成・変更は，選挙直後でも立法期中でも，事前の連立表明にかかわらず自由であり，そのとき，民主的正統性獲得のための議会の解散は不要である。事前の連立表明は，将来の連立政権についての単なる意図の表明に過ぎない[72]。

---

(67)　Niclauß 1987, a.a.O.（Anm. 39），S. 233-234. このような議員の会派移動による政権交代は，ドイツ連邦共和国の基本法においては，二大政党制・単独政権でも生じうる。

(68)　法的には，連邦選挙法第46条の議席喪失事項に会派離脱・政党からの離党を付け加えることになる。

(69)　Sven Hölscheidt, „Die Trennung des Abgeordneten von Partei und Fraktion", *Zeitschrift für Parlamentsfragen* 1994, S. 358.

(70)　このことについて，参照，Hans Peter Bull, „Parlamentsauflösung—Zurückweisung an den Souverän", *Zeitschrift für Rechtspolitik* 1972, S. 203。

(71)　Wilhelm Henke, in: *Bonner Kommentar zum Grundgesetz*, Loseblatt, Art. 21 Rn. 141 (1991).

(72)　Karlheinz Niclauß, "The Federal Government: Variations of Chancellor Domi-

第四編　連立政権と民主主義

この点において，連立表明という慣行は，限界がある。

（ｂ）連立表明の義務

（ｉ）問題の所在

次の問題として，全ての政党が選挙前に連立表明を行うわけではないということがある。大政党は単独過半数を目指すという建前があり，また，小政党も，独自性を獲得・保持するため，全ての政党が必ず連立表明を行うとは限らない。さらに，選挙後に連立政権の選択肢を確保し連立交渉を有利に進めるため[73]，また，連立表明をした後に異なる連立政権を形成すると批判されることから，連立表明を行わないこともある。また，反体制政党のみならず，様々な理由から，あえて政権に参加しない政党もある[74]。

連立表明の実例においてすでに述べたように，ドイツ連邦共和国においては，1980年代の緑の党，1990年代の PDS は，反体制的であることから政権参加を目指さず，したがって連立表明を行わなかった。さらに，2002年９月の第15回連邦議会選挙においては，それまで連立表明を行ってきた FDP が，政党としての独自性を示すために連立表明を行わず，結局野党 CDU／CSU と FDP のまとまった連立表明は無かった[75]。

すなわち，連立表明の慣行が成立したとしても，連立表明を行わない政党が登場しうる。よって，連立表明の義務があるかどうかが問題となる。

（ⅱ）政党活動の自由

この点については，まず，第一に，政党は連立表明する義務は無い。基本法における政党の機能により政党活動は自由であり，このことから，政党が連立表明しないことも許容される[76]。実際的にも，選挙前に特定の連立を表明す

---

nance", in: Ludger Helms（ed.）, *Institutions and Institutional Change in the Federal Republic of Germany*, 2000, p. 79.

（73）　連立表明すると，自ら異なる連立可能性を無くし，交渉力が弱まることになる。異なる連立可能性があると交渉力が高まることについて，前述第２章１（３）（ｃ）参照。

（74）　前述第１章３（１）参照。

（75）　Jesse 2002, a.a.O.（Anm. 27）, S. 429.

（76）　政党活動の自由について，たとえば参照，Konrad Hesse, „Die verfassungsrechtliche Stellung der politischen Parteien im modernen Staat, Das Verwaltungsverfahren", *Veröffentlichungen der Vereinigung der Deutschen Staatsrechtslehrer* Heft 17, 1959, S.

第10章 連立政権と選挙

ると得票が減少することもあるため、連立表明せずに、より多くの得票の獲得を目指すことは、政党の有力な戦略である[77]。さらに、ドイツ連邦共和国では、単独過半数阻止のため連立小政党に票が流れる傾向があることからも、大政党は連立相手を表明しないことがある[78]。また、連立表明を行うと選挙後に議席の状況に応じた柔軟な対応ができず政党としての選択肢を狭めること[79]、さらに、連立表明と異なる連立政権を形成すると「変節」として批判されることなどから[80]、政党は連立表明しないことが考えられる。このとき、政党活動は自由なので、連立表明を強制することはできない。

また、第二に、政党は連立を形成する義務は無い[81]。与野党を問わず、政党が単独過半数を目指すことはもちろん自由である[82]。各政党は独自の政策を保持しており、連立形成においても政策の要素が重要であることから、連立形成のために政党の政策を相互に接近させることは強制できない[83]。さらに、

27-29; Karl-Heinz Seifert, *Die politischen Parteien im Recht der Bundesrepublik Deutschland*, 1975, S. 118-119; Hans Hugo Klein, in: Theodor Maunz/Günter Dürig/Roman Herzog/Rupert Scholz, *Kommentar zum Grundgesetz*, Loseblatt, Art. 21 Rn. 280 (2001).

(77) 2002年9月の第15回連邦議会選挙においては、SPDが90年連合／緑の党と連立表明したことで、「新中道」の支持者と、伝統的支持者である労働者がSPDから離れた。参照、Wolfgang Hartenstein/Rita Müller-Hilmer, „Die Bundestagswahl 2002: Neue Themen—neue Allianzen", *Aus Politik und Zeitgeschichte* 2002 Bd. 49-50, S. 21-22。

(78) 前述第8章2 (5)参照。小政党にとっては、連立表明しない場合、本来は大政党を支持する有権者が第二投票を連立予定の小政党に投票する「戦略的投票」による追加的得票を獲得できないというリスクもある。

(79) 1969年9月の第6回連邦議会選挙において、FDPのミシュニク会派委員長は、連立について政党・会派が事前に自己を拘束する発言を行うと、新たな状況に対応できず、結果的に議会制を損なうものであると述べた。参照、Wolfgang F. Dexheimer, *Koalitionsverhandlungen in Bonn 1961・1965・1969. Zur Willensbildung in Parteien und Fraktionen*, 1973, S. 121-122。

(80) とくにFDPに当てはまる。

(81) Helmut Scheidle, *Die staatsrechtlichen Wirkungen einer Koalitionsvereinbarung bei der Bildung der Bundesregierung*, 1965, S. 98.

(82) Kaare Strøm/Ian Budge/Michael J. Laver, "Constraints on Cabinet Formation in Parliamentary Democracies", *American Journal of Political Science* 1994, p. 318.

第四編　連立政権と民主主義

　連立形成のためには政策のみならず政党組織・運営，さらに人間関係の問題も
重要であり，この点からも連立形成はしばしば困難である[84]。とくに，複数
の野党が政権獲得のために統一行動をとる義務は無い。反体制の野党と体制支
持の野党が野党ブロックを形成することは事実上不可能であり，また，体制支
持の野党同士でも，競争関係があるため単純にブロック形成可能とはならな
い[85]。野党がブロックとしてまとまって政権を目指すことは，多党制・連立
政権が所与の場合における一つの戦略に過ぎない[86]。野党が政権参加を目指
すとき，政党情勢によっては，現在の連立政権への参加，連立与党の一部との
連立が唯一の有効な戦略たりうることがある。このとき，あくまで与野党のブ
ロックの交代を目指さなければならないとすると，政権交代可能性が無くなり，
民主主義の点で問題となる[87]。

　さらに，第三に，政党は政権に参加する義務は無い[88]。反体制政党は，政
権参加によって現実的な政策実現を目指すのではなく，特殊利益の表明の場所
として議会を利用する傾向があり，政権参加を望まないことが多い[89]。また，
反体制政党のみならず，体制を支持する政党でも様々な理由から政権参加しな

---

(83)　前述第 1 章 2 （2）参照。

(84)　とくにドイツ連邦共和国の緑の党（90年連合／緑の党）について，参照，Uwe Jun,
　　　 „Koalition mit Grünen: ein „Auslaufmodell"? Regierungen von SPD und Grünen in den
　　　 Bundesländern", *Zeitschrift für Parlamentsfragen* 1993, S. 207。堀江湛・政治改革コロ
　　　 キアム『連立政権の政治学：ポスト55年体制の政権形態』（PHP 研究所，1994年）16頁
　　　 は，連立政権においては，政策のみならず政党運営の方式に見られる体質の差も問題と
　　　 なるとする。また，高橋和之「『国民内閣制』の理念と運用」高橋和之『国民内閣制の
　　　 理念と運用』（有斐閣，1994年）39頁は，連立形成に関連する政党の体質として，イデ
　　　 オロギー政党とプラグマティズム政党を区別している。

(85)　中村研一「連合の安定と変動 ── 数理モデルによる考察」篠原一編『連合政治Ⅱ
　　　 ── デモクラシーの安定をもとめて』（岩波書店，1984年）337頁は，それまでの対立
　　　 の歴史的経緯によって，連立形成が困難な組み合わせがあるとする。

(86)　前述第 8 章 3 （3）（4）参照。

(87)　後述第11章参照。

(88)　Seifert 1975, a.a.O.（Anm. 76), S. 92 Anm. 122.

(89)　Gudrun Heinrich, *Kleine Koalitionspartner in Landesregierungen. Zwischen Kon-*
　　　 kurrenz und Kooperation, 2002, S. 33. なお，このような反体制政党も，議会という場に
　　　 存在することによって統合作用がある。後述第10章 3 （4）（ e ）（ i ）参照。

いことは，まさしく政党の自由である[90]。

以上に対して，政党に連立表明を義務付け，与党と野党にそれぞれ連立ブロックを形成させ，また，全政党に政権参加を求めることは，自由な政党競争を損ない，国民の自由な政治的意思形成を損ない，民主主義のシステム全体の硬直化を招く可能性がある。政党は自由に活動することができ，そのことによって新たな状況に柔軟に対応できる。政党は自由であってのみ，民主主義において前提とされている自由で開かれた政治的意思形成過程の担い手たりうる[91]。

（c） 媒介民主政的要素

以上から，政党は，選挙前に連立表明する義務は無く，連立を表明したとしても選挙後に異なる連立政権を形成すること，さらに立法期中に連立を解消・変更することは自由であることになる。政治状況は変化するものであるため，国家の意思形成にとって必要な柔軟性が保障されなければならない[92]。よって，民主主義の要請は，連邦憲法裁判所判決が述べるように，国民代表としての議会が首相を選出するということで満たされると考えざるをえない[93]。この点で，多党制・連立政権が所与の場合，国民が政権構成を決定するということは貫徹されえないことになる[94]。すなわち，ドイツ連邦共和国の制度において媒介民主政的要素が存在しているため，直接民主政的運用が貫徹されえないことになる。

---

(90)　前述第1章3（1）参照。

(91)　参照，Karl-Ulrich Meyn, in: Ingo von Münch（Begründet），Philip Kunig（Hg.），*Grundgesetz-Kommentar* Bd. 2（Art. 21 bis Art. 69），3., neubearbeitete Auflage, 1995, Art. 64 Rn. 17。

(92)　Hans Hugo Klein, „Status des Abgeordneten", in: Josef Isensee/Paul Kirchhof（Hg.），*Handbuch des Staatsrechts der Bundesrepublik Deutschland* Bd. Ⅱ. *Demokratische Willensbildung—Die Staatsorgane des Bundes*, 1987, §41 Rn. 3.

(93)　前述第10章3（3）（a）（ⅱ）参照。

(94)　Klemmt 1983, a.a.O.（Anm. 63），S. 435.

第四編　連立政権と民主主義

（4）選挙制度改革
（a）二大政党制・単独政権と選挙制度改革

　以上の状況から，ドイツ連邦共和国においては，有権者が選挙において政権構成を決定することになる二大政党制・単独政権を形成するために，小選挙区・相対多数選挙制を導入することが主張された[95]。

　二大政党制とは，一つの政党が単独で政権を形成し，もう一つの政党が次の選挙で多数派となり政権を獲得する現実的な可能性を持って野党として存在する政党制を意味する[96]。

　その長所としていくつかの点が挙げられるが，政権構成の決定に関連するものとしては，まず，二大政党制では選挙で勝利した政党の綱領が自動的に政府の政策になるため，国民が選挙において政府の政治プログラムを明確に選択できるということが挙げられる。さらに，連立政権の場合は政府の権力行使について連立の個々の政党にどのように責任が帰属するかを確定しにくいが，単独政権の場合，政府の権力行使の責任を負う政党が明白であることが挙げられる[97]。

　小選挙区・相対多数選挙制では，選挙制度の機械的効果として二大政党以外の政党の議席数が得票率に比して少なくなる。さらに，心理的効果として有権者が票を無駄にしないため大政党に投票するようになる。よって，二大政党制・単独政権になる傾向があるとされる[98]。

　選挙制度として，ワイマール憲法第22条では比例代表制を規定していたが，

---

(95)　以下では，選挙制度について詳細に検討する。

(96)　たとえば参照，Norbert Gehrig, *Parlament—Regierung—Opposition. Dualismus als Voraussetzung für eine parlamentarische Kontrolle der Regierung*, 1969, S. 193。

(97)　参照，Arend Lijphart, *Democracies: Patterns of Majoritarian and Consensus Government in Twenty-One Countries*, 1984, pp. 107-111。さらに，レイプハルトによると，二大政党制を支持する立場からは，両党とも浮動票を目指すため政策が中道になること，さらに単独政権なので政府が安定していることが主張されるとする。なお，さらなる長所として，Eschenburg 1958, a.a.O.（Anm. 11），S. 403と Gehrig 1969, a.a.O.（Anm. 96），S. 178-180は，単独野党による強力な政府統制が行われることを挙げる。

(98)　選挙制度と政党システムに関する，いわゆるデュヴェルジェの法則について，参照，Duverger 1988, *supra* note 13, p. 144。

256

基本法では規定されなかった。よって，基本法第38条3項に基づいて，立法者は，比例代表制も，小選挙区・相対多数選挙制も採用可能である[99]。実際には比例代表制が採用されたが，すでに早期から小選挙区・相対多数選挙制導入が主張され，しばしば議論となった。1966年12月に連邦で成立したキージンガー（CDU）政権は，二大政党制・単独政権確立のために選挙制度改革を目指し，1967年12月には，選挙制度審議会が小選挙区・相対多数選挙制導入を答申した[100]。

　しかし，このような小選挙区・相対多数選挙制，二大政党制・単独政権という主張には多くの問題があり，ドイツ連邦共和国では結局採用されなかった。以下では，この問題についてドイツ連邦共和国を例としてさらに検討する。

（ｂ）社会的条件

　まず，前提として，小選挙区・相対多数選挙制によって二大政党制が成立するかという問題を検討する。

（ⅰ）多党制の継続

　たしかに，特定の選挙制度について，一定の政党システム・議会における有効政党数が対応する傾向はある[101]。しかし，政党システムは，当該国家の社会的構成の反映であり，選挙制度を改革することによって現存する政党システムを根本的に変化させることはできない[102]。選挙制度は，社会から生じた特定の政党集中または細分化過程を強化する・弱める作用があるに過ぎない[103]。

　すなわち，小選挙区・相対多数選挙制が二大政党制を形成したのではなく，

---

(99)　BVerGE 1, 208 [246]; 6, 84 [90]; 95, 335 [349-350].

(100)　1968年2月に公表された。参照，*Zur Neugestaltung des Bundestagswahlrechts: Bericht des vom Bundesminister des Innern eingesetzten Beirats für Fragen der Wahlrechtsreform*, 1968。選挙制度改革議論の経過について，たとえば参照，Peter Schindler, *Datenhandbuch zur Geschichte des Deutschen Bundestages 1949 bis 1999* Bd.Ⅰ, 1999, S. 48-56。

(101)　Arend Lijphart, *Electoral Systems and Party Systems. A Study of Twenty-Seven Democracies 1945-1990*, 1994, pp. 67-72.

(102)　芦部信喜「選挙制度改革問題断想」『人権と議会政』（有斐閣，1996年）388頁。

(103)　Dieter Nohlen, *Wahlrecht und Parteiensystem*, 3., völlig überarbeitete Auflage, 2000, S. 381-382.

第四編　連立政権と民主主義

社会において二大政党制の傾向があるとき，小選挙区・相対多数選挙制が二大
政党制に適合した選挙制度であるため二大政党制が成立した。また，小選挙
区・相対多数選挙制は，一旦成立した二大政党制を保持する効果がある[104]。
イギリスにおいて，得票率では三党制になってきているが議席上は二大政党制
が保持されていることが，このことを示す[105]。

　よって，宗教・民族・言語・地理的要因で社会が多元的であるときは，小選
挙区・相対多数選挙制においても多党制になる可能性がある。すなわち，社会
が多元的なときに小選挙区・相対多数選挙制を導入しても二大政党制にならず，
連立政権形成という状況自体も変化しないことになる[106]。

（ⅱ）一党優位制

　二大政党制とは，第一党が単独で政権を形成し，第二党が次の選挙で多数派
となる可能性を持って野党として存在することを意味する。よって，勢力的に
不均衡に分かれ流動性が無い社会において小選挙区・相対多数選挙制を導入す
ると，二大政党制ではなく一党優位制になる可能性がある。

　このとき，国民は政権構成を決定できるが，政権交代可能性が無いため，支
配の期間限定性による責任追及とコントロールという民主主義の重要な要素が
無くなってしまう[107]。多数派は，政権交代可能性が無いことから，少数派に
配慮する必要が無い[108]。また，政権獲得可能性が無い野党は，政治システム
自体に抵抗し，政治システムの危機を招く可能性がある[109]。このように多数

(104)　Eschenburg 1958, a.a.O.（Anm. 11）, S. 406.

(105)　2001年6月の下院選挙では，労働党が得票率40.7％で412議席（議席率62.5％），保
　　　守党が得票率31.7％で166議席（議席率25.2％），自由民主党が得票率18.3％で52議席（議
　　　席率7.9％）だった。比例代表制ならば，イギリスはすでに三党制になっていると考えら
　　　れる。参照，John Kingdom, *Government and Politics in Britain*, 1991, pp. 183-184。

(106)　Nohlen 2000, a.a.O.（Anm. 103）, S. 404-405. 他方で，社会が比較的同質的で対立軸
　　　が一つしかない場合，また，複数の対立軸が二大政党の対立軸と一致する場合は，比例
　　　代表制によっても二大政党制が成立しうる。

(107)　後述第11章1参照。

(108)　Fritz W. Scharpf, „Versuch über Demokratie im verhandelnden Staat", in: Ro-
　　　land Czada/Manfred G. Schmidt（Hg.）, *Verhandlungsdemokratie, Interessenvermitt-
　　　lung, Regierbarkeit. Festschrift für Gerhard Lehmbruch*, 1993, S. 33.

(109)　たとえば北アイルランドについて，参照，Arend Lijphart, *Patterns of Democra-*

派変更の可能性が無いとき，多数決には正統性が無く，よって，小選挙区・相対多数選挙制を導入することは許容されない[110]。

ドイツ連邦共和国では，浮動票が少なかった1960年代までは社会構造的にCDU／CSUが優位なため，小選挙区・相対多数選挙制を導入するとCDU／CSUの一党優位制となる可能性が高かった[111]。SPDは，小選挙区・相対多数選挙制においてはCDU／CSUが勝利を続けSPDは半永久的に野党になるという調査結果・予測に基づいて，大連立政権における優先課題とされた選挙制度改革を先延ばしし，結局選挙制度改革は行われなかった[112]。

（ⅲ）二大政党制の条件

よって，小選挙区・相対多数選挙制によって政権交代可能性がある二大政党制が成立するのは，同質的な社会において，社会の主要な対立軸が一つしかないかまたは複数の対立軸が一致しており，それぞれの集団が同程度の二つの勢力に分かれているまたは分かれる傾向があり，さらに，政権交代をもたらしうるだけの浮動票がある場合に限定される[113]。

そのような条件が無い場合，小選挙区・相対多数選挙制によっても多党制・連立政権が継続するか，または一党優位制となって政権交代可能性が無くなり，いずれにせよ選挙制度改革の意味が無いという事態になるであろう。

---

cy: Government Forms and Performance in Thirty-Six Countries, 1999, pp. 32-33。

(110)　Klaus Stern, „Das demokratische Prinzip", in: Klaus Stern, *Das Staatsrecht der Bundesrepublik Deutschland* Bd. Ⅰ. *Grundbegriffe und Grundlagen des Staatsrechts, Strukturprinzipien der Verfassung*, Zweite, völlig neubearbeitete Auflage, 1984, § 18 S. 613. なお参照，Horst Dreier, „Das Majoritätsprinzip im demokratischen Verfassungsstaat", *Zeitschrift für Parlamentsfragen* 1986, S. 107。

(111)　前述第1章4（1）参照。Eschenburg 1956, a.a.O.（Anm. 12），S. 684は，1950年代のドイツ連邦共和国に小選挙区・相対多数選挙制を導入しても，政権交代可能性が無いため，無意味であるとした。

(112)　Franz Schneider, *Große Koalition. Ende oder Neubeginn?*, 1969, S. 128. なお，Hans Schuster, Die »gerechte« Koalition, in: Rolf Schroers (Hg.), *Der demokratische Obrigkeitsstaat. Beiträge zur demokratischen Funktionsfähigkeit der großen Koalition*, 1969, S. 34によると，選挙制度改革によって自己の地位が脅かされると考えるCDU／CSUの議員も反対した。

(113)　Nohlen 2000, a.a.O.（Anm. 103），S. 387.

第四編　連立政権と民主主義

（c）量的な正統性

　二大政党制，小選挙区・相対多数選挙制では，選挙において議席の多数を獲得した政党が単独政権を形成することになるが，このときの得票率と議席数の関係が問題となる[114]。

　選挙制度は一般的に得票率と議席の間に一定の不均衡を生じるが，とくに小選挙区・相対多数選挙制はその不均衡が大きく比例度が低い。そして，比例度が低いため，議会での政党数が選挙での政党数から大幅に減少し，その結果，得票的には過半数に達しない政党が議席の多数派を獲得する「作られた多数派」（manufactured majority）が形成されることが多い[115]。たとえば，イギリスでは，戦後の全ての下院選挙において，得票率で過半数を得た政党は無い。とくに1974年10月の下院選挙以降は，40％程度の得票率で過半数の議席を持つ「作られた多数派」が形成されている[116]。

　また，過去，1951年10月の下院選挙では得票率では労働党だが議席数では保守党，1974年 2 月の下院選挙では得票率では保守党だが議席数では労働党が上回るという，得票では相対多数派ではない政党が議席では多数派となる逆転現象が生じている。

　これらのことから，小選挙区・相対多数選挙制に対しては，このいわば「量的な正統性」の問題が指摘される[117]。

　これに対して，比例代表制の場合，まさしく得票率と議席数がほぼ比例する。

（114）　投票率の問題は除外して考える。

（115）　Lijphart 1994, *supra* note 101, pp. 72-74, pp. 95-102; Lijphart 1999, *supra* note 109, pp. 157-170.

（116）　他の政党の支持者が票を無駄にしないために二大政党に投票する場合もあるので（選挙制度の心理的効果），二大政党の本来の支持率はもっと少ないと考えられる。参照，Lijphart 1994, *supra* note 101, p. 97。

（117）　たとえば参照，Nevil Johnson, „Politische Stabilität und Unregierbarkeit in Großbritannien: Fragezeichen hinter einer alten Verfassungstradition", in: Wilhelm Hennis/Peter Graf Kielmansegg/Ulrich Matz（Hg.）, *Regierbarkeit. Studien zu ihrer Problematisierung* Bd. II, 1979, S. 418-419; Kingdom 1991, *supra* note 105, pp. 182-183；毛利透「選挙制度」高橋和之・大石眞編『憲法の争点（第 3 版）』（有斐閣，1999年）192頁；近藤 1997年・前掲注(52)16-17頁。

第10章　連立政権と選挙

そして，ドイツでは議席の過半数に達するように連立政権が形成されるため，議席の過半数を確保した連立政権は，結果的に，有権者の過半数の支持を確保していることになる。すなわち，比例代表制において議会の過半数を確保する連立政権が形成されるとき，得票においても過半数を確保する，量的な正統性が高い政権となる可能性が高い[118]。

　ただし，ドイツ連邦共和国では5％条項により議席を配分されない政党が存在するため，議席の過半数を持つ連立政権が得票の過半数に達しない場合もある。しかし，その場合も，得票率はほぼ50％に近く，また，得票率と議席数の逆転現象はほとんど生じないと考えられる[119]。ドイツ連邦共和国では，連立政権を形成した政党の合計の得票率は，これまでの15回の連邦議会選挙中10回が50％を超えており，最低は1949年8月の第1回連邦議会選挙における46.9％である[120]。

　この量的な正統性については，ドイツ連邦共和国の2002年9月の第15回連邦議会選挙において第二投票がSPDもCDU／CSUも38.5％の同率であったことから明白になる[121]。小選挙区・相対多数で決定する第一投票での議席配分は，299議席中SPDが171議席に対してCDU／CSUが125議席と大きな格差が生じた。すなわち，第二投票では38.5％の有権者しか支持していないSPDが，第一投票の議席率では57.2％を占めることになった[122]。

　このことから，ドイツ連邦共和国の選挙制度が小選挙区・相対多数選挙制の

---

(118)　Eberhard Schütt-Wetschky, „Verhältniswahl und Minderheitsregierungen. Unter besonderer Berücksichtigung Großbritanniens, Dänemarks und der Bundesrepublik Deutschland", *Zeitschrift für Parlamentsfragen* 1987, S. 95；近藤 1997年・前掲注(52) 87-90頁。

(119)　ただ，比例代表制でも，選挙区割りなどにより，得票率が拮抗する場合に得票率と議席数の逆転現象の可能性はある。参照，Nohlen 2000, a.a.O.（Anm. 103），S. 386。

(120)　ただ，最近三回の1994年10月，1998年9月，2002年9月の連邦議会選挙では，5％条項により議席を配分されない政党への投票が増えたこともあり50％を割っている。なお，1949年8月の第1回連邦議会選挙は一票制だったため第一投票の数値であり，1953年10月の第2回連邦議会選挙以降は二票制となったため第二投票の数値である。

(121)　得票数自体はSPDが僅かに多かった。

(122)　このほか，第一投票（小選挙区・相対多数選挙）では，PDSが2議席，90年連合／緑の党が1議席，FDPが0議席だった。

261

第四編　連立政権と民主主義

場合，38.5％の有権者しか支持していないが57.2％の議席を占める SPD の単独政権が成立し，同じ38.5％の有権者が支持するが議席では41.8％である CDU／CSU が野党になっていたことになる。

　しかし実際の全議席数は第二投票で決定されるので，SPD が251，CDU／CSU が248議席とほぼ等しくなり，それぞれ全603議席の過半数に達しないため，議席の過半数，得票率で47.1％を占める，SPD と90年連合／緑の党の連立政権が形成された[123]。

　以上から，比例代表制において議席の過半数を確保する連立政権が形成される場合，量的な側面での正統性が高いことになる。これは，有権者が選挙において政権構成を決定するという，いわば質的な側面での正統性が減少した代償とも考えうる[124]。

（ｄ）議会の機能

（ⅰ）議会の役割

　国政の中心を内閣に見る内閣中心構想は，議会の中心的役割として，内閣のコントロールの役割を与える。すなわち，議会の活動の中心は野党であり，与党の政府対野党の議会という対立が前面に出てくることになる[125]。そして，選挙の目的は，国民の多様な意見を議会に反映させることではなくなり，国民が政治プログラムとその実施主体を直接選択するために，小選挙区・相対多数選挙制が採用されることになる[126]。

　たしかに，現代国家においては国政の中心は内閣にある。しかし，議会は，国家機関として憲法的に独自の機能を持ち，その活動の実態は，与野党の対立

---

(123)　5％条項のため，第二投票の4.4％を獲得した PDS に比例代表分の議席が配分されなかったので，連立与党は議席では過半数を占めるが得票率では47.1％であった。

(124)　Eschenburg 1956, a.a.O.（Anm. 12），S. 683は，「連立政権も，たしかに有権者多数派に基づいているが，しかし，その有権者多数派が，実際に形成されたまさにその政府を望んでいたとは言えない」とする。なお，質的・量的な民主的正統性を同時に満たすのは，どのような選挙制度であれ，①一政党が得票・議席の過半数を確保して単独政権を形成する場合か，②複数政党が事前に連立予定ブロックを形成し得票・議席の過半数を確保して連立政権を形成する場合である。

(125)　高橋和之 1997年・前掲注(13)27頁；高橋和之 1994年・前掲注(84)42頁。

(126)　高橋和之 1997年・前掲注(13)28-31頁；高橋和之 1994年・前掲注(84)33-36頁。

262

第10章　連立政権と選挙

に尽きるものではない[127]。与党会派は政府を選出し政府の政治プログラム実行を立法的に補助するのみではなく，また，野党会派は与党会派・政府を批判し代替政策を提示するのみではない。

まず，第一に，議会全体で行う機能がある。たとえば大臣に議会出席を求めるなどの議会としての権利を行使するとき，また，式典行為では，議会は全体として行動し，与野党の対立は背後に退く。とくに式典行為については，政府と異なり野党会派も含む議会が適切な場である[128]。

第二に，議会には，会派，議員が国民と接触し，国民に対して説明するコミュニケーション機能がある。このときも与野党は対立せず，国民に向かって活動する[129]。

第三に，議会には，政治的基本方針を実現する機能がある。このとき，基本的には与野党会派は対立することが多い。中でも，首相選出では与野党の対立が典型的に現れる。しかし，実際には，与野党は，対立とともに協調・妥協・比例的解決もある。たとえば，立法においては，政治的基本方針の問題・重要な政治問題では与野党が対立しうるが，その他の多くの立法では協調・妥協が多く，必ずしも与野党が対立するとは限らない[130]。

最後に，議会の第四の機能として，批判・統制機能がある。この機能については，基本的には与野党対立が当てはまる。ただ，野党会派は基本的に少数派の権利しか利用できないので有効性に限界がある。この点では，議会多数派の権利を利用しうる与党会派の方が有効に政府を批判・統制でき，実際にも行われている。とくに連立政権では，政府内での妥協に対して，連立の個別会派・議員が議会において政府を批判・統制することがある[131]。

以上から，現代政党国家の議院内閣制の議会活動において与野党が対立する

---

(127)　Meyer 1975, a.a.O.（Anm. 16），S. 98. なお，バジョット（Walter Bagehot）の議会の機能にならったドイツ連邦共和国についての分析として，たとえば参照，Wolfgang Zeh, *Parlamentarismus. Historische Wurzeln—Moderne Entfaltung*, 1978, S. 74-79。

(128)　Meyer 1975, a.a.O.（Anm. 16），S. 98-99.

(129)　Meyer 1975, a.a.O.（Anm. 16），S. 99.

(130)　Meyer 1975, a.a.O.（Anm. 16），S. 99-100.

(131)　Meyer 1975, a.a.O.（Anm. 16），S. 100-101. なお，前述第8章2（4）（b）参照。

第四編　連立政権と民主主義

ことがあるとしても，議会は固有の機能を持っていること，また，与野党が協調する議会の機能があること，さらには与党会派も無条件に政府を支持するわけではないことなど，議会の機能を単純に与野党関係のみに還元できるものではないことになる[132]。

（ⅱ）ドイツの議会の特徴

ドイツでは，古典的権力分立の思考が強く，さらに議会の成立が遅かった。よって，少なくともドイツ帝国終了まで，議会は，全国民の代表としての議員が合理的議論によって公共善を追求する立法機関であり，君主に従属した執行機関である政府と行政への影響は最低限であるべきであるという考えが強かった。このため，議会は，立法への参加という形で共同決定するのみであり，政府選出の役割を持っていなかった。よって，特定の政党が政府を形成し支持するのではなく，政府はアドホックに立法ごとに議会の多数派の支持を確保して統治を行っていた。このことから，政府支持派と反対派に分かれて二大政党制が成立する契機が無く，議院内閣制成立後も議会対政府という構造が残存することになった[133]。

よって，現代政党国家の議院内閣制において特徴的な与野党対立は，ドイツ連邦共和国の議会においては，首相選出と，争いがある立法の場合のみに限定される。その他の多くの機能においては，議会は全体として活動する。立法過程においては，議会，とくに委員会において，与野党議員が共同して政府案に反対・修正することも多く，野党議員にも多くの影響可能性がある[134]。この

---

(132)　Meyer 1975, a.a.O.（Anm. 16），S. 113.

(133)　Winfried Steffani, „Parlamentarische Demokratie—Zur Problematik von Effizienz, Transparenz und Partizipation", in: Winfried Steffani (Hg.), *Parlamentarismus ohne Transparenz*, 2. Auflage, 1973, S. 27-29; Eschenburg 1958, a.a.O.（Anm. 11），S. 406-407.

(134)　Hans Hugo Klein, „Aufgaben des Bundestages", in: Josef Isensee/Paul Kirchhof (Hg.), *Handbuch des Staatsrechts der Bundesrepublik Deutschland* Bd. Ⅱ. *Demokratische Willensbildung—Die Staatsorgane des Bundes*, 1987, §40 Rn. 18; Wolfgang Zeh, „Gliederung und Organe des Bundestages", in: Josef Isensee/Paul Kirchhof (Hg.), *Handbuch des Staatsrechts der Bundesrepublik Deutschland* Bd. Ⅱ. *Demokratische Willensbildung—Die Staatsorgane des Bundes*, 1987, §42 Rn. 43. なお，連邦議会の委員会の委員数，

ような議会構造の時，多様な政治勢力が議会の場に存在することには大きな意味がある。すなわち，少なくともドイツ連邦共和国の政治文化・制度においては，議会選挙制度として比例代表制が望ましいことになる。

（iii）解散の限定

さらに，ドイツ連邦共和国は，連邦レベルでは連邦議会の解散が限定されていることと，さらに，国民投票が限定されているため[135]，立法期の間に新たな問題が生じた場合，連邦議会が解決しなければならないということがある。立法期中の重要な政策変更，または選挙の時点で問題にならなかった基本的な重要な問題が新たに生じたときには，国民の委託が無いため，新たに国民に問いかける，すなわち解散しなければならないというマンデイト理論は，ドイツ連邦共和国においては適用できない[136]。

たとえば，1950年代にSPDは，再軍備について1949年8月の第1回連邦議会選挙では争点にならなかったので，連邦議会には国民の委託が無いとしてアデナウアー（CDU）連邦首相の再軍備政策に反対し，連邦議会の解散を求めたが，結局連邦議会は解散されなかった[137]。

有権者は，選挙においては政策についての判断のみで投票しているのではない。選挙において，マンデイト理論が主張するような国家の基本的な問題として特定の論点が指摘・提示されるわけでもない。さらに，何が解散を要する重要な問題であるかという確定手続・基準が無いという問題もある[138]。

4年の任期で選出された議員は（基本法第39条1項），その任期中，責任を持って政策を決定しなければならず，困難な問題において，議会の解散により

さらに委員長ポストは，議席数に比例して会派に配分される（連邦議会議事規則第12条，第57条，第58条）。

(135) 基本法第29条で規定された，ラントの再編成のみである。

(136) 現代政党国家における選挙のプレビシット的性質を根拠としてマンデイト理論を支持するものとして，参照，Gerhard Leibholz, „Der Strukturwandel der modernen Demokratie", in: Gerhard Leibholz, *Strukturprobleme der modernen Demokratie*, 1967, S. 107-108。

(137) Niclauß 1987, a.a.O.（Anm. 39），S. 224-225。

(138) Meyn 1982, a.a.O.（Anm. 17），S. 298; Schenke 1982, a.a.O.（Anm. 64），S. 2524-2525。

265

第四編　連立政権と民主主義

その責任から逃避してはならない[139]。連邦憲法裁判所も，先に触れた連邦議会解散訴訟判決において，立法期の間に登場した特別な任務を理由として連邦議会を解散してはならないと，マンデイト理論的な考えを明白に否定している[140]。

これらのことから，4年間の任期中の多様な問題に対応するために，議会に多様な意見が存在していることが必要であると考えられる[141]。

（ⅳ）現代多元社会における議会

現代社会は，利益が高度に多元的であること，現代国家の任務の増加・複雑化，決定選択肢の多様化・流動化によって，賛成対反対，多数派対少数派の二元主義では把握できなくなってきている[142]。

このような状況においては，多様な国民の意見が，できるだけ国家の決定の過程に入るべきである[143]。現代国家では，選挙の時点で全ての争点について政策が提示され，有権者の投票によって政府の政策を確定することは不可能であり，多くの政策決定は政府と議会の日常の活動において行われる。よって，国民の多様な意見が，議会の場に反映しなければならない。議会の場に多様な政策を主張する政治勢力が存在することで，それらの意見が立法期の間に政府政策として取り入れられ，または議会が政府政策を修正することが可能になる。

すなわち，現代の多元社会には，国民の多様な意見が議会の場に到達する可能性がある比例代表制の方が適していると言える[144]。

(139)　Schenke 1989, a.a.O. (Anm. 50), Art. 68 Rn. 75.

(140)　BVerGE 62, 1 [43].

(141)　参照，Heinhard Steiger, *Organisatorische Grundlagen des parlamentarischen Regierungssystems. Eine Untersuchung zur rechtlichen Stellung des Deutschen Bundestages*, 1973, S. 193-194。

(142)　Arthur Benz, „Postparlamentarische Demokratie? Demokratische Legitimation im kooperativen Staat", in: Michael Th. Greven (Hg.), *Demokratie—eine Kultur des Westens? 20. Wissenschaftlicher Kongreß der Deutschen Vereinigung für Politische Wissenschaft*, 1998, S. 203. なお参照，高見勝利「デモクラシーの諸形態」岩村正彦ほか編『岩波講座・現代の法3 ── 政治過程と法』（岩波書店，1997年）60頁。

(143)　Martin Morlok, „Demokratie und Wahlen", in: Peter Badura/Horst Dreier (Hg.), *Festschrift 50 Jahre Bundesverfassungsgericht. Zweiter Band. Klärung und Fortbildung des Verfassungsrechts*, 2001, S. 599.

第10章　連立政権と選挙

（e）国民の代表・統合
（ⅰ）国民の代表・統合

代表民主制においては，国民は，形式的のみではなく，実質的にも代表されていなければならない。形式的代表とは，国民の名前で行動する代表機関と国民の間に責任帰属関係が存在することである。実質的代表とは，代表機関の行動において国民意思が内容的に現実化され表現されることである。すなわち，国民が代表機関の行動に自己を再発見するように代表機関が活動することであり，代表されているという実感を意味する[145]。その確立のためには，国民の多様な見解が代表機関に到達し，議論され，調整されることが必要である。この実質的代表が欠如するとき，議院内閣制・政治システム自体の危機となる[146]。

このことから，代表機関である議会は，まさしく国民統合の場所であることになる[147]。

野党の見解が政府政策に反映されないときでも，野党によって代表される国民について，その政治的見解が国家機関である議会において表現されることで統合作用が働く[148]。すなわち，議会から排除された勢力は，議会で意見を主張できず，議会で代表されていないと感じ，結果として国民統合を損なうことになる[149]。

---

(144)　Morlok 2001, a.a.O.（Anm. 143）, S. 599.

(145)　ここでは Böckenförde 1982, a.a.O.（Anm. 1）, S. 318-319の用語によった。形式的代表は法学的代表，実質的代表は社会学的代表と対応している。

(146)　Böckenförde 1982, a.a.O.（Anm. 1）, S. 324. なお参照，Ernst-Wolfgang Böckenförde, „Demokratische Willensbildung und Repräsentation", in: Josef Isensee/Paul Kirchhof（Hg.）, *Handbuch des Staatsrechts der Bundesrepublik Deutschland* Bd. Ⅱ. *Demokratische Willensbildung—Die Staatsorgane des Bundes*, 1987, §30 Rn. 24-26。

(147)　Klaus Stern, „Grundlagen und Ausgestaltung des parlamentarischen Regierungssystems", in: Klaus Stern, *Das Staatsrecht der Bundesrepublik Deutschland* Bd. Ⅰ. *Grundbegriffe und Grundlagen des Staatsrechts, Strukturprinzipien der Verfassung*, Zweite, völlig neubearbeitete Auflage, 1984, §22 S. 1006-1007.

(148)　Herbert Mandelartz, „Zur sogenannten „mitwirkenden" Kontrolle, insbesondere beim Haushaltsvollzug", *Zeitschrift für Parlamentsfragen* 1982, S. 13-14.

(149)　参照，Emil Guilleaume, *Die Wahlen im staatlichen Integrationsprozeß*, 1969, S.

267

第四編　連立政権と民主主義

　よって，問題は，小選挙区・相対多数選挙制によって選出される議会が，国民の実質的代表たりうるかどうかにある。

　この点については，二大政党制における小選挙区・相対多数選挙制によって選出される議会が国民の実質的代表となるためには，社会的同質性が存在していなければならないと考えられる。対照的に，宗教・民族・言語・地理的要因のため多元的な，また，地域的相違が大きい社会では，小選挙区・相対多数選挙制によっては国民の実質的代表としての議会が成立しない。歴史上，比例代表制がまず多民族国家において採用されたこと，さらに普通選挙の導入によって有権者が異質になったことにより比例代表制が各国に普及したことが，そのことを示している[150]。

　さらに，同質的社会において小選挙区・相対多数選挙制による二大政党制の議会が国民の実質的代表たりえていたが，その選挙制度は二大政党制を保持する作用があるため，近年の社会の多元化に対応できず，結果として議会が国民の実質的代表たりえなくなり，政治システムそのものの正統性を損なう可能性もある。たとえば，イギリスは，各党の得票率からすると遅くとも1970年代以降，社会が多元化してきている。しかし，議席上は二大政党制が保持されていることから，社会構成を反映していない議会および政治システム全体の正統性が疑問とされ，選挙制度改革の動きがある[151]。この意味で，小選挙区・相対多数選挙制は社会の変動に対応できない。

　たしかに，政党内部でも一定程度の統合作用はある。しかし，社会の対立軸は，政党内部で統合されるのではなく，異なる政党として表現されてきた[152]。小政党であっても異なる政党として存在しているということは，その小政党は同一政党内で統合されえないということである[153]。ポスト物質主義の出現で

　　33-34。

（150）　Joachim Raschke, „Mehrheitswahlrecht—Mittel zur Demokratisierung oder Formierung der Gesellschaft?", in: Winfried Steffani, *Parlamentarismus ohne Transparenz*, 2. Auflage, 1973, S. 192-193.

（151）　Kingdom 1991, *supra* note 105, pp. 182-184, p. 186は，この状況を「正統性の危機」とする。なお参照，Lijphart 1999, *supra* note 109, pp. 14-16。

（152）　前述第1章4（2）参照。

（153）　よって，二大政党制は，多くの対立軸・争点には対応できない。参照，Lijphart

268

第10章　連立政権と選挙

登場した緑の党は，また，SPD に統合されない左翼がまとまったものでも あった[154]。逆に，同一政党で統合可能なときは，比例代表制のもとでも，独 立した政党としては存在できなくなる。たとえば DP，BP などの地域政党は， 時間の経過とともに地域的相違が解消してきたため CDU，CSU に吸収された。 さらに，難民・移民の利益を主張する政党として成立した GB，BHE は，経済 成長と社会政策により難民・移民が社会全体に統合されたため，CDU，CSU に吸収された[155]。

　よって，小選挙区・相対多数選挙制の場合に議席を獲得できないであろう政 党を構成する社会集団の主張・利益が，他の政党に統合されるとは限らない。 基本法が多党制を認めているということは，政党内部での政治的意見の統合に 限界があることを示している[156]。国民の政治的意思が政党システムに反映し て議会に到達しないとき，国民の統合が損なわれる。また，議院内閣制では， 全ての国家機関の正統性が議会経由で伝達されるので，そこから選出される政 府・首相をはじめとする政治システム全体の正統性が疑わしくなることになる。

　そして，自己の「代表」が議会に存在しないと感じる多くの国民は，議会主 義そのものを否定する議会外反対派を形成し，政治システム自体を危機にさら す[157]。たとえばニュージーランドでは，社会が多元化しつつあることから， 小選挙区・相対多数選挙制で疎外された意見が急進化・非民主的方向に展開し ているとし，国民の政治的統合のために，選挙制度をドイツ連邦共和国と同様 の小選挙区比例代表併用制に改革した[158]。

　　　1999, *supra* note 109, pp. 87-89。

(154)　Klaus von Beyme, *Das politische System der Bundesrepublik Deutschland. Eine Einführung*, 9., neu bearbeitete und aktualisierte Auflage, 1999, S. 99-100.

(155)　Beyme 1999, a.a.O. (Anm. 154), S. 137-138. 以上の政党の存立と消滅について，参 照，Uwe Kranenpohl, „Zwischen politischer Nische und programmatischer Öffnung: kleine Parteien und ihre Bundestagsfraktionen 1949 bis 1994", *Zeitschrift für Parlamentsfragen* 1998, S. 259-260。

(156)　Ursula E. Heinz, *Organisation innerparteilicher Willensbildung. Satzungen und innerparteiliche Demokratie*, 1987, S. 13.

(157)　Franz Schneider 1969, a.a.O. (Anm. 112), S. 62.

(158)　"Towards a Better Democracy: Report of the Royal Commission on the Electoral

第四編　連立政権と民主主義

　まさしく，議会制・議院内閣制の運命は，国民が政党によって十分に代表されていると感じているか，さらには，政党によって担われている議会が，その代表制的性格にかかわらず，なお国民の代表として認識されているかにかかっていると言える[159]。

　ドイツ連邦共和国において小選挙区・相対多数選挙制を導入した場合，2002年9月の第15回連邦議会選挙における第一投票で決定される小選挙区の選挙結果から推測すると，おそらくは，SPDとCDU／CSUが連邦議会のほとんどの議席を獲得する状況になると考えられる。すなわち，議席上では二大政党制となることが予想される[160]。

　しかし，ドイツ連邦共和国では，現行の比例代表制においては，SPD，CDU／CSU以外に90年連合／緑の党，FDP，PDSが連邦議会に議席を持っている。そして，政党システムは社会構成の反映であるので，ドイツ連邦共和国の社会には複数の対立軸があることになり，現に選挙における争点は複数存在している[161]。

　よって，小選挙区・相対多数選挙制導入によって90年連合／緑の党，FDP，PDSが事実上連邦議会から排除されると，それぞれの政党が対応している社会の対立軸が政党システムに反映されなくなり，それぞれの政党が体現している社会集団が政治システムから排除されていると感じる可能性が高い。

　具体的に排除される政党のうち，ポスト物質主義・新左翼を代表する90年連

System", in: Mai Chen/Sir Geoffrey Palmer (ed.), *Public Law in New Zealand. Cases, Materials, Commentary, and Questions*, 1993, pp. 684-685.

(159)　Ernst Fraenkel, „Die repräsentative und die plebizitäre Komponente im demokratischen Verfassungsstaat", in: Ernst Fraenkel, *Deutschland und die westlichen Demokratien*, Zweite, durchgesehene Auflage, 1964, S. 88-89. なお，Stern 1984, a.a.O. (Anm. 147), S. 963は，そのために，代表機関は，国民の意見の鏡像でなければならないとする。

(160)　2002年9月の第15回連邦議会選挙においては，小選挙区299議席中，SPDが171議席，CDU／CSUが125議席，PDSが2議席，90年連合／緑の党が1議席だった。

(161)　ドイツ連邦共和国の選挙における争点については，前述第1章4（2）参照。なお参照，Lijphart 1999, *supra* note 109, pp. 80-81（Table 5.3）。Lijphart 1984, *supra* note 97, p. 43（Table 3.2）は，ドイツ連邦共和国を半多元社会とする。

第10章　連立政権と選挙

合／緑の党の55議席（得票率8.6％），リベラルな特徴を持つFDPの47議席（得票率7.4％）は，それぞれ固有の政策・利益を代表し，数的にも決して少ないものではない。また，議席数は現在は2議席と少ないが，東側の利益を主張するPDSが排除されることは，議席以上の意味を持つであろう。すなわち，これらの社会集団の議席獲得可能性がほとんど無くなり，急激に人工的に議席上の二大政党制に移行するとき，連邦議会の「代表」の性格が損なわれ，政治システムの正統性の危機をもたらす(162)。

　現代社会は，一方では宗教・階級・地域といった古典的社会集団が崩壊し，社会が同質化する傾向があった。このことは，ドイツ連邦共和国でも1960年代にかけて連邦議会の議席を獲得する政党数が減少し，CDU／CSU，SPD，FDPの三党制になったことに現れている。しかし，次第に価値観が多様になり，社会の新たな多元化が進み，従来の政党では対応できない争点が生じた。このとき，ドイツ連邦共和国では比例代表制だからこそ，1980年代の緑の党によるポスト物質主義，1990年代のPDSによる東側の利益という，それまで存在していなかった社会の対立軸に基づく社会集団を政党システムに取り込むことができ，連邦議会が国民の「代表」であり続けることができたと言える。

　議会選挙は，国民の政治的意思形成における統合と(163)，行動能力がある国民代表機関の形成という(164)，異なる目的を目指す(165)。選挙の統合作用にとっては国民の重要な政治勢力が議会から排除されないことが重要であり，議会の行動能力の確保のためには議会が政党的に細分化することを防止することが必要になる(166)。後者の側面については，比例代表制でも5％条項などの措

---

(162)　Dieter Hesselberger, *Das Grundgesetz. Kommentar für die politische Bildung*, Zehnte Auflage, 1996, Art. 38 Rn. 9は，大連立政権の時代の議会外反対派を想起すると，現在のドイツ連邦共和国で小選挙区・相対多数選挙制を導入し二大政党制になった場合，有権者，とりわけ若年者が，議会から離れ，議会外の運動に参加することは明らかであるとする。

(163)　BVerGE 24, 300 [341] は，選挙を「決定的な統合過程」とした。

(164)　BVerGE 1, 208 [256-257] は，5％条項を，議会の行動能力確保のため合憲とした。

(165)　BVerGE 6, 84 [92-93] は，5％条項の根拠として，二つの目的をともに挙げた。

(166)　Morlok 2001, a.a.O. (Anm. 143), S. 596.

271

第四編　連立政権と民主主義

置により行動能力がある議会を形成することが可能である。よって，国民の統合という要素を犠牲にしてまで小選挙区・相対多数選挙制を採用する必要は無いと考えられる[167]。

（ⅱ）国民の分裂

また，この国民の代表・統合という側面は，仮に二大政党制が可能な社会状況であり，小選挙区・相対多数選挙制によって二大政党制が成立するときにも問題となりうる。

（イ）陣営の対立

まず，二大政党制・単独政権になると，国民が対立しあう可能性があることが問題となる。

二大政党制の条件として，同質的社会であることが挙げられる[168]。というのは，多数派の単独政権においては少数派が政権から排除されるが，そのことは，次の選挙で多数派と少数派が交代する可能性があることとともに，多数派の単独政権の任期中の政策が少数派の政策とかけ離れたものではないときにのみ，民主主義に矛盾しないと考えられるからである[169]。

よって，イデオロギー的・社会的に強度の緊張がある国家において小選挙区・相対多数選挙制によって二大政党制を成立させるとき，国家の一体性の崩壊の危険がある[170]。この場合，中道への圧力は働かず，二大政党は固有の支持者を固めて相互に対立する。ドイツ連邦共和国では，小選挙区・相対多数選挙制を採用すると，国民が熱心なキリスト教徒とそれ以外，ブルジョアと社会主義者の陣営に分かれることになると基本法制定会議において批判され，結局比例代表制が採用された[171]。

（167）　Morlok 2001, a.a.O.（Anm. 143），S. 605-607も，行動能力ある議会を形成することは，比例代表制でも阻止条項・選挙区割りなどで可能であるとする。

（168）　前述第10章3（4）（e）（ⅰ）で述べたように，同質的社会であることは，小選挙区・相対多数選挙制で選出される議会が実質的代表となる条件でもある。

（169）　Lijphart 1999, *supra* note 109, p. 32.

（170）　Eschenburg 1958, a.a.O.（Anm. 11），S. 409は，社会において，憲法への賛否などの問題について強度の対立がある場合，小選挙区・相対多数選挙制を導入すると市民戦争を引き起こすとする。

（171）　Gehrig 1969, a.a.O.（Anm. 96），S. 188. 比較的同質的社会であるイギリスでも，

第10章　連立政権と選挙

　これに関連して，オーストリアでは比例代表制ながらもÖVPとSPÖの二大政党制が成立していたが，それぞれが異質な「陣営（Lager）」を形成して対立していたため，国民統合のために大連立政権が役立ったことが注目される[172]。すなわち，社会的に異質な国家では，二大政党制であっても，国民統合のためには単独政権ではなく連立政権を形成することが望ましいということになる。

　（ロ）地域的分裂

　さらに，小選挙区・相対多数選挙制は，地域的に政党支持に偏りがあると，地域的な側面での国民統合を損なうという問題もある[173]。

　ドイツ連邦共和国では，工業地域でSPD，農業・ブルジョア地域でCDU（バイエルン州ではCSU）が優位である。さらに，南部・地方では宗教とくにカトリックによるCDU（バイエルン州ではCSU）への伝統的支持が強く，北部・都市部ではプロテスタント・無宗教者が多いことからSPDへの支持が強い[174]。よって，西側では，南部・農業地域はCDU（バイエルン州ではCSU），北部・工業地域はSPDと，政党支持に明白な地域的相違がある[175]。

　この地域性を反映して，特定の州の小選挙区で特定の政党が全てまたはほとんどの議席を獲得する傾向がある。たとえば2002年9月の第15回連邦議会選挙では，ブランデンブルク州，ブレーメン州，ハンブルク州，ザール州，ザクセ

　　1970年代には，小選挙区・相対多数選挙制に基づく二大政党制によって，政治議論が敵対的なものになっていることが問題とされた。参照，Johnson 1979, a.a.O.（Anm. 117），S. 417-419。

（172）　Gerhard Lehmbruch, *Proporzdemokratie. Politisches System und politische Kultur in der Schweiz und in Österreich*, 1967, S. 23-24. とくに陣営については，参照，高橋進「大連合体制とデモクラシー ── オーストリアの経験」篠原一編『連合政治II ── デモクラシーの安定をもとめて』（岩波書店，1984年）84-107頁。

（173）　Nohlen 2000, a.a.O.（Anm. 103），S. 374-375.

（174）　Karl Loewenstein, „Das Schicksal der Wahlreform", *Zeitschrift für Politik* 1970, S. 21. イギリスにおいても，イングランド北部・スコットランドの労働党，イングランド南西部の保守党と地盤が分かれていることが指摘される。参照，堀江 1994年・前掲注（84）98頁 注4。

（175）　Hilmer 2003, a.a.O.（Anm. 22），S. 206-209. なお，西側ではCDU（バイエルン州ではCSU），東側ではSPDが有利であるため，東西の相違もある。

273

第四編　連立政権と民主主義

ン＝アンハルト州の小選挙区では全て SPD が勝利し，逆に，バイエルン州では44の小選挙区中43の小選挙区で CSU が勝利した。

　以上の条件においては，小選挙区・相対多数選挙制が導入されると，地域・ラントごとに，議席が特定の政党に偏ることが予想される。このとき，たとえば，SPD しか当選していないラントの他の政党の支持者は，自己の支持政党の議員がラント全体を見渡しても一人も連邦議会に存在しないことになる。また，たとえば，CDU／CSU の単独政権となる場合は，SPD の議員しか居ないラントには，与党の議員が一人も存在しておらず，よって，政府に政党的な代表者が居ないことになる。

　このことは，まず，民主主義の観点から問題である。政党は，選挙以外の日常においても活動し，国民は現代政党国家においては政党経由で国家機関の決定に影響する。したがって，政府または議会に自己の支持政党の構成員が居ない場合，事実上国民は国家機関に影響できず，政治システム全体の正統性が損なわれることになる[176]。

　この点について，小選挙区で勝利した候補者は，再選を果たすために，対抗する政党・候補者の政策を取り入れるので問題は少ないという見解もある[177]。しかし，それは，次の選挙で逆転するほど十分な浮動票がある地域でのみ当てはまることであり，特定の政党の強固な地盤においては対抗する政党・候補者の政策を取り入れる必要は無い[178]。また，今日では，候補者は政党に所属して選挙を戦い当選することから，対抗する政党の政策を取り入れると自己の支持者が失望し支持を失う[179]。さらには，候補者が再選されるためには，まず自己の政党において候補者に再度選ばれなければならないため（連邦選挙法第21条，第27条），やはり，他の政党の政策を取り入れることには限界がある[180]。

---

(176)　Seifert 1975, a.a.O.（Anm. 76），S. 76-77; Klein 2001, a.a.O.（Anm. 76），Art. 21 Rn. 168-169. なお参照，BVerGE 20, 56 [98-99]; 85, 264 [284-285]。

(177)　たとえば参照，堀江 1994年・前掲注(84)25頁。

(178)　Scharpf 1993, a.a.O.（Anm. 108），S. 33.

(179)　Hesselberger 1996, a.a.O.（Anm. 162），Art. 38 Rn. 8. さらに，他の政党の政策を取り入れることは，二大政党制での小選挙区・相対多数選挙制における選挙が「明白な政策の選択」ではなくなることを意味する。

(180)　Lohmar 1968, a.a.O.（Anm. 22），S. 72-73は，選挙区の党員の意見に従うことによ

第10章　連立政権と選挙

　さらに，このことは，国家的性格を持つラントが連邦を構成する連邦制からも問題である。連邦の国家機関である連邦議会の議席についてラントごとに大きな偏りがあるとき，ラント・ラント住民と連邦との関係を損ない，連邦制を危機にさらすものである。

　すなわち，地域ごとに政党支持率の差が大きいドイツ連邦共和国では，小選挙区・相対多数選挙制を導入し，さらにその結果として単独政権が成立すると，地域性による対立，また，ラント相互の対立が生じ，さらに，連邦政府に代表が居ないラント，自己の支持政党の連邦議会議員がラント全体を見渡しても居ない有権者が存在することになるという，民主主義と連邦制を脅かす深刻な問題が生じると考えられる。

　この点において，ドイツ連邦共和国では，現行の比例代表制選挙により，各ラントそれぞれに，CDU（バイエルン州ではCSU）とSPDのみならず他の小政党の議員も存在するため，地域的な面で国民が統合されることになる。

（f）憲法的検討

　これまでは，広く，政治的要素も考慮に入れて検討してきたが，ここでは，狭義の憲法的観点から，選挙制度について比較・検討する。

（i）平 等 選 挙

　小選挙区・相対多数選挙制は，平等選挙（基本法第38条1項1文），とくに投票の価値の平等について問題があるとされる。

　平等選挙とは，有権者はできるだけ平等に選挙権を行使するべきであるという要請である。投票権に関しては，全ての有権者が平等の投票数を持ち（数的平等），投票を議会の議席配分に転換するときに全ての投票が平等に考慮される（結果価値の平等）ということである[181]。この平等選挙の要請は，民主主義にとって特別な意義を持つ選挙に関わるため，一般的平等原則（基本法第3条1項）に対して特別法を意味し[182]，立法者は選挙制度に関する立法におい

　　る議員の独立性の限定を述べる。すなわち，議員は選挙区の党員に拘束される以上，他の政党の政策を取り入れることには限界がある。

(181)　Hans D. Jarass/Bodo Pieroth, *Grundgesetz für die Bundesrepublik Deutschland*, 6. Auflage, 2002, Art. 38 Rn. 6.

(182)　BVerGE 99, 1 [8-16].

第四編　連立政権と民主主義

て，特別な・やむをえない理由があるときしか平等選挙の原則を制約すること
はできない[183]。

　連邦憲法裁判所は，小選挙区・相対多数選挙制においては投票の数的平等の
みが要請されるが，比例代表制においては投票の結果価値の平等も要請される
として，両選挙制度における平等選挙の意味する内容を区別し，立法者は両選
挙制度とも採用可能であるとしている[184]。

　この点について，ドイツ連邦共和国の比例代表制では，平等選挙（投票の結
果価値の平等）を制約することになる阻止条項の上限を得票率の５％としてい
ることから，より大きな阻止条項を意味する小選挙区・相対多数選挙制は投票
の結果価値の平等に反して違憲とする見解がある[185]。また，違憲とまではし
ないものの，投票の結果価値の平等をも実現する比例代表制の方が，平等選挙
の高度の平等の要請に適合し，個人の平等を前提とする民主主義の観点から望
ましいとする見解もある[186]。

　たしかに，比例代表制を定めたワイマール憲法と異なり，基本法では具体的
選挙制度は規定されていないため，平等選挙の内容を区別し，どちらの選挙制
度を採用することも可能である。しかし，民主主義において選挙が持つ特別な
意義に鑑みて，投票の結果価値の平等をも実現する比例代表制の方が憲法的に
望ましいと考えられる[187]。

（ⅱ）多 党 制

　選挙制度改革による二大政党制の確立に関しては，さらに，基本法第21条１
項の保障する多党制との関係で疑義がある。すなわち，自然に二大政党制に発
展することは問題無いが，二大政党制になることを目的とした選挙制度によっ

(183)　BVerGE 95, 408〔417-420〕.

(184)　BVerGE 95, 335〔349-350〕.

(185)　Hans Meyer, „Demokratische Wahl und Wahlsystem“, in: Josef Isensee/Paul
　　　Kirchhof（Hg.）, *Handbuch des Staatsrechts der Bundesrepublik Deutschland* Bd.Ⅱ.
　　　Demokratische Willensbildung—Die Staatsorgane des Bundes, 1987, §37 Rn. 35-36.

(186)　Ingo von Münch, in: Ingo von Münch（Begründet）, Philip Kunig（Hg.）, *Grundge-
　　　setz-Kommentar* Bd. 2（Art. 21 bis Art. 69）, 3., neubearbeitete Auflage, 1995, Art. 38
　　　Rn. 52.

(187)　Morlok 2001, a.a.O.（Anm. 143）, S. 597.

276

第10章　連立政権と選挙

て強制的に二大政党制がもたらされてはならないという見解がある[188]。多党制は，国民が政治的意思を自由に表現すること，変化した国民意思が形を取ることを可能にするものである。したがって，二大政党制がまさしく国民意思の表現であるか，それとも操作的にもたらされたかには大きな相違がある[189]。

ドイツ連邦共和国においては，多くの政党が存在し，議会の議席を獲得していることは所与のものであり，人工的手段によって抑制されるべきではない[190]。このことから，基本法上は小選挙区・相対多数選挙制も比例代表制も採用することが可能とされるが，実際に多くの政党が存在し，議席を獲得していることに現れているドイツ連邦共和国の社会状況に鑑み，現状においては比例代表制がより適切な選挙制度であることになる[191]。

（ g ）ドイツ連邦共和国における比例代表制

以上から，小選挙区・相対多数選挙制であっても二大政党制になるとは限らず，また，二大政党制になったとしても，様々な問題があることになる。

中でも問題となるのが，国民の代表・統合の側面である。小選挙区・相対多数選挙制は，それによって選出された議会が国民の実質的代表たりうる同質的な社会構造・政党システムが存在していることが前提である。それが無い場合，議会が国民の実質的代表でなくなり，民主的正統性が欠如し，政治システム全体が脅かされる。さらに，小選挙区・相対多数選挙制は，一旦成立した二大政党制を保持する傾向があることから，社会の変化に対応できず，将来的に民主的正統性が失われる可能性がある[192]。

---

(188)　Andreas Hamann jr./Helmut Lenz, *Das Grundgesetz für die Bundesrepublik Deutschland vom 23. Mai 1949*, Dritte, völlig neubearbeitete und wesentlich erweiterte Auflage, 1970, Art. 21 Rn. 2; Ingo von Münch, in: Ingo von Münch (Begründet), Philip Kunig (Hg.), *Grundgesetz-Kommentar* Bd. 2（Art. 21 bis Art. 69), 3., neubearbeitete Auflage, 1995, Art. 21 Rn. 30; Seifert 1975, a.a.O.（Anm. 76), S. 107-108.

(189)　Seifert 1975, a.a.O.（Anm. 76), S. 155-156.

(190)　Loewenstein 1970, a.a.O.（Anm. 174), S. 22.

(191)　Morlok 2001, a.a.O.（Anm. 143), S. 599. なお，社会が二大政党的になっているときには，小選挙区・相対多数選挙制を導入することは，多党制の観点からは許容されることになる。

(192)　Raschke 1973, a.a.O.（Anm. 150), S. 191は，小選挙区・相対多数選挙制導入によっ

277

第四編　連立政権と民主主義

　すなわち，小選挙区・相対多数選挙制は，同質的社会でしか機能せず，多元社会では機能しない。逆に，比例代表制は，多元社会のみならず，同質的社会でも機能し，また，将来的な社会の変化にも対応できる[193]。重要なのは，社会変動によって生じる新しい社会的勢力を，どれだけ政党システムが吸収できるかという点である。これが達成できないと，まさしく「正統性の危機」が生じることになる[194]。すなわち，ドイツ連邦共和国において比例代表制が採用され，現在も維持されていることには大きな理由がある。よって，小選挙区・相対多数選挙制の採用は，今後も考えにくく，困難であろう[195]。

（5）ドイツ連邦共和国における議院内閣制の運用

　以上のことから，ドイツ連邦共和国においては直接民主政的運用が慣行によって確立してきたが，制度的には媒介民主政にもつながりうるものである。そして，その直接民主政を貫徹するように選挙制度を改革することは，様々な要因から困難であり，また，望ましくないということが明らかになった。

　しかし，このことは，ドイツ連邦共和国において媒介民主政的運用が望ましいとされ，そのように展開するということを意味しない。

　ドイツ連邦共和国の有権者は，連立表明・首相候補という慣行に基づいて，選挙において政権・首相について決定しているということを自覚しており，また，選挙において実際にその決定を行うことを望んでいる。そして，選挙後には，連立表明通りの政権が形成され，勝利した大政党の首相候補が首相となること，そして，少なくとも政権構成に関しては立法期の間継続することを期待している[196]。このようなコンセンサスがあるからこそ，政党，とくに小政党

　　て政党システムを一旦「閉鎖」した後，再度「開放」するには大変な努力を要するとする。

(193)　Nohlen 2000, a.a.O. (Anm. 103), S. 371.

(194)　加藤秀治郎『戦後ドイツの政党制　東西ドイツ政党の政治社会学的分析』（学陽書房，1985年）213-225頁。

(195)　Jesse 2000, *supra* note 41, pp. 129-130. なお，Lehmbruch 1998, a.a.O. (Anm. 15), S. 194 は，現行の小選挙区比例代表併用制の選挙制度は高度の正統性を獲得しており，選挙制度改革を行うことはできないとする。

(196)　Niclauß 1987, a.a.O. (Anm. 39), S. 229. なお，政権構成政党が同一の場合で連邦首

第10章　連立政権と選挙

は連立表明を求められる。また，立法期中での大規模な連立変更である1966年のCDU／CSUとFDPの連立政権であるエアハルト（CDU）政権からCDU／CSUとSPDの連立政権であるキージンガー（CDU）政権への交代，さらに連邦首相の政党をも変更した1982年のSPDとFDPの連立政権であるシュミット（SPD）政権からCDU／CSUとFDPの連立政権であるコール（CDU）政権への交代は，このような有権者の期待に反する行動であるため，激しく批判された[197]。

　よって，政党は，今後も，連立表明を行うこと，さらに，選挙後には連立表明通りの連立政権を形成し，立法期の間連立政権を維持することを期待される[198]。仮に政党が連立表明を行わず，また，事前に表明していない連立政権を形成し，さらには立法期中に連立変更すると，国民の不信を招き，小選挙区・相対多数選挙制への改革の動きが再び生じる可能性がある。選挙制度が改革されると危機的状況になる小政党は，そのような動きが生じないようにするために，連立表明を行い，また，それに従って行動せざるをえないと考えられる[199]。

　また，首相候補については，ドイツ連邦共和国の社会構造から今後もCDU／CSUとSPDが支配的地位を保持することが予測されるため，その他の小政党が首相候補を擁立したとしても，実質的にはCDU／CSUとSPDの首相候補の一騎打ちが継続すると考えられる[200]。

　すなわち，ドイツ連邦共和国においては，今後も，多少の変化はあるが，基本的には連邦議会選挙は同時に連立選挙・首相選挙であり，有権者は選挙において政府の政策とその担い手である連邦首相を直接的に選択するという直接民

　相が立法期の途中に交代することは許容されている。参照，Niclauß 1987, a.a.O.（Anm. 39），S. 234。

(197)　加藤・楠 1992年・前掲注（9）85頁。

(198)　Niclauß 1987, a.a.O.（Anm. 39），S. 229; Jesse 1997, a.a.O.（Anm. 40），S. 83.

(199)　Jesse 2002, a.a.O.（Anm. 27），S. 435. さらに，小政党は，連立表明することによって，連立予定の大政党の支持者の第二投票を獲得できる可能性がある。参照，Harald Schoen, „Stimmensplitting bei Bundestagswahlen: eine Form taktischer Wahlentscheidung?“, *Zeitschrift für Parlamentsfragen* 1998, S. 226。なお，前述第8章2（5）参照。

(200)　前述第1章4（1）参照。

第四編　連立政権と民主主義

主政的運用が継続すると考えられる[(201)]。

　これまで，直接民主政についてはイギリス・アメリカ・フランス第五共和制，媒介民主政についてはワイマール共和国・イタリア・フランス第四共和制という典型例が提示されてきた。このとき，前者は小選挙区相対多数選挙制・二大政党制・単独政権・国民による首班と政策の直接的選択（内閣中心構想），後者は比例代表制・多党制・連立政権・議会による首班と政策の決定（議会中心構想）として対置される[(202)]。

　しかし，現実には，それぞれの国家の政治文化や他の様々な憲法的要素がある。直接民主政を支持する立場であっても，必ずしもその完全な実現が可能であり，また，望ましいとはしない[(203)]。他方で，媒介民主政を支持する立場も，古典的な議会主義への復帰，議会への完全な白紙委任を望ましいとはしていない[(204)]。よって，重要な点は，どの段階で国民意思をどの程度統合していくのか，また，どの程度統合することが望ましいのかということであり[(205)]，それは，それぞれの国家の歴史，社会構造，政治文化・伝統などによって異なる[(206)]。したがって，実際の国家において様々な形態を考えることができ，また，様々な形態で実現されている。

　ドイツ連邦共和国においては，比例代表制・多党制によって国民の多様な意見を議会に反映しつつ，連立表明・首相候補という慣行の成立により，国民は選挙において政治プログラムとその実施主体についても決定できるようになっ

---

(201)　ただし，社会構造が劇的に変化し，さらに多党化するか，または，第三党の議席が増加し CDU／CSU と SPD と匹敵する勢力となった場合，媒介民主政的になる可能性がある。そのとき，連立表明・首相候補という慣行が不可能となるか意味を失い，選挙制度改革が再び主張される可能性がある。参照，Jesse 2000, *supra* note 41, p. 131。

(202)　たとえば参照，堀江1994年・前掲注(84)16-19頁，25-26頁。内閣中心構想，議会中心構想については，たとえば参照，高橋和之 1994年・前掲注(84)30-31頁。

(203)　高橋和之 1997年・前掲注(13)31頁。

(204)　たとえば参照，芦部信喜「議会政治と国民主権」『人権と議会政』（有斐閣，1996年）321頁。

(205)　参照，高橋和之 1994年・前掲注(84)31頁。具体的には，この過程における選挙と議会の果たす役割をどのように考えるかということである。参照，高橋和之 1998年・前掲注(13)70頁。

(206)　参照，高橋和之 1994年・前掲注(84)35頁。

た。この点において，ドイツ連邦共和国の運用は，イギリス・アメリカ・フランス第五共和制とも，ワイマール共和国・イタリア・フランス第四共和制とも異なり，独自の意義がある。現代の多元社会において，議会に民意が反映し議会において国民が代表されているという実感を保ちつつ，さらに，政府にも民意が反映し政府においても国民が代表されているという実感を保つことができるという点に特徴があると言えよう[207]。

4　連邦首相のリーダーシップ

このようなドイツ連邦共和国の運用は，連邦首相の地位にも影響を与えた。ここでは，連邦首相のリーダーシップについて検討する。

（1）宰相民主主義の基礎
（a）制度的側面

一般論として，連立政権においては首相のリーダーシップは発揮できないとされる[208]。たしかに，ドイツ連邦共和国の連立政権においても宰相原則が制約され，所轄原則・合議原則が強まっている[209]。

しかし，それでも，連邦首相は，ワイマール共和国の共和国首相と比較してかなり強固な地位を保持し，国政の指導者としてのリーダーシップを確立している[210]。このことは，「宰相民主主義（Kanzlerdemokratie）」と表現される。

---

(207)　このドイツ連邦共和国のモデルは，衆議院選挙において小選挙区比例代表並立制を採用している我が国でも参考になると考えられる。この制度においては，二大政党制への傾向があるものの，比例代表部分において小政党が議席を獲得することが可能である。したがって，場合によっては，二大政党のいずれも単独では過半数の議席を獲得できず，ドイツ連邦共和国と類似の「主政党＋副政党」の連立政権が形成される可能性があるからである。

(208)　参照，Ulrich Scheuner, „Entwicklungslinien des parlamentarischen Regierungssystems in der Gegenwart", in: Horst Ehmke/Carlo Schmid/Hans Scharoun (Hg.), *Festschrift für Adolf Arndt zum 65. Geburtstag*, 1969, S. 393；堀江　1994年・前掲注(84)54頁。

(209)　前述第4章参照。

第四編　連立政権と民主主義

宰相民主主義という表現は，その体現者とされるアデナウアー（CDU）連邦首相に最も当てはまるものであるが，それ以降の連邦首相においても，程度の差こそあれ当てはまると言える[211]。

　この基礎としては，まず，基本法において連邦首相の地位が制度的に強化されたことが挙げられる。

　その地位を強化する制度として，まず，連邦首相が連邦議会によって選出されること（連邦大統領が実質的に介入する余地が無いこと）（基本法第63条），また，連邦議会が連邦首相の後継者を選出したときのみ連邦首相が不信任されること（建設的不信任）（基本法第67条1項）が挙げられる。さらに，その職務遂行を支える権限として，政綱決定権（基本法第65条1文），連邦大臣任免権（基本法第64条1項），組織権（連邦政府職務規則第9条1文），連邦政府指導権（基本法第65条4文）などがあることから，連邦首相は国政を指導するための多くの手段を保持していることになる[212]。

　たしかに，このような制度的な強化が連邦首相のリーダーシップの確立に有効に作用したことは間違いない。しかし，このような制度面とは異なる，連邦議会選挙・政党システムの展開に伴う要因から，連邦首相の地位が大幅に強化されたことを看過してはならない[213]。

（b）首相選挙

　まず，連邦議会選挙が，連立表明・首相候補の擁立という慣行によって「首

---

(210)　Niclauß 2000, *supra* note 72, pp. 75-76.

(211)　「宰相民主主義」という表現を，アデナウアー（CDU）連邦首相の権威的な政治スタイルを表すものとして限定して用いるか，それとも後の連邦首相を含めた，連邦首相優位の政府構造・政治スタイル一般を指すかについては見解が分かれているが，本書では，後者の見解に従い，広く連邦首相一般に適用する。この点については，参照，Peter Haungs, „Kanzlerdemokratie in der Bundesrepublik Deutschland: Von Adenauer bis Kohl", *Zeitschrift für Politik* 1986, S. 45, S. 63；毛利透「ドイツ宰相の基本方針決定権限と『宰相民主政』」筑波法政第27号（1999年）99頁。

(212)　各権限については，前述第4章参照。

(213)　Roman Herzog, in: Theodor Maunz/Günter Dürig/Roman Herzog/Rupert Scholz, *Kommentar zum Grundgesetz*, Loseblatt, Art. 65 Rn. 42-43, Rn. 46 (1984)；毛利 1999年・前掲注(211)85頁。なお，連邦首相個人の個性・政治スタイルも当然影響するが，ここでの検討からは除外する。

相選挙」に展開したことが，連邦首相の地位が強化されたことの大きな要因である。ワイマール共和国では，共和国首相は形式上は共和国大統領が任命していたが（ワイマール憲法第53条），事実上は議会選挙後に各政党の連立交渉によって決定された[214]。この結果，国民に由来する独自の民主的正統性を主張できず，また，政党に従順な人物が選ばれることが多かったこともあり，リーダーシップを発揮できなかった[215]。

しかし，ドイツ連邦共和国の連邦首相は，政党間の連立交渉ではなく，連邦議会選挙において事実上直接的に有権者によって決定されることになり（直接民主政的運用），独自の民主的正統性を獲得するに至った。さらに，選挙戦のリーダーとして自己の政党・連立に勝利をもたらしたということも，連邦首相の地位を高めた。このことから，連邦首相（およびその構成する政府）は，連邦議会，政党，会派に対して強い地位を確立し，基本法で整備された制度を主体的に利用でき，リーダーシップを発揮できるようになった。

このことは，とくに，1953年の第2回，1957年の第3回連邦議会選挙がアデナウアー（CDU）連邦首相およびその政策への賛否投票と解釈され，勝利したアデナウアー連邦首相がまさしく「宰相民主主義」を権威的ともされるほど体現したことに現れている。すなわち，連立表明・首相候補という慣行により，連邦首相は，連邦議会選挙を通じて事実上直接的に民主的正統性を獲得し，宰相民主主義と称される強力な地位を確立する一つの要因となった[216]。

（c）政党システムの展開

さらに，連邦首相の地位が強化した要因として，ドイツ連邦共和国における政党システムの展開が挙げられる。

ワイマール共和国においては，完全な比例代表制選挙のもと，イデオロギー

---

(214)　前述第7章3（1）参照。共和国大統領が独自の判断で共和国首相を任命する，いわゆる大統領内閣へと移行したワイマール共和国末期は異なる。

(215)　Theodor Eschenburg, „Die Richtlinien der Politik im Verfassungsrecht und in der Verfassungswirklichkeit", *Die Öffentliche Verwaltung* 1954, S. 197；毛利 1999年・前掲注(211)54-56頁，61-62頁。

(216)　Roman Herzog, in: Theodor Maunz/Günter Dürig/Roman Herzog/Rupert Scholz, *Kommentar zum Grundgesetz*, Loseblatt, Art. 62 Rn. 83-84 (1984); Herzog 1984, a.a.O. (Anm. 213), Art. 65 Rn. 42-43, Rn. 46.

第四編　連立政権と民主主義

的に対立する多くの政党が共和国議会の議席を獲得し，よって，比較的同勢力の多数の政党からなる，場合によってはイデオロギー的に異質な政党も含む連立政権が成立した。連立の最大政党から共和国首相が選出されるとは限らなかったこと，また，同勢力の，イデオロギー的に強固な連立政党が存在していたことから，共和国首相がリーダーシップを発揮できる状況ではなかった[217]。

　これに対して，ドイツ連邦共和国においては，比例代表制にもかかわらず，連邦議会の議席を獲得する政党数が減少し，また，政党間の政策が接近した。そして，二つの大政党が成立し，そのどちらか一つと小政党によって連立政権が形成されることが可能になった。さらに，連邦首相は大政党から出されるため，他の連立小政党に対してもリーダーシップを発揮しうる状況となった[218]。

　以上から，宰相民主主義の確立にとっては，制度的側面とともに，連邦議会選挙の展開，政党システムの展開が重要であったことが分かる[219]。このことから，今後，連邦議会選挙において連立表明・首相候補の慣行が行われなくなるとき，また，二つの大政党という現在の状況が政党システムの劇的な変化によって崩れるとき，連邦首相のリーダーシップが弱くなることが予想される[220]。このとき，連邦首相のリーダーシップを確保するという側面からも，選挙制度改革の議論が生じる可能性がある。

（2）連邦首相のリーダーシップ

　近年は，政治が対処しなければならない事柄の拡大，社会の複雑化，国際的

---

(217)　参照，毛利 1999年・前掲注(211)54-56頁，61-62頁。

(218)　参照，毛利 1999年・前掲注(211)89頁。ここから，CDU／CSU と SPD が数的にほぼ対等であった大連立政権においては連邦首相のリーダーシップが発揮できなかったことが説明される。Ernst Ulrich Junker, *Die Richtlinienkompetenz des Bundeskanzlers*, 1965, S. 62は，対等の政党からなる連立政権の場合は，連邦首相が政綱決定権を行使できなくなるとする。

　　なお，このような政党システムの展開は，連立表明・首相候補という慣行を可能にした要因でもある。

(219)　Niclauß 2000, *supra* note 72, p. 81.

(220)　Herzog 1984, a.a.O.（Anm. 213），Art. 65 Rn. 42-43, Rn. 46; Herzog 1984, a.a.O.（Anm. 216），Art. 62 Rn. 83-84.

第10章　連立政権と選挙

結合，国民の政治参加の進展，メディアの報道の増加，さらにドイツ連邦共和国の場合は連邦制などの要因があり，政治においてリーダーシップを発揮することが困難な状況となっている[221]。しかし，だからこそ，より強力な政治指導が求められている[222]。ドイツ連邦共和国においては，アデナウアー連邦首相が「宰相民主主義」と呼ばれる強いリーダーシップを発揮し，当時は権威的であるとして批判された[223]。しかし，近年の連邦首相の「弱い」（弱く見える）政治指導を背景として，アデナウアー的な強いリーダーシップが再評価されてきている[224]。

たしかに，ドイツ連邦共和国においては，連立政権であることによって，単独政権の場合に比して連邦首相のリーダーシップには制約がある[225]。しかし，他方で，連邦議会選挙が連立表明・首相候補という慣行の確立で直接民主政的に展開したことにより，連邦首相の地位が強化され，リーダーシップを発揮しうる状況にある。

それは，現代国家一般の要請である，強い政治指導の要請と権力抑制・均衡の要求を同時に満たしている。このようなドイツ連邦共和国の連邦首相の地位は独特のものであり，現代国家における政治指導を考える際に大いに参考となると考えられる[226]。

---

(221)　Wolfgang Jäger, „Von der Kanzlerdemokratie zur Koordinationsdemokratie“, *Zeitschrift für Politik* 1988, S. 28-29; Heinrich Oberreuter, „Politische Führung in der parlamentarischen Demokratie“, in: Karl Dietrich Bracher/Paul Mikat/Konrad Reppgen/Martin Schumacher/Hans-Peter Schwarz (Hg.), *Staat und Parteien. Festschrift für Rudolf Morsey zum 65. Geburtstag*, 1992, S. 171-172.

(222)　ドイツ連邦共和国に限らず現代国家の要請である。たとえば参照，高橋和之「議院内閣制と首相権限の強化」高橋和之『国民内閣制の理念と運用』（有斐閣，1994年）387-406頁。

(223)　Karl Loewenstein, übersetzt von Rüdiger Boerner, *Verfassungslehre*, 4. Auflage. Nachdruck der 3., unveränderten Auflage, 2000, S. 92-94.

(224)　Haungs 1986, a.a.O. (Anm. 211), S. 63; Jäger 1988, a.a.O. (Anm. 221), S. 15-16.

(225)　前述第4章参照。

(226)　Ludger Helms, „50 Jahre Bundesrepublik Deutschland—Kontinuität und Wandel des politischen Institutionensystems“, *Zeitschrift für Politik* 1999, S. 167は，ドイツ連邦共和国について，強力な首相と永久的連立政権をともに持つ唯一の西欧国家であるとする。

◆ 第11章　連立政権と政権交代

1　政権交代の意義

民主主義においては，支配が時間的に限定され，定期的に正統性を調達しなければならないこと，支配をコントロールできる状況にあることが必要である。このことは，政権交代の現実的可能性が存在するときのみ可能である[1]。すなわち，民主主義は，政権が交代しうることを前提としている[2]。国民の意思に反して長期間にわたり政権が継続する国家は，民主主義国家ではない。「政権交代の存在が民主政治の存在を確証する[3]」のである。

2　連立政権の政権交代

政権交代というとき，一般的には政権構成政党の変更，首相の交代が挙げられる[4]。

政権構成政党に着目した場合，単独政権から単独政権への政権交代は政権を担う政党の完全な交代であるが，連立政権から連立政権への政権交代は，通常，連立政党の部分的変更であるという特徴がある[5]。ここでは，単独政権の場

---

(1)　Hans-Peter Schneider, „Verfassungsrechtliche Bedeutung und politische Praxis der parlamentarischen Opposition", in: Hans-Peter Schneider/Wolfgang Zeh (Hg.), *Parlamentsrecht und Parlamentspraxis in der Bundesrepublik Deutschland*, 1989, § 38 Rn. 18.

(2)　Ernst-Wolfgang Böckenförde, „Demokratie als Verfassungsprinzip", in: Josef Isensee/Paul Kirchhof (Hg.), *Handbuch des Staatsrechts der Bundesrepublik Deutschland* Bd. I. *Grundlagen von Staat und Verfassung*, 1987, § 22 Rn. 50. 国民による直接的解任でなくとも，定期的に選挙があることによって可能となる。

(3)　高橋和之「議院内閣制と現代デモクラシー ―― 民意を国政に反映させるということの意味」高橋和之『国民内閣制の理念と運用』（有斐閣，1994年）356頁。

(4)　Arend Lijphart, *Patterns of Democracy: Government Forms and Performance in Thirty-Six Countries*, 1999, p. 131；堀江湛・政治改革コロキアム『連立政権の政治学：ポスト55年体制の政権形態』（PHP研究所，1994年）60頁。

287

第四編　連立政権と民主主義

合と比較した，連立政権の場合の政権交代の特徴を検討する。

（1）政権交代の促進

しばしば，二大政党制での小選挙区・相対多数選挙制が政権交代を促進すると主張される。しかし，それは政党システム・社会構造次第であり，二大政党がほぼ同じ強さで，さらに，政権交代をもたらすほど十分な浮動票が無ければ当てはまらない。よって，政党勢力が不均衡な場合，さらに，政党への強い拘束をもたらす宗教・民族・言語・地理その他の社会構造的要因のため浮動票が少ない場合は，小選挙区・相対多数選挙制によって，政権交代可能性が無い一党優位の状況が継続するという，民主主義的に問題がある状況を招く可能性がある[6]。

また，政権交代可能性がある二大政党制での単独政権においては，政権交代は基本的に選挙においてしか生じない。すなわち，時間的な点で，二大政党制での単独政権では政権交代可能性が限定されていると言える。

これらの点において，連立政権の場合は，多様な政権交代可能性がある。具体的には，連立政党の部分的変更による政権交代と，連立ブロックごとの政権交代がある[7]。さらに，前者の部分的な政権交代は立法期の途中にも生じるため，立法期中においても恒常的に与党・政府へのコントロールが働く可能性が高い。

（2）政策の継続性

また，単独政権での完全な与野党入れ替えの政権交代は，政策の断絶をもたらすという欠点が指摘されている。

たとえばニュージーランドは，小選挙区・相対多数選挙制から，ドイツ連邦共和国と同様の小選挙区比例代表併用制へと移行した。その選挙制度改革の理

---

(5)　Lijphart 1999, *supra* note 4, pp. 130-131.

(6)　前述第10章3（4）（b）（ⅱ）参照。なお参照，Theodor Eschenburg, *Staat und Gesellschaft in Deutschland*, 1956, S. 684; Dieter Nohlen, *Wahlrecht und Parteiensystem*, 3., völlig überarbeitete Auflage, 2000, S. 386-392。

(7)　Nohlen 2000, a.a.O.（Anm. 6），S. 390.

由として，単独政権は安定して有効な政策が実行されるが，頻繁な与野党総交代によって急激な政策・人物の変更が生じ，前政権の政策に逆行することすらあることから，長期的には損害をもたらすということが挙げられた[8]。

イギリスにおいても，このような完全な政権交代については，経済活動を損なう原因であるという批判がある。

長期的視点で政策を行う現代国家においては，政策の断絶は軽視できない問題である[9]。

連立政権においては，連立ブロックごとの政権交代は単独政権の場合と類似の政策の断絶をもたらしうるが，連立政党の部分的変更による政権交代の場合は，政策の全体的な変更ではなく，政策の修正・調整が行われ，政策の継続性が保障される[10]。とくに，近年は連立協定，連立委員会・連立ラウンドさらには人事的措置において，連立政党が相互に他の連立政党の所轄，さらに首相にまで影響するため，前政権から引き続き政権にとどまった政党によって，次の連立政権の政策全般についての継続性がもたらされる。

3　ドイツ連邦共和国の実例

（1）過去の政権交代

ここでは，ドイツ連邦共和国の政権交代について，分類して検討する。政権交代というとき，一般的には政権構成政党の変更，首相の交代が挙げられる[11]。ここではその政権交代について，さらに，首相を出している政党の変更か，時期的に選挙後か立法期の間か，部分的政権交代か完全な与野党の入れ替わりかという要素を加えて検討する[12]。

---

(8)　"Towards a Better Democracy: Report of the Royal Commission on the Electoral System", in: Mai Chen/Sir Geoffrey Palmer (ed.), *Public Law in New Zealand. Cases, Materials, Commentary, and Questions*, 1993, p. 687.

(9)　John Kingdom, *Government and Politics in Britain*, 1991, p. 183.

(10)　Ulrich Scheuner, „Entwicklungslinien des parlamentarischen Regierungssystems in der Gegenwart", in: Horst Ehmke/Carlo Schmid/Hans Scharoun (Hg.), *Festschrift für Adolf Arndt zum 65. Geburtstag*, 1969, S. 401-402.

(11)　Lijphart 1999, *supra* note 4, p. 131；堀江　1994年・前掲注（4）60頁。

第四編　連立政権と民主主義

　ドイツ連邦共和国におけるこれまでの政権交代は，以下の通りである[13]。

　①1953年10月，連邦議会選挙後，それまでのCDU／CSU，FDP，DPの連立政権にGB／BHEが加わった。

　②1955年7月，立法期中にGB／BHEが分裂し，一部が連立を離脱，一部がCDUに移籍したことにより，それまでのCDU／CSU，FDP，DP，GB／BHEの連立政権からCDU／CSU，FDP，DPの連立政権になった。

　③1956年2月，立法期中にFDPが分裂し，FDP本体が連立を離脱したことにより，それまでのCDU／CSU，FDP，DPの連立政権からCDU／CSU，DPの連立政権になった[14]。

　④1960年7月，立法期中にDPが分裂し，9月にはDPの連邦大臣がCDUに移籍したことにより，それまでのCDU／CSU，DPの連立政権からCDU／CSUの単独政権になった。

　⑤1961年11月，連邦議会選挙後，それまでのCDU／CSUの単独政権からCDU／CSUとFDPの連立政権になった。

　⑥1963年10月，立法期中に，連邦首相がアデナウアー（CDU）からエアハルト（CDU）に交代した。連邦首相の政党は変更が無く，CDU／CSUとFDPの連立政権は継続した。

　⑦1966年10月から12月，立法期中に，CDU／CSUとFDPの連立政権が崩壊し，一旦CDU／CSUの少数単独政権になり，結局CDU／CSUとSPDの連立政権になった。このとき，連邦首相の政党はCDUで変更が無かったが，連邦首相がエアハルトからキージンガー（CDU）に交代した。

　⑧1969年10月，連邦議会選挙後，それまでのCDU／CSUとSPDの連立政権からSPDとFDPの連立政権になった。連邦首相はキージンガーからブラ

---

(12)　なお，連立政権崩壊から次の連立政権成立までの間などに生じる暫定的な短期間の政権への政権交代，さらに，その暫定政権からの政権交代は，独立した政権交代とはしない。

(13)　Peter Schindler, *Datenhandbuch zur Geschichte des Deutschen Bundestages 1949 bis 1999* Bd. I, 1999, S. 1440-1462による。

(14)　FDPの連立残留派（連邦大臣派）はFVPを結成したが，後にDPに合流したため，CDU／CSU，FVP，DPという連立政権の時期については考慮しない。

ント（SPD）に交代し，この時初めて連邦首相の政党が CDU から SPD に交代した。

　⑨ 1974年5月，立法期中に，連邦首相がブラントからシュミット（SPD）に交代した。連邦首相の政党は変更が無く，SPD と FDP の連立政権は継続した。

　⑩ 1982年9月から10月，立法期中に，SPD と FDP の連立政権が崩壊し，一旦 SPD の少数単独政権になり，結局 CDU／CSU と FDP の連立政権になった。連邦首相はシュミットからコール（CDU）に交代し，連邦首相の政党はSPD から CDU に交代した。

　⑪ 1998年10月，連邦議会選挙後，それまでの CDU／CSU と FDP の連立政権から SPD と90年連合／緑の党の連立政権になった。連邦首相はコールからシュレーダー（SPD）に交代し，連邦首相の政党は CDU から SPD に交代した。さらに，初めて，旧与党が全て野党となり，新与党が全て旧野党から構成されるという「完全」な政権交代だった[15]。

　以上をまとめると，政権構成政党の変更が①②③④⑤⑦⑧⑩⑪，連邦首相の交代が⑥⑦⑧⑨⑩⑪，連邦首相の政党の交代が⑧⑩⑪，連邦議会選挙後の政権交代が①⑤⑧⑪，立法期中の政権交代が②③④⑥⑦⑨⑩，「部分的」な政権交代が①から⑩，「完全」な政権交代が⑪となる。

　まず，立法期中の政権交代について検討する。政権交代②③④は，政権構成政党についての小規模な変更であり，連邦首相の政党も連邦首相も交代しなかったので，影響は少なかった。政権交代⑥⑨は，政権構成政党も連邦首相の政党も変更は無かったが，連邦首相が交代しているので，首相候補という慣行による連邦議会選挙の人物プレビシット化の傾向からは，少なからぬ影響があった。とくに，政権交代⑨でのブラントからシュミットへの連邦首相の交代は，1982年の政権交代⑩より大きい政策変更をもたらしたとされる[16]。

　政権交代⑦は，連邦首相の政党は交代していないが，政権構成政党が大規模に変更し，さらに連邦首相が交代している点で大きな政権交代であった。この政権交代⑦は，政権構成政党が大規模に変更し連邦首相・連邦首相の政党も交

---

　(15)　ただし，PDS は政権交代前後とも野党であった。

　(16)　Arnulf Baring／Gregor Schöllgen, *Kanzler Krisen Koalitionen*, 2002, S. 169.

第四編　連立政権と民主主義

代した政権交代⑩とともに，大きな議論を呼んだ[17]。

　続いて，連邦議会選挙後の政権交代について検討する。政権交代①は，政党構成についての小規模な変更であり，連邦首相は交代しなかったので影響は少なかった。政権交代⑤は，連邦首相は交代しなかったが，単独政権から連立政権への変更であり，少なからぬ影響があった。政権交代⑧は，連邦首相も連邦首相の政党も政権構成政党も変更しているので大きな政権交代であり，この政権交代はしばしば「権力交代（Machtwechsel）」と呼ばれる。そして，政権交代⑪は，連邦首相・連邦首相の政党が交代し，さらに与野党の完全な入れ替えという要素を含む，これまでに無い政権交代であった。

（2）連立変更による政権交代

　以上から，ドイツ連邦共和国の政権交代は，政権構成政党の変更，すなわち，連立政権の組み替えによる政権交代が多かったことが分かる。

　1960年代までは，CDU／CSU に有利な社会構造があること，さらに，もともと，ドイツ連邦共和国では有権者が現政権に投票する傾向があるため，SPD が CDU／CSU に選挙で勝利することは不可能だった[18]。すなわち，この時期は，連邦首相の政党の変更可能性が無かったが，連立の変更による政権交代によって政治の硬直化を防ぐことができたと言える。

　選挙で CDU／CSU に勝利して政権を獲得することが不可能と判断した SPD は，1966年12月に CDU／CSU との大連立政権に参加することで統治能力を示した。そして，1969年9月の第6回連邦議会選挙では第二党にとどまったが，FDP と連立政権を形成することで初めて連邦首相を出すことができた。すなわち，SPD が大連立政権に参加したことによって，SPD は，CDU／CSU に対抗しうる，連邦首相を出すことができる政党となった。このことで，実現可能な連立の選択肢が増加し，政権交代可能性が飛躍的に高まった[19]。

---

(17)　前述第10章3（3）（a）参照。

(18)　Erwin K. Scheuch, „Demokratie als geschlossene Gesellschaft", in: Rolf Schroers (Hg.), *Der demokratische Obrigkeitsstaat. Beiträge zur demokratischen Funktionsfähigkeit der großen Koalition*, 1969, S. 19.

(19)　Reinhard Schmoeckel/Bruno Kaiser, *Die vergessene Regierung. Die große Koali-*

この意味で，大連立政権は，ドイツ連邦共和国の民主主義にとって大きな意義があった[20]。仮に，SPDが単独政権でなければ野党にとどまるという立場をとり続けていたら，ドイツ連邦共和国は今日に至るまで大規模な政権交代を経験していなかったかもしれない[21]。

以上から，ドイツ連邦共和国では連立政権であることによって，一党優位の政党制においても政権交代が行われ，さらに，一党優位の政党制から連邦首相の政党が交代することが可能な政党制に移行することができたと言える[22]。

（3）継続性と安定性

さらに，過去の政権交代の実例から，ドイツ連邦共和国では「完全」な政権交代が1998年10月の一回しかなく，ほとんどが「部分的」政権交代であることが分かる。すなわち，政権交代後も，それまでの与党の一部が次の政権にも与党として残留しており，完全な断絶が無いことになる。

個々の所轄レベルでは，外務大臣は1969年10月から，経済大臣は1972年12月から，1982年10月の大規模な政権交代を経て1998年10月までFDPの連邦大臣であったことから，外交・経済政策に高度の継続性・安定性がもたらされた[23]。

また，連立協定，連立委員会・連立ラウンドを通じて連立政党は他の連立政党の所轄についても影響を及ぼしあうことから，部分的政権交代が行われるとき，政策全般についても高度の継続性・安定性がもたらされた。これは，長期的な視点での政策形成・実施が可能になることを意味する[24]。

---

tion 1966 bis 1969 und ihre langfristigen Wirkungen, 1991, S. 15.

(20) Heribert Knorr, *Der parlamentarische Entscheidungsprozeß während der Großen Koalition 1966 bis 1969. Struktur und Einfluß der Koalitionsfraktionen und ihr Verhältnis zur Regierung der Großen Koalition*, 1975, S. 234-235.

(21) 加藤秀治郎・楠精一郎『ドイツと日本の連合政治』（芦書房，1992年）106-107頁。

(22) 加藤・楠 1992年・前掲注(21)106-107頁。

(23) 参照，Gudrun Heinrich, „Der kleine Koalitionspartner in den Ländern: Koalitionsstrategien von F.D.P. und Bündnis 90/Die Grünen im Vergleich", in: Roland Sturm/ Sabine Kropp（Hg.）, *Hinter den Kulissen von Regierungsbündnissen. Koalitionspolitik in Bund, Ländern und Gemeinden*, 1999, S. 125。

第四編　連立政権と民主主義

　さらに，この部分的政権交代には，有効なコントロール・政策修正作用があったことも看過してはならない[25]。とくに，連邦首相の政党が変更した1969年の政権交代と1982年の政権交代，さらに，政権構成政党が大きく変更した1966年の政権交代に当てはまる。

　ドイツ連邦共和国では，異なる連立の可能性が常に存在することで，流動的な国民の動向に対応した政策の転換が容易になった。個々の争点の重要性が変化していくとき，連立構成も変化する。すなわち，ドイツ連邦共和国では，連立政権組み替えによって，新しい問題に対応することが可能であったと言える[26]。

4　連立政権と政権交代

　しばしば，ドイツ連邦共和国は，「選挙による政権交代が無い」として否定的に評価される[27]。しかし，これは，選挙によって与野党が完全に入れ替わることを想定した狭い政権交代観念によるものである。2つの政党（ブロック）相互の完全な交代のみを政権交代とすることは，形式的に過ぎる[28]。

　まず，一般的な政権交代概念を基準とすると，ドイツ連邦共和国においても選挙によって政権交代は生じていることになる。すなわち，政権交代をもたらしうる制度としての選挙は機能している。その数が少ないのは，政府・与党が勝利を続ける傾向があることによるものである。このことは，ドイツ連邦共和国の有権者が急速な変化を好まず現在の権力者に投票する傾向があること[29]，

---

(24)　この継続性・安定性は，ドイツ連邦共和国の政治システム全体に当てはまる。参照，Manfred G. Schmidt, "The Parties-Do-Matter Hypothesis and the Case of the Federal Republic of Germany", *German Politics* 1995 Nr. 3, pp. 16-17。

(25)　Klaus Günther, „Regierungswechsel auf Raten—Zum Problem des partiellen Regierungswechsels und seiner Kontrollwirkungen", in: Winfried Steffani (Hg.), *Parlamentarismus ohne Transparenz*, 2. Auflage, 1973, S. 116, S. 120。

(26)　加藤・楠　1992年・前掲注(21)107頁。

(27)　堀江　1994年・前掲注(4)101-129頁。

(28)　Joachim Raschke, „Mehrheitswahlrecht—Mittel zur Demokratisierung oder Formierung der Gesellschaft?", in: Winfried Steffani, *Parlamentarismus ohne Transparenz*, 2. Auflage, 1973, S. 205。

いわゆる「首相効果」および野党の弱体[30]，さらに，現代国家共通の要因として，政府権力が強まったことと政策選択肢の減少により野党が選挙で多数派になることが困難になったことなどによるものである[31]。

さらに，ドイツ連邦共和国では，単独政権の場合と異なり，選挙後のみならず立法期の間にも連立組み替えによって政権交代が可能であったという点を看過してはならない。

また，部分的政権交代，すなわち与野党が完全に入れ替わらないことについては，責任があいまいになるとして批判される[32]。しかし，これはイギリスの完全な政権交代の実例を過大評価していることに基づく。ドイツ連邦共和国のような部分的政権交代にも，有効なコントロール・政策修正作用がある[33]。完全な政権交代は，政策の断絶をもたらすという短所があることからも，必ずしも理想とすることはできない。

ドイツ連邦共和国では，連立政権であることで政権交代が容易になった[34]。また，連立政権であることで，政権の組み合わせが多様になり，政権交代可能性が高まった。政権交代が民主主義にとって重要な要素であることから，ドイツ連邦共和国においては，連立政権がまさしく民主主義に大きく貢献しているということになる。

---

(29)　Knut Bergmann, *Der Bundestagswahlkampf 1998. Vorgeschichte, Strategien, Ergebnis*, 2002, S. 125.

(30)　Karl-Rudolf Korte, „Konjunkturen des Machtwechsels in Deutschland: Regeln für das Ende der Regierungsmacht?", *Zeitschrift für Parlamentsfragen* 2000, S. 848. なお，首相効果とは，首相が，自己の所属する政党に追加的な得票をもたらすことを指す。

(31)　Norbert Gehrig, *Parlament—Regierung—Opposition. Dualismus als Voraussetzung für eine parlamentarische Kontrolle der Regierung*, 1969, S. 205.

(32)　二大政党制・単独政権の主張の根拠として挙げられる。参照，Arend Lijphart, *Electoral Systems and Party Systems. A Study of Twenty-Seven Democracies 1945-1990*, 1994, p. 144。

(33)　Scheuner 1969, a.a.O.（Anm. 10）, S. 401-402; Günther 1973, a.a.O.（Anm. 25）, S. 116, S. 120.

(34)　Helmut Norpoth, "The German Federal Republic: Coalition Government at the Brink of Majority Rule", in: Eric C. Browne/John Dreijmanis (ed.), *Government Coalitions in Western Democracies*, 1982, p. 31.

◈ 第12章　連立政権と民主的正統性

1　国家機関と民主主義

　民主主義の定義から明らかなように，国家の任務の遂行と国家の権限の行使のためには，国民に由来する正統性が必要である。すなわち，国家機関が憲法的に規定されること，そして，国民から国家機関の権限の行使者に至るまで正統性の連鎖があること（組織・人物的正統性），さらに，国家機関が議会の法律に従って活動し，その活動に民主的責任を負いコントロールされること（政策・内容的正統性）が必要となる[1]。逆に言えば，そのような正統性を持った機関のみが国家機関として活動でき，そのような正統性が無い機関は，国家の任務の遂行，国家の権限の行使を行ってはならないことになる。

　連立政権においては，この問題がとくに顕著になるため，ここで検討する。

2　連立政権の政策決定

（1）連立政権の政策決定

　連立政権は，段階的な調整・決定過程を経て政策を決定し，実現する。ここでは，議会内活動を例にとって検討する[2]。

　まず，日常的な政策については，それぞれの会派内で特定政策ごとに分かれた作業サークル・グループにおいて協議が行われる。そして，各政策領域の連立会派の専門家が，大臣，政務次官など官庁代表の同席のもと「連立作業サークル・グループ」として協議する[3]。そこでの協議・決定がそれぞれの会派に

---

(1)　前述第10章 1 参照。

(2)　以下の各段階の記述は，Wolfgang Ismayr, „Parteien in Bundestag und Bundesregierung“, in: Oscar W. Gabriel/Oskar Niedermayer/Richard Stöss（Hg.）, *Parteiendemokratie in Deutschland*, 1997, S. 402-404によった。

(3)　連立作業サークル・グループの重要性が増加していることについて，参照，Waldemar Schreckenberger, „Informelle Verfahren der Entscheidungsvorbereitung

第四編　連立政権と民主主義

持ち帰られ，会派の作業サークル・グループで必要に応じて再度協議される。
そして，このフィードバックを経た後の最終合意が，それぞれの会派において
会派幹部会経由で会派総会に提案され，そこでの審議・決定を経て会派の意見
となる。連立政権のほとんどの日常的政策は，このような，連立作業サーク
ル・グループ段階で決定される[4]。

　しかし，専門家の連立作業サークル・グループ段階で争いが生じ解決できず，
または，やや重要な政策問題，さらに議会レベルの問題については，次の段階
として，いわゆる「小」連立ラウンドにおいて決定される。この段階は，連立
会派委員長，会派事務総長らが協議する「会派ラウンド」「会派交渉委員会」
である。

　そして，この段階で合意に達しない問題，政治的に重要な問題，議会にとど
まらない問題については，さらに上位の段階として，政府，会派，政党代表が
協議する。これには，通常は首相，首相官房長官，政党党首，政党書記長
（Generalsekretär）または事務総長（Geschäftsführer），会派委員長，会派事務
総長，一部の有力大臣が参加し，さらにテーマごとに関係大臣が参加する。こ
れが，「連立ラウンド」，形式を整えて制度化されると「連立委員会」と呼ばれ
るものである。

　この連立委員会・連立ラウンドでも解決しないとき，最終決定は，党首会談
または党首・会派委員長からなる小規模な集団での会談で行われる。

　上位の段階になると，会派の専門家の影響は及ばなくなるため，会派の専門
家は，できるだけ下位の段階で合意しようとする。また，上位の段階では専門
知識が欠如するために必ずしも最適な決定とならないこと，上位の段階の構成
員も専門知識が無い問題について決定することを負担と感じていることから，
連立の指導者も，専門家の段階でできるだけ決定させようとする[5]。しかし，

---

　　　zwischen der Bundesregierung und den Mehrheitsfraktionen: Koalitionsgespräche
　　　und Koalitionsrunden“, *Zeitschrift für Parlamentsfragen* 1994, S. 335。

（4）　Philip Manow, „Informalisierung und Parteipolitisierung—Zum Wandel exekutiver
　　　Entscheidungsprozesse in der Bundesrepublik“, *Zeitschrift für Parlamentsfragen* 1996,
　　　S. 100-101.

（5）　Sabine Kropp, „Verhandeln und Wettbewerb in der Regierungspraxis von Länder-

第12章　連立政権と民主的正統性

上位の段階でしか行えない政治的決定もあるため，このような段階的構造は，
連立政権の調整には不可欠である[6]。

（2）問題の所在

　このような連立政権における決定過程については，いずれの段階にせよ，連
立政党・会派間の協議で合意されたことを後で修正することが困難であること，
すなわち，議会・政府の決定を事実上先取りしてしまうという問題がある[7]。
政党・会派の決定が国家機関の決定を事実上先取りしてしまうこと自体は単独
政権でも生じるが，連立政権においてとくに明白になる[8]。中でも，国家機
関ではなく，その意味での責任を負っていない連立委員会・連立ラウンドが，
事実上の最終的決定機関として政府と議会を支配することが問題となる。

　連立政権においては，国家の重要な政策について，連立委員会・連立ラウン
ドで決定される。議会に責任を負う内閣の閣議においては，実質的には日常的
な業務についての決定しかなされていない。さらに，連立委員会・連立ラウン
ドの決定を議会・政府が覆すことは困難である。すなわち，不透明な，議会の
コントロールの及ばない連立委員会・連立ラウンドが，連立内部のみならず国
家の最高の決定機関であるかのような状況であると言えよう。まさしく，連立
委員会・連立ラウンドは，「政治決定手続における，重要なインフォーマルな
審議・決定機関になった[9]」。

---

koalitionen—Handlungsarenen, Strategien und Konflikte von Koalitionsakteuren", in:
Everhard Holtmann/Helmut Voelzkow (Hg.), *Zwischen Wettbewerbs- und Verhand-
lungsdemokratie. Analysen zum Regierungssystem der Bundesrepublik Deutschland*,
2000, S. 172; Sabine Kropp, *Regieren in Koalitionen. Handlungsmuster und Entschei-
dungsbildung in deutschen Länderregierungen*, 2001, S. 238.

(6)　Uwe Kranenpohl, „»Mann kann nicht jeden Monat die Koalitionsfrage stellen!«—
Koalitionsinterne Konfliktlösungsmechanismen und Einflußpotentiale—", *Zeitschrift
für Politik* 1999, S. 289-290.

(7)　Schreckenberger 1994, a.a.O. (Anm. 3), S. 335-336.

(8)　議会責任とコントロールについて，参照，Udo Bermbach, „Koalition", in: Kurt Son-
theimer/Hans H. Röhring, *Handbuch des politischen Systems der Bundesrepublik
Deutschland*, 1977, S. 322。

(9)　Schreckenberger 1994, a.a.O. (Anm. 3), S. 339-340.

299

第四編　連立政権と民主主義

たしかに，連立委員会・連立ラウンドが形式的に議会，首相，内閣の権限を行使することは無い。しかし，問題は，事実上の決定を行う場所が，国家の外に移ることにある(10)。「連立委員会の基本的問題は，その存在自体ではなく，連立協定・立法期中の新たな決定の持つ拘束性によって，憲法で定められた機関の政治的自主性と決定の自由を非常に狭め，議会の意思形成・決定過程の透明性を損なうことにある。すなわち，連立委員会は，それ自体が政治的責任を負うこと無しに，国家機関が有権者に負っている政治的責任を除去してしまう(11)」。

インフォーマルな局面での決定が修正不可能なとき，憲法で定められた手続による本来的意味の決定が形だけの行為になる危険がある(12)。たとえば，連邦のコール（CDU）政権においては，内閣と会派（すなわち議会も）は，コール連邦首相が主導する連立ラウンドでの決定を支持するのみだったとされる(13)。

（3）検　討

民主主義においては，選挙によって，政党ではなく議会に民主的正統性がもたらされる。よって，国家任務は，議会および議会に責任を負った国家機関・その構成員が行うべきものである。対して，連立委員会・連立ラウンドは，組織・人物的正統性が無く，さらに，対議会責任を負わず議会のコントロールが及ばないため政策・内容的正統性も無く，よって，国家任務を行う民主的正統

---

(10)　Ernst Benda, „Verfassungsprobleme der Großen Koalition", in: Alois Rummel (Redaktion), *Die Große Koalition 1966–1969. Eine kritische Bestandsaufnahme*, 1969, S. 163.

(11)　Heribert Knorr, *Der parlamentarische Entscheidungsprozeß während der Großen Koalition 1966 bis 1969. Struktur und Einfluß der Koalitionsfraktionen und ihr Verhältnis zur Regierung der Großen Koalition*, 1975, S. 22.

(12)　Helmuth Schulze-Fielitz, *Der informale Verfassungsstaat. Aktuelle Beobachtungen des Verfassungslebens der Bundesrepublik Deutschland im Lichte der Verfassungstheorie*, 1984, S. 139.

(13)　Wolfgang Jäger, *Wer regiert die Deutschen? Innenansichten der Parteiendemokratie*, 1994, S. 53.

性が無い[14]。全ての重要な官職の人事，立法の目的と法案，政府の全内政・外交政策が連立委員会・連立ラウンドにおいて準備・決定されるとき，連立政党の指導者集団が事実上国家の決定を行うことになる。すなわち，法的に責任を負う国家機関が無力化することになり，民主主義の点から疑義がある[15]。

　よって，国家機関の決定は，民主主義の点から，国家機関が最終的に行わなければならない。国家機関が民主的責任を負うためには，決定の自由・独立性がなければならない[16]。この国家機関の権限は，権利であるのみならず義務でもあるので，移動してはならない[17]。すなわち，国家機関ではない連立政党・会派間の調整組織である連立委員会・連立ラウンドは，事前の調整を行い，国家機関とその構成員に影響を及ぼすことはできるが，国家機関に代わって決定することはできない[18]。

---

(14)　参照，Wilhelm Henke, in: *Bonner Kommentar zum Grundgesetz*, Loseblatt, Art. 21 Rn. 153（1991）。

(15)　Renè Marcic, *Die Koalitionsdemokratie. Das österreichische Modell im Lichte der Wiener rechtstheoretischen Schule*, 1966, S. 44; Sabine Kropp, „Exekutive Steuerung und informale Parlamentsbeteiligung in der Wohnungspolitik", *Zeitschrift für Parlamentsfragen* 2002, S. 447.

(16)　Ulrich Scheuner, „Verantwortung und Kontrolle in der demokratischen Verfassungsordnung", in: Theo Ritterspach/Willi Geiger（Hg.）, *Festschrift für Gebhard Müller. Zum 70. Geburtstag des Präsidenten des Bundesverfassungsgerichts*, 1970, S. 391; Karl-Ulrich Meyn, *Kontrolle als Verfassungsprinzip. Problemstudie zu einer legitimationsorientierten Theorie der politischen Kontrolle in der Verfassungsordnung des Grundgesetzes*, 1982, S. 370.

(17)　連立政権について，参照，Adolf Schüle, „Die strangulierte Freiheit. Koalitionsabkommen zwischen CDU/CSU und FDP: anfechtbar und gefährlich", *Die Welt* vom 5. 12. 1961, S. 6。

(18)　このことは，各国家機関との関係について検討した。前述第3章－第7章参照。なお，BVerGE 68, 1［86］によると，国家機関の権限はそれぞれの最適な機関に配分されているため，実質的な決定を行う場所が移動すると，決定の客観的合理性という点でも問題が生じる。このことについて，参照，Waldemar Schreckenberger, „Sind Wir auf dem Weg zu einem Parteienstaat? „Koalitionsrunden" mit ihren Verabredungen als Symptom", *Frankfurter Allgemeine Zeitung* vom 5. 5. 1992, S. 13。

第四編　連立政権と民主主義

（4）透明性・公開

　ここでは，連立委員会・連立ラウンドの活動が国家機関の権限を侵害しないことを前提に，連立政権における透明性・公開の問題について検討する。

　民主主義においては，透明性・公開が重要である。決定者をコントロールするため，すなわち決定者に責任を問うためには情報が必要であることから，国家における議論・決定過程の公開は，民主主義（基本法第20条）の基本原則である[19]。

　このとき，連立政権においては，連立委員会・連立ラウンドなどの少数者の集団があるために透明性が損なわれるという批判がある[20]。しかし，過度の透明性があると，連立委員会・連立ラウンドでの妥協が困難になり，決定の効率が損なわれるため，この段階での透明性は限定されざるをえない[21]。

　政府と会派の指導的政治家が，政治問題について非公開で協議するということ自体は単独政権でも避けられず，連立政権固有の問題ではない。むしろ，単独政権と比較した場合，連立政権であることによって政党レベルでの協議の透明性が増加する可能性がある。というのは，単独政権では協議・妥協が党内派閥・集団の間で行われるが，連立政権では政党間で行われるので[22]，その過程が公になる可能性が高いからである[23]。

　連立政権は基本的に協調的だが，異なる政党が独自性を保持しているため，

---

(19)　BVerGE 70, 324 [358].

(20)　Kropp 2000, a.a.O.（Anm. 5），S. 172-173.

(21)　政党内・会派内について，後述第13章参照。

(22)　Eberhard Schütt-Wetschky, „Verhältniswahl und Minderheitsregierungen. Unter besonderer Berücksichtigung Großbritanniens, Dänemarks und der Bundesrepublik Deutschland", *Zeitschrift für Parlamentsfragen* 1987, S. 107.

(23)　Joachim Raschke, „Mehrheitswahlrecht—Mittel zur Demokratisierung oder Formierung der Gesellschaft?", in: Winfried Steffani, *Parlamentarismus ohne Transparenz*, 2. Auflage, 1973, S. 202; Waldemar Schreckenberger, „Veränderungen im parlamentarischen Regierungssystem. Zur Oligarchie der Spitzenpolitiker der Parteien", in: Karl Dietrich Bracher/Paul Mikat/Konrad Repgen/Martin Schumacher/Hans-Peter Schwarz (Hg.), *Staat und Parteien. Festschrift für Rudolf Morsey zum 65. Geburtstag*, 1992, S. 150-151；加藤秀治郎・楠精一郎『ドイツと日本の連合政治』（芦書房，1992年）272頁。

第12章　連立政権と民主的正統性

競争を行い，また，対立することがある。しばしば，連立政党は，自己の功績を強調するため，世論を味方にして自己の意見を実現するため，不人気な政策・失敗した政策・実行できなかった政策の責任を他の連立政党に押しつけるため，メディアの報道を利用し，その結果，決定過程が公になる[24]。このとき，国家機関の決定に重大な影響を及ぼす過程が明らかになることになり，その結果，国家機関自体のコントロールにも役立つことになる。

　また，連立政権の場合，議会・内閣などの国家機関でも，単独政権の場合より議論が活発になる可能性がある[25]。とくに，議会において公の議論が行われることで，透明性・コントロール可能性が高まり，民主主義に資することになる[26]。

　すなわち，連立政権であることにより，国家機関において透明性が高まり，国民のコントロールが可能になり，民主主義の点から，単独政権より望ましい側面があると考えられる[27]。

3　連立委員会・連立ラウンドの必要性と限定

　連立委員会・連立ラウンドは，連立政権において，基本方針を決定し，連立政党・会派によって決定された政策を支障無く実行し，また，実際の政策が連立協定から逸脱しないように調整・監視し，さらには紛争を解決するために必要な機関である。議院内閣制においては，首相，大臣，内閣の政策は，多くの場合議会多数派の支持・容認が必要であり，さらに政党，また，ドイツ連邦共

---

(24)　Schreckenberger 1994, a.a.O. (Anm. 3), S. 334; Jäger 1994, a.a.O. (Anm. 13), S. 66; Schreckenberger 1992, a.a.O. (Anm. 23), S. 151.

(25)　前述第 8 章 2（4）（ b ）参照。

(26)　Hans-Peter Schneider, „Verfassungsrechtliche Bedeutung und politische Praxis der parlamentarischen Opposition", in: Hans-Peter Schneider/Wolfgang Zeh (Hg.), *Parlamentsrecht und Parlamentspraxis in der Bundesrepublik Deutschland*, 1989, § 38, Rn. 40.

(27)　Wolfgang Rudzio, „Entscheidungszentrum Koalitionsausschuß—Zur Realverfassung Österreichs unter der Großen Koalition", *Politische Vierteljahresschrift* 1971, S.117.

303

第四編　連立政権と民主主義

和国の場合は連邦制のため，連邦レベルでは連邦参議院・ラントの支持・容認が必要で，逆に，ラントレベルでは連邦・他のラントの支持・容認も必要となる。

　よって，連立委員会・連立ラウンドに代表される各種のインフォーマルな協議は，高度に細分化した政治システムに一定の制御可能性をもたらす[28]。

　これらのことから，連立委員会・連立ラウンドの存在自体を批判することは，形式的に過ぎる[29]。複雑な現代社会においては，国家機関の以前の段階での交渉と取り決め無しには，国家機関は実際には活動できないであろう[30]。実際に，1966年12月に連邦で成立したCDU／CSUとSPDの大連立政権であるキージンガー（CDU）政権では，当初は連立委員会・連立ラウンドを設置しないとしたにもかかわらず，翌年には，連立政権の安定と行動能力を確保するための議論・調整・決定準備の場として連立ラウンドであるクレスブロンサークルが形成されたということが，連立委員会・連立ラウンドが不可欠であることを示す[31]。

　しかし，連立委員会・連立ラウンドの活動が，国家機関の民主的正統性の意味を空洞化し，それらが民主的責任を負わずコントロールの及ばない実質的決定機関になるとき，民主主義的に問題となる。よって，連立委員会・連立ラウンドの活動は，国家機関の権限を尊重しつつ，連立政権の基本的問題の議論，事前調整機関としての活動にとどまらなければならないであろう[32]。

---

(28)　Roman Herzog, in: Theodor Maunz/Günter Dürig/Roman Herzog/Rupert Scholz, *Kommentar zum Grundgesetz*, Loseblatt, Art. 65 Rn. 27 (1984). なお，前述第2章3（4）参照。

(29)　Knorr 1975, a.a.O.（Anm. 11), S. 229.

(30)　Karl-Heinz Seifert, *Die politischen Parteien im Recht der Bundesrepublik Deutschland*, 1975, S. 73.

(31)　Knorr 1975, a.a.O.（Anm. 11), S. 229.

(32)　Schreckenberger 1994, a.a.O.（Anm. 3), S. 345. なお，前述第2章3参照。また，民主主義との関連では，連立委員会・連立ラウンドのさらなる問題として，参加者が少数であるという参加の問題があるが，これは次の第13章において，党内・会派内民主主義の問題として検討する。

◆ 第13章　連立政権と党内・会派内民主主義

　ここでは，連立政権と党内・会派内民主主義の問題について，連立政権参加・解消の決定，さらに連立政権成立時・連立政権の日常的政策決定に関して検討する。

1　党内・会派内民主主義

（1）党内民主主義

　政党は，内部秩序を民主的基本原則に対応して組織する義務を負っている（基本法第21条1項3文）。

　政党は，国家の領域には属さず，国民の政治的意思形成に協力する。しかし，政党は，国家の選挙に参加すること，また，国家機関を政党構成員で占めることにより，継続的に国家の政治的意思形成に影響する。したがって，民主主義国家においては，政党内部においても民主主義の要請が満たされることが必要である[1]。

　この党内民主主義は，政党の自由な組織権（基本法第21条1項2文の政党設立の自由に含まれる）を制約する側面がある。しかし，国家における自由な政治的意思形成過程の担い手・仲介者としての政党の機能から，党内でも自由な意思形成が行われることが必要となる[2]。よって，党内民主主義は，政党内部での自由な意思形成を保障するという意味で，まさしく政党の自由な地位からの帰結でもある[3]。国民の政治的意思形成に協力し，国家の政治的意思形成

---

(1)　Roman Herzog, in: Theodor Maunz/Günter Dürig/Roman Herzog/Rupert Scholz, *Kommentar zum Grundgesetz*, Loseblatt, Art. 20 Ⅱ. Die Verfassungsentscheidung für die Demokratie, Rn. 118（1978）; Klaus Stern, „Das demokratische Prinzip", in: Klaus Stern, *Das Staatsrecht der Bundesrepublik Deutschland* Bd. Ⅰ. *Grundbegriffe und Grundlagen des Staatsrechts, Strukturprinzipien der Verfassung*, Zweite, völlig neu-bearbeitete Auflage, 1984, §18 S. 627-628.

(2)　Wilhelm Henke, in: *Bonner Kommentar zum Grundgesetz*, Loseblatt, Art. 21 Rn. 255（1991）.

第四編　連立政権と民主主義

に影響する政党の内部において自由な意思形成が保障されるときのみ，国家の自由な政治過程を確保できる[4]。

　ただ，党内民主主義の要請によっても，全ての構成員の平等な影響，指導者の排除，いわゆる「底辺民主主義」は要求されない。また，政党全体が一体性と行動能力を持たなければならないことから，党内民主主義は代表民主主義で足りる[5]。

　最高の政党機関は党員総会（Mitgliederversammlung）・代議員大会（Vertreterversammlung）（最高段階のものを党大会と呼ぶ）（政党法第9条）であるが，常設機関ではなく，また，政治的な問題についての専属的管轄機関ではない。よって，頻繁に会合できる政党幹部会（政党法第11条1-3項），さらには執行幹部会（Geschäftsführender Vorstand）・幹事会（Präsidium）（政党法第11条4項）などの指導機関が，政治的決定を行う[6]。このことから，指導機関が定期的に選挙されること（政党法第11条1項），および指導機関が党員に対して責任を負い，コントロールされることによって，党内での民主的正統性を獲得することが必要である[7]。

（2）会派内民主主義

　会派は，政党と異なり国家機関である議会の内部の存在であるため，国家の民主主義を規定する基本法第20条から会派内民主主義が要請される。さらに，

---

(3)　Konrad Hesse, „Die verfassungsrechtliche Stellung der politischen Parteien im modernen Staat. Das Verwaltungsverfahren", *Veröffentlichungen der Vereinigung der Deutschen Staatsrechtslehrer* Heft 17, 1959, S. 29-31.

(4)　Dimitris Th. Tsatsos, „Die politischen Parteien in der Grundgesetzordnung", in: Oscar W. Gabriel/Oskar Niedermayer/Richard Stöss (Hg.), *Parteiendemokratie in Deutschland*, 1997, S. 144.

(5)　Karl-Heinz Seifert, *Die politischen Parteien im Recht der Bundesrepublik Deutschland*, 1975, S. 189-191.

(6)　Seifert 1975, a.a.O. (Anm. 5), S. 29, S. 234. なお，政党幹部会は人数が多くなったため，より少人数の執行幹部会・幹事会が本来的意味の指導機関になりつつある。

(7)　Henke 1991, a.a.O. (Anm. 2), Art. 21 Rn. 264. 党内民主主義のその他の条件について，たとえば参照，Seifert 1975, a.a.O. (Anm. 5), S. 191-192。

第13章　連立政権と党内・会派内民主主義

間接的には，政党についての党内民主主義を規定する基本法第21条1項3文からも，会派内民主主義が要請される[8]。以上を受けた直接的な規定として，議員法第48条1項で，会派の組織と活動方法が，議会制民主主義に基づくことが規定されている。この会派内民主主義が満たされるときのみ，国民から議会に正統性が伝達され，また，全ての議員の平等な地位（基本法第38条1項）という原則を満たすことができる[9]。

　会派内民主主義の内容としては，党内民主主義と同様の内容が挙げられるが，とくに，頻繁に集まることができることから，最高の決定機関としての会派総会の役割が大きい[10]。ただ，それでも，とくに大会派では会派構成員が多すぎるため，会派幹部会・執行幹部会といった指導機関が政治的指導を行う[11]。よって，それらの機関が定期的に選挙されること[12]，および指導機関が会派構成員に対して責任を負い，コントロールされることによって，会派内での民主的正統性を獲得することが必要である[13]。

（3）複合的民主主義

　民主主義では，本来，参加的監視，共同審議・共同決定としての参加が要求される。しかし，現代国家においては，直接的参加には限界があり，代表民主主義が採用された。そして，国家機関には，直接的参加に代わるものとしての

---

(8)　Sylvia Kürschner, *Das Binnenrecht der Bundestagsfraktionen*, 1995, S. 64; Henke 1991, a.a.O.（Anm. 2），Art. 21 Rn. 134.

(9)　Martin Morlok, „Gesetzliche Regelung des Rechtsstatus und der Finanzierung der Bundestagsfraktionen", *Neue Juristische Wochenschrift* 1995, S. 31.

(10)　Kürschner 1995, a.a.O.（Anm. 8），S. 94-99.

(11)　Wolfgang Ismayr, „Parteien in Bundestag und Bundesregierung", in: Oscar W. Gabriel/Oskar Niedermayer/Richard Stöss（Hg.），*Parteiendemokratie in Deutschland*, 1997, S. 391. 執行幹部会は CDU／CSU 会派規則第5条，SPD 会派規則第11条4項で規定され，小会派では存在しない。これらの大会派では，幹部会の人数が多いことから，政治的指導は主として執行幹部会が行っている。参照，Suzanne S. Schüttemeyer, *Fraktionen im Deutschen Bundestag 1949-1997. Empirische Befunde und theoretische Folgerungen*, 1998, S. 72。

(12)　たとえば参照，CDU／CSU 会派規則第4条，SPD 会派規則第14条。

(13)　会派内民主主義の内容について，参照，Kürschner 1995, a.a.O.（Anm. 8），S. 65-66。

第四編　連立政権と民主主義

選挙による組織・人物的正統性が必要になった。さらに，国家機関には，民主的コントロールによって確立される政策・内容的正統性が要求され，そのために透明性が要求される[14]。このような，自己が決定しているということへの信頼をもたらす参加・透明性を，民主主義のインプットの側面と考えることができる。

　しかし，現代の複雑な社会においては，これとともに，時間・コスト・成果において測定される有効な問題解決，政治の客観的質という意味での効率性という，民主主義のアウトプットの側面も重要である。現代の民主主義は，インプットのみ，アウトプットのみに志向するのではなく，両者を考慮した複合的民主主義でなければならない[15]。

　そして，現代国家における複合的民主主義は，国家のみならず，政党・会派内部の民主主義にも基本的に当てはまる。ここでも，より多くの政党・会派構成員が決定過程に参加すること，さらに，決定過程の透明性のみを重視することはできない。決定の効率，すなわち，個別の政党・会派，連立政権の場合は連立政党・連立会派全体の行動能力と成果も重要である[16]。

---

(14)　前述第12章参照。

(15)　以上のインプット，アウトプットの側面について，参照，Winfried Steffani, „Parlamentarische Demokratie—Zur Problematik von Effizienz, Transparenz und Partizipation", in: Winfried Steffani (Hg.), *Parlamentarismus ohne Transparenz*, 2. Auflage, 1973, S. 18-22; Fritz W. Scharpf, „Versuch über Demokratie im verhandelnden Staat", in: Roland Czada/Manfred G. Schmidt (Hg.), *Verhandlungsdemokratie, Interessenvermittlung, Regierbarkeit. Festschrift für Gerhard Lehmbruch*, 1993, S. 27; Arthur Benz, „Postparlamentarische Demokratie? Demokratische Legitimation im kooperativen Staat", in: Michael Th. Greven (Hg.), *Demokratie—eine Kultur des Westens? 20. Wissenschaftlicher Kongreß der Deutschen Vereinigung für Politische Wissenschaft*, 1998, S. 202。

(16)　Philip Zeschmann, „Mitgliederbefragungen, Mitgliederbegehren und Mitgliederentscheide: Mittel gegen Politiker- und Parteienverdrossenheit? Zugleich eine Replik auf einen Beitrag von Stefan Schieren in der Zeitschrift für Parlamentsfragen", *Zeitschrift für Parlamentsfragen* 1997, S. 705.

第13章　連立政権と党内・会派内民主主義

2　連立政権における決定

（1）連立政権形成の決定
以上をもとに，まず，連立政権形成の決定について検討する。

（a）少数者による決定
選挙前に連立表明する慣行が成立したとはいえ，選挙の結果次第でその連立政権を形成することが不可能になることがある。また，連立交渉が失敗し，別の連立政権の形成を決定することもある[17]。さらには，立法期中に与党の一部が連立政権を離脱し，または，それまでの野党が連立政権に参加することもある。

これらの連立政権形成・解消の決定は，最高の政党機関としての党大会，全議員の集会である会派総会も決定できるが，それぞれの専属的管轄事項ではなく，それぞれの政党・会派内で，幹部会，さらに少人数の執行幹部会・幹事会が決定することができる[18]。

実際にも，どの連立政権を形成するかについての判断は，選挙結果（立法期中の場合は議席状況），さらに党内・会派内の情勢などを考慮して，少数の政党・会派指導者が行う。その後の連立交渉過程においては，政策・人事について政党・会派が影響する余地があるが，連立相手の決定は修正されない。そして，連立相手の決定自体と連立交渉でまとまった連立協定は，最終段階で正統性獲得のために党大会・会派総会などの大規模な機関で批准されるが，その段階では既成事実となっていることから修正は困難であり，否決されることはほとんど無い[19]。つまり，一般の政党党員・会派構成員は，連立相手の決定についてはほとんど行動の余地が無い[20]。

典型的には，1969年9月の連邦でのSPDとFDPの連立の決定が挙げられる。連邦議会選挙前には明白な連立表明は行われず，選挙当日の夜に，SPD

---

(17)　前述第10章3（3）（a）参照。

(18)　政党について，参照，Seifert 1975, a.a.O.（Anm. 5），S. 243.

(19)　前述第2章1（2）参照。

(20)　Wolfgang F. Dexheimer, *Koalitionsverhandlungen in Bonn 1961・1965・1969. Zur Willensbildung in Parteien und Fraktionen*, 1973, 117.

309

第四編　連立政権と民主主義

のブラント党首，FDP のシェール党首間で連立政権形成が決定され，この点については，以後の段階でも修正は不可能だった[21]。

　このことは，少数者の決定という点で，参加，さらには透明性の面から，党内・会派内民主主義に一見反するように思われる。

　しかし，ここでは，個々の政党・会派の成果という意味での効率を考慮する必要がある。連立政権形成は，まさしく変化する状況に迅速に対応しなければならない。このとき，より大きな参加を意味する大規模な党大会・会派総会での決定を待つと，時機を逸する可能性がある。例で挙げた1969年9月の SPD と FDP の連立政権は，FDP の少数の指導者が迅速に SPD との連立を決定したことで成立した。仮にその決定が遅れた場合は，CDU／CSU と SPD の連立交渉が先行し，その結果，それまでの大連立政権が継続し，FDP は野党にとどまっていたと考えられている[22]。

　さらに，連立相手の決定について透明性が高まることは，他の競争相手に戦略を知らせることになるため，連立相手の決定という高度に政治的な決定において不利になる。また，過度な透明性は，率直な議論と迅速な決定を損なう可能性があるため，連立相手の決定における透明性は限定されざるをえない。

（b）党内・会派内の予測

　しかし，政党・会派の指導者は，全く自由に連立に関する行動を決定するのではない。その決定は，党内・会派内の希望・反応を予測し，受け入れたものである。政党・会派指導者は，連立の決定について次の党内・会派内での選挙で責任を問われうるし，連立の決定への批判が多いときは，それを待たず辞任に追い込まれる可能性もある。また，連立の決定自体が幹部会のみならず党大会・会派総会で覆る可能性も存在し，いずれにせよそれぞれの場所で連立相手についての決定を根拠付け，説明し，支持を確保しなければならない。よって，

---

(21)　Reinhard Schmoeckel/Bruno Kaiser, *Die vergessene Regierung. Die große Koalition 1966 bis 1969 und ihre langfristigen Wirkungen*, 1991, S. 119-121. 全体の経過について，参照，Klaus Bohnsack, „Bildung von Regierungskoalitionen, dargestellt am Beispiel der Koalitionsentscheidung der F.D.P. von 1969", *Zeitschrift für Parlamentsfragen* 1976, S. 400-425。

(22)　参照，Dexheimer 1973, a.a.O.（Anm. 20），S. 135。

310

第13章　連立政権と党内・会派内民主主義

政党・会派全体の連立の意向を無視して連立を決定することはできない。このことは，1962年秋にシュピーゲル事件でCDU／CSUとFDPの連立政権が一旦終了した後，SPD政党幹部会・会派幹部会がCDU／CSUと連立することを決定したが，会派総会で反対されて断念したことからも明らかである[23]。

　このことは，立法期中の連立変更・連立離脱・連立への参加にも当てはまる[24]。政党・会派指導者は，選挙後の連立政権成立の場合と同様に，政党・会派構成員の意図を考慮しなければならない。たとえば1982年9月から10月にかけてのFDPのSPDからCDU／CSUへの連立変更に関しては，FDPのゲンシャー党首はすでに1981年の夏に連立変更を考えていたが，支持者とともに党員・会派構成員の多数派が連立変更に反対だったため，党内・会派内の意見が変わるまで連立変更できなかった[25]。

　すなわち，連立相手の決定については，選挙によって選出された政党・会派指導者が，党員・会派構成員の意向を予測し，受け入れて行動することで，党内・会派内民主主義の要請は満たされていると考えられる[26]。

（c）直接民主主義

　なお，党内・会派内民主主義と連立相手の決定の緊張関係が最も現れるのが，近年の直接民主主義の動きである。

　SPDは，エングホルム（Björn Engholm）党首辞任後の1993年6月に，党首についての党員意見調査を行った。そして，その年の11月の党大会において，党員意見調査・党員表決（Mitgliederentscheid）・党員投票を党組織規約に規定した（第39a条，第39b条）[27]。この規定により，ブレーメン州のSPDは，

---

(23)　前述第2章2（4）参照。

(24)　Dexheimer 1973, a.a.O.（Anm. 20），S. 118.

(25)　経過について，参照，Johannes Merck, „Klar zur Wende? —Die FDP vor dem Koalitionswechsel in Bonn 1980–1982", *Politische Vierteljahresschrift* 1987, S. 384–402。

(26)　以上について，参照，Sabine Kropp, *Regieren in Koalitionen. Handlungsmuster und Entscheidungsbildung in deutschen Länderregierungen*, 2001, S. 31. とくに，党内の積極的党員・各役職者（いわゆる政党基礎）と連立相手の決定について，参照，Oskar Niedermayer, „Möglichkeiten des Koalitionswechsels. Zur parteiinternen Verankerung der bestehenden Koalitionsstruktur im Parteiensystem der Bundesrepublik Deutschland", *Zeitschrift für Parlamentsfragen* 1982, S. 85–110。

第四編　連立政権と民主主義

1995年 5 月の市議会選挙（ブレーメン州は都市州のため市議会選挙）後，CDU と90年連合／緑の党のいずれと連立するかについて党員意見調査を行い，その結果 CDU と連立することになった[28]。しかし，このことで，90年連合／緑の党と連立政権を形成することができなくなったため CDU との連立交渉を有利に進めることができなくなり，SPD にとってはかえって不利になった[29]。

　このような直接民主主義の動きについては，党内および国家の代表民主制的なシステムを空洞化し，民主主義全体をかえって損なうという評価がある。そして，任意規定であるため，実際にはほとんど利用されていない[30]。

（2）立法期の間の政策決定
（a）連立委員会・連立ラウンドの機能の条件
　連立政権においては，立法期の間の政策決定は，専門家の連立作業サークル・グループ，「小」連立ラウンド，さらに上位の連立委員会・連立ラウンドで行われている[31]。

　ここでは，連立委員会・連立ラウンドと党内・会派内民主主義の関係について，まず，連立委員会・連立ラウンドの機能の条件の面から検討する。

　連立委員会・連立ラウンドにおいて決定・妥協が促進され，その機能を果たすためには，人数が増えすぎないこと，審議が非公開であることが必要である[32]。このことについては，参加者が限定されていることから参加の面，さ

---

(27)　Stefan Schieren, „Parteiinterne Mitgliederbefragungen: Ausstieg aus der Professionalität? Die Beispiele der SPD auf Bundesebene und in Bremen sowie der Bundes-F.D.P.", *Zeitschrift für Parlamentsfragen* 1996, S. 216-217. なお，党首は党大会で選出されなければならない（政党法第 9 条 4 項）。CDU も，1995年10月に人事についての党員意見調査を規定した（CDU 規約第 6 a 条）。

(28)　Schieren 1996, a.a.O.（Anm. 27），S. 217-220. 同時に，誰を市長にするかということについても党員意見調査が行われた。ブレーメン州は都市州であり，市長が州首相にあたる。

(29)　Schieren 1996, a.a.O.（Anm. 27），S. 227-228.

(30)　参照，Schieren 1996, a.a.O.（Anm. 27），S. 225-227。

(31)　前述第12章 2 （ 1 ）参照。

(32)　前述第 2 章 3 （ 4 ）参照。

第13章　連立政権と党内・会派内民主主義

らに，非公開で行われることから透明性の面で問題があると批判されている[33]。

　しかし，協調的に問題解決が行われるためには，参加者の率直な議論が可能であり，さらに，相互の譲歩で妥協・抱き合わせを行うことが可能な状況になければならない。

　このとき，まず，参加者が多くなると，コミュニケーションの直接性が失われ，率直な議論ができなくなり，また，議論の時間的コストが上昇するという問題が生じる。さらに，参加者が多いと，全ての参加者が同意する妥協・抱き合わせが困難となる。

　また，協調的な問題解決と透明性も矛盾する関係にある。公開の場では，参加者は自己の威信を守ること，さらには政党・会派の特定の立場に拘束されるため，この点でも率直な議論および妥協・抱き合わせは困難となる[34]。

　つまり，連立委員会・連立ラウンドについて，構成員の参加とコントロール（透明性）の意味での民主化を拡大すると，連立全体の協調・決定能力という意味での効率が低下することになる[35]。よって，全体として最適になるように，全体の均衡をとる必要がある。

　まず，参加の面について考える。決定の効率も考慮するとき，連立委員会・連立ラウンドの参加者は，通常，政党幹部会・会派幹部会構成員でもあることから，政党幹部会・会派幹部会の選挙が行われることによって組織・人物的正統性がもたらされ，党内・会派内民主主義の要請は満たされると考えざるをえない。実際には，多様な派閥・利益が政党幹部会・会派幹部会選出において考慮されているため，連立委員会・連立ラウンドにおいても重要な派閥・利益が排除されることは阻止されている[36]。より大規模な組織，具体的には党大

---

(33)　Waldemar Schreckenberger, „Informelle Verfahren der Entscheidungsvorbereitung zwischen der Bundesregierung und den Mehrheitsfraktionen: Koalitionsgespräche und Koalitionsrunden", *Zeitschrift für Parlamentsfragen* 1994, S. 342-343.

(34)　協調的な問題解決の条件について，参照，Benz 1998, a.a.O.（Anm. 15），S. 205-207。

(35)　Benz 1998, a.a.O.（Anm. 15），S. 210.

(36)　Sabine Kropp, „Verhandeln und Wettbewerb in der Regierungspraxis von Länderkoalitionen—Handlungsarenen, Strategien und Konflikte von Koalitionsakteuren", in: Everhard Holtmann/Helmut Voelzkow (Hg.), *Zwischen Wettbewerbs- und Verhand-*

第四編　連立政権と民主主義

会・会派総会の介入は，連立政権で要求される政党・会派の決定の効率を損なうため，党内・会派内民主主義の点で必要不可欠というわけではない[37]。

　続いて，透明性の面について考える。この面については，連立委員会・連立ラウンドの非公開の審議とそれぞれの政党・会派の間でフィードバックが行われること，さらに，指導者がその決定についてそれぞれの政党・会派に報告し，党員・会派構成員に対して責任を負い，コントロールされることで，政策・内容的正統性がもたらされ，党内・会派内民主主義の要請は満たされる。実際には，連立委員会・連立ラウンドは，全てが秘密なのではなく，非公開というだけで，参加者は明らかであり，さらに内容についての報告・報道が行われるため，フィードバックとコントロールは可能である。

　なお，連立政権の場合，単独政権の場合には政党幹部会・会派幹部会などの内部で秘密になっていたことが，連立政党・会派の争いにより，他の連立政党から公になる可能性があるため，透明性が高まるという側面もある。すなわち，連立政権であることにより透明性が高まり，党員・会派構成員のコントロールが可能になり，党内・会派内民主主義の点から，単独政権より望ましい側面がある[38]。

（ｂ）多様な局面の結合

　さらに，連立政権においては，異なる行動志向を持つ多様な局面が結合することを考慮しなければならない。

　政党国家の議院内閣制においては，多様な局面が結合しあうということ自体は単独政権でも同様であるが，連立政権では連立という局面が加わる[39]。こ

---

lungsdemokratie. Analysen zum Regierungssystem der Bundesrepublik Deutschland, 2000, S. 176.

(37)　とくに底辺民主主義的な90年連合／緑の党について，参照，Gudrun Heinrich, „Der kleine Koalitionspartner in den Ländern: Koalitionsstrategien von F.D.P. und Bündnis 90/Die Grünen im Vergleich", in: Roland Sturm/Sabine Kropp（Hg.），*Hinter den Kulissen von Regierungsbündnissen. Koalitionspolitik in Bund, Ländern und Gemeinden*, 1999, S. 134。

(38)　Wolfgang Rudzio, „Entscheidungszentrum Koalitionsausschuß—zur Realverfassung Österreichs unter der Großen Koalition", *Politische Vierteljahresschrift* 1971, S. 117.

のことにより，調整局面が量的に増加するのみならず，連立という局面は妥協
による協調が必要なので，質的に単独政権と異なる調整局面が増加することに
なる[40]。

　まず，協調志向である連立の局面において，競争志向である政党・会派から
の参加が拡大することで，連立の局面での妥協が困難になる。

　また，透明性の増加も問題をもたらす。連立交渉・協議においては，通常，
どの交渉者もその目的を完全には実現できず，よって，連立政権全体のために
妥協することになる。このとき，透明性の増加によって政党・会派構成員が連
立の局面での協議内容を知ることになると，妥協が困難となる。さらに，連立
の局面で必要な妥協の詳細が明らかになるため，政党・会派において党員・会
派構成員が反発し，場合によっては離脱する危険がある[41]。

　このように，連立の局面において参加・透明性が拡大することで，連立の局
面が党内・会派内の利益と決定基準に強度に拘束されるとき，建設的な連立交
渉・協議の余地が限定され，決定の効率が損なわれ，全体としての協調の利益
を獲得できない[42]。

　結局，連立委員会・連立ラウンドの参加者が限定され，さらに，その参加者
が非公開での一定の交渉の余地を認められていなければ，連立の局面において
決定・妥協できない[43]。連立政権において，党員・会派構成員の過度の参加，
さらに過度の透明性の要求は，効率を損なうことになる[44]。

　実際の決定過程において重要なのは，連立委員会・連立ラウンドと政党・会
派間で十分なフィードバックが行われること，政党・会派が連立委員会・連立
ラウンドの決定を審議し，補い，修正し，場合によっては自己の決定をする用

---

(39)　Kropp 2001, a.a.O.（Anm. 26），S. 263.

(40)　Gudrun Heinrich, *Kleine Koalitionspartner in Landesregierungen. Zwischen Konkurrenz und Kooperation*, 2002, S. 34.

(41)　参照，Kropp 2001, a.a.O.（Anm. 26），S. 296。各局面の行動の基準の違いについて
　　　は，前述第2章3（4）（b）参照。組織一般の「構成員の論理」と協調の衝突について，
　　　参照，Benz 1998, a.a.O.（Anm. 15），S. 209-212。

(42)　Scharpf 1993, a.a.O.（Anm. 15），S. 41-42.

(43)　Kropp 2000, a.a.O.（Anm. 36），S. 163-164.

(44)　Kropp 2001, a.a.O.（Anm. 26），S. 76.

第四編　連立政権と民主主義

意があること，また，そのようなことが組織的に可能であることである[45]。

　政党では幹事会・政党幹部会・党大会，会派では執行幹部会・会派幹部会・会派総会といった機関がそれぞれ独立して活動しているため，このことは基本的には可能である。このとき，連立委員会・連立ラウンドの政党・会派指導者は，党員・会派構成員の意向を予測し，受け入れて行動することになり，結果として党内・会派内民主主義の要請が満たされる[46]。しかし，政党・会派の機関が連立委員会・連立ラウンドにおける指導者の決定に同意し執行するのみであるとき，実質的にコントロールが働かなくなり，党内・会派内民主主義から問題があることになる[47]。

3　連立政権と党内・会派内民主主義

　結局，党内・会派内民主主義においても，一定の決定の自由を保持する少数者による指導は不可欠である[48]。連立に関する行動の決定を行い連立委員会・連立ラウンドに参加する政党・会派指導者が定期的選挙によって選出されること，さらに，決定過程において政党・会派とフィードバックが行われ政

---

(45)　会派について，参照，Schüttemeyer 1998, a.a.O.（Anm. 11），S. 90-91。

(46)　党大会について，参照，Heinrich Oberreuter/Uwe Kranenpohl/Günter Olzog/Hans-J. Liese, *Die politischen Parteien in Deutschland. Geschichte, Programmatik, Organisation, Personen, Finanzierung*, 26., aktualisierte Auflage von Heinrich Oberreuter/Uwe Kranenpohl, 2000, S. 28。会派総会について，参照，Friedrich Schäfer, *Der Bundestag. Eine Darstellung seiner Aufgaben und seiner Arbeitsweise*, 2., neubearbeitete und erweiterte Auflage, 1975, S. 146-147。

(47)　会派について，参照，Schüttemeyer 1998, a.a.O.（Anm. 11），S. 90-91。

(48)　Ulrich Lohmar, *Innerparteiliche Demokratie. Eine Untersuchung der Verfassungswirklichkeit politischer Parteien in der Bundesrepublik Deutschland*, Zweite, unveränderte Auflage, 1968, S. 9-10. なお参照，Ernst-Wolfgang Böckenförde, „Mittelbare/repräsentative Demokratie als eigentliche Form der Demokratie. Bemerkungen zu Begriff und Verwirklichungsproblemen der Demokratie als Staats- und Regierungsform", in: Georg Müller/Renè A. Rhinow/Gerhard Schmid/Luzius Wildhaber, *Staatsorganisation und Staatsfunktionen im Wandel. Festschrift für Kurt Eichenberger zum 60. Geburtstag*, 1982, S. 306-313。

第13章　連立政権と党内・会派内民主主義

党・会派によるコントロール可能性があることによって，党内・会派内民主主義の要請は満たされている[49]。つまり，連立に関する行動の決定，さらに連立委員会・連立ラウンドにおける決定が効率的に行われるために，参加と透明性が減少することになる。

　それでも，連立に関する行動の決定が個々の政党・会派にとって最適であり，連立委員会・連立ラウンドでの決定が連立全体にとって最適であるとき，党内・会派内民主主義には反しない[50]。これまで，それぞれの決定が政党・会派に比較的受け入れられていることは，政党・会派の指導者が政党・会派の多数派の意向を正しく判断し行動している結果である。すなわち，実際に，党内・会派内民主主義が適切に実現されていることを示していると言える[51]。

---

(49)　参照，Kropp 2000, a.a.O.（Anm. 36），S. 176。

(50)　参照，Scharpf 1993, a.a.O.（Anm. 15），S. 44。

(51)　Suzanne S. Schüttemeyer, „Koalitionsbildungen im Bund: Sache der Parteien?", in: Roland Sturm/Sabine Kropp (Hg.), *Hinter den Kulissen von Regierungsbündnissen. Koalitionspolitik in Bund, Ländern und Gemeinden*, 1999, S. 93-94.

◆ 第14章　連立政権と議会制民主主義

1　反体制政党の統合

　連立政権と民主主義の関係についての検討の最後に，連立政権が議会制民主主義において持つ意義について検討する。

　基本法においては，議会制民主主義そのものに敵対する政党については，違憲政党禁止（基本法第21条2項）によって政党システムから排除することができる。

　しかし，他方で，そのような反体制的な政治勢力は議会制民主主義のシステムの外において急進化し，議会制民主主義そのものを脅かす可能性がある。よって，その政治勢力を排除せず，議会制民主主義システムに統合していくことは，大きな意味を持つ。

2　連立政権による統合

（1）連立政権参加による影響

　ドイツ連邦共和国では，連立政権であることが，この反体制的政治勢力の統合に役立っている。反体制政党が，最低限のコンセンサスに基づいて連立政権に参加することで体制に統合され，その結果，議会制民主主義システムが安定する[1]。

　具体的には，連立政権に参加することによって，反体制政党自体が変化する。国家政策は，政党の政治方針からのみならず，国家的に必要であるという観点からも決定される。よって，政党が政権に就いたとき，自己の政党の政治方針を国家政策に反映するのみならず，国家活動を損なわないために，自己の政党の政治方針を国家の必要に合わせることになる。すなわち，国家政策に政党の

---

(1)　Udo Bermbach, „Koalition", in: Kurt Sontheimer/Hans H. Röhring, *Handbuch des politischen Systems der Bundesrepublik Deutschland*, 1977, S. 324.

第四編　連立政権と民主主義

政治方針が影響するのと同様に，国家の必要による政策が政党の政策・綱領に影響する[2]。議員と閣僚は，政党の指導的人物であり，国家機関の立場から政党の意思形成に影響を与えうる[3]。政党指導者は，妥協を迫られる連立政権に参加することによって，自己の政党を政策的・綱領的に変化させることが可能である[4]。

　ドイツ連邦共和国は連邦制であるため，反体制政党が地域レベルで連立政権に参加すると，その経験が政党に反映し，他のラントの政党支部，連邦政治にも影響し，結局，政党全体が議会制民主主義システムに統合される[5]。また，反体制政党がラントで連立政権に参加すると，連邦参議院経由で連邦政治に参加することになるため，ラントでの連立政権への参加は，それ自体でラントのみならず連邦への統合を意味する[6]。

（2）90年連合／緑の党

　この点で最も典型的なのは，90年連合／緑の党である。90年連合／緑の党の党内では，妥協を拒否し野党路線を主張する原理派と，政策を実現するために妥協しても政権参加を主張する現実派の対立がある。1980年1月の連邦政党としての緑の党結成当初は原理派が優位であり，「底辺民主主義」的な反体制的な行動が目立った。

　しかし，1985年12月にヘッセン州で初めてSPDとの連立政権に参加したことにより，フィッシャー州環境大臣を代表とする党内少数派の現実派が政党全

---

(2)　Theodor Eschenburg, *Staat und Gesellschaft in Deutschland*, 1956, S. 667-668.

(3)　Walter Schmitt Glaeser, „Die grundrechtliche Freiheit des Bürgers zur Mitwirkung an der Willensbildung", in: Josef Isensee/Paul Kirchhof (Hg.), *Handbuch des Staatsrechts der Bundesrepublik Deutschland* Bd. II. *Demokratische Willensbildung—Die Staatsorgane des Bundes*, 1987, § 31 Rn. 15.

(4)　Sabine Kropp, „Strategisches Koalitionshandeln und Koalitionstheorien. Konzeptionelle Überlegungen zur Untersuchung von Konflikt und Konsensbildung in Koalitionen", in: Roland Sturm/Sabine Kropp (Hg.), *Hinter den Kulissen von Regierungsbündnissen. Koalitionspolitik in Bund, Ländern und Gemeinden*, 1999, S. 52.

(5)　政党内においても，連邦とラント，ラント相互には相互作用がある。

(6)　前述第9章1参照。

第14章　連立政権と議会制民主主義

体に拡大していった[7]。また，政権参加によって，政策実現可能性を得るの
みならず，連立能力・統治能力を示す可能性を得た[8]。その後，緑の党は，
さらに複数のラントでSPDとの連立政権を形成し，このことで一層現実派が
優位となり，90年連合との合併もあって綱領をプラグマティックなものに変更
した。これらのことから，連邦においてもSPDとの連立可能性が高まった[9]。

そして，1994年10月の第13回連邦議会選挙前には，連邦レベルでは初めて
SPDに対して連立の用意・連立の意思があることを表明し，1998年9月の第
14回連邦議会選挙後，連邦では初めて，SPDとの連立政権を形成した[10]。

（3）ＰＤＳ

さらに，現在は，ドイツ統一によって政党システムに参入したPDSについ
て，同様の過程が進んでいる。PDSは，旧東ドイツのSEDの後継政党として
1990年2月に成立した。このとき，PDSは，共産主義政党から社会民主主義
政党に転換したが，それでもなお，急進的左翼・憲法敵対的政党として反体制
政党の特徴を保持している。

しかし，PDSは，東側のラント議会選挙では議席を獲得し，勢力を保持・
拡大している。そして，東側ではFDPと90年連合／緑の党が弱く，得票率が
5％に達せず議席を獲得できないこともあるため，各政党の議席状況から，
PDSが連立政権に参加する契機が生じた[11]。

このことは，1994年7月に，ザクセン＝アンハルト州のSPDと90年連合／
緑の党の少数連立政権をPDSが容認したことに始まる。これに続いて，1995
年1月のベルリン党大会で，ビスキー（Lothar Bisky）党首が，PDSを民主的

---

(7)　加藤秀治郎・楠精一郎『ドイツと日本の連合政治』（芦書房，1992年）110-111頁。

(8)　Uwe Jun, „Koalition mit Grünen: ein „Auslaufmodell"? Regierungen von SPD und
Grünen in den Bundesländern", *Zeitschrift für Parlamentsfragen* 1993, S. 205.

(9)　Jun 1993, a.a.O.（Anm. 8），S. 203-204.

(10)　この間の経過について，たとえば参照，Heinrich Oberreuter/Uwe Kranenpohl/
Günter Olzog/Hans-J. Liese, *Die politischen Parteien in Deutschland. Geschichte, Pro-
grammatik, Organisation, Personen, Finanzierung*, 26., aktualisierte Auflage von Hein-
rich Oberreuter/Uwe Kranenpohl, 2000, S. 190-201.

(11)　東側の政党システムの特徴について，前述第9章2（1）（ｂ）参照。

第四編　連立政権と民主主義

政党に改革し，SPD と90年連合／緑の党と連立可能にするという党内改革の意図を表明した[12]。そして，1998年11月にメクレンブルク＝フォーアポメルン州で SPD と初めて連立政権を形成した。その後，2002年1月にベルリン州，2002年11月にメクレンブルク＝フォーアポメルン州で再度 SPD と連立したことで，次第に反体制政党ではなくなってきている[13]。

　そして，これらの連立政権への参加によって，政策的・綱領的さらに組織的にも変化し，次第に議会制民主主義システムに統合されつつある[14]。

　以上から，ドイツ連邦共和国においては，連立政権によって包括的な政治的統合がもたらされると言える[15]。反体制政党は，連立政権であることによって部分的に政権に参加しやすく，連立政権に参加することで政党の政策・綱領・組織が変化する。その結果，次第に反体制政党ではなくなり，議会制民主主義システムに統合される。連邦で連立政権参加に至った90年連合／緑の党の歴史，さらに現在の PDS の状況は，まさしく，そのことを証明している[16]。

3　連立可能性の拡大

　これらの状況から，連邦・ラントにおいて，連立の組み合わせが増加してきた。現在の連邦議会に議席を持つ政党については，これまで，連邦では CDU／CSU と FDP，CDU／CSU と SPD，SPD と FDP，SPD と90年連合／緑の党の連立政権がある。ラントでは，これらに加えて，SPD と PDS，SPD と FDP と90年連合／緑の党（三党連立）の連立政権が実現した。

　さらに，現在では，連立の選択肢を広げる展開として，90年連合／緑の党を

---

(12)　Oberreuter/Kranenpohl/Olzog/Liese 2000, a.a.O.（Anm. 10），S. 214.

(13)　Gudrun Heinrich, *Kleine Koalitionspartner in Landesregierungen. Zwischen Konkurrenz und Kooperation*, 2002, S. 36.

(14)　Ulrich von Alemann/Christoph Strünck, „Die neue Koalitionsrepublik. FDP, Bündnis 90/Die Grünen und die PDS im vereinigten Parteiensystem", in: Werner Süß（Hg.），*Deutschland in den neunziger Jahren. Politik und Gesellschaft zwischen Wiedervereinigung und Globalisierung*, 2002, S. 119.

(15)　Bermbach 1977, a.a.O.（Anm. 1），S. 324.

(16)　Heinrich 2002, a.a.O.（Anm. 13），S. 35-36.

第14章　連立政権と議会制民主主義

めぐる動きがある。90年連合／緑の党は，これまで，連邦でもラントでも，SPD，三党連立でFDPとしか連立政権を形成していない。しかし，90年連合／緑の党内部には，環境政策においてはSPDよりCDU／CSUの方が近い立場にあるという議論がある。これに対応して，西側のCDU／CSUでは，「環境的社会的市場経済」に基づいて，90年連合／緑の党との連携を主張する勢力がある[17]。

1998年8月には，コール（CDU）連邦首相が，CDU／CSUと90年連合／緑の党の将来的な連立可能性に言及した[18]。実際にも，1992年4月のバーデン＝ヴュルテンベルク州議会選挙後，ラントレベルでは初めて，CDUと90年連合／緑の党の連立交渉が行われた[19]。さらに，1999年10月のザクセン州議会選挙前には，90年連合／緑の党がCDUに対して連立の用意・連立の意思があることを表明した[20]。このことから，ラントではCDU（バイエルン州ではCSU），連邦ではCDU／CSUと90年連合／緑の党の連立が現実味を帯びている[21]。

他方で，1996年に，チューリンゲン州の90年連合／緑の党は，1998年のラント議会選挙以降，PDSと協力の用意があることを表明した[22]。

よって，将来的には，CDU／CSUと90年連合／緑の党，さらに議席状況次

---

[17]　Clay Clemens, "Party Management as a Leadership Resource: Kohl and the CDU/CSU", *German Politics* 1998 Nr. 1, p. 110.

[18]　Knut Bergmann, *Der Bundestagswahlkampf 1998. Vorgeschichte, Strategien, Ergebnis*, 2002, S. 132. CDU／CSUにとっては，事実上FDPとしか連立できないという状況を打開するための戦略でもある。

[19]　Roland Sturm, „Die baden-württembergische Landtagswahl vom 5. April 1992: Rechtsruck oder Protestwahl?", *Zeitschrift für Parlamentsfragen* 1992, S. 636-637.

[20]　Eckhard Jesse, „Koalitionen in den neuen Bundesländern. Varianten, Veränderungen, Versuchungen", in: Roland Sturm/Sabine Kropp (Hg.), *Hinter den Kulissen von Regierungsbündnissen. Koalitionspolitik in Bund, Ländern und Gemeinden*, 1999, S. 162. ただ，選挙の結果，90年連合／緑の党が5％条項によって議席を獲得できなかったため実現しなかった。

[21]　市町村レベルではCDUと90年連合／緑の党の連立が存在する。以上について，なお参照，Jürgen Hoffmann, „Schwarz-grüne Bündnisse in den Kommunen: Modell für Bund und Länder?", *Zeitschrift für Parlamentsfragen* 1997, S. 628-649。

[22]　Hoffmann 1997, a.a.O.（Anm. 21), S. 648.

第四編　連立政権と民主主義

第では三党連立として CDU／CSU と90年連合／緑の党と FDP，SPD と90年連合／緑の党と PDS の組み合わせも可能であろう。

　このことは，現在では連立可能性が拡大し，ほぼ全政党が相互に連立可能になっていることを示す。CDU／CSU と PDS のように直接連立可能ではない政党同士も，それぞれの政党と連立できる政党が存在することで橋渡しが可能となる[23]。

　民主的国家においては，全ての民主的政党はお互いに連立可能でなければならないとされる[24]。ドイツ連邦共和国においては，連立政権に参加することで反体制政党が次第にその反体制的性格を弱め，その結果，連立可能性が拡大してきた。すなわち，この意味で，連立政権は，議会制民主主義にとって大きな意味を持っていると言える。

---

(23)　なお，1998年9月の第14回連邦議会選挙後，野党となった CDU 内では，PDS とも限定的に協力するという意見が登場した。参照，Josef Schmid, „Die CDU/CSU nach dem September 1998: Von der Wende zum Ende?", in: Oskar Niedermayer (Hg.), *Die Parteien nach der Bundestagswahl 1998*, 1999, S. 75。

(24)　Ingo von Münch, *Rechtliche und politische Probleme von Koalitionsregierungen. Vortrag gehalten vor der Juristischen Gesellschaft zu Berlin am 14. Oktober 1992*, 1993, S. 31-32.

◈ 終 章 結 論

　これまで，連立政権に関する論点全般について，ドイツ連邦共和国における実例・学説を中心に，憲法的に，さらには政治学的視点を加えた検討を行ってきた。

　この検討の結論は，以下のようにまとめられる。

　連立政権とは，複数の異なる政党が，共同で政府を形成し，支持する政権である。それは，政府が議会の信任に依存する議院内閣制において成立する。ドイツ連邦共和国では，とくに，連邦議会が連邦首相を選出することから，議会多数派を確保する連立政権が形成される契機があり，実際に，これまでほとんどの期間が連立政権である。

　ドイツ連邦共和国では，社会の対立軸・政治的争点が複数あり，それに対応して複数の政党が存在している。ドイツ連邦共和国の政党はおおまかには左右軸に位置付けることが可能だが，政治的争点によって位置関係が異なり，このことで複数の連立可能性があることになる。

　連立政権を形成する際には，連立政権の政策・人事について連立交渉が行われるが，その際は，各政党の交渉力が，その結果に大きく影響する。

　連立交渉の結果，近年では文書としての連立協定が締結される。それは，連立政権の政策，人事，さらには組織・手続を規定する，法的拘束力が無い政治的取り決めである。その当事者は政党・会派であり，政党・会派の構成員，国家機関，国家機関の構成員は当事者ではない。連立協定は様々な理由から次第に詳細で包括的なものになってきており，多くの機能を果たしている。

　連立政権においては，連立政権の調整組織として，とくに連立委員会・連立ラウンドが設置される。それは，連立政権に関連する各局面を調整し，迅速に決定し，その決定を有効に実行するために，構造的に必要なものである。

　連立政権であることは，国家機関・その構成員にも影響する。まず，議員に対しては，連立委員会・連立ラウンドでの決定に従うように働きかけが行われる。さらに，連立政権においては，それぞれの連立会派が，議会において他の連立会派に対抗して野党会派と多数派を形成することが禁止され，個別の議員

325

終　章　結　論

にもそのような働きかけが行われる。それぞれについては，会派統制にとどまる限りで許容される。

　連邦議会については，連立政権では連立委員会・連立ラウンドによって立法過程が侵害されているという批判があるが，そのこと自体は必ずしも当てはまらない。しかし，連立委員会・連立ラウンドによって連邦議会という場が空洞化するとき，この限りで連邦議会が無力化し，問題となる。

　連邦首相は，いわゆる宰相原則により，法的には強力な地位を持っている。しかし，連立政権においては，連立政党が連邦首相に対して連立委員会・連立ラウンドでの決定に従うように働きかけるため，その政綱決定権と人事権・組織権全てについて広汎に制約されている。しかし，それでも，連邦首相は，自己の責任で，場合によっては連立政党に反しても決定を行わなければならない。

　連邦大臣は，いわゆる所轄原則により，法的には強力な地位を持っている。しかし，連立政権においては，連立政党が連邦大臣に対しても働きかけを行い，連邦大臣は大きな制約を受けている。しかし，連邦首相と同様に，連邦大臣も，自己の責任で，場合によっては連立政党に反しても決定を行わなければならない。

　連邦首相と連邦大臣から構成される連邦内閣も，その権限事項について，連立政党の働きかけによって大きな制約を受けている。さらに，連立政権においては，連邦内閣に関連して，会派委員長の閣議への出席，多数決で決定を行わないこと，連邦内閣の一体性，合議体での審議の確保など，固有の問題が生じる。

　連邦大統領については，基本法では政治的に中立的存在とされている。しかし，連邦大統領の選出，さらに連邦大統領が連邦首相選出において果たす役割において，連立政権と関連している。

　連立政権であることは，与野党の権力分立にも影響を与える。まず，単独政権と異なり，与党が複数存在することから，連立与党相互の権力抑制・均衡がある。これは，連立協定，連立委員会・連立ラウンドによるもの，さらに，議会・政府での行動，また，大臣・政務次官の人事などで行われる。

　連立政権が所与のとき，野党は与党に対して協調戦略をとることがありうる。また，連立与党の一部と連携する可能性がある。このことで，野党から与党，

326

さらには議会全体から政府への権力抑制・均衡が強まる。

　ドイツ連邦共和国は連邦制国家であり，ラント，さらにはラント政府構成員からなる連邦参議院が強力な権限を持っている。このことから，連邦とラントの連立政権には相互作用がある。近年，ラントの政党システムが多様になってきたことで，その連立政権の組み合わせも多様になってきている。とくに，連邦の与野党と一致しないラントの連立政権では，連立政党の意見が一致しない場合には，いわゆる連邦参議院条項が重要な役割を果たしている。

　多党制の連立政権においては，有権者が選挙で政権構成を決定することができないことが批判される。しかし，ドイツ連邦共和国では，比例代表制・多党制・連立政権であるものの，選挙前の連立表明と首相候補擁立という慣行が成立したことにより，有権者が選挙で政権の政策と実施主体（連邦首相）を直接的に決定できるようになった。このことに基づいて地位が強まった連邦首相は，強力な政治指導を行うことが可能となった。

　二大政党制・単独政権における政権交代と異なり，多党制・連立政権での政権交代は，部分的な政権交代が多いという特徴がある。このことは否定的評価もあるが，政党システムによっては政権交代を促進し，さらに，政策の継続性・安定性をもたらすという長所がある。

　連立政権の日常的政策は，連立政党・会派の段階的な調整・決定過程を経て決定される。しかし，連立政党・会派の決定は，国家機関の決定ではない。民主主義の原理から，国家機関の決定は，国家機関が行わなければならない。

　連立政権における決定は，排他的・不透明として批判される。しかし，党内・会派内での参加・透明性のみを強調することは，決定の効率を損なう。党内・会派内民主主義の問題は，決定の効率を含めて総合的に検討しなければならない。

　ドイツ連邦共和国では，これまで，まず地域レベルで反体制政党が連立政権に参加することで，その政党内部への作用があり，議会制民主主義システムに統合されてきた。この過程で政党が相互に連立可能になり，連立選択肢が拡大してきた。すなわち，連立政権であることは，議会制民主主義にとって有益であることになる。

　以上のことから，連立政権であることによりさまざまな影響が生じ，連立政

327

終 章 結 論

権は憲法学的に大きな意味を持つものであることが分かる。

　現代社会は利益が多元化し，公の任務は複雑化している。さらに，一方で国際化が進み，他方で国内の利益団体・地方公共団体の自律が存在している。よって，たとえ多数派の単独政権であっても，多様な利益を考慮し，調整しないと決定できず，また，決定が受け入れられない[1]。この意味で，多数決民主主義には限界があり，「交渉民主主義」の重要性が増加している。

　この状況においては，交渉と協調が特徴である連立政権は，現代の政治システム全体の縮図とも考えられる[2]。よって，本書におけるドイツ連邦共和国の連立政権に関する研究が，我が国における議院内閣制，議会制，政党，さらには統治機構一般のこれまでの研究に新たな視点を提供し，現代の議会制民主主義の理解を深める契機となると考えられる。

---

(1)　この問題について，参照，Arthur Benz, „Postparlamentarische Demokratie? Demokratische Legitimation im kooperativen Staat", in: Michael Th. Greven (Hg.), *Demokratie—eine Kultur des Westens? 20. Wissenschaftlicher Kongreß der Deutschen Vereinigung für Politische Wissenschaft*, 1998, S. 204。

(2)　Sabine Kropp/Roland Sturm, *Koalitionen und Koalitionsvereinbarungen. Theorie, Analyse und Dokumentation*, 1998, S. 152-153.

あ と が き

　私は，1993(平成5)年3月に東京大学法学部を卒業し，4月から自治省(現・総務省)官僚として勤務後，1997(平成9)年4月に東京大学大学院法学政治学研究科に入学して大学院生活を送りました。今振り返ると，二度目の学生生活はまたとない貴重な日々でした。充実した研究生活を送ったことは言うに及ばず，多くの知己を得，先達と親しく交流し，学部学生の後輩たちとも触れあうことができました。

　官僚として政治・行政の実態を知った経験から，修士論文ではドイツの連立協定をテーマとし，博士論文ではドイツの連立政権をテーマとしました。

　博士論文作成，とくに執筆に集中した2003(平成15)年秋から2004(平成16)年3月にかけての日々は，20年以上経過した今でも昨日のことのように思い出します。当時はインターネットがそれほど発達しておらず，資料集めやドイツとのやりとり，そして早朝から深夜にわたる執筆で，心身ともにかなり疲弊しました。ただ，その分，完成した時の歓びは無上のものでした。晴れて完成した博士論文を提出した帰途，春の陽光がキラキラ輝いて見えたことを鮮明に覚えています。

　その後，審査を経て法学博士号を取得し，さらに東京大学大学院法学政治学研究科博士論文特別優秀賞受賞という望外の栄誉を得ることができました。2005(平成17)年3月，東京大学本郷キャンパスでの博士学位記授与式・伝達式に母とともに出席した時は，全身が感動で打ち震えたものです。

　東京大学大学院法学政治学研究科における指導教官である高橋和之先生，さらに憲法の日比野勤先生，長谷部恭男先生，阪口正二郎先生，法学部の行政法ゼミの頃からお世話になっている小早川光郎先生を始め，素晴らしい先生方に恵まれたことは僥倖でした。

　本書を出版してくださった信山社出版，今井貴社長，稲葉文子氏，今井守氏に心より感謝いたします。今井守氏には有益なご助言を頂き，大変お世話になりました。なお，本書は公益財団法人末延財団より出版助成を頂きました。

あとがき

　なにより，天国にいる父に本書を捧げたいと思います。そして，大学院生活
の間，とくに博士論文執筆に全力を注げるようずっと支えてくれ，今もそばに
いる母が，本書の出版を一番喜んでいます。
　2024（令和6）年秋，遠くに霧島連山を望む故郷・宮崎の自宅書斎にて。

索　引

◆ あ　行 ◆

アーノルド（Karl Arnold）‥‥‥‥ *35, 225, 227*
アイルランド‥‥‥‥‥‥‥‥‥‥‥‥‥ *71*
アクセルロッド（Robert Marshall Axelrod）‥‥ *18*
芦田均‥‥‥‥‥‥‥‥‥‥‥‥‥‥‥‥‥ *3*
アデナウアー（Konrad Adenauer）‥‥ *10, 25, 35,*
　41, 75, 88, 121, 166, 208, 265
アドホック‥‥‥‥‥‥ *34, 72, 75, 89, 204, 264*
アトランティカー‥‥‥‥‥‥‥‥‥‥‥ *56*
アフガニスタン派兵‥‥‥‥‥‥‥‥‥ *247*
アメリカ‥‥‥‥‥‥‥‥ *56, 234, 280, 281*
アメリカ高等弁務官‥‥‥‥‥‥‥‥‥ *124*
アングロサクソン諸国‥‥‥‥‥‥‥‥‥ *6*
異議法律（Einspruchsgesetz）‥‥‥‥ *107, 200, 213*
イギリス‥‥‥‥ *4, 32, 234, 238, 258, 268, 273, 280,*
　281, 289
違憲（基本法違反）‥‥‥ *103, 105, 117, 149, 150, 158,*
　214, 249, 250, 276
違憲政党禁止‥‥‥‥‥‥‥‥‥‥‥‥ *319*
異質（性）‥‥‥‥‥ *153, 217, 219, 220, 268, 273, 284*
イタリア‥‥‥‥‥‥‥‥‥‥ *234, 280, 281*
一元的‥‥‥‥‥‥‥‥‥‥‥‥‥‥ *19, 33*
一党優位（制）‥‥‥‥‥‥ *4, 258, 288, 293*
一票制‥‥‥‥‥‥‥‥‥‥‥‥‥‥‥ *261*
イデオロギー‥‥‥‥ *18, 19, 41, 42, 47, 84, 272, 283,*
　284
イデオロギー政党‥‥‥‥‥‥‥‥‥‥ *254*
イングランド‥‥‥‥‥‥‥‥‥‥‥‥ *273*
インフォーマル‥‥‥‥‥ *7, 8, 10, 75, 76, 77, 107, 299,*
　300, 304
インモビリズム‥‥‥‥‥‥‥‥‥‥‥‥ *71*
ヴァイゲル（Theodor Waigel）‥‥‥‥‥‥ *79, 135*
ヴァイヤー（Willi Weyer）‥‥‥‥‥‥‥ *76*
ウィーンスバーデン基本綱領（„Für die liberale
　Bürgerschaft“）‥‥‥‥‥‥‥‥‥‥ *183*
ヴェーナー（Herbert Richard Wehner）‥‥‥ *78, 202*
ヴェスターヴェレ（Guido Westerwelle）‥‥‥‥ *242*
ウエストミンスターモデル‥‥‥‥‥‥ *6, 238, 243*
ヴェストリック（Ludger Westrick）‥‥‥‥‥ *128*

右傾化‥‥‥‥‥‥‥‥‥‥‥‥‥‥ *48, 178*
右　派‥‥‥‥‥‥‥‥ *28, 139, 194, 202*
右　翼‥‥‥‥‥‥‥‥‥‥‥‥ *209, 221*
エアハルト（Ludwig Wilhelm Erhard）‥‥‥ *15, 37,*
　77, 104, 128, 133, 134, 157, 240, 245
エレファントラウンド‥‥‥‥‥‥‥‥‥ *79*
エングホルム（Björn Engholm）‥‥‥‥‥‥ *311*
大蔵大臣‥‥‥‥‥‥ *57, 127, 131, 132, 192, 193*
（大蔵大臣の）同意権‥‥‥‥‥ *131, 142, 192*
オーストリア‥‥‥‥‥‥‥‥ *77, 177, 195, 273*
オーストリア国民党（Österreichische Volkspartei
　=ÖVP）‥‥‥‥‥‥‥‥‥‥‥‥ *177, 273*
オーストリア社会民主党（Sozialdemokratische
　Partei Österreichs=SPÖ）‥‥‥‥‥‥ *177, 273*
オーバーレンダー（Theodor Oberländer）‥‥‥ *156*
公の任務‥‥‥‥‥‥‥‥‥‥‥‥‥ *90, 328*
オレンハウアー（Erich Ollenhauer）‥‥‥‥ *237, 239*
穏健な多党制‥‥‥‥‥‥‥‥‥‥‥‥‥ *5*

◆ か　行 ◆

改革の渋滞（Reformstau）‥‥‥‥‥‥‥‥ *216*
階　級‥‥‥‥‥‥‥‥‥ *19, 27, 28, 271*
階級政党‥‥‥‥‥‥‥‥‥‥‥‥‥‥ *201*
階級対立‥‥‥‥‥‥‥‥‥‥‥‥‥‥ *31*
外　交‥‥‥‥‥‥ *26, 31, 37, 110, 147, 193, 201, 211,*
　293, 301
カイザー（Jakob Kaiser）‥‥‥‥‥‥ *121, 165, 166*
会　派‥‥‥ *22, 41, 59, 63, 83, 94, 187, 251, 297, 306*
会派委員長‥‥ *10, 44, 76, 80, 84, 88, 148, 176, 238,*
　298
会派委員長会談‥‥‥‥‥‥‥‥‥‥‥ *78, 79*
会派委員長の閣議への出席‥‥‥‥‥‥ *148, 151*
会派移動（からの離脱）‥‥ *15, 151, 250, 251, 315*
会派幹部会（Fraktionsvorstand）‥‥‥‥ *44, 60, 84,*
　237, 307, 309, 311, 313, 314, 316
会派強制（Fraktionszwang）‥‥‥‥ *94, 95, 96, 103*
会派交渉委員会（Interfraktioneller Ausschuß）
　‥‥‥‥‥‥‥‥‥‥‥‥‥‥‥ *74, 75, 298*
会派構成員‥‥‥‥‥ *70, 94, 99, 114, 116, 138, 307, 314*
（会派）執行幹部会（Geschäftsführender Vorstand）

索　引

.... *84, 307, 309, 316*

会派事務総長（Parlamentarische Geschäftsführer）
.... *76, 80, 84, 298*

会派総会（Fraktionsversammlung）...... *44, 60, 71, 101, 134, 237, 307, 310, 314, 316*

会派統制（Fraktionsdisziplin）......... *94, 96, 97, 98, 99, 101, 188*

会派内民主主義 *306, 307, 316*

会派法 *200, 204*

会派ラウンド *298*

（会派）（連立）作業サークル・グループ ... *101, 143, 145, 297, 298, 312*

外務委員会 *95*

外務省（Auswärtiges Amt）............ *127, 189*

外務大臣 *48, 56, 127, 131, 132, 135, 193, 293*

下院（イギリス）............................ *258, 260*

閣外協力 *5*

核拡散防止条約 *152*

閣　議 *75, 79, 84, 88, 107, 111, 148, 155, 159, 299*

（閣議での）投票 *58, 130, 149, 151, 155, 159, 224*

（閣議での）投票権 *148, 149, 150, 190*

革　新 *53, 54*

閣　僚 *76, 320*

閣僚委員会 *77*

隠れた大連立政権 *216*

家族・高齢者・女性・青年省 *191*

家族・高齢者・女性・青年大臣 *127*

過大規模政権 *17, 18, 19, 20, 21, 46, 116, 179, 184, 207*

片山哲 *3*

価値観 *26, 29, 271*

カトリック *25, 26, 31, 273*

かなめ党（pivotal party）............... *46, 47, 48, 49, 50, 53, 184, 185*

過半数 ... *4, 14, 20, 42, 63, 97, 139, 163, 200, 260*

ガムソン（William Anthony Gamson）............. *17*

カルステンス（Karl Carstens）............... *167, 246*

ガルステンマイヤー（Eugen Karl Albrecht Gerstenmaier）................................ *98, 133*

環　境 *27, 29, 30, 31, 32, 33, 40, 56, 218, 323*

環境・自然保護・原子炉安全大臣 *56*

環境大臣 *56, 133, 320*

環境的社会的市場経済 *323*

管区（Bezirk）............................ *217*

官　職 *97, 128, 301*

官　庁 *19, 43, 107, 113, 121, 126, 138, 141, 189, 297*

官　僚 *41, 43, 107, 147, 212, 224*

関連・隣接所轄 *146, 192, 193*

キージンガー（Kurt Georg Kiesinger）....... *21, 57, 66, 77, 118, 138, 170, 240, 257, 304*

（議員）候補（立候補）...... *95, 96, 99, 100, 125, 218, 234, 235, 274*

議院内閣制 *3, 14, 34, 98, 168, 175, 186, 269, 270, 278*

議員の独立性 *275*

議員法（Gesetz über die Rechtsverhältnisse der Mitglieder des Deutschen Bundestages）..... *59, 60, 199, 200, 204*

（議会）委員会 *94, 97, 101, 102, 200, 207, 264*

（議会）委員長 *200, 204, 265*

議会外反対派（Außerparlamentarische Opposition ＝APO）..................... *208, 209, 269, 271*

議会主義 *269, 280*

議会制 *195, 253, 270*

議会制民主主義 *8, 146, 194, 205, 307, 319, 324*

議会責任 *128, 190, 299*

議会選挙（の持つ意味）........... *232, 234, 271, 283*

議会中心構想 *280*

（議会での）投票 *15, 23, 42, 58, 61, 93, 96, 100, 101, 188*

議会内反対派 *175, 197, 199*

（議会の）解散 *15, 38, 39, 68, 95, 163, 182, 245, 249, 265*

議会の機能 *197, 262, 263, 264*

議会の無力化 *107, 108*

（議会）本会議 *64, 103, 108*

機関訴訟 *200, 204, 247*

棄　権 *188, 222, 223, 224, 246*

議事録 *88, 89, 155*

議　席 ... *4, 14, 45, 64, 84, 130, 233, 262, 269, 273*

議席数 ... *17, 22, 42, 45, 56, 81, 172, 184, 235, 260*

議席喪失 *251*

北アイルランド *258*

規範統制訴訟 *105*

規模（サイズ）の理論 *16, 20, 40, 42*

基本法改正 *21, 36, 37, 201, 213*

基本法制定会議 *52, 272*

義　務 ... *23, 60, 66, 68, 94, 157, 205, 252, 301, 305*

逆転現象 *260, 261*

キャスティングヴォート *167*

索　引

90 年連合 ……………………………………… 29
90 年連合／緑の党(Bündnis 90/Die Grünen)
　……… 29, 30, 31, 39, 49, 133, 178, 218, 314, 320
急進的(急進化) …………… 40, 269, 319, 321
教　育 ………… 26, 28, 29, 33, 34, 38, 54, 211
共産主義(政党) ……………………… 18, 321
行　政 …… 69, 91, 127, 128, 130, 141, 196, 211, 212,
264
行政規則 …………………………………… 147
行政の中立性 ……………………………… 133
行政への介入 ………………………………… 69
競争・衝突 ……… 24, 179, 180, 181, 182, 183, 227
競争・衝突戦略 …………… 179, 182, 183, 187, 194
競争民主主義 ……………………………… 235
協　調 …… 14, 83, 153, 178, 182, 197, 201, 263, 302,
313
協調戦略 ………… 179, 194, 201, 203, 205, 206
共　働 …………………………… 108, 176
共同活動 …………… 55, 81, 145, 174, 176
共同決定 …… 76, 107, 119, 120, 145, 160, 214, 216,
264, 307
共同統治 ……………………………… 201
共同連絡委員会(Gemeinsame Kontaktausschuß)
　…………………………………… 78
共和国議会 ………………… 35, 168, 284
共和国首相 ………… 122, 168, 281, 283, 284
共和国政府職務規則(Geschäftsordnung der Reichs-
regierung) ……………………… 122
共和国大統領 ………… 122, 163, 168, 172, 283
共和党(アイルランド) ……………………… 71
極右政党 ……………………………… 209
局　面 ……… 7, 79, 83, 183, 215, 226, 300, 314, 315
拒否権 ………………… 103, 152, 200, 201, 214
許容されない(unzulässig) ………… 69, 70, 94, 95,
105, 144, 149, 150, 223, 259
キリスト教 ………… 25, 26, 28, 31, 33, 35, 38, 272
キリスト教社会同盟(Christlich Soziale Union
=CSU) … 24, 25, 31, 79, 135, 139, 194, 205, 239,
274
キリスト教民主・社会同盟(CDU/CSU) …… 9, 25,
28, 30, 178, 202, 259, 292, 323, 324
キリスト教民主同盟(Christlich Demokratische Union
=CDU) …… 25, 103, 139, 181, 202, 204, 206, 218,
273, 323
緊急事態 ………………………… 15, 209
キンケル(Klaus Kinkel) ……………………… 135

偶然の多数派 ……………………… 63, 98
空洞化 …………… 118, 159, 249, 304, 312
クラフト(Waldemar Erich Kraft) …………… 156
クレスブロンサークル(Kreßbronner Kreises)
　………………………… 77, 78, 87, 304
クローネ(Heinrich Krone) ……………………… 75
軍　事 ………………………… 53, 127
君主(制) ……………………… 197, 264
景　気 ………………………… 37, 157, 192
経　済 ………… 6, 28, 30, 31, 34, 37, 147, 293
経済協力・開発省 ……………………… 191
経済協力大臣 ………………… 129, 193
経済大臣 …… 48, 127, 132, 133, 192, 193, 293
警　察 ……………………… 124, 211
形式的代表 ……………………… 267
継続を予定しない(期間限定の)連立政権 … 25, 38,
48, 181, 182, 209
刑　法(Strafgesetzbuch) ……………… 199
契　約 ………… 64, 65, 66, 68, 70
決定過程 ……… 87, 90, 297, 299, 300, 302, 303, 308,
315, 316
決定能力 ……………………… 77, 313
権　威 …… 48, 63, 83, 133, 169, 218, 282, 283, 285
限界効用(地位)(marginal utility) … 45, 46, 47, 48,
49, 50, 184
権　限 …… 33, 64, 90, 105, 110, 174, 211, 231, 297,
301
言　語 ………………… 258, 268, 288
健康大臣 ……………………… 56
現実派(Realos) ……………… 29, 320, 321
ゲンシャー(Hans-Dietrich Genscher) …… 79, 80,
103, 135, 311
元　首 ……………………… 163, 165
兼　職 ……………………… 86, 132
建設大臣 ……………………… 127, 132
建設的不信任 ……… 39, 67, 116, 138, 140, 199, 227,
245, 250, 282
建設的野党 ……………………… 239
現代国家 ………… 128, 175, 198, 262, 266, 285, 289,
295, 307, 308
憲法学 ………… 3, 4, 5, 7, 8, 10, 328
憲法敵対的政党 ……………………… 321
憲法への忠誠 ……………………… 122
権　利 ……… 59, 105, 109, 121, 140, 170, 197, 198,
199, 301
原理派(Fundis) ……………… 29, 320

333

索　引

権力交代（Machtwechsel）……… 198, 203, 205, 292
権力（の）集中 ……………………… 132, 139, 173
権力分立 …… 70, 150, 173, 177, 186, 192, 196, 210, 211
権力抑制・均衡 … 73, 173, 176, 184, 191, 198, 208, 210, 285
権力濫用 ………………………………… 195, 198
公開（性） ………… 57, 70, 208, 210, 302, 313
合議原則 …………………………… 109, 147, 281
合議制 …………………………………………… 160
合議体 …… 100, 109, 123, 130, 135, 141, 147, 157, 158, 159
工　業 ………………………………… 217, 273
公共善 …………………………………………… 264
公共の福祉 ……………… 65, 120, 139, 146
公　衆 …………………………………………… 130
交　渉 … 8, 25, 43, 56, 71, 83, 168, 202, 304, 315
交渉民主主義 …………………………………… 328
交渉力 …………… 45, 50, 56, 89, 130, 184, 252
公職（者） ……………………… 85, 139, 146
公　正 …………………………………………… 53
構成要件 …………………………… 247, 248
交通政策 ………………………………………… 115
交通大臣 ……………………………… 127, 132
皇帝（Kaizer） ………………………………… 34
行動能力 …… 98, 247, 249, 271, 272, 304, 306, 308
公　布 ……………………………… 105, 107, 147
合法性（Legalität） ………………… 246, 248, 249
合法性（を）審査 ………………… 131, 192, 193
合法的な権力保持の特権 ……………………… 249
公務員 ……………………………………… 29, 111
効　率 …… 59, 83, 87, 91, 127, 302, 308, 310, 313, 317
綱　領 ……………… 54, 84, 85, 183, 256, 321
ゴーテスベルク綱領（Godesberger Programm）
……………………………………………… 27, 201
ゴーリスト ……………………………………… 56
コール（Helmut Josef Michael Kohl）… 39, 67, 79, 134, 216, 241, 245, 246, 300, 323
国際（的）（化）……… 31, 54, 91, 129, 131, 284, 328
国防（省）（費）…………………… 127, 157, 189
国防大臣 …………………………… 57, 127, 132
国民自由党（Nationalliberale Partei） …………… 74
国民主権 ……………………………………… 231
国民政党 ………………………… 26, 27, 201
国民（の）代表 …… 232, 255, 264, 267, 270, 271, 277

国民（の）統合 ………………… 267, 269, 272, 273
国民投票 ……………………………………… 265
国民の委託 …………………………………… 265
コスト …………………………… 22, 308, 313
国家機関 …… 8, 62, 80, 93, 138, 173, 231, 267, 297, 307
国家権力 ……………… 93, 158, 173, 197, 231, 232
国家主義 ……………………………………… 25
国家の介入 …………………………………… 27
固定（支持）（票）……………………… 218, 242
古典的権力分立 …………… 186, 196, 197, 209, 264
異なる多数派（Wechselnde Mehrheit）…… 58, 101, 102
5 ％条項 ………………… 235, 261, 271, 323
個別大臣の不信任 ……………… 123, 125, 141, 146
コミュニケーション …… 83, 84, 107, 108, 189, 191, 263, 313
雇　用 ……………………………………… 54, 66
コンセンサス …… 21, 152, 153, 215, 218, 224, 278, 319
コントロール …… 71, 128, 174, 198, 232, 258, 287, 297, 306, 313

◆ さ 行 ◆

ザール協定 …………………………………… 156
ザール州 ……………… 48, 212, 220, 226, 241, 273
ザール問題 ……………………… 36, 121, 227
再軍備 ……………………… 21, 124, 167, 265
宰相（Kanzler） ……………………………… 34
宰相原則 ……………… 109, 110, 141, 147, 281
最小勝利連合（minimal winning coalition） …… 17, 21, 37, 40, 46, 116, 179, 184
宰相民主主義（Kanzlerdemokratie） ……… 246, 281, 282, 283, 284, 285
財　政 ……………… 34, 54, 66, 77, 130, 147, 224
最大会派 ………………………………… 169, 170
最低規模勝利連合（minimum winning coalition）
……………………………………………… 17
裁判（官）（所）………………… 66, 69, 147, 173
細分化 ………………………… 91, 257, 271, 304
裁　量 ……………………… 122, 163, 169, 248
先送り ……………………………… 55, 73, 74, 89
ザクセン＝アンハルト州 ……… 15, 81, 161, 204, 212, 218, 273, 321
ザクセン＝アンハルト州憲法裁判所（の）判決
……………………………………………… 204

334

索　引

ザクセン州 ……………………………… 212, 218
左傾化 ………………………………………… 48, 178
左　派 ……… 22, 28, 38, 43, 48, 67, 103, 119, 139,
194
左右軸 ……………………… 19, 33, 47, 203, 218
左　翼 ……………… 40, 178, 181, 218, 269, 321
参加民主主義 ……………………………………… 31
参事会（ベルリン州）…………………………… 87
暫定政権 …………………………………………… 290
三党制 ……………………… 32, 244, 258, 271
三党連立（政権）…………… 30, 244, 322, 323, 324
3分の2（議席，異議，多数，賛成，同意）…… 21,
36, 37, 200, 201, 213
シェール（Walter Scheel）…… 48, 60, 72, 166, 240,
250, 310
時間的調整 ………………………………………… 89
市議会 ………………………… 43, 228, 312
式典行為 …………………………………………… 263
志　向 …… 19, 21, 26, 83, 181, 215, 218, 308, 314,
315
支持（者）（率）……… 13, 23, 34, 148, 159, 175, 199,
217, 303
支持政党 ………… 27, 194, 205, 274, 275
施政方針演説 …… 42, 53, 111, 112, 113, 114, 118,
128, 200, 225
事前（抑制）効果 ……………………… 188, 200
市　長 ………………………… 87, 131, 312
失業（者）………………… 30, 38, 67, 245
執　行 ……… 79, 109, 136, 141, 173, 195, 197, 211,
264, 316
執行の欠陥 ………………………………………… 212
実質的代表 ………………… 267, 268, 272, 277
質的な（側面の）正統性 ……………………… 262
質　問 …………………… 58, 188, 199
指導機関 …………………………… 306, 307
支配的プレイヤー（dominant player）…………… 47
支配の期間限定（期間限定の支配）……… 198, 208,
258
地　盤 ………………… 22, 96, 273, 274
シパンスキ（Dagmar Elisabeth Schipanski）…… 167
司　法 ………………… 66, 69, 173, 200, 212
資本家 …………………………………………… 31
市民戦争 …………………………………………… 272
（市民の）（国民の）政治参加 …………… 29, 30, 285
事務次官 ………………… 57, 128, 191
社会（Gesellschaft）……… 6, 8, 26, 28, 29, 31, 147,

257, 266
社会（Sozial）………………… 26, 35, 38
社会学的代表 …………………………………… 267
社会構造 …… 27, 28, 201, 218, 259, 277, 279, 280,
288, 292
社会国家 ……………………………… 54, 183
社会集団 ……………………… 269, 270, 271
社会主義 ……………………… 30, 218, 272
社会大臣 ……………………… 127, 132, 133
社会的公正（Soziale Gerechtigkeit）…………… 27
社会的市場経済（Soziale Marktwirtschaft）…… 26,
35, 37
社会的法治国家 …………………………………… 70
社会保障 ……………………………… 32, 34
社会民主主義 ………………………… 27, 321
シャルピング（Rudolf Albert Scharping）……… 228,
241
シュヴァルツシリング（Christian Schwarz-Schil-
ling）……………………………………………… 144
自由委任 …… 61, 99, 103, 156, 157, 158, 249, 250,
251
シュウェツァー（Irngard Schwaetzer）………… 135
衆議院 ………………………………… 5, 281
宗　教 …… 19, 26, 31, 185, 217, 258, 268, 271, 273,
288
自由国民党（Freie Volkspartei＝FVP）……… 36, 290
自由主義 ……………………………… 28, 43
州首相官房長官 ………………………………… 224
宗　派 ……………………… 25, 27, 31, 126
シューマッハー（Kurt Schumacher）…………… 27
自由民主党（Freie Demokratische Partei＝FDP）
…… 28, 30, 38, 48, 133, 178, 183, 218, 242, 252
自由民主党（イギリス）………………………… 258
自由民主党（自民党）（日本）………………… 3, 4, 5
重要（有力）（な）大臣 …… 19, 48, 50, 77, 130, 131,
132, 298
シューレ（Adolf Schüle）……………………… 105
首相効果 …………………………………………… 295
首相候補（Kanzlerkandidat）（選挙での）… 49, 170,
228, 237, 243, 279, 282, 291
首相選挙（Kanzlerwahl）… 170, 242, 243, 245, 263,
279, 282
首相選挙（議会での首相選出）…… 61, 163, 197, 263
主政党（Hauptpartei）………………… 244, 281
シュタムベルガー（Wolfgang Stammberger）
……………………………………………………… 57

335

索　引

シュトイバー（Edmund Rüdiger Stoiber）······ 242

シュトラウス（Franz Josef Strauß）····· 26, 57, 79, 80, 87, 120, 195, 202, 241

首　班 ··· 280

シュピーゲル（Spiegel）事件 ···· 37, 57, 60, 195, 311

シュミット（Helmut Heinrich Waldemar Schmidt）
······· 15, 39, 68, 78, 103, 113, 118, 145, 246, 291

シュレースビッヒ＝ホルシュタイン州 ········ 212, 216

シュレーダー（Gerhard Fritz Kurt Schröder）
（SPD）··················· 39, 40, 42, 49, 216, 242, 247

シュレーダー（Gerhard Schröder）（CDU）······· 38, 56, 167

ショイブレ（Wolfgang Schäuble）··················· 238

上位政府 ··· 74

消極的な多数派 ·· 39

消極的連立表明 ························ 236, 238, 239, 242

条件付き連立表明 ····························· 236, 240

少数政権 ········ 14, 15, 18, 19, 20, 22, 116, 163, 201

少数派 ··· 23, 81, 152, 177, 179, 200, 258, 266, 272, 320

少数派の権利 ·········· 176, 195, 199, 200, 201, 207, 208, 210, 263

小政党 ···· 46, 96, 194, 218, 235, 244, 252, 268, 275, 284

小選挙区 ··············· 21, 96, 234, 235, 270, 273, 274

小選挙区・相対多数選挙制 ······· 66, 167, 195, 235, 243, 256, 268, 288

小選挙区比例代表併用制 ········· 196, 235, 269, 278, 288

小選挙区比例代表並立制 ··············· 5, 281

消費者保護・食糧・農業省 ··························· 191

情　報 ····· 20, 82, 86, 118, 159, 171, 191, 196, 212, 302

小野党 ··· 206, 207, 208

所　轄 ······· 44, 54, 73, 85, 107, 109, 121, 126, 136, 141

所轄原則 ······· 73, 88, 109, 133, 141, 144, 145, 147, 192, 281

（所轄への）介入 ····················· 111, 123, 139, 142

書記官 ·· 149

食糧・農業大臣 ··· 127

署　名 ·································· 44, 104, 115

除　名 ················ 94, 95, 96, 97, 125, 156

シラー（Karl August Fritz Schiller）············· 157

指　令 ··· 74, 94, 117, 141, 145, 179, 213, 221, 224

陣営（Lager）·· 272, 273

信号連立 ······································· 30, 43, 221

新左翼 ··· 270

人事協定 ···················· 55, 57, 58, 110, 125

人権 ········ 110, 121, 122, 126, 137, 141, 185, 190

人　種 ·· 19

新中産階級 ··· 29

新中道（Die neue Mitte）··························· 40, 253

信　任 ································ 14, 34, 247

信任動議 ·································· 163

信任問題 ······················· 15, 182, 246, 247

進歩人民党（Fortschrittliche Volkspartei）········ 74

人民議会選挙（東ドイツ）·························· 30

信　用 ······················· 115, 138, 206

信　頼 ······ 24, 67, 72, 90, 115, 179, 181, 190, 249, 308

侵略戦争の禁止 ···································· 70

垂直的権力分立 ···································· 212

水平的権力分立 ···································· 212

スーパー官庁 ···································· 128

スコットランド ···································· 273

スプリットヴォート ·································· 194

西　欧 ······································ 17, 285

成　果 ····························· 39, 71, 308, 310

政権構成政党 ············· 245, 278, 287, 289, 291, 292

政権交代 ······· 40, 68, 133, 195, 202, 206, 220, 249, 259, 287

政　綱 ····· 73, 109, 110, 120, 123, 131, 138, 141, 147, 185

政綱決定権 ····················· 110, 116, 142, 282, 284

制　裁 ············· 66, 68, 94, 95, 96, 195

政策・内容的正統性 ········ 232, 297, 300, 308, 314

政策協定 ············· 54, 55, 58, 70, 74, 110, 142

政策距離（の理論）········· 18, 33, 38, 40, 41, 180

政策（の）（を）決定 ········· 23, 78, 85, 115, 141, 145, 265, 280, 297, 312

（政策）専門家 ···· 43, 76, 78, 79, 101, 107, 134, 145, 297, 312

政策の継続性 ···························· 133, 288, 289

政策の断絶 ····························· 288, 289, 295

政治学 ······································· 4, 10, 16

政治システム ····· 8, 82, 91, 211, 258, 267, 277, 304

政治（議会制民主主義）システムに統合 ···· 229, 319

政治的意思形成 ···· 8, 58, 60, 62, 69, 110, 215, 255, 271, 305

政治的拘束力 ····························· 64, 65, 66, 68, 73

336

索　引

政治的統合 ··· 269, 322

政治的取り決め ····················· 64, 65, 66, 68, 114

(政治の)(政治的)基本方針 ······· 82, 109, 111, 263, 303

政治プログラム ········ 233, 234, 235, 243, 256, 262, 263, 280

政治文化 ································· 6, 15, 21, 265, 280

政　体 ·· 31

政　党 ····· 13, 41, 45, 59, 83, 91, 183, 268, 305, 314

(政党)幹事会(Präsidium) ······· 134, 135, 306, 309, 316

(政党)幹部会(Parteivorstand) ··· 44, 59, 134, 237, 306, 309, 311, 313, 314, 316

政党機関 ···································· 306, 309

政党基礎 ·· 311

政党国家 ········ 90, 98, 175, 186, 197, 263, 274, 314

政党システム ···· 4, 32, 47, 217, 257, 269, 277, 283, 319

(政党)執行幹部会(Geschäftsführende Vorstand) ··· 306, 307, 309

(政党)事務総長(Geschäftsführer) ··········· 79, 298

政党書記長(Generalsekretär) ·················· 298

正統性(Legitimität) ········ 246, 248, 259, 268, 269, 271, 274, 287, 297, 307

正統性の危機 ····························· 268, 271, 278

正統性の連鎖(Legitimationskette) ········ 231, 232, 297

(政党での)(会派での)投票 ············· 95, 135, 171

(政党)党首 ············ 44, 80, 83, 88, 238, 298, 312

(政党の)機会均等 ························· 197, 249

政党法(Parteiengesetz) ························· 60

(政党)(会派)補助金 ············· 197, 199, 204

政党民主主義 ································· 9, 98, 99

政府支持会派 ········ 23, 75, 97, 175, 197, 199, 200, 210

政府提出法案 ······························· 104, 213

政府内野党戦略 ································· 183

性　別 ····································· 29, 56, 126

政務次官(Parlamentarische Staatssekretäre) (Staatsminister) ········ 45, 57, 78, 118, 189, 190, 191, 192, 193, 297

政務次官法(Gesetz über die Rechtsverhältnisse der Parlamentarischen Staatssekretäre) ·········· 189

世界(観) ·································· 26, 54

責　任 ······· 13, 69, 73, 91, 110, 140, 146, 198, 232, 297

世　俗 ·· 19

積極的連立表明 ······························· 236, 238

絶対多数原理(majority principle) ·············· 169

全員一致 ········ 81, 151, 152, 161, 223

選挙協定 ····························· 14, 22, 239

選挙区割り ································· 261, 272

選挙綱領 ··· 236

選挙制度 ········ 5, 234, 235, 256, 257, 260, 275

選挙制度改革 ········ 36, 67, 243, 256, 259, 268, 278, 280, 284, 288

選挙制度審議会 ································· 257

選挙制度に関する王立審議会 ···················· 196

選挙制度の心理的効果 ···························· 260

(選挙での)投票 ··· 99, 194, 218, 220, 221, 234, 253, 256, 265, 275

戦　争 ·· 20

全ドイツブロック・難民党(Gesamtdeutscher Block /Block der Heimatvertriebenen und Entrechteten=GB/BHE) ·· 21, 36, 75, 156, 171, 220, 269

全党連立政権 ································· 202, 219

戦略的地位 ············ 45, 46, 48, 50, 226

戦略的投票 ·· 253

相互作用 ········ 8, 183, 225, 226, 227, 228, 320

相対多数原理(plurality principle) ·············· 169

相対的弱者効果(relative weakness effect) ······ 46

争　点 ····· 19, 31, 32, 201, 218, 265, 268, 270, 271, 294

組　閣 ····························· 4, 45, 124, 126

組織・人物の正統性 ········ 232, 297, 300, 308, 313

組織・手続協定 ················· 57, 58, 65, 74

組織権 ············ 110, 121, 122, 126, 129, 137, 282

阻止条項 ······························· 235, 272, 276

率直な議論 ························· 88, 89, 310, 313

◆　た　行　◆

第一投票 ························· 21, 234, 235, 261, 270

代議員大会(Vertreterversammlung) ············· 306

大政党 ········ 170, 194, 207, 236, 243, 244, 252, 256, 278, 284

大統領内閣 ································· 168, 283

第二投票 ············ 21, 194, 235, 253, 261, 262, 279

代表機関 ································· 232, 267, 270, 271

代表制(的性格) ························· 246, 249, 270

代表民主主義 ································· 249, 306, 307

代表民主制 ················· 232, 249, 251, 267, 312

対立軸(cleavage) ·········· 30, 31, 32, 258, 259, 268,

337

索引

270, 271

大連立（政権）……… 21, 25, 28, 37, 77, 181, 207, 273, 292

抱き合わせ ………………………… 86, 89, 154, 313

妥　協 ……… 23, 41, 71, 83, 153, 183, 200, 263, 302, 313

多元化（多元的） ……………… 90, 258, 266, 268, 269

多元社会 ………………………… 266, 278, 281

多数決 ……… 21, 81, 91, 93, 100, 151, 159, 210, 222, 259

多数決排除条項 ……… 151, 152, 153, 154, 185, 189

多数決民主主義 ……………………… 210, 328

多数派 …… 14, 21, 63, 175, 179, 225, 250, 258, 266, 272

多党化 ………………………… 5, 172, 244, 280

多党制 … 4, 6, 16, 139, 198, 201, 233, 257, 276, 280

多民族国家 ………………………… 268

多様（な）（化） ……… 25, 43, 91, 100, 153, 220, 266

多様な局面 ……… 83, 86, 90, 91, 183, 314

段階的（構造） ……………… 81, 297, 299

男女平等 ………………………… 29, 54

単独（で）過半数 …… 5, 18, 168, 181, 236, 240, 252, 253

単独政権 ……… 3, 90, 187, 195, 201, 233, 256, 272, 280, 287

地　域 ……… 25, 30, 126, 132, 217, 221, 268, 271, 273, 320

地域政党 ……………… 25, 217, 221, 269

地　方 ……… 19, 31, 32, 217, 273

地方公共団体 ………………………… 328

中　央 ………………………… 31, 32

中央党（Zentrumspartei） ……… 35, 74, 220

中産階級 ………………………… 28, 218

抽象的規範統制 ………………………… 200

中　道 ……… 177, 178, 181, 203, 242, 256, 272

チューリンゲン州 ……… 212, 218, 323

超過議席 ………………………… 235

調査委員会 ……………… 199, 204

調整局面 ………………………… 315

直接議席条項 ………………………… 235

直接民主主義 ……………… 311, 312

直接民主政（démocratie directe） ……… 234, 235, 243, 255, 278, 280, 283, 285

ツァイドラー（Wolfgang Zeidler） ……… 249

作られた多数派（manufactured majority） …… 260

定足数 ………………………… 159

底辺民主主義 ……………… 29, 306, 314, 320

デーラー（Thomas Dehler） ……… 171

デモクラシー ……………… 6, 54

デュヴェルジェの法則 ………………………… 256

テロ対策 ………………………… 31

伝　統 ……… 6, 88, 218, 253, 273, 280

ドイツ共産党（Kommunistische Partei Deutschlands=KPD） ……… 23, 27, 219, 239

ドイツ国民党（Deutsche Volkspartei=DVP） ………………………… 28

ドイツ国家民主党（Nationaldemokratische Partei Deutschlands=NPD） ……… 209

ドイツ社会主義統一党（Sozialistischen Einheitspartei Deutschlands=SED） ……… 27, 30, 321

ドイツ社会同盟（Deutsche Soziale Union=DSU） ………………………… 39

ドイツ社会民主党（Sozialdemokratische Partei Deutschlands=SPD） ……… 27, 30, 35, 118, 133, 178, 201, 218, 237, 273

ドイツ帝国 ……… 14, 34, 74, 88, 264

ドイツ帝国憲法 ………………………… 34

ドイツ党（Deutsche Partei=DP） ……… 21, 36, 46, 75, 184, 208, 220, 239, 269

ドイツ統一（再統一） ……… 31, 32, 33, 39, 70, 193, 212, 217, 220, 321

ドイツの政党 ……… 25, 30, 219

ドイツ民主共和国（東ドイツ） ……… 29, 30, 39, 218, 321

ドイツ民主党（Deutsche Demokratische Partei=DDP） ……… 28, 35

ドイツ問題担当大臣 ……… 121, 133, 193

ドイツ連邦共和国 ……… 9, 35, 119, 155, 165, 193, 211, 234, 281, 294

ドイツ連邦共和国基本法（Grundgesetz für die Bundesrepublik Deutschland） ……… 9, 69, 84, 105, 143, 147, 163, 173, 196, 250

統一会派 ……… 25, 26, 133

統一的投票（条項）（行動） …… 58, 101, 102, 103, 188

同意法律（Zustimmungsgesetz） ……… 107, 200, 213

党員（政党員） ……… 23, 43, 70, 170, 274, 275, 306, 309, 311, 314

党員意見調査（Mitgliederbefragung） …… 237, 311, 312

党員総会（Mitgliederversammlung） ……… 306

党員投票（Urwahl des/der Kanzlerkandidaten/in） ………………………… 237, 311

338

党員表決（Mitgliederentscheid）······················ 311
ドゥーフホイス（Josef Hermann Dufheus）······ 76
動　議····························· 58, 163, 188, 199
同　権························· 26, 100, 179
統合作用······················· 164, 254, 267, 268, 271
東西対立····························· 33, 217
同質的（性）（化）······· 153, 258, 259, 268, 271, 277
同質的な社会······················ 268, 272, 278
党首会談····························· 79, 298
党大会（Parteitag）········· 44, 59, 71, 237, 306, 309,
310, 312, 313, 316
党大会・会派総会の介入························· 313
統治能力····················· 62, 202, 212, 292, 321
党内・会派内民主主義··········· 305, 310, 311, 312,
313, 314, 316, 317
党内民主主義····················· 305, 306, 307
投票の価値の平等························· 275
投票の結果価値の平等························· 276
投票の数的平等························· 275, 276
投票率····························· 260
東方外交····················· 31, 33, 38, 118
透明性········· 57, 71, 108, 196, 208, 300, 302, 308,
313, 317
得　票········· 23, 71, 84, 182, 196, 218, 234, 253,
260, 295
得票率··· 21, 30, 228, 256, 258, 260, 261, 276, 321
特別な多数····························· 15
特務大臣····················· 75, 127, 128, 129, 141
都　市····················· 19, 29, 31, 32, 217, 273
都市州····················· 43, 87, 228, 312
ドレスデン宣言······················ 228

◆ な 行 ◆

内閣改造····························· 166, 195
内閣中心構想························· 262, 280
内閣統制····························· 155
内閣の無力化························· 160
内　政········· 26, 37, 38, 39, 40, 147, 201, 301
内務大臣····················· 48, 111, 124, 127, 132, 193
中曽根康弘····························· 3
ナチス（国家社会主義ドイツ労働者党）······ 15, 27
南　部····························· 273
難民・移民・戦傷者大臣························· 156
ニーダザクセン州··· 22, 48, 81, 212, 214, 220,
226, 242
二元（的）（主義）························· 186, 266

西　側············· 32, 33, 218, 220, 273, 323
西側占領地域························· 27, 28
西側統合····················· 26, 31, 33, 35, 37
二大政党（制）········· 4, 6, 195, 203, 233, 256, 268,
272, 280, 288
二票制····························· 21, 261
ニュージーランド··················· 195, 269, 288
人間の尊厳····························· 70
認　証····························· 105
ノイマイヤー（Fritz Neumayer）···················· 171
農　業····················· 132, 217, 273
農業大臣····························· 132
農　村····························· 31, 32
ノルドライン＝ウエストファレン州········· 35, 73,
166, 181, 184, 212, 216, 220, 225, 241

◆ は 行 ◆

バーデン＝ヴュルテンベルク州········· 55, 61, 138,
165, 170, 212, 323
バイエルン州···· 24, 25, 26, 31, 212, 220, 228, 241,
242, 274
バイエルン党（Bayernpartei＝BP）····· 24, 239, 269
媒介民主政（démocratie médiatisée）······ 234, 235,
243, 244, 255, 278, 280
ハイネマン（Gustav Walter Heinemann）········· 38,
124, 167
白紙委任····························· 280
橋本龍太郎····························· 5
バジョット（Walter Bagehot）···················· 263
働きかけ····· 62, 65, 68, 93, 99, 109, 142, 147, 185,
222
派　閥···· 26, 28, 29, 33, 47, 56, 126, 137, 302, 313
ハルシュタイン（Walter Hallstein）···················· 56
バルツェル（Rainer Candidus Barzel）······· 67, 77,
78, 85, 202, 209, 241
バンゲマン（Martin Bangemann）···················· 79
反対演説····························· 108, 200
反体制政党········· 20, 22, 33, 229, 252, 254, 319,
321, 322, 324
反対派手当····························· 199
半多元社会····························· 270
ハンブルク州··················· 212, 220, 221, 228, 273
比較第一党····························· 169
東　側··········· 30, 32, 54, 172, 218, 220, 228, 271,
273, 321
東側（ソビエト連邦）占領地域························· 27

339

索　引

東側の利益 ················· *33, 271*
非議員 ···················· *143*
非公開 ········ *41, 88, 155, 302, 312, 313, 314, 315*
批　准 ················ *44, 152, 309*
非常事態法 ············· *21, 37, 207*
ビスキー（Lothar Bisky） ··········· *321*
非政党員 ··················· *143*
被選挙権 ··················· *122*
秘　密 ········· *42, 52, 53, 95, 155, 314*
ビューロー（Bernhard Fürst von Bülow） ······· *34*
平等選挙 ················ *275, 276*
比　例 ········· *29, 45, 56, 130, 190, 200, 260, 265*
比例代表制 ····· *21, 35, 66, 234, 243, 257, 260, 262, 266, 277*
比例的解決 ·················· *263*
比例名簿 ·········· *21, 95, 96, 235*
フィードバック ····· *41, 298, 314, 315, 316*
フィッシャー（Joschka Fischer） ······· *57, 132, 320*
フォーゲル（Hans-Jochen Vogel） ·············· *241*
フォーマル ···················· *8*
付加価値税 ·················· *214*
複合的民主主義 ············· *307, 308*
福　祉 ······················ *26*
福祉国家 ················· *27, 202*
副首相 ········· *48, 127, 132, 135, 193*
副　署 ················· *141, 164*
副政党（Nebenpartei） ··········· *244, 281*
不　信 ······ *24, 72, 76, 182, 192, 194, 279*
普通選挙 ··················· *268*
浮動票 ··········· *256, 259, 274, 288*
部分的政権交代 ········· *289, 293, 294, 295*
プラグマティズム政党 ············· *254*
プラグマティック ·········· *27, 29, 321*
フランクフルト経済評議会 ········· *36, 37, 239*
フランス ················· *56, 156*
フランス第五共和制 ·········· *234, 280, 281*
フランス第三共和制 ·············· *20*
フランス第四共和制 ·········· *20, 234, 280, 281*
ブランデンブルク州 ··· *30, 112, 212, 214, 216, 221, 273*
ブラント（Willy Brandt） ··· *15, 31, 111, 118, 237, 239, 247, 291, 310*
ブルジョア ·············· *272, 273*
ブレーメン州 ······ *30, 212, 216, 220, 221, 223, 235, 273, 311, 312*
プレビシット ············· *246, 265, 291*

ブレンターノ（Heinrich von Brentano） ····· *10, 56, 149, 194*
プロテスタント ········· *25, 26, 27, 28, 31, 273*
文　化 ······· *21, 31, 32, 38, 40, 132, 147, 178, 185, 211*
ヘア・ニーマイヤー方式 ············· *235*
平　和 ················· *27, 29, 30*
ヘッセン州 ····· *29, 39, 212, 216, 220, 225, 228, 320*
ヘルツォーク（Roman Herzog） ········· *9, 165, 167*
（西）ベルリン市長 ········· *237, 239, 240, 241*
ベルリン州 ······· *30, 43, 86, 87, 131, 212, 220, 322*
ベルリンの壁 ·················· *198, 202*
ホイス（Theodor Heuss） ·········· *48, 166, 168, 171*
法　案 ···· *58, 98, 104, 110, 141, 147, 185, 192, 199, 213*
法学的代表 ·················· *267*
包括政党 ···················· *27*
法規命令 ··············· *141, 147*
法実証主義 ···················· *4*
法治国家攻勢党（Partei rechtsstaatlicher Offensive=PRO） ················· *221*
法的拘束力 ········· *64, 65, 66, 68, 70*
法務大臣 ······· *56, 127, 133, 171, 192, 193*
北　部 ····················· *273*
保守（主義）（的） ············· *25, 26*
保守・自由派連合（ブロック） ········· *34*
保守政党 ····················· *18*
保守党（イギリス） ·········· *258, 260, 273*
ポスト ······· *17, 24, 45, 56, 85, 124, 133, 139, 190, 200*
ポスト物質主義 ······· *29, 31, 32, 33, 218, 268, 270, 271*
細川護熙 ·················· *3, 5*

◆ ま 行 ◆

マルクス（Wilhelm Marx） ············· *52*
マンデイト理論 ·············· *265, 266*
ミシュニク（Wolfgang Mischnick） ·········· *79, 253*
緑の党 ········· *29, 31, 49, 252, 254, 269, 271*
ミュラー（Günther Müller）（SPD） ·············· *15*
ミュラー（Wilhelm Werner Müller）（無所属） ·············· *143*
民主社会党（Partei des Demokratischen Sozialismus=PDS） ········· *30, 31, 40, 178, 204, 218, 242, 252, 270, 321*
民主主義 ········· *6, 70, 128, 198, 231, 254, 287, 297,*

340

305, 308

民主主義のアウトプット ……………………… *308*

民主主義のインプット ………………………… *308*

民主的正統性… *163, 164, 231, 248, 262, 277, 300, 304, 306, 307*

民　族…………………… *19, 30, 31, 32, 258, 268, 288*

無効(nichtig) ……………………………………… *70*

無宗教(非宗教) …………………… *27, 28, 31, 273*

無所属 ……………………………… *96, 138, 143*

無任所大臣 ……………………… *121, 127, 141*

明白性の原則 ……………………………… *248*

命　令 ……………… *69, 91, 123, 131, 179*

メクレンブルク＝フォーアポメルン州…… *30, 49, 104, 136, 178, 212, 220, 222, 228, 322*

メディア ………………………… *41, 285, 303*

メレマン(Jürgen Wilhelm Möllemann) … *135*

メンデ(Erich Mende) ……… *53, 76, 84, 133, 149*

◆ や　行 ◆

野　党…… *29, 39, 50, 175, 195, 197, 201, 262, 267, 309*

野党会派……… *23, 98, 103, 198, 199, 200, 204, 207, 263*

野党戦略 ……………………… *203, 205, 206*

やむをえない連立政権 ……………………… *24, 181*

優越(的地位) ……………………… *40, 50, 80, 141*

有権者…… *16, 22, 70, 99, 188, 194, 233, 256, 261, 275*

(有権者の)投票権 ……………………… *275*

有効(議会)政党数 ……………………… *257*

郵政・電信大臣 ……………………… *144*

郵政改革 ……………………… *144*

郵政大臣 ……………………… *127*

容　認 ……………… *14, 15, 205, 303, 304, 321*

ヨーロッパ大陸諸国 …………………………… *6*

予　算 ………… *111, 130, 131, 192, 213, 248*

予算委員会 ……………………… *200*

吉田茂 ……………………………………… *3*

与　党……… *27, 39, 50, 90, 97, 106, 175, 201, 293, 309*

与党会派……… *23, 42, 84, 106, 148, 176, 197, 201, 210, 263*

与野党……… *173, 176, 196, 197, 198, 200, 201, 202, 206, 210*

与野党対立 ……………………… *197, 263, 264*

与野党の権力分立 …… *175, 196, 197, 198, 208, 210*

世　論………………………………………… *68, 303*

◆ ら　行 ◆

ライカー(William Harrison Riker) ……………… *17*

ラインラント＝ファルツ州…… *180, 203, 212, 222, 226, 241*

ラウ(Johannes Rau) ……………… *166, 167, 241*

ラフォンテーヌ(Oskar Lafontaine) …… *216, 241, 242*

ラムスドルフ(Otto Graf Lambsdorff) …………… *80*

ラント(州)(Land) ……… *11, 69, 83, 132, 183, 207, 211, 225, 274, 320*

ラント議会(州議会) ………… *61, 164, 165, 209, 211, 215, 234*

ラント議会(州議会)選挙… *167, 215, 237, 321, 323*

ラント支部(長)(政党の)… *26, 61, 86, 87, 96, 217, 219, 225, 228, 320*

ラント首相(州首相) ………… *86, 87, 136, 238, 312*

ラント政府(州政府) ………… *46, 86, 200, 211, 212, 213, 214, 215, 221*

ラントの再編成 ……………………………… *265*

ラントの利益 ……………… *86, 161, 214, 222, 223*

リーダーシップ ……… *120, 281, 282, 283, 284, 285*

リールマン(Hans Liermann) ……………… *16*

利　益…… *17, 22, 30, 41, 71, 88, 135, 151, 266, 313*

利益団体 ……………………………………… *328*

立憲国家 ……………………………………… *64*

立憲主義 ……………………………………… *186*

立　法 ……… *21, 42, 62, 85, 93, 105, 113, 173, 211, 301*

立法過程 ……………………… *104, 106, 107, 264*

立法期・選挙期(Wahlperiode) ……… *14, 24, 46, 70, 99, 114, 244, 265, 279, 312*

立法(の)緊急状態 ……………………… *164, 215*

(立法への)介入 ……………………… *105, 106, 107*

離　党 ……… *15, 36, 48, 156, 167, 201, 251*

リベラル ……………… *28, 29, 33, 38, 271*

流動化(的)(性) …………… *220, 251, 258, 266, 294*

リュプケ(Karl Heinrich Lübke) …… *167, 171, 202*

両院協議会 ……………… *213, 214, 216, 224*

良　心 ……… *94, 96, 97, 103, 104, 157, 158, 179*

量的な権力分立 ……………………… *174, 177*

量的な(側面での)正統性 ………… *260, 261, 262*

隣接最小勝利連合(minimal connected winning coalition) ……………………… *18*

レイサーソン(Michael Leiserson) ……………… *17*

341

索　引

レイプハルト（Arend Lijphart）…… 30, 31, 32, 256

歴　史 ………………………… 6, 10, 34, 52, 74, 219, 280

連邦（制）（国家）………… 11, 70, 83, 174, 211, 215, 217, 228, 275, 320

連邦会議（Bundesversammlung）…… 164, 165, 167

連邦議会 ……… 14, 62, 93, 107, 163, 168, 185, 214, 234, 271

連邦議会解散訴訟判決 ………………………… 245, 266

連邦議会議員 ……… 42, 59, 94, 138, 156, 170, 189, 213, 251, 275

連邦議会議事規則（Geschäftsordnung des Deutschen Bundestages）………………… 25, 59, 60, 96, 105

連邦議会議長 …………………………………… 98, 133

連邦議会選挙 ……… 21, 66, 165, 167, 170, 238, 243, 279, 283, 285

連邦憲法裁判所 ………… 60, 105, 151, 171, 246, 247, 249, 255, 266, 276

連邦参議院 …… 21, 46, 83, 107, 164, 200, 211, 221, 225, 320

連邦参議院議員 ……………… 46, 164, 200, 214, 222

連邦参議院条項 ………………… 221, 222, 223, 224

連邦参議院担当大臣 ……………………………… 224

（連邦参議院での）投票 …… 155, 214, 215, 221, 222, 223, 224

（連邦参議院での）投票者（Stimmführer）……… 224

連邦首相 …… 14, 42, 62, 93, 109, 168, 246, 250, 281, 291

連邦首相官房 ……………………… 112, 113, 118, 189

連邦首相官房長官 ……………………………… 128, 149

（連邦）首相候補（議会で選出される場合の首相候補）……… 61, 63, 64, 115, 168, 169, 170, 171

連邦首相秘書官 …………………………………… 149

連邦情報庁長官 …………………………………… 149

連邦政治 ………………………………… 217, 225, 320

連邦政府 ……… 14, 66, 79, 105, 109, 141, 147, 213, 250, 275

連邦政府指導権 …………………………………… 282

連邦政府職務規則（Geschäftsordnung der Bundes-regierung）…… 84, 105, 123, 127, 143, 147, 148, 149, 150, 151

連邦選挙法（Bundeswahlgesetz）…………… 96, 251

連邦大臣 …… 45, 62, 73, 109, 121, 135, 141 147, 157, 192

連邦大臣解任（交代）………………………… 123, 136

連邦大臣間の意見の不一致 …………………………… 147

連邦大臣任免権 ………………………………… 121, 282

連邦大臣法（Gesetz über die Rechtsverhältnisse der Mitglieder der Bundesregierung）……… 121, 122

連邦大統領 …… 44, 63, 105, 107, 122, 141, 163, 190, 247, 282

連邦大統領官房長官 ……………………………… 149

連邦大統領選挙 ………… 38, 166, 167, 202, 240

連邦大統領選挙法（Gesetz über die Wahl des Bundespräsidenten durch die Bundesversammlung）……………………………………………… 164

（連邦大統領選出での）投票 ………………… 165, 167

連邦大統領の介入 ………… 170, 171, 172, 282

（連邦大統領の）政治的中立（中立的地位）…… 164, 171

（連邦大統領の連邦大臣人事に対する）疑義 ……………………………………………… 122, 124

連邦内閣 …… 62, 109, 112, 123, 136, 142, 147, 151, 176, 189

連邦内閣の一体性 …… 147, 155, 156, 157, 158, 180, 188

連邦野党 …… 48, 167, 200, 212, 213, 214, 215, 216, 225, 226

連邦与党 …… 167, 207, 212, 215, 216, 217, 225, 226, 227

連立委員会（Koalitionsausschß）…… 58, 75, 81, 82, 91, 104, 185, 298, 303, 312

連立（を）解消 ………… 15, 46, 47, 67, 201, 246, 255

連立会談（Koalitionsgespräch）…… 58, 76, 80, 81, 88, 89

連立会派 …… 58, 69, 85, 97, 101, 107, 145, 185, 308

連立（の）可能性 …… 38, 47, 203, 219, 221, 226, 244, 252, 294, 322

連立協定 …… 16, 42, 51, 101, 110, 112, 138, 185, 223, 293

連立協定の内容的限界 …………………………… 68, 105

連立交渉 …… 41, 51, 62, 74, 113, 124, 168, 252, 309, 315

（連立）交渉委員会 …………………… 41, 43, 44

連立（の）小政党 …… 45, 50, 73, 81, 116, 131, 152, 183, 194, 238

連立政権 …… 3, 13, 41, 93, 109, 141, 147, 163, 173, 211, 231, 287, 297, 305, 319

（連立）（政権）（政府）形成 … 4, 13, 41, 63, 194, 219, 233, 244, 278, 309

（連立）（政権）（政府）（国家）崩壊 …… 20, 37, 39, 60, 67, 138, 154, 163, 272, 290

連立政権の調整組織 …………………………… 74, 79, 81

索　引

連立政党……13, 45, 56, 59, 70, 109, 134, 178, 187, 210

連立政党・会派……44, 72, 81, 115, 120, 140, 146, 301, 303, 314

連立政党(間)の権力分立………175, 194, 196, 210

連立選挙…………………………………242, 243, 279

連立(の)選択肢…47, 184, 226, 227, 242, 292, 322

連立(の)大政党…45, 118, 131, 154, 178, 184, 191, 193, 194, 208

連立当事者……51, 72, 81, 93, 130, 138, 143, 152, 161

連立の意思……23, 24, 29, 43, 218, 220, 242, 244, 321, 323

連立(の意図の)表明………42, 172, 236, 278, 309

連立能力………23, 24, 43, 218, 220, 242, 244, 321

連立の取り決め(Koalitionsabreden)……………52

(連立の)ブロック……34, 49, 205, 218, 233, 255, 262, 288, 289, 294

連立の用意……23, 24, 29, 43, 218, 220, 242, 244, 321, 323

連立(の)(を)変更……24, 40, 46, 48, 68, 228, 244, 279, 292, 311

連立与党……53, 104, 194, 195, 206, 210, 220, 244, 254

連立ラウンド(Koalitionsrunde)…77, 79, 81, 82, 91, 104, 135, 185, 303, 312

連立(を)(から)離脱……20, 36, 46, 116, 156, 179, 184, 195, 290, 309

労働・経済省…………………………………………191

労働組合………………………………………27, 111

労働市場……………………………………………39

労働者………22, 26, 27, 31, 33, 35, 38, 40, 242, 253

労働大臣……………………………………127, 132, 133

労働党(イギリス)…………………………258, 260, 273

◆わ 行◆

ワイマール共和国……15, 22, 35, 52, 75, 119, 137, 234, 280, 283

ワイマール憲法(Verfassung des Deutschen Reichs)………34, 119, 122, 123, 140, 151, 163, 168, 256, 276

ワイマール連立……………………………………35

我が国(日本)…………3, 4, 5, 9, 10, 248, 281, 328

◆欧 文◆

CDU/CSU 会派規則…………………………95, 96, 307

CDU 規約(Statut der CDU)……………………237, 312

(CDU と CSU の)会派協定……………………25, 26

CSU ラントグループ(CSU-Landesgruppe)……80

EU(欧州連合)………………………………91, 212

SPD 会派規則………………………………………99, 307

SPD 党組織規約(Organisationsstatut)…237, 311

343

〈著者紹介〉

岩 切 紀 史 （いわきり・のりふみ）

1970年12月生まれ　宮崎県出身
1989年３月　宮崎西高等学校理数科卒業
1989年４月　東京大学教養学部文科Ⅰ類入学
1993年３月　東京大学法学部卒業
1993年４月　自治省（現 総務省）入省（国家Ⅰ種法律職）
1997年４月　東京大学大学院法学政治学研究科修士課程入学
1999年３月　東京大学大学院法学政治学研究科修士課程修了
2005年３月　東京大学大学院法学政治学研究科博士課程修了
2005年３月　東京大学大学院法学政治学研究科博士論文特別優秀賞受賞
2004年10月～2009年３月　宮崎産業経営大学法学部助教授（准教授）
2009年４月～2011年３月　宮崎産業経営大学法学部教授
　法学博士（東京大学）

〈主要著作〉
「第11章 公務員の人権」『憲法学の現代的論点』（共著，有斐閣，2006年）
「第13章 公務員の人権」『憲法学の現代的論点（第２版）』（共著，有斐閣，
　2009年）
「ドイツにおける連立協定の法的考察」東京大学本郷法政紀要第８号（1999年）
「公務員の政治的行為の制限」宮崎産業経営大学法学論集18巻第１号（2008年）
「公務員の労働基本権の制限」宮崎産業経営大学研究紀要20巻第１号（2009年）

学術選書
251
憲　法

連立政権の憲法的研究
── ドイツ連邦共和国の実例を中心に ──

2024（令和６）年10月10日　初版第１刷発行

著 者　岩 切 紀 史
発行者　今井 貴・稲葉文子
発行所　株式会社 信 山 社
〒113-0033　東京都文京区本郷 6-2-9-102
Tel 03-3818-1019　Fax 03-3818-0344
info@shinzansha.co.jp
笠間才木支店 〒309-1600 茨城県笠間市笠間 515-3
笠間来栖支店 〒309-1625 茨城県笠間市来栖 2345-1
Tel 0296-71-0215　Fax 0296-72-5410
出版契約 2024-8277-1-01010　Printed in japan

Ⓒ岩切紀史, 2024　印刷・製本／藤原印刷
ISBN978-4-7972-8277-1 C3332.P.364／323.400 a.017 憲法
8277-0101：012-030-010《禁無断複写》

JCOPY 《（社）出版者著作権管理機構 委託出版物》
本書の無断複写は著作権法上での例外を除き禁じられています。複写される場合は，
そのつど事前に，（社）出版者著作権管理機構（電話03-5244-5088，FAX03-5244-5089,
e-mail: info@jcopy.or.jp）の許諾を得てください。また，本書を代行業者等の第三者に
依頼してスキャニング等の行為によりデジタル化することは，個人の家庭内利用であっ
ても，一切認められておりません。

日本国憲法制定の過程―資料考証と解題／芦部信喜・高見勝利

シュテルン　ドイツ憲法Ⅰ・Ⅱ
　　／クラウス・シュテルン(赤坂正浩他訳)

ドイツ近現代法学への歩み
　　／ヤン・シュレーダー(石部雅亮編訳)

ドイツ基本法　―　歴史と内容
　　／クリストフ・メラース(井上典之訳)

現代ドイツの外交と政治(第2版)／森井裕一

ドイツ連邦共和国基本法(第2版)／初宿正典　訳

ドイツ語圏人名地名カタカナ表記辞典／初宿正典　編著

講座 憲法の規範力 第1巻〜第5巻／ドイツ憲法判例研究会 編

憲法の発展Ⅰ―憲法の解釈・変遷・改正
　　／鈴木秀美・M. イェシュテット・小山剛・R. ポッシャー 編集

憲法の原理と解釈／棟居快行

放送の自由(増補第2版)／鈴木秀美

世紀転換期の憲法論／赤坂正浩

憲法学の倫理的転回／三宅雄彦

情報自己決定権と制約法理／實原隆志

現象学的国法学―純粋法学を参照軸としながら／足立治朗

講座 政治・社会の変動と憲法―フランス憲法からの展望Ⅰ・Ⅱ
　　／辻村みよ子 編集代表

現代フランス憲法理論／山元　一

代表における等質性と多様性／只野雅人

憲法研究 1〜14号 続刊／辻村みよ子 責任編集

メディア法研究 1〜2号 続刊／鈴木秀美 責任編集

行政法研究 1〜57号 続刊／行政法研究会 責任編集

信山社

◆ドイツの憲法判例〔第2版〕
 ドイツ憲法判例研究会 編　栗城壽夫・戸波江二・根森健 編集代表
・ドイツ憲法判例研究会による、1990年頃までのドイツ憲法判例の研究成果94選を収録。
ドイツの主要憲法判例の分析・解説、現代ドイツ公法学者系譜図などの参考資料を付し、
ドイツ憲法を概観する。

◆ドイツの憲法判例 II〔第2版〕
 ドイツ憲法判例研究会 編　栗城壽夫・戸波江二・石村修 編集代表
・1985～1995年の75にのぼるドイツ憲法重要判決の解説。好評を博した『ドイツの最新憲
法判例』を加筆補正し、新規判例を多数追加。

◆ドイツの憲法判例 III
 ドイツ憲法判例研究会 編　栗城壽夫・戸波江二・嶋崎健太郎 編集代表
・1996～2005年の重要判例86判例を取り上げ、ドイツ憲法解釈と憲法実務を学ぶ。新たに、
基本用語集、連邦憲法裁判所関係文献、1～3通巻目次を掲載。

◆ドイツの憲法判例 IV
 ドイツ憲法判例研究会 編　鈴木秀美・畑尻剛・宮地基 編集代表
・主に2006～2012年までのドイツ連邦憲法裁判所の重要判例84件を収載。資料等も充実、
更に使い易くなった憲法学の基本文献。

◆フランスの憲法判例
 フランス憲法判例研究会 編　辻村みよ子編集代表
・フランス憲法院(1958～2001年)の重要判例67件を、体系的に整理・配列して理論的に解説。
フランス憲法研究の基本文献として最適な一冊。

◆フランスの憲法判例 II
 フランス憲法判例研究会 編　辻村みよ子編集代表
・政治的機関から裁判的機関へと揺れ動くフランス憲法院の代表的な判例を体系的に分類して
収録。『フランスの憲法判例』刊行以降に出されたDC判決のみならず、2008年憲法改正によ
り導入されたQPC(合憲性優先問題)判決をもあわせて掲載。

◆ヨーロッパ人権裁判所の判例
 戸波江二・北村泰三・建石真公子・小畑郁・江島晶子 編集
・ボーダーレスな人権保障の理論と実際。解説判例80件に加え、概説・資料も充実。来たる
べき国際人権法学の最先端。

◆ヨーロッパ人権裁判所の判例 II
 小畑郁・江島晶子・北村泰三・建石真公子・戸波江二 編集
・新しく生起する問題群を、裁判所はいかに解決してきたか。様々なケースでの裁判所理論
の適用場面を紹介。

信山社

◆ 講座 立憲主義と憲法学 ◆

第1巻 憲法の基礎理論　山元 一 編集

第2巻 人権I　愛敬浩二 編集

第3巻 人権II　毛利 透 編集

第4巻 統治機構I　只野雅人 編集

近刊
第5巻 統治機構II　宍戸常寿 編集

第6巻 グローバルな立憲主義と憲法学
　　　　　　　　　　江島晶子 編集

信山社